두뇌를 팝니다

미제국을 만든 싱크탱크 랜드연구소

두뇌를 팝니다

미제국을 만든 싱크탱크 랜드연구소

알렉스 아벨라 지음 | 유강은 옮김

난장
nanjang

한 번도 흔들린 적 없었던
아내와 아이들에게,
고난을 뚫고 별로 가기를

일러두기

1. 인명, 지명, 작품명은 국립국어원이 2002년 발간한 『외래어 표기 용례집』을 따랐다. 단,
   이미 관례적으로 쓰이는 표기는 그대로 따랐다.

2. 각주에는 '지은이 주'와 '옮긴이 주'가 있다. 지은이 주는 1), 2), 3)……으로 표시했으며,
   모두 후주로 처리했다. 옮긴이 주는 본문의 해당 부분에 *, **, ***……으로 표시했으며,
   본문의 해당 쪽수 아래에 배치했다. 옮긴이 주에는 본문의 내용을 이해하는 데 필요한
   배경지식이나 자세한 서지사항 등을 소개해놓았다.

3. 본문에 들어 있는 '[ ]' 안의 내용은 옮긴이가 읽는이들의 이해를 돕기 위해 원문에 없
   었던 내용이나 표현을 덧붙인 것이다. 단, 지은이가 덧붙였을 경우에는 '[ ]' 안의 내용
   뒤에 '— 지은이'라고 명기했다.

4. 원문에서 사용된 미국 특유의 도량형(마일, 인치, 파운드 등)은 모두 국제도량형(미터, 킬로그
   램 등)으로 바꿨다. 단 화폐단위는 환율변동이 심해서 달러로 통일했다.

5. 원서에 수록된 참고문헌은 따로 본문에 실지 않았다. 단, 읽는이들을 위해 도서출판 난장
   의 블로그에 올려놨으니 관심 있는 분들은 첨부파일을 다운받으면 된다.

6. 단행본·전집·정기간행물·팸플릿·영상물·음반물·공연물에는 겹낫표(『 』)를, 그리고 논
   문·논설·기고문·단편·미술 등에는 홑낫표(「 」)를 사용했다.

프롤로그

만약 전쟁에서 졌다면 우리는 모두 전범으로 처형됐을 것이다.
—— 커티스 르메이, 『전쟁의 안개』* 중에서

내가 처음 랜드연구소의 존재를 알게 된 것은 미국 현대사의 가장 큰 논쟁 대상인 베트남전쟁이 들끓던 와중으로서, 1970년 컬럼비아대학교에서 열린 집회 때의 일이었다. 2년 전 뉴욕경찰은 맨해튼 근교의 모닝사이드하이츠 캠퍼스를 점거해 논란을 일으킨 학생들을 무력진압한 바 있는데 당시 수백 명이 다치고 연행됐다. 1970년 4월의 어느 무더운 밤, 나 역시 경찰의 폭력진압을 몸소 겪게 됐다. 반전시위를 해산시키기 위해 다시 뉴욕의 최정예 경찰이 소집됐고, 결국 그 시대에 벌어진 반전시위가 대부분 그렇듯이 창문이 깨지고, 쓰레기통이 불타고, 최루탄 가스가 구름처럼 퍼지고, "벽 쪽으로 붙어 서, 개자식들아!"라는 외침과 함께 경찰의 곤봉이 머리를 강타하면서 끝이 났다.

시위대의 몇몇 학생들은 랜드연구소의 작업을 하던 컴퓨터들이 설치된 건물에 미리 준비해온 화염병(또는 화염병이라고 생각하고 만든 것)을 던졌다. 랜드연구소가 뭐하는 곳인데 그렇게까지 하느냐고 묻자 이런 대답이 돌아왔다. 캘리포니아 주에 있는 싱크탱크로서 전쟁범죄자들이 어떻게 하면 베트콩을 물리치고 지배계급, 즉 '권력기구'를 영속시킬 수

---

* *The Fog of War: Eleven Lessons from the Life of Robert S. McNamara*. 미국의 다큐멘터리 감독 모리스(Errol Morris, 1948~)의 2003년 작품.

있을지 연구하는 곳이라고 말이다. 이 열혈남아들은 결국 목표를 달성하지 못했다. 파란 제복을 입은 경찰 수십 명이 갑자기 나타나 우리 모두를 해산시켰기 때문이다. 도망친 이들은 시위도 평가할 겸 뒤풀이도 할 겸 컬럼비아대학교 학생들의 전용 술집이라고 할 만한 웨스트엔드 바로 몰려갔다. 바에서 눅눅한 튀김을 안주 삼아 맥주와 폭탄주로 마음을 달랜 백인 중산층 혁명가들은 랜드연구소가 스트레인지러브 박사*와 스벵갈리**의 역할을 동시에 한다는 믿기 힘든 이야기를 해줬다.

그로부터 30여 년 뒤 나는 미국을 상대로 한 아돌프 히틀러의 비밀 테러 음모에 관한 연구서를 출간한 기념으로 로스앤젤레스에서 저자 사인회를 갖게 됐다. 나는 웨스트우드 서점에서 사인을 하다가 격려차 찾아온 랜드연구소의 한 친구를 맞이했다. 테러리즘과 랜드연구소와 책들이 기묘하게 결합된 가운데 갑자기 영감이 떠올랐다. 랜드연구소에 관해 책을 쓴 사람이 이제까지 있었나? 랜드연구소가 여전히 일급기밀 연구를 수행 중인데 그런 일이 가능할까? 어렵기는 하겠지만 해볼 만한 일임은 분명했다. 그런데 최근 랜드연구소가 하는 일이 뭐였지?

이 프로젝트에 대한 협조를 구하려고 랜드연구소의 책임자들을 찾아갔을 때, 나는 그들이 결국 동의하리라고는 꿈에도 생각하지 못했다. 랜드연구소는 무척이나 비밀스럽고 신비에 싸여 있었기 때문이다. 어느 직원은 과거에 랜드연구소가 연구소 이름이 신문에 **나오지 않도록** 하기 위해 홍보 담당자를 고용하기도 했다고 말해줬다.

그렇지만 랜드연구소에 관한 책을 쓰겠다는 구상은 차근차근 진행됐다. 랜드연구소에서 일하는 친구들에서 시작해 홍보실로, 그리고 점

---

* Dr. Strangelove. 미국의 영화감독 큐브릭(Stanley Kubrick, 1928~1999)이 1964년에 만든 동명의 영화에 나오는 인물로 나치 출신의 천재 과학자.
** Svengali. 프랑스 태생의 영국 만화가 모리에(George du Maurier, 1834~1896)의 소설 『트릴비』(Trilby, 1894)에 나오는 사악한 최면술사.

점 단계가 높아지다가 결국은 아침 7시 30분에 열리는 회의에 참석한 최고관리자들 앞에서 마치 국방부에 있는 것처럼 열변을 토하기까지 했다. 랜드연구소의 전형적인 일처리 방식에 따라 관리자들은 내 구상을 표결에 부쳤는데, 찬반 여부뿐만 아니라 찬반의 정도까지 수치로 물었다. 요컨대 매우 반대인 1에서 매우 찬성인 10까지 수치를 써내는 것이었다. 총 다섯 표의 평균 수치는 7이었는데, 근래에 표결한 프로젝트 가운데 두 번째로 높은 수치라는 말을 들었다. 최고관리자 중 한 명은 이 책의 기획에 동의한 것이 랜드연구소 역사상 가장 현명한 조치 아니면 가장 멍청한 조치일 것이라는 생각을 털어놓았다.

랜드연구소는 곧 자료를 공개했고, 소속 연구자·분석가와 접촉하도록 해줬으며, 기밀문서를 사용하지 않는다는 조건을 제외하고는 아무런 제한도 두지 않았다. 나는 기밀 해제된 정보만 이용하면 이야기가 밋밋하고 앞뒤가 맞지 않을 수도 있을까봐 약간 걱정했지만 동의했다. 그러나 걱정할 필요가 없었다. 아직도 일급기밀이라는 딱지가 붙은 자료는 대개 핵무기 개발에 관한 것이었다. 물론 이 주제 역시 중요하나 이는 랜드연구소가 세계에 미친 무척 광범위한 영향의 일부만을 보여준다. 60년이 넘는 랜드연구소의 역사를 연구하기 시작하자마자 나는 수많은 분야, 활동, 사람, 사건을 망라하는 풍부한 자료를 발견하고 깜짝 놀랐다. 오래 전 웨스트엔드 바에서 한담을 나누던 내 친구들이 늘 그렇듯이 사실을 잘못 알고 있었음을 깨닫게 된 것도 이런 자료 때문이었다. 가령 컬럼비아대학교에서 대게릴라전 연구를 수행한 것은 랜드연구소가 아니라 또 다른 싱크탱크인 국방분석연구소였다. 또한 컬럼비아대학교는 1968년 학생 점거 직후 국방분석연구소와의 계약을 해지했다.

그렇다 하더라도 당시의 동료 학생들이 터무니없는 낙인을 찍은 것은 아니었다. 랜드연구소는 베트콩을 물리치는 방법뿐만 아니라 베트남에 관한 광범위한 연구를 수행하고 있었다. 연구소의 존재이유와 창립 자체가 공군을 상대로 어떻게 전쟁을 수행하고 승리로 이끌 수 있는지를 조언하기 위한 것이었다. 그리고 1970년의 그 순간에, 랜드연구소는 전장에서 익힌 교훈을 도시계획에 적용하면서 뉴욕을 완벽한 사회의 미래상을 통제하는 연구실험실로 뒤바꿔놓고 있었다.

랜드연구소는 예나 지금이나 본질적으로 권력기구의 조직이다. 창설부터 지금까지 랜드연구소는 국방부의 욕망과 금융계의 탐욕이 뒤엉킨 권력기구, 즉 드와이트 아이젠하워 대통령이 말한 군대-산업-의회복합체의 심장부에 자리 잡고 있다. 랜드연구소는 말 그대로 현대 세계를 개조했다. 그런데 이 사실을 아는 사람은 극히 드물다.

랜드연구소는 샌타모니카 해변에 접한 시청과 부두 사이의 비좁은 땅에 자리하고 있는데, 이곳은 부동산 붐이 일어 촌스러운 은퇴자 동네가 해변의 비벌리힐스로 바뀌기 전까지 수십 년 동안 캘리포니아 해안선에서 황폐한 지역이었다.

랜드연구소의 옛 건물들(2층짜리 유개화차 건물과 5층짜리 석판 건물. 이 두 건물은 서로 엇갈리게 배치되어 있었는데 지금은 모두 철거됐다)은 학생 없는 캠퍼스 같은 곳으로, 오로지 자기 전공 분야에서 일어나는 일만을 생각하는 연구자들을 위한 곳으로 설계됐다(전해 내려오는 말에 따르면, 랜드연구소에 처음 채용된 다섯 명 가운데 하나인 수학자 존 윌리엄스가 이런 설계에 영향을 미쳤다고 한다).

공용 공간까지 통하게끔 억지로 긴 복도를 만든 것도 연구자들이 자기 방에서 나와 서로 교류하도록 하기 위한 것이었다. 랜드연구소의 새로운 건물은 상당 부분 예전 건물이 자리한 부지를 매각한 돈으로 지은 것이었다. 곡선과 유리, 네덜란드 출신의 건축가 렘 쿨하스의 작품을 연상시키는 포스트모던한 차가움이 돋보이는 이 새 건물은 예전 건물이 예각을 앞세운 세기 중엽의 모더니즘 양식을 반영했던 것만큼이나 우리 시대를 반영한다. 한 가지는 변함이 없다. 한 지점에서 다른 지점으로 직선 이동하기가 여전히 어려운 것이다. 사람과 정보의 흐름을 장려한다는 구체적인 목표 아래 모든 구조물이 서로 연결되어 있다.

랜드연구소는 언제나 각종 아이디어, "만약 ~이라면"이라는 여러 가상 시나리오, 허황된 꿈처럼 보이는 계획과 관련을 맺고 있었다. 한때 랜드연구소는 공장 수십 곳과 노동자 수천 명을 거느리고 예산만 수백만 달러인 방위산업체 TRW처럼 될 수도 있었다. 그러나 랜드연구소의 책임자들은 명성과 부를 포기한 채 지성의 삶, 사상의 힘을 의식적으로 선택했고 이제 그런 시대가 도래했다.

군장성 한 명, 샌프란시스코의 변호사 한 명, 항공기 제조업체 한 곳이 새로운 연구소를 군대가 후원하는 과학연구·개발센터이자 사상의 공장, 요컨대 싱크탱크로 만들고자 뜻을 모은 이유가 바로 이것이었다. '랜드'RAND라는 이름조차 박력 있었다. 그리고 신비롭게 보이기까지 했다. 원래 이 명칭은 연구개발Research and Development의 약자였다. 그러나 말장난하기 좋아하는 이들은 초창기부터 '연구만, 개발은 안함'Research and No Development'의 약자라고 말해 왔다.

랜드연구소는 상아탑이 아니라 마피아 보스의 자문역처럼 정부(특히 공군)에게 전쟁에 승리할 수 있는 최상의 방법을 조언하는 집단이었다. 그러나 시간이 흐르면서 랜드연구소는 캘리포니아 주무장관에게 자신의 임무를 위장하는 정관을 제출했다. "공공의 안녕과 미합중국의 안전을 위해 과학, 교육, 자선 등의 목표를 도모하고 장려"[1]하는 것이 랜드연구소의 목표라고 말이다. 사실 연구소의 진정한 목표는 (너무나 명백해 논의할 필요조차 없는데) 소속 분석가들이 끝없이 팽창하며 마치 조물주처럼 세계를 자기 모습에 따라 개조하려는 미국의 옹호자, 설계자, 충복이 되게 하는 것이었다. 누가 반론할 수 있었겠는가? 검증되지 않은 당시의 삼단논법에 따르면 미국은 선의 편이고, 모두가 선을 원하니, 모두 미국과 비슷해져야 했다. 그래서 워싱턴 D.C.의 정치인들은 이렇게 말했다. "우리는 무엇이 최선인지 알고 있다. 우리를 믿어라."

1950년대에 랜드연구소는 아이젠하워 행정부를 도와 소련을 상대로 한 수소폭탄 전쟁이라는 허깨비와 싸웠다. 1960년대에는 미국의 동남아시아 개입과 '빈곤과의 전쟁'을 책임지는 정치계 고위 인사를 여럿 배출했다. 1980년대에 로널드 레이건 대통령이 주창한 작은 정부론과 개입주의적 대외 정책 역시 랜드연구소의 사상가들에게 직접 빚지고 있다. 그 이후에 발생한 페르시아만전쟁, '이라크 자유' 작전, 그리고 이른바 '군사부문혁신'을 통한 국방부 조직개편 등은 모두 랜드연구소 출신들이 오래 전부터 창안한 계획의 정점이었다.

랜드연구소의 역할은 국가안보 분야를 뛰어넘는다. 1950년대 말, 핵 공격이 벌어져도 통신을 계속하기 위한 방법을 찾아내려고 애쓰던 랜드연구소의 어느 공학자가 패킷교환 시스템을 개발했는데, 이것이 인터넷의 토대가 됐다. 보건 분야에서는 랜드연구소가 10년에 걸쳐 진행한 연구가 의료보험료 공동부담계획을 가져왔다. 또한 오랫동안 음모이론가와 정치적 극단주의자들의 영역이었던 테러리즘 연구 분야를 새롭게 창시한 것도 랜드연구소였다. 오늘날 랜드연구소의 분석가들은 이런 문제해결 전통을 이어받으면서 세계의 수많은 문제들(기아, 전쟁, 마약밀매, 심지어 교통정체)에 대한 최상의, 다시 말해서 가장 합리적인 해법을 제시하는 수백 권의 저서와 소책자를 펴내고 있다.

랜드연구소 사람들이 인터넷의 기틀을 마련하고 미국을 핵절멸 사태에서 구해낸 것만큼이나 중요하지만 덜 알려진 사실도 있다. 랜드연구소는 서구 사람들의 정부관까지 바꿔놓았다. 정부가 국민에게 해준 것이 무엇인지, 국민이 정부에게 해준 것은 무엇인지에 관해 말이다.

그때까지만 해도 상상조차 하기 힘들었던 위험을 예측하려고 시도하는 과정에서 랜드연구소의 분석가들은 정부의 효율성을 극대화하는 방법뿐만 아니라 공산주의권에 대항하는 서구의 이데올로기 투쟁에 철학적인 토대까지 제공해주게 된 훌륭한 담론을 발견했다. 랜드연구소는 합리적 선택이론을 통해 이런 성취를 이뤄냈다. 합리적 선택이라는 개념의 핵심 주장은 종교나 애국심 같은 집단적 이해관계의 영향을 받지 않은 이기심이야말로 현대 세계의 징표라는 것이었다.

합리적 선택이라는 개념은 공산주의를 물리치기 위해 창조된 것이기도 하지만, 그 과정에서 사람들의 일상생활을 전면적으로 바꿔놓았다. 전쟁수행 방식에서부터 사람들이 내는 세금의 액수, 아이들의 교육방법, 보건의료 서비스에 이르기까지 말이다. 또한 이 개념은 이슬람 사회가 서구 문명에 폭력적으로 대응할 여지를 열어놓기도 했다. 공동선이 으뜸가는 가치인 이슬람 사회에서는 합리적 선택이론이 제시하는 개인에 대한 예찬이란 곧 이슬람 문화의 죽음을 의미했기 때문이다.

서구 문명이라 불리는 소비주의의 이런 대혼돈 속에서 살아가는 우리 모두는 사실 말 그대로 랜드연구소의 사생아들이다. 일상용어로 표현하자면 랜드연구소의 합리적 선택이론은 영화 『매트릭스』에서 볼 수 있는 것과 같은 서구의 모체母體와도 같은 코드이다. 요컨대 수치와 합리성에 관한 랜드연구소의 개념이 현실을 구성하고 있는데, 이와 같은 현실을 이해하는 것은 고사하고 제대로 볼 수 있기 위해서라도 우리는 먼저 이런 현실을 설명부터 해야 한다.

이 책이 우리 모두를 지배하는 비밀세계의 모습을 드러낼 빨간 알약이 될 수 있기를 바랄 뿐이다.

감사의 말

이런 책을 시작해 마무리하는 일은 헌신적인 팀의 뒷받침이 없으면 불가능하다. 훌륭한 친구이자 빈틈없는 독자인 조지프 리걸 같은 사람을 대리인으로 두다니 행운이 아닐 수 없다. 세계에서 가장 영향력 있는 싱크탱크의 역사를 어떻게 다룰지에 관한 내 구상을 기꺼이 믿어줬을 뿐만 아니라 믿기지 않는 연구범위에도 불구하고 계속 밀어붙이도록 격려해준 담당편집자 앤드리어 슐츠는 책갈피마다 내 자신의 목소리를 담도록 독려해줬다. 슐츠 역시 크나큰 감사의 인사를 받아 마땅하다. 잘 썼건 못 썼건 간에 이 책은 내가 쓴 것이지만, 조수인 홀리 페인터의 도움이 없었다면 마무리하지 못했을 것이다. 어디에 있는지 모를 각종 자료를 찾아내는 홀리의 재능을 능가하는 것은 일에 대한 헌신성뿐이다. 여러 가지를 조언해주고 적절한 표현에 관한 날카로운 감각으로 많은 도움을 준 케이트 시걸에게도 대단히 감사한다.

당연하게도 나는 랜드연구소의 책임자들에게 큰 빚을 졌다. 책임자들은 문서를 공개해줬고, 끝없이 이어지는 질문과 부탁, 자료 열람 승인 요청에 일일이 응해줬다. 마이클 리치, 제임스 톰슨, 이아오 가타기리, 잭 라일리, 레이 아치볼드, 브라이언 초우, 마시 애그먼, 찰스 울프 2세, '독보적인' 브루스 호프먼, 비비언 아터베리, 도널드 라이스, 리처드 벤저민, 콘래드 켈런, 그리고 직무 범위를 넘어서는 인내심을 보여준 다른 많은 이들에게 감사의 인사를 드린다. 그 유명한 앨버트 월스테터를 직접 만나는 행운을 누리지는 못했지만, 때로는 그의 딸 조안과 얘기를 나누면서 월스테터와 직접 대화하는 것보다 훨씬 더 큰 깨달음을 얻었다고 생각한다. 너그럽게 도와주고 기꺼이 길잡이 노릇을 해준 데 대해 정말 감사한다. 다행히 나는 월스테터의 친구로서, 랜드연구소 출신 중 가장 논쟁적인 인물일 대니얼 엘스버그의 도움을 받을 수 있었다. 엘스버그의 통찰력과 정보는 큰 도움이 됐는데, 특히 1960~70년대의 격랑기를 조사하는 데 더없이 소중한 등대가 됐다. 잘마이 칼릴자드, 네이선 글레이저, 모튼 화이트, 헨리 소콜스키, 리처드 펄, 줄리어스 슐먼, 헨리 '해리' 로언, 피터 반 데어 카, 체스터 애런 등 월스테터에 대한 기억을 공개하는 데 기꺼이 동의해준 모든 이들에게도 감사드린다.

마지막으로 미국기업연구소, 스미소니언의 국립항공우주박물관 직원들, 조지워싱턴대학교의 국가안보문서보관소 등에 많은 감사를 드리고 싶다. 자유가 울려 퍼지게 하라.

차 례

죽임은 우리의 방황하는 슬픔의 한 모습임을.
—— 라이너 마리아 릴케, 「오르페우스에게 바치는 소네트」(1922)

매트릭스는 모든 곳에 있지. 우리 주위 곳곳에 말이야. 지금 이 방 안에도 있다고. 창밖을 내다봐도, 텔레비전을 켜도 볼 수 있지. 일하러 갈 때도, 교회에 갈 때도, 세금을 낼 때도 느낄 수 있어.
—— 모피어스, 『매트릭스』(1999)

이성이 잠들면 괴물이 깨어난다.
—— 프란시스코 고야, 『변덕』(1799)

1장. 위대한 출발

랜드연구소는 세계가 준 혜택
그들은 하루 종일 머리를 굴리고 수수료를 받지
그들은 앉아서 타오르는 불길에 관한 게임을 즐기지
당신과 내게 대적하려고.
—— 말비나 레이놀즈, 「랜드 찬가」(1961)

일본에 핵폭탄 두 개를 투하한 지 두 달도 안 된 1945년 10월 1일, 미국의 육군항공대 사령관은 맨해튼계획[제2차 세계대전 당시 미국의 원자폭탄 개발계획]만큼이나 중요한 의미를 갖는다고 확신한 여행을 하기 위해 워싱턴 D.C.를 출발해 샌프란시스코로 향하는 비행기에 올라탔다.

통통한 얼굴, 또렷한 눈동자, 항상 미소 짓는 표정에 중간 정도의 키를 지닌 헨리 할리 '햅' 아널드 장군은 공군력을 굳건히 신봉하는 인물이었다. 아널드 장군은 미국 역사를 통틀어 5성장군의 지위에 오른 아홉 명 중 하나였고, 공군만 따지면 유일한 5성장군이었다. 1912년 군 조종사 자격증을 딴 이래로 공군을 육군에서 독립시키기 위해 전력을 다했던 아널드 장군은 전투에서 최대한의 파괴력이 갖는 유용성을 한 치의 흔들림도 없이 확신하고 있었다. 연합군이 실시한 드레스덴 폭격[1945년 2월 13일과 15일]의 정당성을 문제삼는 말을 듣자마자 이렇게 말했을 정도였다. "우리는 부드러워져서는 안 된다. 전쟁은 파괴적이어야 하며 어느 정도는 비인간적이고 무자비해야 마땅하다."[1]

아널드 장군은 예전부터 핵폭탄 개발과 배치를 환영하고 있었다. 특히 이 최강의 무기를 사용하는 일, 즉 무기의 통제권이 육군항공대의 몫이 된 뒤부터는 더욱 그랬다(1947년까지 해리 트루먼 대통령은 육군에서 육군항공대를 분리할 예정이었고, 따라서 육군과 육군항공대는 국방부 예산을 놓고 경쟁하게 될 터였다). 그러나 맨해튼계획을 가능케 했던 과학 인재들의 놀라운 결집을 평시라는 조건에서도 그대로 이루기는 힘들지 않을까 하는 것이 아널드 장군의 걱정이었다.

제2차 세계대전 당시 워싱턴 D.C.는 추축국에 맞선 십자군 전쟁을 위해 곳곳에서 인재를 모은 바 있었다. 미국 산업(제너럴모터스사, 포드사, 유에스스틸사, 제너럴일렉트릭사)의 생산능력과 순생산은 자국 최고의 과학연구 중심지(매사추세츠공과대학교, 프린스턴대학교, 컬럼비아대학교) 출신의 가장 명석한 두뇌들과 결합되어 전세계에 레이더, 제트전투기, 원자폭탄 등을 제공하게 됐다. 4년 만에 미국은 이류 강대국에서 역사상 최고의 군사강국으로 성장했다. 미국이 중심이 된 '새로운 질서'의 여명이 밝아오는 시기였다. 고대 아테네와 그 동맹이 그랬듯이 미국은 자발적으로 이뤄진 제국이 될 터였다. 미국의 동맹국들은 미국이 세계를 지배하기를 원했고, 미국 역시 세계를 지배하기를 원했다.

미국을 승전으로 이끈 것은 바로 이 있음직하지 않은 동맹이었다. 그런데 전쟁이 승리로 마무리되자 이 동맹이 분열되고 있었다. 기업들은 돈을 벌기를 원했고 과학자들은 연구를 하고 싶어 했다. 군대의 각종 제한과 낮은 급여를 감내하려는 이는 거의 없었다. 아널드 장군은 모두가 업계나 학계로 돌아가면 미국의 적들이 어느 날 지배권을 쥘 수도 있다고 걱정했다. 가장 그럴 듯한 적은 전시의 동맹국 소련이었다.

1946년 3월 영국의 전 총리 윈스턴 처칠은 이미 유럽에 '철의 장막'이 쳐지고 있다고 경고한 바 있었다.[2] 소련의 지도자 요시프 스탈린은 미국과 전시에 맺은 동맹을 이미 파기했고, 중부 유럽과 동유럽을 확고하게 장악한 소련군은 이탈리아와 프랑스를 압박하고 있었다. 소련은 모든 정치적 반대를 군홧발로 짓밟을 태세가 되어 있었다. 미국과 소련 사이에 커다란 충돌이 일어나는 것은 시간문제일 뿐이었다. 아널드 장군이 캘리포니아 주로 날아가서 미국 최고의 두뇌를 채용해 그들만의 공간에 모아 놓고 누구도 상상조차 할 수 없는 무기를 개발하도록 할 방법을 찾은 것은 바로 이 때문이었다.

전쟁이 한창이던 1년 전, 이미 아널드 장군은 수석 과학고문인 시어도어 폰 카르만(헝가리 태생의 이 쾌활한 인물은 구겐하임연구소의 연구소장이기도 했다)에게 과학자들이 평시에도 계속 항공대를 위해 일하도록 유혹할 수 있는 계획을 만들어달라고 요청한 바 있었다. 카르만은 「새로운 지평을 향하여」라는 제목의 보고서를 제출했는데, 여기서 그는 새로운 종류의 과학공동체, 즉 "전쟁 중에 야전의 지휘참모부를 성공적으로 도왔던 것과 같은 과학집단의 중핵"을 세우자고 호소했다. 이곳은 학생 없는 대학이자 육군항공대를 유일한 의뢰인으로 삼는 대학이 될 것이었다.3) 다시 말해서 카르만은 훗날 랜드연구소로 현실화되는 조직의 원형을 제시한 것이다. 아널드 장군은 이 계획에 무척 흡족해했지만 전쟁이라는 급박한 상황 때문에 적절한 순간이 올 때까지 미뤄둬야 했다. 깡마른 몸에 강인한 턱과 파란 눈동자를 지닌 시험조종사 출신의 프랭클린 콜봄이 캘리포니아 주에서 아널드 장군의 사무실로 찾아온 1945년 9월의 어느 날이 바로 그 적절한 순간이었다.

무척이나 튼튼한 해병대 출신이었던 콜봄은 비가 오나 눈이 오나 매일 아침 출근 전에 자기 집 수영장에서 수영을 했다.4) 성인이 되자마자 서부의 드넓은 하늘과 기회를 찾아 고향인 뉴욕 주 북부의 교외를 떠난 콜봄은 결국 미국 최대의 항공기 제조업체 더글러스항공의 회장 도널드 더글러스의 오른팔이자 부회장 겸 엔지니어링 총책임자인 아서 E. 레이먼드의 특별 보좌관이 됐다.

원래 아널드 장군과 콜봄이 처음 만난 것은 1942년이었다. 당시 콜봄은 육군항공대를 위해 매사추세츠공과대학교에서 개발 중이던 초기의 레이더 기술을 조달하는 담당자였다.5) 두 사람 모두 항공기에 대한 열정과 군대에 대한 깊은 애정을 갖고 있어서 서로 상대방의 거울이미

랜드연구소의 창립자이자 초대 연구소장인 프랭크 콜봄.

지라고 말해도 좋을 정도였다. 아널드 장군은 군대 내에서 과학자들을 옹호했고, 콜봄은 지식인 사이에서 육군항공대를 대변했다.

아널드 장군처럼 콜봄 역시 미국이 고용할 수 있는 최고의 두뇌들이 금방이라도 흩어져 버릴까봐 걱정했으며, 전쟁이 끝난 뒤 최고 과학자들을 붙잡아 둘 수 있는 방안을 찾기 위해 워싱턴 D.C.의 많은 관리들과 접촉했으나 별다른 성과는 거두지 못했다. 하지만 마침내 아널드 장군의 사무실까지 찾아갔을 때는 군대의 고문 역할을 해주는 독립적인 과학자들의 자문단을 구성하자는 구상을 채 설명하기도 전에 아널드 장군이 책상을 탕하고 내려치고는 반색하면서 소리를 질렀다. "당신이 무슨 말을 하려는지 알겠소이다. 그거야말로 우리가 할 수 있는 가장 중요한 일이지요." 아널드 장군은 곧바로 더글러스에게 전화를 걸어서 협조를 구하라고 콜봄에게 말했다. 세 사람은 이틀 뒤에 캘리포니아 주의 해밀턴 육군항공대 기지에서 만나기로 했다. 콜봄이 계획을 실현시키는 데 필요한 모든 것(사람, 조직, 돈)의 목록을 작성하기로 했다.[6]

콜봄은 워싱턴 D.C.을 떠나는 첫 번째 비행기인 B-25 폭격기를 잡아타고 더글러스의 샌타모니카 공장에 내렸다. 회의에 필요한 더글러스항공의 간부들을 모두 불러 모은 콜봄은 그들을 샌프란시스코만 지역으로 데리고 갈 비행기를 찾았다. 이용 가능한 비행기는 더글러스 C-54밖에 없었다. 더글러스항공이 만든 이 비행기는 프랭클린 D. 루스벨트 대통령의 전용기로서 당시 '성스러운 소'라는 별명이 붙어 있었다. 결국 콜봄과 더글러스항공의 간부들은 이 비행기를 잡아타고 해밀턴 육군항공대 기지로 날아갔는데, 아널드 장군보다 한 시간 먼저 도착했다. 회의를 위한 오찬 준비를 겨우 할 수 있는 시간이었다.[7]

아널드 장군이 탄 B-21이 해밀턴 육군항공대 기지에 도착했을 때 콜봄과 레이먼드, 그리고 얼마 전 장군의 아들과 자기 딸을 결혼시킨 더글러스가 기다리고 있었다. 아널드 장군은 매사추세츠공과대학교 출신의 고문 에드워드 볼즈를 대동했는데, 볼즈는 콜봄과 함께 1944년의 B-29

특수폭격 프로젝트를 추진한 적이 있었다. 오늘날 이 프로젝트는 전시에 민간과 군이 협력한 최초의 사례로 알려져 있다.[8]

오찬을 마친 사람들은 일에 착수했다. 회의의 주요 관심사 중 하나는 아널드 장군이 미래의 물결이라고 확신한 장거리 미사일 기술 개발에 새로운 조직이 어떻게 조력할 것인가 하는 점이었다. 아널드 장군과 그 일행은 다른 부대가 아니라 바로 육군항공대가 이 신무기를 통제해야 한다고 강력하게 주장했다. 커피를 다 마시기 전에 아널드 장군은 남아 있는 전시 연구비 중 1천만 달러를 연구집단 설립에 지출하고 몇 년 동안 독립적으로 운영되도록 하겠다고 약속했다. 이 연구집단 설립 프로젝트를 '연구와 개발'을 뜻하는 랜드로 부르자고 제안한 것은 레이먼드였다. 한편 콜봄은 당분간 자기가 연구집단을 이끌면서 상임 연구소장을 물색해보겠다고 말했다(이렇듯 임시로 맡게 된 자리에 콜봄은 결국 20년 넘게 앉아 있었다).[9] 이렇게 랜드연구소는 구상됐다.

원래 랜드 프로젝트는 해밀턴 육군항공대 기지에서 논의한 전반적인 개요, 즉 신무기를 개발하는 민간 집단이라는 것 말고는 구체적인 목표를 전혀 정의하지 않았다. 어떻게 개발할 것인가? 장거리 미사일 말고 다른 종류의 무기도 만들어야 하는가? 그렇다면 얼마나 많이? 아널드 장군과 콜봄, 볼즈와 더글러스는 몇 달 동안 이 조직의 미래상에 관한 메모, 편지, 제안서 등을 교환했지만 12월 말경 커티스 르메이 장군이 관여하기 전까지는 최종 세부안을 마련하지 못했다.

행실이 거칠고 공격적이며 만사에 만족하지를 못하는 성격이라 미치광이 취급을 받기도 했던 르메이 장군은 냉전의 전사들 중에서도 가장 냉담한 인물이었다. 불도그 같은 공격성과 '결코 굴복하지 않는' 태도로도 유명했던 르메이 장군은 영화 『스트레인지러브 박사』에 나오는 군장성들의 원형 같은 인물이었다. 싸구려 시가를 질겅질겅 물어뜯으면서 적(당시로서는 대개 소련이 적이었지만, 미국에 맞서는 어떤 나라든 곧장 적으로 간주됐다)을 향한 대규모 공격을 주장하는 장군들 말이다.[10]

종전 직후 육군항공대 연구개발참모부의 참모차장으로 임명된 르메이 장군은 이 새로운 연구집단에 대한 감독을 자기 임무에 편입시켰다. 의도적인 것이었든, 아니면 정부 업무에 흔히 수반되는 뜻밖의 발견에 따른 것이었든 간에 르메이 장군은 이 신생 조직을 이끌 적임자로 판명 됐다. 예의 급한 성격 덕분에 르메이 장군은 랜드연구소의 탄생을 지체 시키는 관료적 형식주의를 걷어냈다. 한번은 예산을 승인받는 데 필요 한 육군항공대 관료들을 전부 한 방에 모아놓고는 랜드 프로젝트의 임 무에 확인 서명해주기 전까지 방에서 못 나가게 한 적도 있다. 1946년 3월 1일 마침내 랜드 프로젝트가 공식 출범했다. 설립 헌장은 명쾌했다. "랜드 프로젝트는 공중전이라는 광범위한 주제에 관한 과학 탐구와 연 구를 수행하는 상설 프로그램으로서, 이와 관련해 육군항공대에 적절한 방식, 기법, 수단 등의 권고를 목적으로 한다."[11]

다른 정부 계약업체들과는 달리 랜드연구소는 계약사령부에 대한 신고의무를 면제받았다. 그 대신 르메이 장군에게 곧바로 모든 결과를 여과 없이 보고하기로 되어 있었다. 르메이 장군은 랜드연구소가 연구에 대한 육군항공대의 제안을 수용하거나 거부할 수 있으며, 연구의 전체 균형을 결정하는 모든 권한을 갖도록 보장했다. 그리고 그 대가로 랜드 연구소는 자체 실시한 연구의 가치를 최대화하는 데 필요한 기밀, 계획, 프로그램 등 관련 정보 일체를 육군항공대에게 주기로 했다. 그렇다고 랜드연구소가 내린 정책결정에 대해 육군항공대가 책임을 면제받는 것 은 결코 아니었다.[12] 즉, 랜드연구소는 무엇을 어떻게 만들 것인지를 결 정할 때마다 언제나 육군항공대의 뜻에 따라야 했다.

평시에도 정부가 독립된 민간 과학자들에게 계속 도움을 받아야 한 다고 본 아널드와 르메이 장군, 콜봄의 생각은 선견지명이었다. 실제로 몇 년도 안 되어 정부에 새로운 사고방식이 뿌리내렸다. 국가안보의 위 협(특히 거세지는 소련의 군사적 위협)에 대처하는 데 필요한 해답을 줄 수 있는 것은 외교가 아니라 과학이라는 사고방식이 말이다.

제2차 세계대전 뒤 미국은 군대를 동원해제한 상태였다. 수많은 병사들을 계속 해외에 주둔시키는 것보다는 원자폭탄 같은 새로운 무기가 더 저렴하고 효율적인 것처럼 보였다. 미국은 영국과 프랑스처럼 핵심 군사산업을 국유화하는 대신 과학연구개발 부문을 민간 기업에 맡기는 쪽을 택했다. 국방부의 물자조달·고용요건에 구속받지 않는 민간 부문은 새로운 무기를 더 신속하고 싸게 만들 수 있었다. 랜드연구소는 군사계획과 민간 개발이라는 두 세계를 잇는 다리가 될 터였다.[13]

종전 막바지인 1945년 7월경 트루먼 대통령의 핵심 과학자문역 배니바 부시는 「과학, 끝없는 미개척지」라는 보고서를 발표해 큰 환호를 받은 바 있는데, 이 보고서는 정부가 '기초연구'에 계속 재정을 지출하고 끝없이 확대해야 한다고 주창했다. 즉, 새로운 지식의 산출에 제약이 있어서는 안 된다는 것이었다.[14] 그래서인지 군 최고위층도 랜드연구소의 독립성을 보장하고 긴급한 계획보다는 장기적 성격의 연구를 수행케 해야 한다는 르메이 장군의 주장을 지지했다.[15] 1946년 4월 30일 당시 육군참모총장이던 아이젠하워 장군은 이런 기록을 남겼다.

육군은 무기생산뿐만 아니라 군사계획에서도 민간의 지원을 받아야 한다. ……
과학자와 기업가에게 최대한 연구의 자유를 부여해줘야 한다. …… 세세한 제한조건을 최소화해주면 이들이 육군의 발전에 예상치 못한 새로운 기여를 할 공산이 가장 크다. …… 우리의 임무 중 일부를 우리보다 더 잘 수행할 만큼 경험이 풍부한 외부 조직을 그대로 복제해 육군 내부에 둘 이유는 전혀 없다. 경제성과 효율성 면에서 우리나라와 육군에 이점을 준다는 것이야말로 이런 수순에 주목할 수밖에 없는 이유이다.[16]

아널드 장군과 그 주변 인물들이 랜드연구소의 창시자였다면, 르메이 장군은 일종의 대부였다. 특권층 출신의 몇몇 동료들과 달리 출신배경이 보잘것없었던 르메이 장군은 육군사관학교(웨스트포인트)가 아니라 학생군사교육단(ROTC)을 통해 임관했다. 다섯 살에 처음 비행기를 보고 홀딱 반해 자기 말마따나 "하느님 다음으로 비행을 택하기로" 결심한 르메이 장군은 육군항공대의 전설적인 조종사가 됐다. 1937년 군사훈련 중에는 잘못된 좌표를 받았으면서도 캘리포니아 해안에서 멀리 떨어진 광대한 바다 위에 떠 있는 전함 '유타 호'를 찾아내 물폭탄을 떨어뜨렸다. 이듬해에는 B-17 폭격기의 국가방위 능력과 범위를 보여주기 위해 폭격기 편대를 이끌고 남아메리카까지 비행했다.[17]

미국이 제2차 세계대전에 참전하게 됐을 때 르메이는 중령으로서 육군 제8항공대 지휘관이었다. 그러나 조직관리 능력과 단호한 태도 덕분에 르메이 중령은 18개월도 안 되어 소장인 항공사단 사령관으로까지 진급하게 된다. 전술가로서 타고난 능력을 지녔던 르메이 소장은 당시 강력한 신형 폭격기 B-29를 실전 배치 중이었던 아널드 장군(당시 대장)의 눈에 쉽게 들었고, 곧 아널드 장군은 폭격기가 가장 시급히 필요하게 된 중국 전역戰域에 파견할 인물로 르메이 소장을 선택했다. 그곳에서 르메이 소장은 장제스 대원수의 국민당 정권에 맞서 내전을 치르던 중국공산당 지도자 마오쩌둥과 함께 일본 침략자들을 상대로 한 전쟁을 조정했다. 그 뒤 아널드 장군에 의해 마리아나 제도로 간 르메이 소장은 제21폭격사령부 사령관을 맡으며, 1945년 일본 도시들에 가해 논쟁을 불러일으킨 공습을 감독하게 된다.

르메이 장군이 콜봄, 레이먼드, 볼즈 등과 처음으로 함께 일한 곳이 마리아나 제도였다. 이 세 명의 민간인은 일본에 출격할 B-29의 능력을 향상시키는 연구를 진행하라는 임무를 더글러스에게서 받았다. 콜봄과 동료들은 운용연구Operational Research라는 새로운 기법을 활용해 B-29의 장갑裝甲 부위를 대거 제거하면 기지를 출발해 더 오랫동안 안정적이고 안전하게 비행할 수 있음을 밝혀냈다. 일본군의 공격을 막아낼 별도의 방비 없이 비행하기를 꺼리는 대다수 조종사들의 직관을 거스르는 결론이었다. 그러나 실전에 적용해보니 전투에 엄청난 기여를 했다. 르메이 장군 역시 콜봄의 팀이 권고한 대로 장갑을 제거한 B-29만큼 정확한 폭격을 한 경우가 예전에는 전혀 없다고 말했다.[18]

운용연구는 (폭격기, 장거리 로켓, 어뢰, 레이더 등과 같은) 새로운 무기체계를 평가하고 개선하기 위해 제2차 세계대전 중 영국이 개발한 개념이었다. 원래 OR이라는 약어로 알려졌던 이 연구는 군사령관의 긴급한 물음에 답할 수 있는 일체의 자료를 수집·분석·비교했다. 어떤 폭탄을 탑재해야 폭격기가 예상 목표물을 최대한 타격해 파괴할 수 있는가, 적의 공격을 물리치려면 대공포를 어떻게 배치해야 하는가, 해상 호위함대의 규모는 얼마나 커야 하는가 등등. 요컨대 운용연구는 표준적인 과학방법론을 전술에 적용하는 것이었다. 목표를 지정하고, 이용 가능한 자료를 분석하고, 개선책을 제안하고, 현장실험을 실시하고, 결과를 검토하면, 짜잔, 하고 해법이 나온다는 것이었다.

이상한 일이지만 예전에는 이처럼 실용적으로 군사 문제를 다룬 경우가 드물었고, 그토록 다양한 두뇌가 여럿이 모여서 대규모 연구를 진행한 적도 결코 없었다. 노벨 물리학상 수상자로 운용연구를 창시한 인물들 가운데 하나인 패트릭 메이너드 스튜어트 블래킷은 이른바 '혼성팀'을 구성하는 것, 즉 각기 분야가 다른 과학자들에게 문제를 자세히 분석해 가장 효과적인 해답을 제출하도록 하는 것이 중요하다고 생각했다[19](미군 지휘부에 이 접근법을 설명하면서 블래킷은 변호사 빼고는 모든 직업의 사람을 팀에 넣어봤다고 말했다. 조롱기 가득한 블래킷의 이 농담을 이해하지 못한 공군은 훗날 대법원 판사가 된 존 마셜 할란 변호사를 최초의 운용연구소 책임자로 채용했다). 예컨대 이들의 노력은 항공기용 대잠수함 폭뢰의 능력을 개량하는 데 큰 성공을 거뒀는데, 한때 독일은 연합군이 신무기를 개발했다고 믿을 정도였다. 미국에서는 운용연구가 운용분석Operational Analysis이라는 이름으로 알려졌는데, "전쟁이 끝날 무렵에는 육군항공대의 모든 부대에 자체적인 운용분석과가 설치됐다."[20] 과학자들은 자료를 수집하고 신무기를 개발하라는 요구를 받았을 뿐만 아니라 전시 동원체제계획에도 관여하게 됐다. 랜드연구소는 이런 식으로 전쟁에 접근하는 방법의 궁극적인 구현체가 될 것이었다.

그런데 B-29 개량계획의 성공은 곧 전세계의 수많은 사람들을 경악시키게 됐다. 왜냐하면 일본 민간인들에게 최대한의 피해를 가할 목적으로 B-29에 소이탄을 탑재했던 것이다. 밤마다 B-29 편대가 저공으로 비행하면서 쏟아 부은 불길 속에 수십만 명이 불에 타 죽었고, 군사적 가치라곤 눈곱만치도 없는 주택, 상점, 건물 등이 전소됐다. 유럽에서도 연합군이 이미 이런 전술을 사용한 바 있는데, 가장 악명 높은 드레스덴 폭격은 민간인 2만5천 명을 주검으로 만들었다.21) 그러나 민간인 공격을 의도적으로 자제해왔던 미국은 이런 공격을 한 전례가 없었다. 일본을 물리쳐야 한다는 생각에 양심의 가책을 느낄 수 없었던 미국은 일본 민간인들을 용납할 수 있는 군사목표물로 분류했다.

원자폭탄 투하와 마찬가지로 이 공습의 타당성을 놓고서도 지난 수십 년간 논쟁이 계속되어왔다. 미국 역사가들은 민간인들이 대량학살되긴 했지만 일본의 무조건 항복을 받아냈고, 그에 따라 미군 병사의 인명 손실을 막을 수 있었다는 사실을 잘 따져보라고 말한다. 한 가지는 분명하다. 일본에 대한 융단폭격은 랜드연구소의 창시자들(그리고 B-29 개량계획에 협력했던 미래의 국방장관 로버트 맥나마라)에게 윤리에는 관심 없고, 당면 문제의 실용적인 측면만을 본다는 평판을 남겨줬다. 의도했든 안 했든 간에, 단순히 수치만을 계산하는 그들의 관점은 당면한 일과 윤리적 문제를 분리하는 결과를 낳았다. 결국 랜드연구소의 신조는 과학자와 연구자를 [당면 문제의] 독립된 심판관이 아니라 촉진자로 여기게 된다. 르메이 장군이 자인했듯이 "모름지기 모든 전쟁은 부도덕하다. 그런 것에 신경 쓰기 시작하면 훌륭한 군인이 될 수 없다."22)

설립 헌장이 조인된 1946년 3월 1일 당시, 랜드연구소의 직원명부에는 상근 직원 네 명을 제외하고는 고문 몇 명만이 있었다. 연구소장 콜봄, 미사일 담당부서를 이끄는 제임스 E. 립, 콜봄의 오랜 동료이자 부연구소장인 J. 리처드 골드스타인, 더글러스항공의 고위 엔지니어 가운데 하나인 L. E. 루트가 상근 직원이었다. 레이먼드는 여전히 더글러스항공에서 일하면서도 총감독 자리를 맡았다. 초창기의 랜드연구소 사람들은 보안 문제로 샌타모니카의 더글러스항공 제1공장 중 두꺼운 유리문으로 건물의 다른 곳과 격리된 구역에 자리잡았다. 이들은 이미 르메이 장군으로부터 첫 번째 임무를 부여받은 상태였다. 우주선에서 궤도위성을 발사하는 게 가능한지를 조사하는 것이었다.

이 프로젝트는 육군항공대가 관심 갖던 대륙간탄도미사일 개발계획에서 비롯된 것이었다. 르메이 장군은 랜드연구소의 과학자들에게 연구준비를 서두르라고 당부했다. 해군 항공국에서 이미 베르너 폰 브라운을 비롯한 포로 신분의 나치 과학자들과 함께 비슷한 로켓 개발계획을 진행하고 있었기 때문이다. 한 달 뒤, 랜드연구소의 직원 네 명은 고문들의 도움을 받아 선견지명이 있는 보고서를 작성했다. 놀라운 지적 대담성과 교만에 가까운 확신이 담긴 이 보고서의 제목은 「실험용 세계순환 우주선 예비 설계」[23]였는데, 세계 최초로 위성의 현실화 가능성을 포괄적으로 평가한 내용이었다.[24]

르메이 장군은 전망과 세부적인 내용을 원했고 둘 다 얻었다. 랜드연구소의 보고서는 다단계 로켓의 사용을 주장하고, 단계별로 필요한 가속도의 최대치를 상술하고, 알코올-액체산소와 액체수소-액체산소를 추진제로 이용하는 연구를 권고하는 예언적인 내용을 담고 있었다. 또한 이 보고서는 일기예보, 통신, 첩보, 특히 선전 등 인간이 만든 위성이 궁극적으로 어떻게 쓰일지를 상세하게 설명했다.

이 보고서에는 다음과 같은 언급도 들어 있었다.

지구의 범위를 넘어서 여행을 떠난다는 가능성에 대해, 달과 금성과 화성을 갈 수 있다는 데 대해 누가 상상력이 동하지 않겠는가? 이런 생각이 종이 위에 씌어 있는 지금은 나른한 공상처럼 보인다. 그러나 인간이 만든 위성이 대기권을 넘어 우리 지구 주위를 도는 것은 첫 걸음이다. 다른 필요한 단계들이 신속하게 그 뒤를 이을 것이 분명하다.[25]

곳곳에서 서정적인 표현을 쓴 이 연구는 목표를 충실히 달성했고 해군 프로젝트는 중단됐다. 육군항공대참모총장 호이트 밴던버그가 훗날 말했듯이 "논리적으로 따지면 당연히" 육군항공대가 위성을 담당해야 했다. 다른 기관과 또 다시 분란이 생기지 않도록 국방부는 육군항공대가 '전략'(대륙간) 미사일을 담당하고, 육군은 '전술' 미사일(즉, 전역戰域 미사일)의 개발 권한을 갖는 합의를 중재했다.[26]

당시에는 새롭게 개선된 무기체계를 둘러싸고 각 군이 치열하게 경쟁하는 것이 전혀 이상한 일이 아니었다. 수십 년 동안 각 군 참모총장들은 다른 병과를 희생시켜서라도 자기 영역을 확대하려고 집요하게 싸웠다. 국방장관의 주된 역할이 국방부 예산에서 더 큰 몫을 차지하기 위해 항상 싸우는 각 군을 중재하는 것일 정도였다. 군사분석가 버나드 브로디는 이렇게 말했다. "국방장관과 3군 장관*은 대체로 자신의 행정 직무와 관련된 협소한 견해로 쏠리는 경향이 있으며, 할 수만 있다면 이른바 '엄밀한 군사적 결정'에 간섭하기를 피하곤 한다. 비록 항상 그렇게 할 수는 없지만 말이다." "이 사람들은 대개 군대가 아닌 분야에서 보인 재능 때문에 선택됐고, 또 고위 공직에 오래 있지 않았기 때문에 아

---

* Secretary of the Army/Air Force/Navy. 미국에서 지금과 같은 국방부가 만들어진 것은 1949년 8월 10일이다. 기존에는 육군부(또는 전쟁부)와 해군부가 따로 존재했는데, 제2차 세계대전이 끝나고 1947년 9월 18일 육군항공대를 모태로 공군이 창설됨으로써 각 군을 통합적으로 운용할 기관의 필요성이 대두되어 국방부가 만들어진 것이다. 따라서 국방장관이라는 직위가 생기기 전까지는 육군장관, 해군장관, (그리고 신설된) 공군장관이 따로 있었고 이들은 각료회의에도 참석했다. 그러나 국방부가 생긴 뒤에는 권한의 상당 부분이 국방장관에게 위임됐고, 더 이상 국무위원급 직위가 아니기 때문에 각료회의에도 참가하지 않는다. 육군·공군·해군장관은 민간인 중에서 선출하는데, 내각이 임명하고 상원이 승인한다.

마 겸손이 최선의 방도일 것이다."[27] 1961년 존 F. 케네디 대통령이 맥나마라를 국방장관에 임명하면서 군대를 길들이는 임무를 맡길 때까지 이처럼 형제끼리 험담을 하는 관행이 계속되게 된다.

랜드연구소가 육군항공대의 지적 총잡이 노릇을 굳힘에 따라 콜봄은 상근 직원을 보강하라는 압박을 받았다. 콜봄이 다섯 번째로 채용한 인물은 존 윌리엄스로서, 그는 향후 오랫동안 새로운 직원을 선발하고, 연구 분야를 확장하고, 연구소 건물의 모양까지 결정함으로써 이 싱크 탱크의 지적 환경과 조직의 성장에 영향을 끼치게 된다.

뚱뚱한 몸집에 온화하고 매력적인 괴짜 수학자 윌리엄스는 신설된 수학과의 책임자로서, 사실상 콜봄의 오른팔이었다.[28] 윌리엄스는 랜드연구소 사람들의 전형적인 특징(육체의 쾌락에 대한 사랑, 추상적인 이론에 대한 몰두, 선악 판단을 보류한 정치·정책 접근법, 이와 결합된 절대적 독선)을 두루 갖춘 대표적 인물이었다. 수백만 명을 절멸시킬 대소련 선제 핵공격을 냉정히 주창한 윌리엄스는『전략의 명수』라는 게임이론 관련서를 출간하기도 했다. "온갖 불쾌한 열정을 잠들게 할 최면제"라고 신랄하게 자평한 책이었다.[29] 윌리엄스는 인간의 모든 행동을 수학적 합리성으로 이해하고 설명할 수 있다고 믿었다. 처음부터 윌리엄스가 애정을 쏟아 부은 랜드연구소의 프로젝트 중 하나는 앨버트 아인슈타인의 물리학에서 제시된 대통일이론과 같은 전쟁이론을 발전시키는 것이었다. 이 프로젝트와 마찬가지로, 전쟁에 관한 일반이론을 만들려 했던 윌리엄스의 꿈 역시 한낱 공상으로 밝혀지게 된다.

윌리엄스는 당대의 가장 유명한 수학자 중 하나인 존 폰 노이만과 전쟁에 관한 일반이론 개발에 협력하기로 계약을 맺었다. 전형적인 수법으로 윌리엄스는 폰 노이만에게 매일 면도하는 시간에 생각하는 정도를 기여하게 될 것이라고 통보했다. 더도 덜도 말고 딱 면도하는 중에 생각하는 정도라고. 그 대가로 폰 노이만은 한 달에 2백 달러를 받았다. 이것은 당시의 평균 월급에 해당하는 금액이었다.[30]

랜드연구소의 수학자이자 창립 멤버인 존 윌리엄스.

레슬링 애호가이자 아마추어 내기 당구 선수였던 윌리엄스는 보이지도 않게 빨리 움직이는 물건을 좋아했다. 재규어 스포츠 쿠페를 한 대 구입한 윌리엄스는 원래의 엔진을 거대한 캐딜락의 엔진으로 바꿔서는 한밤중에 퍼시픽코스트 고속도로로 나가 시속 2백40킬로미터로 질주하곤 했다. 물론 캘리포니아 고속도로순찰대의 친절한 단속을 피하기 위해 차에 첨단 레이더 장비를 설치해놓은 뒤였다.

온갖 기벽을 만족시켜줄 수 있는 부유한 집안에서 태어난 윌리엄스는 상류층 지역인 퍼시픽팰리세이즈에 집 한 채를 갖고 있었는데, 이 저택은 대공황 때 어느 백만장자가 지은 것이었다. 그 백만장자가 사망했을 때 원래 상태로 팔기에는 규모가 너무 컸던 나머지, 어느 민첩한 개발업자가 그 저택을 다섯 개의 직사각형으로 나누고는 두 번째와 네 번째 직사각형 조각은 철거했다. 윌리엄스가 산 곳은 중간에 있는 집이었고, 여배우 데보라 커가 첫 번째 집을 샀다. 윌리엄스는 많은 사람이 참석하는 파티를 자주 열었는데, 술을 하도 권해서 간혹 명석한 두뇌의 손님들이 취한 채로 땅바닥을 데굴데굴 구르기도 했다.[31] (알코올 흡수의 '치료 효과'를 믿었던 당시의 수학자들 사이에서는 흔한 일이었다. 프린스턴대학교의 유명한 물리학자 J. 로버트 오펜하이머는 워낙 술대접에 후했는데, 그의 집은 '버번위스키 장원'이라는 별명을 얻기도 했다.[32])

얼마 지나지 않아 육군항공대가 랜드연구소에 의뢰하거나 제안하는 프로젝트의 수가 많아지고, 상근 직원의 수도 계속 늘어나게 됐다. 그에 따라 대학에 적을 둔 각기 다른 분야의 고문들로 이뤄진 집단이 생기게 된다. 1947년 당시 랜드연구소의 고문 명단에는 노벨 물리학상 수상자인 캘리포니아대학교 버클리 캠퍼스의 루이스 W. 알바레즈라든가 수리통계학자인 프린스턴대학교의 새뮤얼 S. 윌크스, 하버드대학교의 일류 물리화학자인 조지 B. 키스티아코스키 등과 같은 기라성 같은 인물들이 망라되어 있었다.[33] 대부분의 사람들은 랜드연구소가 세계에서 가장 강력한 무기(히로시마와 나가사키를 쑥대밭으로 만든 20킬로톤의 폭탄보다 위력이 수천 배가 센 '수퍼'폭탄 또는 일급기밀인 H폭탄)를 설계하는 것을 돕기 위해 충원됐다.

콜봄과 윌리엄스는 프로펠러 엔진의 가능 출력이나 고강도 방사선의 원거리 방출 등을 연구하기 위해 많은 하청업체와 계약을 맺기도 했다. 처음 2년 동안 랜드연구소는 육군항공대가 제공하는 연구 자금의 가장 큰 몫을 벨전신회사, 보잉항공사, 콜린스라디오사 같은 하청업체의 응용과학 프로젝트에 할당했다.[34] 그렇지만 점차 랜드연구소는 응용연구에서 거리를 두며 과학이론과 구조에 집중하기 시작한다.

윌리엄스의 주도 아래 운용분석 개념을 다듬은 랜드연구소 사람들은 우선시할 정책을 골라 과학적으로 평가함으로써 정책결정자들이 표면상 합리적이고 객관적인 기준에 입각해 선택을 할 수 있도록 해주는 분석체계를 만들어내는 일에 착수했다.[35] 체계분석Systems Analysis이라 불리게 된 이것은 랜드연구소가 국가의 정책결정 구조에 제공한 가장 유명하고 논쟁적인 기여가 됐다. 또한 체계분석 덕분에 랜드연구소는 핵분석 분야, 즉 핵무기를 배치하는 수단과 방법, 그리고 그에 따른 엄청난 결과를 분석하는 분야에서 선구자가 됐다. 그러나 이처럼 많은 집단적인 재능을 보유했는데도 불구하고 랜드연구소는 과학의 한 분야만은 영원히 장악하지 못하게 된다. 이 분야, 즉 인간 심리에 대한 지식이 부족한 탓에 랜드연구소는 몇 차례나 위험에 처하게 된다.

2장. 인적 요소

1946년 시나리오 작가 리오 로스턴은 자신의 대학 동창으로 스탠퍼드 대학교 경제학 교수가 된 앨런 윌리스로부터 이상한 전화를 받았다. 오랜 세월이 흐른 뒤 『하·이·먼 카·플·란의 교육』과 『군의관 뉴먼 대위』[1] 같은 풍자소설을 써서 베스트셀러 작가가 되기는 하지만, 당시 로스턴은 할리우드의 각색가로 안락한 삶을 누리고 있었다. 다소 보기 드문 능력을 갖고 있었는데도 불구하고 말이다.

폴란드에서 태어난 로스턴은 시카고대학교와 런던정경대학교에서 공부한 심리학자로서, 전문적인 훈련을 받은 경제학자이자 정치학자이기도 했다. 전쟁 중에 로스턴은 전쟁공보국의 부국장으로 일했고, 잠시 동안이지만 프랭클린 D. 루스벨트 대통령의 참모 중 하나인 로웰 멜리트의 보좌관을 지내기도 했다. 또한 존 포드나 프랭크 카프라 같은 유명한 감독들의 협력 아래 진행된 육군 선전영화 시리즈 『우리는 왜 싸우는가』[총 7편]의 제작에도 참여했다. 이제 공직에 몸담고 있지는 않았지만 로스턴은 친구 윌리스가 극비 활동에 관여하는 존 윌리엄스라는 이름의 남자와 만나보라고 했을 때 그러겠다고 대답했다.

몇 시간 뒤 윌리엄스가 전화해서 프랭크['프랭클린'의 애칭] 콜봄이라는 사람과 함께 만나도 되느냐고 물었다. 두 사람이 나타났을 때 로스턴은 어울리지 않는 둘의 모습을 보고 깜짝 놀랐다. 윌리엄스는 130킬로그램이 넘는데다가 시끄럽고 성가신 사람인 반면, 콜봄은 피골이 상접한 것 같은 마른 몸매에 말수가 적었다. 로스턴이 두 사람을 거실로 안내해서 문을 닫자마자 로스턴의 부인이나 어린 두 아이의 방해를 받지 않게 된 윌리엄스가 입을 열었다.

"당신이 '통과'했다는 말부터 해야겠네요. 당신에 관해 보안검사를 해봤어요. 당신에게 말해도 되는 몇 가지 얘기를 곧 할 텐데, 이 대화 도중 들은 얘기에 대해 엄격하게 비밀을 지켜주셨으면 합니다."

그러고는 콜봄이 랜드 프로젝트의 기원과 취지를 짧게 설명해줬다. 다만 대륙간탄도미사일 연구라는 일급기밀은 언급하지 않았다. 잠시 뒤 로스턴이 물었다. "근데, 왜 나한테 이런 얘기를 하는 겁니까?"

윌리엄스는 지난 몇 달 동안 대처방법을 알지 못할 몇몇 문제에 부딪히면서 기존 직원으로는 불충분함을 느꼈다고 대답했다.

"어떤 문제요?" 로스턴이 물었다.

콜봄이 끼어들었다. "그게 말이죠, 우리는 비행기라든가 각종 장치에 관해서는 많이 알고 있지만 잘 모르는 게 하나 있습니다. 아, 그게 무게는 70에서 80킬로그램 정도 나가고 길이는 170에서 180센티미터 정도인 기계죠. 보통 '조종사'라고 합니다만."[2]

랜드연구소 사람들은 인간의 행동이라는 문제에 맞닥뜨리고 있었다. 전쟁에 관한 일반이론뿐만 아니라 육군항공대의 의뢰를 받아 진행 중이던 적의 공격시 조종사의 반응에 관한 연구, 또는 랜드연구소가 수행한 각종 방위계획 전체가 인간의 심리와 관계 있었다. 그런데 수치만 중시하는 랜드연구소 사람들의 철학으로는 이 문제를 풀 수 없었다.

콜봄과 윌리엄스가 알고 싶어한 것은 이런 것이었다. 스트레스를 유발하는 활동에 참여하는 집단의 사기를 어떻게 하면 진작시킬 수 있는가? 적이 품을 만한 의도를 어떻게 하면 판단할 수 있는가? 집단의 역학이 인간의 행동을 어떻게 바꿔놓는가? 그래서 로스턴의 두뇌를 선택한 것이었다. 세 사람은 그날 밤늦게까지 얘기를 나눴고, 몇 안 되는 다른 랜드연구소 직원들과도 몇 차례 만나 연구소가 이미 수행 중이던 어려운 연구에 사회과학을 도입하는 방법을 모색했다. 훗날 로스턴은 당시 모임에서 콜봄의 속내를 도무지 알 수 없었다고 회상한다. 콜봄이 심리학을 얼마나 의심하는지 알 수 없었다는 것이다. 한편 윌리엄스는 열정적으로 받아들이고 공감했다. 게다가 자기중심적이고 냉소적이고 오만한 성격 탓에 윌리엄스는 모든 대화의 중심에 있으려고 했다.

몇 달 뒤 랜드연구소가 사회과학과를 출범시킨다는 게 확실해지자 콜봄과 윌리엄스는 로스턴에게 그 부서를 맡아달라고 요청했다. 로스턴은 집필 일정을 핑계로 거절했지만, 그 대신 뉴욕에서 회의를 개최해 관련 분야 최고의 두뇌를 채용하면 어떻겠느냐고 제안했다. 로스턴은 콜봄과 윌리엄스에게 랜드연구소가 더글러스항공에 자리하고 있다는 사실이 방해가 될 것이라고 경고했다. 항공기 회사에서 일하고 싶어 하지 않을 사회과학자들도 있다는 것이었다. 게다가 로스턴이 "캘리포니아주 남부의 몇몇 집단에서는 랜드가 잔인한 전쟁광 집단을 가리키는 불길한 약칭으로 통하고 있다"는 사실을 간파한 것처럼, 랜드연구소의 악명에 당혹스러워 할 사회과학자들도 있을 것이었다.[3]

이 회의는 1947년 9월 14일부터 19일까지 뉴욕경제클럽에서 열릴 예정이었다. 비행기 타기를 병적으로 무서워하던 윌리엄스는 기차편으로 뉴욕에 갔고, 로스턴은 신작 영화 상영이 있어서 마지막 순간에 손을 뗐다. 회의를 주재한 사람은 당시 록펠러재단의 자연과학부 책임자였던 수학자 겸 과학자 워런 위버였는데, 그는 개회사를 통해서 랜드연구소의 신조라고 해도 될 만한 말을 했다.

여기 모인 모든 사람은 넓은 의미에서 이른바 합리적인 삶에 전념하고 있으리라 믿습니다. 기본적으로 우리는 이렇게 믿습니다. 무지와 미신 상태의 삶, 되는 대로 휩쓸려 사는 삶과 비교해볼 때 우리의 일에는 일정한 지식과 경험, 통찰력과 문제에 대한 분석이 필요하다고 말입니다. …… 우리는 전쟁이 아니라 평화에 관심이 있다고 생각합니다. …… 이 방에 모인 한 사람 한 사람이 민주주의의 이상에 몸 바쳐 헌신할 뿐만 아니라 우리의 일에도, 우리 집을 청소하는 데도, 세계 다른 나라들과 우리나라의 관계를 개선하는 데도 헌신하기 때문에 우리가 신봉하는 이런 이상들의 가치가 자명해진다고 생각합니다.[4]

표면적으로 이 회의는 전쟁을 수행하고 승리하는 데 중요한 요소들을 확인하고, 측정하고, 통제하는 방법을 논의하는 자리였다. 그러나 주최측의 비용 부담으로 초청을 받아들인 서른 명의 학자들에게는 랜드연구소를 소개받는 자리이기도 했다. 회의에 앞서 로스턴이 각자의 연구 프로젝트를 발표하라고 권유했고, 참석자들은 약 1백 개에 달하는 문서를 제출했다. 미국의 대외 정책, 미국과 소련이 경제전쟁을 벌일 가능성, 태도측정 방법론, 예측의 확실성 등 주제도 여러 가지였다. 참석자들 가운데는 컬럼비아대학교의 인류학자 루스 베네딕트, 예일대학교의 역사학자 버나드 브로디, 캘리포니아대학교 로스앤젤레스 캠퍼스의 철학자 에이브러햄 캐플런, 시카고대학교의 사회학자 허버트 골드해머, 신사회연구소의 사회학자 한스 스파이어, 옥스퍼드대학교의 경제학자 찰스 히치, 프린스턴대학교의 경제학자 제이콥 바이너 등이 있었다.

그 뒤 몇 년 동안 1947년의 이 회의에 참석한 사람들은 속속 랜드연구소의 고문이 된다. 그러나 그 해 뉴욕의 무더운 9월에 윌리엄스는 저명한 두 명, 즉 스파이어와 히치에게만 상임직을 제안했다. 각각에게 사회과학과와 경제학과의 책임자를 맡아달라고 한 것이다.[5]

스파이어는 1933년 나치 독일을 피해온 독일 망명자로서 뉴욕의 신사회연구소에 들어간 뒤 최근 추방된 독일과 오스트리아의 학자들로 이뤄진 '망명대학교'*의 일원이 됐다.[6] 소심하고 겸손한 국제정치 전공자

---

* The University in Exile. 1933년 신사회연구소가 대학원과정을 담당할 기관으로 만든 곳. 그 이름에 걸맞게 프랑크푸르트학파의 이론가들뿐만 아니라 정치철학자 한나 아렌트, 레오 스트라우스 등 망명 지식인들이 이곳에 재직했다.

였던 스파이어는 선전과 시민사회 구조 분야의 전문가였는데, 이 두 가지는 모두 전쟁수행에서 결정적으로 중요한 문제였다. 스파이어는 윌리엄스의 제안을 즉시 수락했다.

다른 신임자, 즉 히치의 경력은 랜드연구소의 향후 활동과 훨씬 더 밀접한 관계가 있었다. 이 때문에 콜봄은 리우데자네이루에서 연구 중이던 히치에게 뉴욕행 비행기 표 값을 대신 지불해주는 안을 승인했다.[7] 애리조나 주 출신으로 하버드대학교를 졸업한 히치는 옥스퍼드대학교의 로즈 장학생이 된 뒤 그곳의 교수가 됐다. 1943년 육군에 몸 담은 히치는 결국 중앙정보부의 전신인 전략사무국에 배속됐다.[8] 전략사무국의 제8연구실험과라는 부서에서 히치가 수행한 것은 운용연구로서, 역분석reverse analysis을 활용해 영국이 수행한 독일 공습의 효력을 측정했다(이 부서는 폭탄 가운데 절반 이하가 의도된 목표물에 도달했고, 그것조차 나치의 전쟁기구에 별 영향을 못 끼쳤다고 결론지었다).[9]

히치는 경제·통계 계산이 어떻게 정부의 정책결정을 도울 수 있는지 직접적인 경험을 통해 알게 됐고, 따라서 당시 옥스퍼드에서 가족과 함께 편하게 지내고 있었는데도 랜드연구소가 있는 캘리포니아 주까지 오라는 윌리엄스의 제안에 쉽게 이끌렸다. 히치는 훗날 랜드연구소에 몸담기로 한 결정이 자기 인생에서 가장 힘든 결단이었다고 회상한다. 그러나 결국 고용계약서에 서명을 하고 샌타모니카로 옮겨갔다.

뉴욕에서 회의가 있은 지 몇 달 뒤인 1948년, 스파이어는 공식적으로 랜드연구소 사회과학과를 운영하기 시작했다. 처음부터 스파이어는 국제정치 분야의 연구자들을 설득해 동부 해안에 기반을 둔 학계의 중심부 밖으로 나오도록 하는 데 어려움을 겪었다. 어쩔 수 없이 사회과학과는 두 곳에 사무소를 세웠다. 워싱턴 D.C.에 위치한 사무소는 정치 분석에 집중했고, 랜드연구소 본부가 있는 샌타모니카의 사무소는 인간 행동에 초점을 맞췄다.[10] 윌리엄스의 원래 계획은 사회과학자 전체를 랜드연구소 안에 통합시킴으로써 여러 쟁점에 대한 그들의 역사적·

인문주의적 관점을 통해 '자연'과학자들(이미 샌타모니카에 거주하고 있던 무수히 많은 수학자, 물리학자, 경제학자 등)의 수치 지향적이고 분석적인 경향에 균형을 부여하는 것이었다. 그러나 의도하지 않았던 지리적 분리가 방해가 됐다. 이처럼 정치학자들이 랜드연구소의 권력이 집중된 샌타모니카에서 멀리 떨어져 있게 됐다는 사실(정치학자들은 1950년대 중반이 되어서야 서부로 옮겨간다) 때문에 시간이 흐를수록 랜드연구소의 활동, 특히 핵전략 분야에서 수량적·수학적 문제에 초점을 맞추는 방식이 거의 절대적으로 지배권을 행사하게 된다.

로스턴은 랜드연구소의 고문으로 남았지만 일상적인 운영에는 점점 관여하지 않았고, 1954년 뉴욕으로 이주하면서는 완전히 손을 뗐다. 그러나 로스턴은 연구소를 떠나기 전 다른 두 가지 주된 발전에 기여했다. 로스턴은 스파이어를 설득해 예일대학교에서 역사학자 브로디를 빼왔다. 당시 브로디는 업적을 인정받지 못해 불만을 품고 있었다. 또한 랜드연구소의 정관 초안을 작성 중이던 변호사 호레이스 로완 게이서에게 연구소의 자금지원과 관련해 포드재단과 접촉해보라고 제안했다.

1948년 랜드연구소는 법인등록을 함으로써 더글러스항공으로부터 독립했다. 쌍방이 바라는 바였다. 사실 랜드연구소로 옮겨간 특이한 집단에게 더글러스항공에서 지내는 생활은 어려움이 없지 않았다. 이와 관련해 윌리엄스는 이렇게 회상한 바 있다.

업무시간 문제가 …… 상당한 골칫거리였다. 학계 사람들은 생활습관이 불규칙했기 때문에, 여덟 시에 출근해 다섯 시에 퇴근하는 일과시간을 흔쾌히 받아들이지 못했다. 두 시 전에는 코빼기조차 보이지 않는 사람도 하나 있었고, 또 집에 거의 가질 않는 사람도 하나 있었다. 다섯 시 무렵에 실제로 문을 잠가서 다음 날 아침 여덟 시까지 꼼짝 없이 갇혀 있어야 하는 조직에서 말이다. 어쨌든 더글러스항공은 사람들이 밤 시간이나 주말에 일할 수 있도록 이런 관행을 바꿔줬다.

칠판과 관련해서도 말썽이 많았다. 방마다 칠판이 하나씩 있어야 한다는 생각을 둘러싸고 말이다! 당시 총무과장이었던 세실 위흐가 했던 말이 생각난다. "이 사람들 도대체 왜 이런답니까? 종이에는 글을 쓰지 못한데요?" 이렇게 말하니 마치 내가 무척 세세한 얘기까지 하는 것 같다. 그런데 사실 칠판 문제보다 분필 문제가 더 심했다. 회사에는 칠판에 관한 규정이 전혀 없었고, 따라서 우리는 방마다 칠판을 하나씩 구비할 수 있었다. 그런데 분필에 대해서는 칠판 하나당 분필 두 개(세 개였던가?)를 할당한다는 규정이 있었다. 물론 우리 쪽 사람들은 네 가지 색깔의 분필을 원했다. 분필을 둘러싸고 분란이 대단했다.[11]

비록 명목상으로는 자율적인 존재였지만 결국 랜드연구소는 더글러스항공의 부속기관처럼 보이게 됐다. 얼마 뒤, 랜드연구소는 [이제는 육군에서 떨어져 나온] 공군 계약업체들로부터 방위 관련 문제를 분석하는 데 필요한 자세한 정보를 얻을 수 없음을 깨달았다. 계약업체들이 자사가 보유한 기밀정보를 랜드연구소에 제공했다가 경쟁업체에게 유출될 수도 있음을 경계했기 때문이다. 게다가 많은 분석가들이 랜드연구소와 관련되는 것을 꺼렸다. 랜드연구소가 더글러스항공의 후원을 받는한 객관적일 수 없다고 생각했기 때문이다.[12]

한편 더글러스항공은 랜드연구소를 모체의 생명력을 억제하는 종양같은 존재로 봤다. 공군이 한쪽을 편애한다는 인상조차 풍기지 않으려고 각별히 노력을 했기 때문에, 더글러스항공 중역들은 랜드연구소와의 관계로 인해 수익성 좋은 계약을 따낼 수 있는 기회가 오히려 줄어든다고 생각했다. 공군도 랜드 프로젝트에 수백만 달러를 지출했지만 이런 갈등 때문에 바라던 결과를 얻지 못하고 있다고 불만스러워했다.[13] 1948년 초 콜봄은 이런 문제를 해결하기 위해 게이서에게 더글러스항공과 관계를 끊을 수 있는 적절한 방안을 찾아보라고 주문했다. 콜봄은 제2차 세계대전 중에 샌프란시스코 명문가 출신의 변호사 게이서를 알

1950년대 샌타모니카의 랜드연구소 건물. 해변에서 불과 몇 블록 떨어진 곳에 자리한 랜드연구소는 업무시간이 불규칙한 분석가들을 위해 24시간 개방됐다.

게 됐다. 당시 게이서는 매사추세츠공과대학교의 방사선연구소 부연구
소장으로 일하고 있었고, 국립국방연구위원회의 고문이었다.

콜봄의 요청을 받은 게이서는 랜드연구소가 더글러스항공에서 분리
한 뒤 취할 수 있는 다양한 형태에 관한 메모를 작성했다. 그 중에는 프
린스턴대학교나 시카고대학교 같이 저명한 대학의 소속단체가 된다든
가, 아니면 영리사업체로 변신한다든가 하는 안도 있었다. 결국 콜봄은
랜드연구소가 장래에도 독립적으로 유지되려면 비영리 법인이 되는 쪽
이 최선이라고 결정했다.[14] 랜드연구소의 정관은 연구소가 주식이나 주
주를 전혀 갖지 않을 것임을 명시했다. 연구소의 수입은 어떤 개인이 아
니라 법인 자체에만 이득이 되며, 수주계약을 통해 이윤을 창출할 수 있
지만 조직운영비를 제외한 모든 돈은 자체적으로 재투자될 것이었다. 형
식적으로는 미국 각지의 대학, 연구소, 재단, 언론사, 금융사 등에서 엄선
한 이사진이 법인을 소유하게 되어 있었다.[15] 경영진, 분석가, 연구자 등
(랜드연구소의 실제 구성원들)은 이사진을 위해 일하게 될 것이었다. 외
견상 독립된 사업체로서는 이상하게 보이겠지만, 랜드연구소가 하는 계
약은 모두 공군을 상대로 한 것이었다. 물론 이론상으로는 공군에 대한
기본적인 책임에 방해가 되지 않는 한 법인 설립 이후 다른 곳과 자유롭
게 계약을 체결할 수 있었다. 이런 관행은 콜봄이 이전 고용주에게 대단
히 충성했기 때문에 가능했다. 콜봄의 말마따나 "민간인은 왔다가 가는
존재지만, 공군은 영원히 자리를 지키는 법"[16]이니 말이다.

최초의 공군참모총장 칼 스파츠는 랜드연구소의 콜봄과 레이먼드,
래리 헨더슨 등과 논의한 뒤 이 조직의 재탄생을 인정하면서 "새로운 법
인이 확실히 자리를 잡고 더글러스항공만큼 효과적으로 계약 의무를 이
행할 수 있다고 여겨질 때" 승인이 떨어질 것이라고 말했다.[17]

게이서는 콜봄에게 랜드연구소가 독자적인 운영을 시작하려면 1백
만 달러가 필요할 것이라고 보고했다(2007년 당시의 달러 가치로 환산하
면 약 1천만 달러에 해당하는 액수였다). 랜드연구소는 게이서의 연줄을

이용해 샌프란시스코에 소재한 웰스파고은행을 설득해서 60만 달러 한도의 신용대출을 제공받았고, 추가로 40만 달러를 더 받게 될 것이라는 약속도 받았다. 자동차왕 헨리 포드의 손자인 헨리 포드 2세와 벤슨 포드는 40만 달러를 지원하겠다고 약속했다. 콜봄과 윌리엄스가 작성한 랜드연구소의 새로운 사업 목표는 단순한 무기개발자가 되는 것 이상의 미래상을 담고 있었다. "공공의 안녕과 미합중국의 안전을 위해서 과학, 교육, 자선의 목표를 도모하고 장려한다."[18]

랜드연구소의 새로운 사업 목표는 포드재단의 목표와 완벽하게 맞아떨어졌다. 당시 최대 규모의 자선기관이었던 포드재단은 세계평화와 과학지식 증진에 재정적 지원을 해주는 조직으로 변모하는 중이었다.[19] 게이서는 포드재단으로부터 절실히 필요한 50만 달러에 육박하는 재정지원 약속을 받았을 뿐만 아니라, 나중에는 포드재단의 회장 자리에도 올랐다.[20] 훗날 냉전시대를 대표하는 두 민간 기관으로 발전하게 되는 두 조직은 이렇게 처음부터 오래 지속될 관계를 맺게 됐다.[21]

포드재단 회장직을 맡은 뒤 작성한 성명에서 게이서는 테크노크라트들이 객관적인 분석을 이용해 통치하는 사회가 자신의 목표라고 밝혔다. 게이서가 보기에 궁핍한 사람들을 돕는 것뿐만 아니라 정책수립을 책임지는 사람들에게 조언을 해주는 것도 박애에 포함됐다. 당파적인 논쟁을 객관적인 사실로 대체하는 것 말이다. "이런 비당파성과 객관성이야말로 포드재단에 대단히 긍정적인 힘을 부여합니다. 또한 민주주의의 목표를 실현하는 데 이바지한다는 지난하고도 때로는 논쟁적인 과제에서 포드재단이 독특하고 유력한 역할을 할 수 있도록 해줍니다."[22] 정부 정책에 대한 포드재단의 긴밀한 협력은 1950년대 내내 계속됐고, 게이서는 미국의 정치적·심리적 전쟁을 뒷받침하는 포드재단의 노력을 지원했다. 몇몇 연구자들에 따르면, 게이서의 뒤를 이은 포드재단의 회장들은 심지어 국가안전보장회의에 이따금 들러서 재정지원이 필요한 프로젝트가 있는지 물어볼 정도였다.[23] 그래서인지 게이서는 죽고 나서

몇 년 뒤 음모이론가들이 질색하는 혐오의 대상이 됐다. 포드재단 회장시절 미국과 소련을 통합해 일당이 지배하는 세계정부를 구성한다는 대의를 비밀리에 추구한 사회주의자였다고 비난을 받은 것이다. 게이서가 포드재단 재임 시절에 수행한 활동과 중앙정보부에 제안한 활동을 감안하면, 이런 비난은 전혀 근거 없는 것으로 보인다.[24]

랜드연구소의 황금기라고 불릴 만한 시기가 있다면, 그것은 의심할바 없이 랜드연구소가 법인 등록을 마친 직후의 몇 년간일 것이다. 공군은 사실상 랜드연구소에게 백지수표를 써줬다. 여기 돈 있으니 적절하다고 판단하는 바에 따라 소련에 대항해 국가방위를 향상시킬 수 있는 방도를 모색해보라는 것이었다.

아찔하게 급성장한 랜드연구소는 각종 학술회의와 하계夏季 연구그룹을 후원하고 하청기업들과 관계를 맺으며 새로운 고문들을 끌어들였다. 이런 하청관계 중 하나는 (최신 보석뿐만 아니라) 경금속인 티타늄의 새로운 용도를 고안하는 것으로 이어지기도 했는데, 결국 초음속 비행기 개발에 쓰이게 되어 대단히 중요한 군사적 의미를 갖게 됐다.[25]

랜드연구소는 더 많은 학계 연구자들을 끌어들이기 위해 용어사용법을 바꾸기도 했다. 진정으로 학생 없는 캠퍼스가 되고자 했던 것이다. '과'를 뜻하는 표현으로 군대를 연상시키는 '디비전'division 대신 '디파트먼트'department를 쓴 것이 좋은 예이다. 각 과는 기하급수적으로 몸집을 불려서 여러 학문 분야를 포괄하게 됐다. 곧 랜드연구소에는 수학자와 공학자뿐만 아니라 천문학자, 심리학자, 논리학자, 역사학자, 사회학자, 항공역학자, 통계학자, 화학자, 경제학자, 심지어 컴퓨터공학자도 일하게 됐다.[26] 이들이 올바른 이데올로기를 갖고 있는지 시험하지는 않았지만 군이 필요하지도 않았다. 랜드연구소에 들어오는 미국 최고의 두뇌들은 자기들이 어떤 곳에서 일하는지를 잘 알고 있었고, 합리적인 세계(미국과 서구 동맹국)가 소련이라는 어둠의 세력을 상대로 생사를 건 투쟁을 벌이고 있다는 시각을 쉽사리 받아들였다.

랜드연구소가 확대되면서 '공통의 적을 상대로 하는 남자들'이라는 집단의식이 생겨났다(1960년대까지만 해도 랜드연구소는 사무보조나 비서 이외에 여성을 거의 고용하지 않았다. 2004년에 이르러 여성 직원들이 대거 성차별 소송을 제기함에 따라 랜드연구소는 여성에 대한 명백히 불평등한 처우 문제에 맞닥뜨렸다). 냉전에 관한 이런 공통된 신념 말고도 여러 요인이 작용해 연구소를 중심으로 대단히 긴밀한 집단이 형성됐다. 공군의 총애를 받고 있는 특권적 지위(궁극의 무기인 핵무기를 관리하고 있었기 때문에 공군 역시 군대의 총아였다), 워싱턴 D.C. 정계의 파워게임에서 멀리 떨어져 있다는 사실, 상대적으로 젊은 연구자들 등이 그런 요인이었다.[27] 극비 프로젝트를 수행하는 랜드연구소 사람들은 심사를 통과한 동료들과만 자기 일에 관해 자세히 얘기할 수 있었다. 그들은 마치 잠입 첩보원들처럼 가족들에게조차도 자기가 어떤 일을 하는지 숨겼다. 대부분이 미국 최고의 대학들에서 대학원까지 졸업한 총명한 젊은이였고, 또 많은 이들이 제2차 세계대전 중 하급장교로 복무했다. 랜드연구소 사람들은 자기가 똑똑하다는 걸 알고 있었고, 다른 이들에게도 그런 사실을 확실히 인지시켰다. 지적 우월성에 대한 이런 인식은 관료사회에 대한 경멸과 자신만만한 오만을 낳았다. 이런 태도는 50여 년이 지난 지금도 일부 분석가들 사이에서 살아남아 여전히 감지된다.

콜봄과 윌리엄스, 그리고 연구소 운영위원회는 동료끼리의 경쟁이 독창적이고 창의적인 사유를 장려하는 최선의 길이라고 굳게 믿었다. 따라서 랜드연구소 사람들은 언제나 모든 분야에서 서로를 능가하려고 노력했다. 논문과 소논문은 연구소 동료들이 회람하면서 논평했는데, 이런 논평은 언제나 풍부하고 논쟁적이었다. 새로운 연구 프로젝트는 부서별 정기회의인 이른바 '묵사발 위원회'에서 검토됐는데, 랜드연구소 사람들은 이곳에서 불확실한 아이디어를 철저히 논파하며 잔인한 쾌락을 느꼈다. 테니스 대회도 매년 열렸다. 분석가들은 직접 건조한 소형 쌍동선雙胴船 '몽상가' 호로 보트 경주도 즐겼는데, 이따금 몽상가 호를 타고

블라인드 체스(전쟁놀이)를 하는 랜드연구소의 연구원들. 블라인드 체스란 두 플레이어가 상대편이 각자 움직이고 있는 말의 위치를 못 보는 상태에서 진행하는 체스로서 제3의 인물이 심판 역할을 한다. 주로 기억력, 말 운용력 등 체스 선수의 능력을 과시하기 위해 행해진다.

밤새 항해하기도 했다.[28] 휴식시간에는 건물 안뜰 잔디밭에서 골프채를 가지고 퍼팅 연습을 했다. 랜드연구소의 파티에서는 미식, 와인, 음악을 음미하는 걸 놓고도 서로 경쟁하려고 애썼다. 수학자이자 핵전략가로 세계 수준의 미식가였던 앨버트 월스테터가 합류한 뒤로는 더욱 경쟁이 심해졌다. 부인들 역시 누구의 배우자가 가장 이국적인 요리를 만드는지 경쟁하는 요리 동호회를 통해 이런 경쟁에 합류했다.[29]

랜드연구소 사람들은 심지어 19세기 유럽의 군사계획가들이 즐겨한 옛 프로이센의 3차원 블라인드 체스, 즉 전쟁놀이Kriegspiel를 부활시키기도 했다. 이들은 주로 점심시간에 이 게임을 즐겼는데, 그 탓에 이 게임을 안 하는 일부 연구원들은 아예 구내식당에 가지 않을 정도였다. 게임에 정신이 팔린 연구원들이 테이블을 엉망으로 어질러놓기 일쑤였기 때문이다.[30] 랜드연구소에서의 생활은 사내아이가 흔히 생각하는 남자

다운 삶이라고 할 수 있었다. 향기로운 파이프 담배, 고속으로 달리는 자동차, 클럽 특유의 배타적 분위기 등으로 대표되는 삶 말이다.

랜드연구소에서는 상상조차 할 수 없는 것을 상상하는 것이 흔한 일이었다. 그런데 이상하게도 소련의 본성, 혹은 미국의 대소련 억제 정책이 유효한지를 의심하는 내부 논쟁은 전혀 없었다. 랜드연구소 사람들은 군의 최고위 관리들을 그대로 본받았다. 미국이 바로 정의라는 이 획일적 신념은 의심을 품은 새로운 세대가 등장하고 베트남전쟁이라는 복잡한 분쟁이 도래하고 나서야 산산이 금이 가게 됐다.

1940~50년대에 랜드연구소의 분석가들이 작성한 대부분의 내부 문서는 핵무기가 소련의 공격을 억제하기 위해 필요할 뿐만 아니라 바람직하며, 미국은 유감스럽게도 소련의 위협에 직면해 너무 수동적인 태도를 보인다는 일관된 믿음을 보여준다. 윌리엄스 같은 일부 사람들은 소련에 대한 선제 핵전쟁이야말로 미국이 지배하는 세계정부의 전주곡이 될 것이라고 믿었다. 이들은 유엔을 하찮은 비겁자들의 무능한 소굴로 여기며 또 다른 세계정부가 필요하다고 생각했던 것이다.

공군에 의존하는 입장이었던 랜드연구소는 모스크바가 세계를 집어삼키려 한다는 군부의 믿음을 열렬하게 선전했다. 랜드연구소의 분석가 네이선 레이츠가 쓴 『공산당 정치국 운영규칙』은 연구소의 교의가 됐는데, 랜드연구소의 분석가들은 50여 년이 지난 지금도 여전히 감탄하며 이 책의 내용을 인용한다. 1949년 칼 맑스와 블라디미르 일리치 레닌의 저서를 읽고서 이 책을 쓴 레이츠는 세계정복을 꿈꾸며 교조적 원칙에 입각해 움직이는 탐욕스러운 제국이 소련이라고 단정했다.[31] 따라서 과감한 무력행사야말로 공산당의 물결을 저지할 수 있는 유일한 방도라는 것이다. 이런 레이츠의 저서는 소련 주재 미국 대사 조지 F. 케넌이 발전시킨 정치적 봉쇄 전략과 극명한 대조를 이루는 것이었다.

제2차 세계대전 이후 모스크바가 동유럽을 집어삼키기 시작할 때 케넌 대사는 훗날 '장문의 전보'로 알려질 전문을 보냈다. 1946년 해리 트루먼 대통령에게 보낸 1만 단어 분량의 이 전문에서 케넌은 꼭 군사력을 사용할 필요는 없지만(케넌의 견해에 따르면 군사력을 행사하겠다는 위협만으로도 소련을 충분히 억제할 수 있을 것이었다), 빈틈없는 경계와 본보기로 소련이라는 맑스주의의 거인을 봉쇄하자고 주장했다. 이듬해 케넌은 전문을 보완하고 확대해 쓴 논문 「소련 행동의 원천」을 '엑스'라는 가명으로 『포린어페어스』에 기고했다.[32] 케넌의 지침은 오랫동안 미국의 대소관계를 움직이는 규칙이 됐다. 그렇지만 소련이 첫 번째 원자폭탄 폭발에 성공한 뒤인 1950년에 이르러 행정부의 정책은 케넌이 주장한 수동적이고 이데올로기적인 봉쇄에서 레이츠가 촉구한 공공연한 군사경쟁으로 뒤바뀌었다. 당시 랜드연구소와 관계를 맺고 있던 유명인사 폴 니츠가 거의 혼자서 이런 변화를 이끌었다.

월스트리트 은행가 출신의 부자였던 니츠는 루스벨트 대통령의 보좌관으로 정부에 발을 들여놓았다. 제2차 세계대전 당시 전략폭격조사위원회 부위원장으로 재직하며 랜드연구소의 창립 멤버들(아널드 장군, 르메이 장군, 콜봄 등)과 알게 된 니츠는 케넌의 후임자로 대통령 직속 정책기획실장이 됐다.[33] 1950년 당시 국가안전보장회의에 제출하기 위해 어떻게 핵시대에 대외 정책을 수행할지에 관한 제안서를 작성한 것도 니츠였다.[34] 국가안전보장회의 문서 제68호(NSC-68)라고 불리는 이 문서는 레이츠의 어조를 가득 담아 '크렘린의 세계지배 구상'과 미국이 직면한 항구적인 위협에 관해 묵시록적 경고를 보냈다.

과거에 패권을 추구한 나라들과 달리, 소련은 우리와는 정반대되는 새롭고도 광적인 신념에 의해 움직이며, 세계 모든 곳에 자신의 절대적인 권위를 강요하려 한다. 따라서 [소련의] 구상은 비소비에트권 나라들에서 정부기관과 사회구조를 완전히 전복하거나 강제로 파괴하고, 그 대신 크렘린에 복종하고 통제받는 기구와 구조를 세우는 것이다. 현재 소련은 이런 목적을 위해 유라시아 대륙을 지배하려고 애쓰는 중이다. 비소비에트권 세계에서 힘의 중심이자 소련의 팽창을 저지할 보루인 미국은 크렘린이 자신의 기본적인 구상을 달성하기 위해서 그 완전성과 생명력을 전복하거나 파괴해야 하는 주된 적이다.[35]

또한 이 문서는 소련이 핵전력을 증강한 상황에서 미국이 군대와 민방위군을 즉시 상당 규모로 증대하지 않으면 크렘린 당국이 기습공격을 감행할 가능성이 농후하며, 1954년이 가장 큰 고비가 되리라고 경고했다. NSC-68은 소련의 지원을 받은 북한이 미국의 동맹국 남한을 침공한 무렵 트루먼 대통령에게 제출됐다. 공산주의자들의 구상에 관한 니츠의 경고는 제대로 들어맞았고, 결국 트루먼 대통령은 NSC-68을 미국의 공식 정책으로 채택해 국방예산을 거의 4백억 달러나 인상했다.

그 해, 즉 1950년에 미국은 약 2백98개의 원자폭탄을 보유하고 있었다.[36] 오늘날에는 당시 소련이 한줌밖에 안 되는 핵무기를 갖고 있었음이 밝혀졌지만, 확실한 증거가 거의 없던 미국의 정책결정권자들은 최악의 상황을 가정했다. 모스크바가 핵무기를 대규모로 구축해놓고 있으며, 소련 공군이 미국에 원자폭탄을 떨어뜨릴 수 있는 역량이 있다는 것이었다. 게다가 미국의 일반 대중이 보기에 미국을 위협하는 것은 비단 모스크바만이 아니었다. 사방에 무서운 적이 있었다.

바로 한 해 전만 해도 중국이 마오쩌둥이 이끄는 중국공산당의 수중에 떨어졌다. 중국공산당은 미국이 지원한 중국의 독재자 장제스 총통의 군대를 대만 해협 너머로 몰아냈다. 비난의 물결이 미국에게 쏟아졌다. "누가 중국을 잃었는가?"라는 외침이 신문사설과 의회에 울려 퍼졌다.[37] 게다가 소련의 첫 번째 원폭시험(그리고 소련 첩자들이 모스크바에 원자폭탄 제조비법을 넘겼다는, 근거가 충분한 의심)은 미국에 공산당의 제5열이 암약하고 있다는 공포를 불러일으켰다. 하원 반미활동조사위원회는 영화산업에 공산당원들과 그 동조자들이 침투해 있다는 의심에 관해 청문회를 열기 시작했고, 무명이었던 위스콘신 주 출신 상원의원

조지프 매카시는 연방정부의 내부에 거대한 공산당 음모세력이 있다고 목청을 높이기 시작했다. 곧이어 공산주의자들에 대한 전국적인 마녀사냥이 잇따르기까지는 시간이 얼마 걸리지 않았고, 온갖 직업의 사람들이 일자리를 지키기 위해 정부에 대한 충성서약에 서명할 것을 강요받았다. 단지 공산당 동조자('빨갱이' 또는 '지지협조자')라고 의심받기만 해도 그 사람은 천한 직업 말고는 다른 일자리를 구할 수 없었다. 얄궂게도 마녀사냥의 첫 번째 희생자 가운데 한 명은 원자폭탄을 만들어낸 인물, 즉 맨해튼계획의 총책임자인 저명한 물리학자 J. 로버트 오펜하이머였다. 실제로 간첩행위를 하지 않았다 하더라도 공산주의 성향을 갖고 있다고 의심받은 오펜하이머는 비밀정보 사용 허가를 박탈당하고, 극비로 분류된 정부 업무에서 배제되는 블랙리스트에 올랐다.[38]

소련의 의도에 관해 레이츠의 저술과 니츠의 탄식이 만들어낸 랜드연구소의 매파적 견해는 그 시대 미국의 편집증, 간단히 말해서 핵전쟁이 임박했다는 국민적인 공포와 조금이라도 미국적이지 않은 것에 대한 혐오에 딱 들어맞았다. 그렇지만 랜드연구소의 분석가들은 열심히 일하고 헌신하고 희생하면(그리고 샌타모니카에서 발표하는 처방에 따른다면) 여전히 살 만한 미래가 앞에 놓여 있을 것이라고 믿었다. 이런 랜드연구소가 내린 처방 가운데 하나는 핵전쟁에 의한 절멸의 고비에 놓인 세계를 구할 것이었고, 다른 처방 하나는 미국과 서구에서 사회복지, 정치, 정부 등의 기본 개념을 다시 쓰게 될 터였다.

3장. 죄의 대가

1945년 7월 16일 뉴멕시코 주 앨라모고도의 모래사막에서는 버섯구름이 피어올랐다. 맨해튼계획의 부책임자였던 토머스 패럴 준장의 묘사에 따르면 이 버섯구름은 "전례 없이 장대하고 아름다우며, 거대하고 무시무시한" 위력을 어마어마하게 발휘하며 타올랐다.[1] 핵시대의 개막식에 참석한 극소수의 과학자들과 군인들은 훗날 원자폭탄에 대해 극명하게 엇갈리는 반응을 보였다. 물리학자 에드워드 텔러나 어니스트 로렌스 같은 이들은 평생을 바친 연구가 눈앞에서 성스러운 불꽃으로 피어오르는 모습만을 봤다. 엔리코 페르미 같은 사람들은 원자폭탄에서 시작되는 연쇄반응이 미국 전체나 전세계, 또는 단지 뉴멕시코 주의 대기를 파괴할 것인지 아닌지 농담하거나 내기를 걸기도 했다.[2]

이와 대조적으로 맨해튼계획의 총책임자 J. 로버트 오펜하이머는 겉으로는 자신의 창조물을 자랑스러워하면서도 불길한 예감과 후회에 압도됐다. 폭발 장면을 목격한 바로 그 순간, 오펜하이머의 머릿속에는 팔이 여러 개 달린 비슈누 신이 나타나 읊조리는 힌두교의 성스러운 문헌 『바가바드기타』의 말이 떠올랐다. "이제 나는 죽음이 되었노라, 세계의 파괴자가 되었노라." 세상에서 가장 위험한 무기를 개발한 데 대한 후회는 평생 오펜하이머를 따라다녔다. 한때 지식의 에덴동산에서 살았던 물리학자들이 이제 "죄를 알게 됐다"고 오펜하이머는 생각했다.[3]

이후 오펜하이머는 죽을 때까지 미국의 일방적인 무장해제를 주장하고 핵확산 중단을 촉구하는 것으로, 자신이 야비한 전쟁에 기여한 빛

나는 공헌을 보상하려고 애썼다.⁴⁾ 많은 동료 과학자들도 핵무기라는 램프의 요정을 다시 병에 집어넣기 위해 나름대로 노력하게 된다. 그러나 전쟁을 연구하는 이들은 앨라모고도·히로시마·나가사키에서의 폭발을 두고 '내 탓이오'라고 자책하지도, 인간의 타락을 변명하지도 않았다. 방사능으로 뒤범벅된 핵시대의 개막은 자신들이 통제할 수 있는 새로운 세계를 예고했다. 아마 이들 중 가장 유명한 이는 핵무기를 통한 전쟁억제 개념을 창시했다고 인정받는 랜드연구소의 군역사가 버나드 브로디일 것이다. 브로디는 히로시마 원폭 투하에 관한 신문 헤드라인을 보자마자 이렇게 소리쳤다. "이제까지 내가 쓴 모든 것이 낡은 얘기가 되어버렸구나." 암울한 숙고의 시기에 빠져 몇 달을 보낸 뒤 브로디는 이렇게 쓰게 된다. "이제까지 우리 군의 주요 목표는 전쟁에서 승리하는 것이었다. 하지만 이제부터는 전쟁을 막는 것이 주요 목표가 되어야 한다. 이제 군에게 그밖에 다른 유용한 목표란 있을 수 없다."⁵⁾

1951년 랜드연구소에 몸담을 때까지 브로디는 자신이 의식했든 못했든 한 자리에 적응하지 못한 채 여러 대학을 옮겨 다녔다. 이런 점에서 브로디 역시 랜드연구소로 옮겨온 앨버트 월스테터를 비롯한 많은 이들과 똑같았다. 이 사람들 역시 문화적 정통의 난기류로부터 자신들을 보호해줄 상아탑을 찾고 있었다.

시카고 사우스사이드의 가난한 유대인 집안에서 태어난 브로디는 키가 작고 근시였으며 어려서부터 힘에 매혹됐다. 군대와 말馬에 흠뻑 빠진 브로디는 나이를 속이고 열여섯 살에 주방위군에 입대했다. 당시만 해도 주방위군은 기병훈련을 실시하고 있었던 것이다. 1939년 시카고대학교를 졸업한 뒤 프린스턴대학교에서 교편을 잡게 된 브로디는 그곳에서 훗날 랜드연구소의 소련 연구가가 되는 네이선 레이츠를 만났다. 다시 아이비리그에 속한 다트머스대학교로 자리를 옮긴 브로디는 "자신의 분야에서 지나치게 훌륭한 인물이라 학과의 향후 계획에 전혀 들어맞지 않는다"는 이유로 학장에 의해 해임됐다.⁶⁾ 전쟁 중에는 해군정보국에서 복무하며 독일의 유보트 승무원들에게 항복을 종용하는 방송용 선전문을 작성하기도 했다. 그러다가 히로시마 원폭 투하 5일 전에 예일대학교의 정치학과에 자리를 얻게 됐다.

히로시마가 현대 세계를 바꿔놓기 전까지 브로디는 유럽의 전란(물론 브로디가 이를 예상한 것은 아니었다)에 편승한 두 저작 덕분에 명성을 얻고 있었다. 우선 브로디의 대학원 박사학위 논문인 『기계시대의 해군력』(1940)이 진주만 공격 직후 프린스턴대학교출판부에서 출간됐다. 해군은 즉시 1천6백 부를 수문했고, 그 덕택에 당시 대학교출판부가 펴낸 책으로서는 이례적으로 베스트셀러가 됐다. 이 책의 반응에 한껏 고무된 프린스턴대학교출판부는 브로디에게 다른 책을 또 내자고 제안했다. 그 결과물이 『일반인을 위한 해군 전략 가이드』(1941)였다. 해군학생군사교육단이 곧장 1만5천 부를 사갔다. 한번도 대양에 나가 본 적이 없는 저자로서는 나쁘지 않은 성과였다.[7]

당연한 말이지만, 원자폭탄이 (전쟁이든 정치든) 국가들 사이에서 벌어지는 모든 게임의 규칙을 바꿔놓았음을 간파한 과학자는 브로디만이 아니었다. 서구 세계 곳곳에서 새로운 질서를 요구하는 목소리가 터져 나왔다. 제1차 세계대전이라는 무시무시한 학살극을 겪으면서 마침내 새로운 평화의 시대를 인도할 집단적인 세계정부[즉, 국제연맹]에 대한 열망이 생겨난 것처럼, 제2차 세계대전 이후를 살아가게 된 당대의 많은 전문가들은 세계기구를 창설해 엄청나게 위험한 이 새로운 핵무기의 사용권을 그 기구에게 위임하라고 요구했다. 영국의 저명한 철학자 버트런드 러셀은 이런 세계기구 창설을 위해 로비 운동을 벌였다. 당시 미국에서 가장 영향력 있는 문예지 『새터데이리뷰』의 발행인 노먼 커즌스도 운동에 나섰다. 커즌스는 이렇게 말했다. "세계정부의 난점에 관해서는 말할 필요가 없다. 세계정부 없이도 우리가 일을 할 수 있는지 묻기만 하면 된다."[8] 오펜하이머조차도 유엔과 흡사한 초국가 조직에 원폭 사용권을 일임하는 것이 좋겠다고 생각했다.[9]

소련(또는 다른 어떤 적)의 도발이 없어도 선제 공격으로 상대방의 공격력을 무력화하는 예방전쟁을 주장하는 이들도 있었다. 몇몇 의원들은 전쟁이 끝난 직후 소련을 무너뜨리자는 의견을 공공연히 내놓았다. 국무장관 딘 애치슨조차도 기회가 있을 때 소련을 영원히 무장해제시키는 구상을 놓고 혼자서 머리를 굴렸다.[10] 군부 안에서 예방전쟁을 적극적으로 주창하고 나선 가장 유명한 인물은 해군장관 프랜시스 매튜스일 텐데, 그는 공개적으로 이렇게 선언했다. "평화를 누리려면 어떤 대가라도, 심지어 평화에 대한 협조를 강요하는 전쟁을 벌이는 대가까지도 기꺼이 치러야 하며 그럴 의사가 있음을 공표해야 한다. …… 우리는 역사상 최초로 '평화의 침략자'가 될 것이다."[11] 해리 트루먼 대통령은 이런 견해를 보인 매튜스를 곧 해임했다. 트루먼은 상대방의 도발이 없는데도 선제 공격을 하려는 이들을 미국인답지 못하다고 공공연하게 비난했다. 그런 트루먼조차도 훗날 회고록에서 소련이 서유럽을 침략할 징조가 보이면 예방 핵공격에 나설 계획을 세운 적이 있다고 인정했다.[12]

브로디가 보기에 예방전쟁은 이론상으로는 바람직하지만 재앙이나 마찬가지였다. 당시 브로디는 상대방의 도발 없이 먼저 공격하는 것은 미국의 페어플레이 전통과 불가침의 역사에 크게 어긋난다고 생각했다. 그렇기 때문에 전장에서 제아무리 군사적 성과를 올린다 할지라도 정치의 장에서는 패하고 말 것이라고 주장했다. 소련이 1949년에 독자적으로 개발한 원자폭탄을 터뜨리기 전에 이미 이런 결론을 내린 것이었다. 그때부터 줄곧 브로디는 미국의 군대가 소련의 폭격기와 핵무기를 모두 파괴할 수 있다고 보장하기란 불가능하다고 생각했다. 폭격기 한 대만으로도 미국 땅에서 어마어마한 대량학살을 일으킬 수 있을 것이었다. 불안정하더라도 영구적인 평화로 가려면 비무장도시에 다다르기 전에 핵준비태세라는 진창을 지나야 했다.

브로디는 예일대학교의 국제문제연구소로부터 『완전무결한 무기』라는 책에 기고를 요청 받았다. 핵무기 통제의 근거를 탐구하는 이 책에

1946년 9월 전략공군사령부 장성들을 대상으로 강의하고 있는 버나드 브로디.

브로디는 가장 큰 영향을 미친 두 논문 「핵시대의 전쟁」과 「군사 정책에 대한 함의」를 보냈다. 그에 앞서 브로디는 원자폭탄의 물리적 구조를 제대로 이해하고 폭탄을 제조하는 데 필요한 우라늄 광석 공급량이 충분한지 알기 위해 과학 문헌을 섭렵한 바 있었다. 브로디는 원자폭탄이 전쟁의 성격 자체를 바꿔놓았으며 미래의 전쟁에서는 자신의 전문 분야인 해군학이 사소한 역할밖에 하지 못할 것이라고 결론지었다.[13]

두 논문에서 브로디는 원자폭탄이나 그것을 탑재할 항공기가 많더라도 핵교전에서 승리가 보장되지는 않는다고 역설했다. 원자폭탄 제조에 필요한 물질이 희소하기 때문에, 인구밀집 지역을 공격하는 것이 폭탄을 가장 효율적으로 사용하는 방법이 될 것이었다. 게다가 폭탄 하나로도 상상조차 할 수 없는 파괴를 가할 수 있기 때문에 전쟁을 억제하는 방도를 먼저 찾는 게 시급한 일이었다. 이런 억제력은 최초의 핵공격에 보복할 수 있는 역량을 갖춤으로써만 가능했다. 양쪽 모두 "보복을 두려워해야만 한다. 그래야 자국의 도시가 파괴되기 몇 시간이나 몇 일 전에 상대방의 도시를 파괴한다는 데 별 매력을 못 느낄 것이다."[14]

서유럽의 정치적 소요가 확대되고 소련이 계속 자유세계를 잠식해 들어오는 것처럼 보이자 브로디의 생각은 한층 더 발전됐다. 중앙정보부는 그리스에서 공산당의 반란을 격퇴하느라 바빴고, 이탈리아에서는 공산당이 선거에서 승리하기 일보직전 상황까지 갔다. 1948년에는 체코슬로바키아의 민주 정부가 공산당 쿠데타에 의해 무너졌고, 같은 해에 여전히 분할되어 있던 독일에서는 소련군이 베를린을 봉쇄했다.[15] 한편 미국은 전시경제에서 벗어남에 따라 군대의 대부분을 신속하게 동원해제한 상태였다.[16] 브로디가 보기에 미국으로서는 소련에 대한 정치적 봉쇄와 더불어 소련의 팽창주의를 억제할 주된 군사적 수단으로 핵무기를 사용하는 수밖에 다른 선택의 여지가 없는 것 같았다.

원자폭탄 원료가 앞으로도 부족할 것이라는 새로운 공식 정보를 접한 브로디는 원자폭탄을 더 많이 보유한다고 핵우위를 점하는 것은 아니라는 기존 입장을 재고하게 됐다. 미국이 소련에 비해 세 배, 다섯 배 많은 원자폭탄을 보유한다면, 특히 이 폭탄을 단지 임의의 도시가 아니라 특정한 목표물에 떨어뜨릴 수 있다면 정말로 효과적인 우위에 서게 될 것이었다. 그런데 어떤 목표물일까? 언제? 그리고 어떻게?

1949년 브로디는 이 주제에 관한 책을 한 권 쓰기로 결심했다. 군 내부에서는 아무도 이 문제에 초점을 맞추지 않는 것 같았기 때문이다. 원래 제목은 『공군의 전략』이었다. 그로부터 10년이 걸려서 완성된 이 책의 제목은 『미사일시대의 전략』으로 바뀌었다. 브로디는 제2차 세계대전 당시 연합국이 감행한 폭격이 어떤 효과를 가져왔는지에 관한 공식 조사와 통계를 면밀하게 연구했다. 그리고 폭격이 실제로 미친 영향을 미국의 빌리 미첼 장군과 이탈리아의 줄리오 두에 준장 같은 분석가들이 1920~30년대에 예언한 결과와 비교했다.[17] 미첼 장군과 두에 준장은 미래에는 항공기가 결정적인 무기가 되어 대규모 육군이나 해군이 불필요하게 되리라고 전망한 바 있었다(공중전과 관련해 논쟁을 야기한 미첼 장군은 '미공군의 아버지'라고 불리는 인물로서, 랜드연구소의 설립자 중 하나인 프랭크 콜봄의 우상이자 영감의 원천이기도 했다).

브로디의 연구에 따르면, 연합국의 폭격은 예상했던 효과를 미치지 못했고, 나치의 산업 생산시설은 이런 맹공격을 훌륭하게 버텨냈다. 그렇지만 전쟁이 막바지로 향해 갈 즈음에 폭격으로 무척 중요한 두 산업인 액체연료산업과 화학산업이 파괴됐다. 소련 경제가 독일보다 회복력이 약하고, 또 원자폭탄이 훨씬 더 광범위한 지역에 영향을 미칠 것이기 때문에, 브로디는 미국이 핵우위를 헛되이 낭비하지 않으려면 목표물을 체계적이고 효율적으로 연구해야 한다고 생각했다.

브로디가 잡지 논문을 통해 이런 생각들을 일부 발표하자 공군참모차장 로리스 노스타드 장군이 브로디에게 접근해왔다. 그리고 칼 스파츠를 뒤이어 제2대 공군참모총장이 된 호이트 밴던버그를 설득해서 브로디를 고문으로 영입하게 만들었다. 브로디의 역할은 전략공군사령부의 공격 목표 목록, 즉 1945~46년의 전략폭격조사를 개선하는 방안을 검토하고 의견을 제시하는 것이었다.[18]

제2차 세계대전이 끝난 직후 육군항공대는 최신식 첨단무기 이용을 계획하고 지휘하기 위해 전략공군사령부를 설립했다. 육군항공대가 육군에서 분리된 뒤, 합동참모본부는 원자폭탄의 전장 투입 임무를 전략공군사령부에 맡겼다. 1948년 말까지 제조된 원자폭탄은 50개에 불과했지만, 당시 원자폭탄 개발과 생산을 맡았던 원자력위원회는 1951년까지 4백 개를 비축해놓겠다고 공언했다.[19]

랜드연구소의 대부 커티스 르메이 장군은 1948년 소련의 베를린 봉쇄 중에 실시된 미국의 공수 작전을 성공적으로 완료한 뒤 전략공군사령관에 임명됐다. 르메이 장군은 전략공군사령부가 무기력에 빠져 있을 뿐만 아니라 제대로 방향조차 못 잡고 있음을 곧 깨달았다. 예를 들어서 당시 유럽에 있던 B-29 폭격기는 모두 고장이 난 상태였다. 르메이 장군은 합동참모본부를 설득해 자신의 요구를 우선시하도록 했다. 결국 르메이 장군은 두 달 만에 항공기 60대가 원자폭탄을 탑재하고 임무를 수행할 수 있는 준비를 마쳤다.[20] 또한 원자력위원회가 핵무기 비축량을 늘리겠다는 약속을 확실히 지키도록 했다.

브로디는 황홀한 기분이었다. 마침내 오랫동안 꿈꿔온 핵 정책의 비밀에 접근할 수 있게 됐기 때문이다. 바깥 세계에 있다가 문제의 어두운 핵심으로 들어가는 셈이었다. 브로디는 예일대학교를 휴직하고 국방부의 정책계획가들을 찾아다니면서 명단에 오른 공격 목표물을 선정한 이유를 묻기 시작했다. 성급하고 자기 주장이 강한 브로디는 도발적인 질문으로 부정적인 반응을 일으키고도 아랑곳하지 않았다. 자기가 미국에서 가장 유명한 민간인 군사전략가임을 알고 있었기 때문이다. 브로디는 국방부의 고위 장교들 눈에는 자신이 걸어 다니는 모순에 불과함을 깨닫지 못했다. 고위 장교들은 오직 군대만이 국가가 전쟁에서 어떻게 행동할지 결정하는 데 필요한 적절한 훈련을 받고 정신적 근성을 지녔다고 생각했기 때문이다. 게다가 브로디는 공격 목표물을 선정하는 문제에서 자기도 모르게 벌통을 건드리고 말았다.

르메이 장군이 지휘하는 전략공군사령부는 이른바 '강력한 타격'을 주장했다. 자신들이 보유한 원자폭탄 전부를 소련의 70개 도시에 투하하는 대규모 공격 작전이었다. 그러나 (합동참모본부의 승인 아래) 공군참모본부의 분석가들은 다른 계획을 내놓았다. '소련 전쟁 수행력의 핵심요소 파괴disruption'를 의미하는 델타, '소련의 원자폭탄 발사능력 무력화blunting'를 의미하는 브라보, '소련의 서유럽 진출 저지retardation'를 의미하는 로미오 등 세 종류의 목표물을 구별하는 계획이었다.[21]

르메이 장군이 보기에 이런 구분은 혐오스러울 뿐이었다. 르메이 장군은 전쟁에서 겪은 숱한 경험을 통해 처음 맞부딪힐 때부터 적에게 모든 공격을 가하는 '집중공격'이 전쟁의 유일한 원칙임을 몸소 깨우쳤다.[22] 다른 모든 방도는 빛 좋은 개살구일 뿐이었다.

당시 브로디는 르메이 장군의 견해에 반대하는 주장을 지적으로 정당화하기 위해 발탁된 것이었다. 서로 경쟁 중인 이 두 계획을 검토한 브로디는 둘 다 소름끼치도록 무서운 것임을 깨달았다. 공군참모본부의 분석가들은 적어도 소련의 공격을 저지하는 효율성에 따라 목표물을 구분하기는 했지만 모든 목표물의 위치를 정확히 알지는 못했다. 게다가 각각의 폭격이 구체적으로 어떤 결과를 야기할지에 관해서도 제대로 설명하지 못했다. 예를 들어 브로디는 이들이 도대체 왜 발전소를 파괴하면 곧장 소련 경제가 붕괴한다거나 '국가가 파멸'한다고 생각하는지 도무지 이해할 수 없었다. 르메이 장군이 제시한 계획의 경우, 브로디는 이미 도시에 대한 무차별 폭격이 비효율적이라는 기록을 접한 바 있었다. 브로디는 르메이 장군과 개인적으로 만난 자리에서 미국을 선제 공격할 만한 폭탄이 소련에게 많지 않은데 '강력한 타격'을 주장하는 이유를 도무지 이해할 수 없다고 말했다. 브로디는 핵미사일 '예비역량'을 소련에 대한 억제력으로 활용해야 한다고 주장했다. 만약 기습공격을 당한 뒤에도 미국이 적에게 치명적인 피해를 가하기에 충분한 화력을 유지할 수 있다는 사실을 알게 된다면, 모스크바 당국은 핵무기를 먼저 사용하기를 훨씬 더 꺼리게 되리라는 것이었다.

그렇지만 르메이 장군은 브로디의 생각에 끝까지 극구 반대했다. 브로디는 소련과의 핵전쟁이 벌어지면 양쪽 모두 큰 타격을 입을 수밖에 없다는 사실을 상기시키며 선별적인 공격을 주장하는 보고서를 밴던버그 공군참모총장에게 제출했다. 만약 미국이 힘을 아껴둔 채 소련에게 추가 공격이 무익함을 깨닫게 하도록 일부 목표물만을 공격한다면, "작은 대가를 치르고 총력전을 피하는 셈이 될 터였다."[23]

밴던버그 공군참모총장이 브로디의 권고에 어떤 반응을 보였는지 역사가들은 아직 알지 못한다. 다만 브로디에게 전략폭격의 효과에 관한 특별자문위원회를 맡아달라고 요청했다는 사실은 알고 있다. 그러나 공군에서 브로디를 후원했던 노스타드 장군이 유럽으로 옮겨가자 브로디와 그의 구상을 반대하던 공군 내부의 다른 참모들이 앞장서서 브로디와의 계약을 "다소 갑작스럽게 해약해버렸다."

일자리가 필요하지만 예일대학교로 돌아가기는 내키지 않았던 브로디는 1951년 랜드연구소에서 한스 스파이어를 만나 계약서에 서명했다. 스파이어와는 몇 년 전 조언을 해주며 알게 된 사이였다. 마침내 그토록 열망하던 지적 본거지를 찾은 브로디는 결국 그곳에서 15년 동안 일하게 된다. 랜드연구소와의 관계가 무척 소란스러웠고, 환희와 갈채만이 아니라 커다란 실망도 많이 있었지만 말이다. 브로디와 랜드연구소의 이런 관계가 전혀 이례적인 것은 아니었다. 유명한 분석가들과 랜드연구소의 관계를 상세히 들여다보면, 처음에는 서로에 대한 매혹과 갈채로 시작해서 (때로는 동시에) 비판이 이어지다가, 결국 랜드연구소가 상대방을 공격하고 관계를 끊는 패턴이 동일하게 드러난다(곧 보겠지만, 브로디의 지적 라이벌이었던 수학자 월스테터뿐만 아니라 물리학자이자 미래학자였던 허먼 칸에게도 이런 일이 벌어진다).

전후 미국이 소비에트권과 벌인 싸움은 단지 군사적인 것만이 아니었다. 그것은 이데올로기 싸움이기도 했다. 그리고 서구 문명의 미래가 마치 이 싸움에 달려 있는 것처럼 보였다.

제2차 세계대전이 끝날 때까지 미국과 유럽의 지식인들은 대부분 자본주의가 역사의 패배자가 되리라고 믿었다. 오스트리아 태생의 저명한 경제학자 조지프 슘페터는 이렇게 말했다. "자본주의는 살아남을 수 있을까? 아니다. 살아남을 것이라고 생각하지 않는다."[24] 맑스주의자들이 말하는 노동자의 천국에서 정점에 이르는 헤겔식 역사운동을 신봉한 소련식 공산주의가 미래의 필연적인 물결이라 여겨졌던 것이다. 역사나 시대정신이 개인을 통해 그 모습을 드러낸다 할지라도, 집단의지에 따르는 것이야말로 사회를 지배하는 원리가 될 터였다. 개인의 가치는 집단의

지에 복종하는 정도에 따라 결정되고, 그에 대한 해석은 전지전능한 공산당 지도부의 몫이다. 이렇듯 소련식 공산주의는 자유의지, 개인의 권리, 제한된 정부 등에 대한 미국식 통념과 대조적이었다.

전후 미국의 지식인들은 이런 소련식 공산주의의 신조에 대항하기 위해 "각자 능력에 따라 일하고, 각자 필요에 따라 얻는다"는 맑스주의의 교의를 단호하게 배제하는 역사를 정립하기 위해 노력했다. 이 새로운 교의는 억압적이고 전지적인 맑스주의 국가 대신 개인이 스스로 모든 것을 선택하고, 실수할 수 있는 개인의 권리를 옹호하는 체제를 추구했다. 1950년 랜드연구소에서 만들어진 이 교의는 훗날 '합리적 선택이론'이라고 불리게 됐다. 이 이론의 주요 주창자는 당시 스물아홉 살밖에 안 됐던 경제학자 케네스 애로였다.

애로가 랜드연구소에서 수행한 작업의 상당 부분은 아직도 극비로 분류되어 있다. 우리가 아는 것은 이 정도이다. 컬럼비아대학교에서 통계학을 공부한 뒤 애로는 개혁 성향의 카울스위원회에서 일했다(카울스위원회는 1940~50년대에 계량경제학 분야를 혁신한 시카고 소재의 경제학연구소이다. 애로 말고도 찰링 찰스 코프만스, 제라르 드브뢰, 허버트 사이먼 같은 랜드연구소의 몇몇 경제학자들이 카울스위원회를 거쳤다). 그 뒤 1948년 하계 인턴으로 랜드연구소에 온 애로는 소련에 대한 집합적 '효용함수'를 확립하는 임무를 부여받고 기밀자료 이용 허가를 받았다. 이 함수는 그동안 국제 문제가 발생할 때마다 소련 지도자들이 보인 행동을 분석해 이들이 선호하는 행동을 집합화하는 것이었다. 예컨대 이들을 하나의 집단으로 봤을 때, 폴란드나 만주를 침공하는 것 중 어느 쪽이 이들을 최대한 만족시키는가, 어떤 조건에서 그런가 등을 식별하는 것이었다. 랜드연구소에게 이런 함수가 필요했던 이유는 핵충돌이 발생할 경우 소련의 과두지배자들(특히 예측하기 매우 힘든 요시프 스탈린)이 어떻게 행동할지를 모의실험하기 위해서였다. 당시만 해도 신비의 장막에 쌓인 스탈린체제에 관한 정보가 너무나 부족했기 때문에 서구의 정책결정권자들은 확실한 증거 대신 추측에 의존할 수밖에 없었다(당시의 소련 연구자들은 일종의 정치적 점술사였다. 이들은 붉은광장에 걸린 단체 사진에서 그 사람이 스탈린과 얼마나 가까이 서 있느냐를 기준으로 삼아 소련공산당 정치국원들의 정치적 영향력을 점치곤 했다).

소련에 대한 효용함수를 발견한다는 원래 임무 때문에 애로는 '집합적 효용' 개념에 깔린 가정을 검토할 수밖에 없었다. 특히 일련의 선택에서 한 집단이 모든 구성원의 동등한 만족을 위해 우선순위를 어떻게 조정하는가를 검토해야 했다. 이런 함수의 핵심에는 집단의 선택을 공리적 순서로 짜맞출 수 있고(일종의 바람직한 결과를 A, B, C 순으로 순위 매길 수 있다), 그렇게 함으로써 결국 집단의 합의가 도출되리라는 가정이 놓여 있었다. 그런데 애로는 놀라운 결론을 내렸다. 두 명 이상의 행위자로 이뤄진 의사결정 집단이 셋 이상의 상이한 결과에 맞닥뜨릴 경우, 다른 사람들에게 자신의 의지를 강요하는 사람이나 '독재자'가 존재하지 않는다면 아무도 합의에 도달할 수 없다는 것이었다.[25]

여기서 애로와 랜드연구소의 분석가들은 중대한 선택(어떤 이들이 그릇된 것이라고 말할 만한 선택)을 하게 된다. 이들은 삶이 결정되어 있다고 가정했다. 이들은 이런 가정 아래 연구를 진행했다. 특정한 행동 추이의 수학적 확률을 조사하고, 각각을 가정된 선호 순서에 따라 도표화하면 어떤 사람이 어떤 선택을 할지 예측할 수 있다는 가정이었다. 이렇게 삶을 숫자놀음으로 만듦으로써, 랜드연구소의 괴짜들과 과학광들은 흔히 저지르는 오류에 빠져버렸다. 즉, 계산할 수 없는 것은 간단히 무시해도 된다는 오류 말이다. 보험통계표와 보험금 지불에 순위와 확률을 적용할 수는 있겠지만, 개인과 집단의 심리는 무척 변화무쌍하고 복잡하게 움직여서 애로가 제안한 것과 같은 공식에 딱 들어맞지 않는다. 훗날 랜드연구소 사람들은 인간의 행동을 숫자로 환원하려는 시도가 헛된 것이었음을 후회스럽게 인정하게 된다. 그러나 1950년은 랜드연구소에서 수학이 한창 꽃 피우는 시기였고, 분석가들은 인간 행동의 실마리를 푸는 열쇠라는 기대감으로 계산에 흠뻑 빠져 있었다. 좌우간 이 가정은 서구 문화를 심대하게 뒤바꾸는 발견으로 이어지긴 했다. 삶을 수치화, 즉 일련의 방정식, 공식, 공리로 환원하려고 애쓴 애로는 맑스주의 변증법만큼이나 지각변동을 가져온 인간행동이론을 발전시킨 것이다.

기본적인 수준에서 애로의 연구는 집합적이고 합리적인 집단의 결정이 논리적으로 불가능함을 형식언어(즉, 수학적인 표현)로 증명했다. 훗날 애로의 불가능성 정리impossibility theorem라고도 불리게 되는 이 역설은 온갖 사회계약의 학문적 유효성을 파괴하는 확고부동한 수학적 논증을 제공했다. 물론 사회에는 여전히 법이 존재하고, 사람들은 뜻을 모아 함께 일한다. 따라서 애로의 연구를 접한 비전문가들은 자기 마음대로 단어의 의미를 정하는 붉은 여왕이 사는 토끼 굴 속에 굴러 떨어진 이상한 나라의 앨리스 마냥 어리둥절해 할 것이다. 고대 그리스의 철학자 제논의 수수께끼를 떠올리는 사람도 있을 것이다. 제논에 따르면, 어떤 토끼도 경주에서 먼저 출발한 거북이를 앞지를 수 없다. 왜냐하면 토끼가 한 걸음 내디딜 때마다 거북이는 조금이라도 움직이고, 결국 토끼가 아무리 많이 뛰어도 거북이는 여전히 아주 조금이라도 앞서 있을 것이기 때문이다. 좌우간 애로가 자신의 발견과 경제학에 기초해 수립한 가치체계는 맑스주의의 집합의지 개념을 무너뜨렸다. 이런 결과를 얻기 위해 애로는 공리화에 대한 관심, 보편적인 객관성을 갖는 과학적 진리, 사회과정을 개인들끼리의 상호작용으로 환원할 수 있다는 믿음 같은 실증주의 철학의 요소들을 자유롭게 끌어왔다.[26]

애로는 개인이 합리적이라고, 즉 일관되게 자신의 이기적인 이익을 최대화하기를 선호한다고 가정했다. 또한 이성은 문화에 따라 상대적인 것이 아니라 동일한 논리적 규칙에 따라 행동하는 모든 인간에게 동일하다고 가정했다. 게다가 애로는 과학이 객관적이라고 생각했다. 즉, 과학의 법칙은 보편적이기 때문에 제2차 세계대전 이전에 일부 경제학자들이 이론화한 것처럼 자본주의 사회에서 선택할 수 있고 공산주의 사회에서 선택할 수 있는 서로 다른 두 개의 과학이 존재하는 것이 아니라고 생각했다(맑스주의에 따르면 과학지식은 상대적인 것으로서, 문화적 조건에 의존한다). 또 한편으로 애로는 개인을 궁극적인 결정인자로 가정했다. 그래서 어떤 경제체제에서든 개인이 가장 우선시되는 기본요소라는 점을 나타내기 위해 '소비자 주권'이라는 표현을 사용했다.

그리하여 애로의 불가능성 정리는 보편적인 과학의 객관성, 개인주의, '합리적 선택'을 위한 이론적 기초를 닦아놓으면서 맑스주의, 전체주의, 이상주의적 민주주의의 토대를 허물었다. 간단히 말해, 애로는 집단은 아무것도 아니며 개인만이 전부라는 자신의 주장을 논쟁의 여지가 없는 불변의 과학이 입증해준다고 가정한 셈이다.

그 뒤 몇 십 년간 애로의 합리적 선택이론은 경제학과 정치학의 주축이 됐다. 랜드연구소 사람들이 대거 연방정부로 들어간 1960년대에 이르러 합리적 선택이론은 자기이익이 인간 활동의 모든 측면을 규정한다고 가정함으로써 공공 정책의 토대를 재정의하게 된다. 이타주의, 애국심, 종교 등은 설사 고려된다 할지라도 이기심의 변량變量으로 계산됐다. 이 이론을 기업에 적용하면, 기업은 주주들에 대한 책임 이외의 어떤 사회적 책임도 질 필요가 없게 된다. 기업이 마치 사회적 공백상태에 존재하는 것처럼 말이다. 정부와 공무원에게 이 이론을 적용하면, 무사무욕이나 공공의 이익을 위한 행동 같은 속성은 존재하지 않으며, 공무원은 자신의 권한과 예산을 극대화하려고 하는 이기적 행위자라는 식의 결론이 나온다. 따라서 태만과 자기과시가 동일시되고 좋은 정부와 베일에 가린 폭정이 등치된다. 여기서 반걸음만 더 나아가면 정부는 해결책이 아니라 문제라는 로널드 레이건의 격언*에 다다르게 된다.[27]

---

* 1981년 1월 20일 레이건 대통령이 첫 번째 임기 취임사에서 한 말(정확하게는 이렇게 말했다. "정부는 우리가 처한 문제의 해결책이 아니다. 정부가 바로 문제이다"). 정부의 지나친 경제개입과 복지 정책이 당시 미국의 경제위기(스태그플레이션)를 불러왔음을 의미했던 이 말은 훗날 '레이거노믹스'의 탄생으로 이어졌다.

합리적 선택에 관한 애로의 혁명적 연구는 게임이론이라는 최신 분야에서 랜드연구소가 일궈낸 업적에 필적할 만했다. 게임이론은 (윌리엄스가 소일거리로 즐긴) 포커 같은 실내게임의 수학적 구조를 빌려와 경제학, 정치학, 대외 정책 등의 여러 활동영역에 적용하려는 것이었다.

게임이론에 매료된 윌리엄스는 결국 1950년 이 분야의 아버지인 존 폰 노이만에게 면도할 동안만 생각하면 돈을 주겠다고 제안하며 그를 상임 연구원으로 채용했다. 수수한 스리피스 정장 차림에 믿기 힘들 정도로 온화한 헝가리 태생의 수학자 폰 노이만은 7개 국어를 자유자재로 구사했다. 폰 노이만은 한번 읽은 책은 모조리 기억할 뿐만 아니라 컴퓨터 프로그래밍 언어를 하나도 틀리지 않고 50줄 이상 줄줄 외울 정도로 천재적인 기억력을 자랑했다. 또한 윌리엄스와 마찬가지로 소련에 대한 전면적인 선제 핵전쟁을 주장하는 사람이었다.

마치 지나친 지적 재능을 상쇄하기라도 하려는 듯 폰 노이만은 어린이 놀이와 장난감을 열렬하게 즐겼고, 술고래 파티광이었고, 아일랜드 전통 5행속요俗謠 채록을 즐기는 재담꾼이었다. 폰 노이만은 부인 클라라에게 보내는 편지에 좋아하는 5행시 하나를 인용하기도 했다.

린에서 온 젊은 숙녀가 있었지
사랑하는 게 죄악이라고 생각하는 처자였지
그런데 술에 취하면
아무 문제없어 보였어
그래서 모두들 그 처자를 진으로 채웠다네! [28]

많은 수학자들이 대수학, 준準-에르고드 가설, 속束이론 등에 관한 폰 노이만의 연구를 가장 커다란 업적으로 여기지만, 냉전시대 당시 폰 노이만에게 가장 큰 명예를 안겨준 것은 다름 아닌 게임이론이었다. 폰 노이만은 프린스턴대학교의 경제학자 오스카 모르겐슈테른과 함께 이 분야의 토대를 구축한 책 『게임이론과 경제행동』을 저술했다.[29] 폰 노이만과 모르겐슈테른은 모든 게임의 참가자가 합리적이며, 어떤 주어진 상황에도 해법(즉, 합리적인 결과)이 있다고 가정했다. 한쪽이 잃어야만 다른 한쪽이 얻는 상황을 가리키는 '제로섬 게임' 개념을 만들어낸 것이 폰 노이만인데, 그는 두 사람이 참여하는 유한한 제로섬 게임의 경우에 두 사람의 이해관계가 정반대되는 한 항상 합리적인 해법이 있다고 가정하는 미니맥스 정리minimax theorem 개념도 고안했다.

1950년대 중반경 랜드연구소는 게임이론의 세계적 중심지가 됐고, 미래의 노벨경제학상 수상자 존 내시를 위시해 저명한 경제학자 멜빈 드레셔, 메릴 플러드, 아나톨 라포포트, 로이드 섀플리, 마틴 슈빅 등을 끌어 모았다. 사실 게임이론의 주요 인물 중 이 시기에 잠깐이라도 랜드연구소에서 일하지 않은 사람은 찾기가 쉽지 않다. 당시 랜드연구소에서 발전시킨 연구와 그 결과물은 훗날 (게임이론이 처음에 생겨난) 경제학, 생물학, 컴퓨터공학, 경영학 등 다양한 분야에 적용됐다.[30]

특히 1950년대에 랜드연구소의 분석가들이 개발해 즐긴 게임의 하나가 수천 년 전부터 여러 가지 변형이 존재해왔던 죄수의 딜레마라는 것이었다. 이 게임은 다음과 같다.

두 남자가 경찰에 체포되어 특정 범죄, 이를테면 무척 비싼 다이아몬드를 훔친 혐의를 받고 있다고 가정해보자. 다이아몬드는 아직 발견되지 않았다. 경찰이 두 용의자를 격리해놓았기 때문에 이 둘은 서로 얘기할 수 없다. 두 사람은 다이아몬드를 어디에 숨겼는지 말하면 그 대신 형량을 낮춰줄 수 있다는 말을 듣는다. 6개월만 감옥에서 지내면 된다는 것이다. 이와는 달리 자백하지 않는 사람은 죄에 대한 책임을 모두 지고 10년형을 선고받게 된다. 그러나 죄수들은 입을 다물면, 즉 한 사람도 자백하지 않고 경찰이 다이아몬드를 찾아내지 못하면 둘 다 무죄석방될 것임을 안다. 물론 자신이 결정을 내리기 전에는 상대방이 어떤 결정을 했는지 알 수 없다. 그리고 한 번 결정을 내리면 바꿀 수 없다.

랜드연구소 연구자들은 이 실험의 참가자들에게 당신이라면 어떻게 하겠느냐고 질문했다. 동료 죄수와 힘을 합치겠는가, 즉 입을 꾹 다물고 당신의 공범처럼 행동해 둘 다 처벌을 면하기를 바라겠는가? 아니면 누구나 자기를 위하니까 나 자신도 제일 유리한 거래를 하겠다고 하면서 자백하거나 (랜드연구소 수학자들의 표현처럼) 변절할 것인가?

변절과 협조 모두 찬반 주장이 있을 수 있다. 변절 찬성론이 내세우는 근거는 선택이 동시에 이뤄지기 때문에, 당신의 선택이 상대방에게 영향을 미치지 못한다는 것이다. 그러므로 혼자서 자백을 하고 조금이라도 형량을 줄이는 편이 낫다. 이것은 만인에 대한 만인의 투쟁이라는 홉스주의적 세계를 위한 홉스주의적 선택이다.

그러나 죄수가 동료 죄수와 협조한다면 어떻게 되는지 생각해보라. 이 경우에 죄수는 자유를 얻을 뿐만 아니라 다이아몬드도 지키게 된다. 물론 문제는 동료 죄수가 자기만 생각한 채 경찰의 협상에 응해서 당신만 10년형을 받게 만들지나 않을지 어떻게 아느냐는 것이다. 요컨대 이런 선택을 하려면 상대방에 대한 많은 신뢰가 필요하다. 그만큼 위험하지만 신뢰에 대한 보상은 두 참가자 모두에게 대단히 크다.

죄수의 딜레마는 겉으로 보이는 것처럼 이해하기 어려운 것도, 무시해도 좋을 만큼 하찮은 것도 아니다. 왜냐하면 이 딜레마는 개인의 합리성 대 집단의 합리성이라는 충돌을 다루기 때문이다. 무엇이 참가자에게 최선의 이익이며, 당신이 올바른 선택을 했음은 어떻게 알 수 있을까? 죄수의 딜레마를 사회에 적용하면 그 함의가 분명해진다. 예컨대 무장·충돌·전쟁으로 갈지, 무장해제·협력·평화로 갈지 선택의 기로에 놓인 국가를 생각해보라. 원자폭탄의 아버지이자 원자력위원회의 일반 자문위원회 의장을 지낸 오펜하이머의 경우가 대표적이다. 오펜하이머는 애치슨 국무장관에게 미국이 수소폭탄을 개발해서는 안 된다고 권고했다. "전면적인 전쟁에 제한을 가함으로써 인류의 공포를 제거하고 희망을 키우기" 위함이었다. 즉, 미국은 스탈린에게 우리도 수소폭탄을 만들지 않을 테니 당신도 하지 말라고 말해야 했다. 신중한 외교관이었던 애치슨은 이런 이상주의적 주장에 대해 이렇게 대꾸했다. "당신이라면 편집증에 사로잡힌 적에게 어떻게 '먼저 본보기를 보여서 무장해제하도록' 설득하겠습니까?"[31] 트루먼 행정부는 애치슨의 회의론을 그대로 되풀이했고, 결국 1950년에 수소폭탄 개발을 승인했다.

랜드연구소의 분석가들은 실험 참가자들의 각기 다른 반응이 곧 그 사람의 정치적·철학적 경향을 보여준다는 것을 발견했다. 오펜하이머처럼 동료 죄수를 믿는 협조자들은 대개 자유주의자이다. 이 사람들은 더 나은 삶을 얻기 위해 기꺼이 자기 자신을 위험에 빠뜨린다. 이들은 세금을 인상해(즉, 모든 사람이 공공의 이익을 위해 할 수 있는 만큼 공헌함으로써) 더 살기 좋고 안전한 사회를 창조하기를 바라는 한편, 세계평화를 위해서 조약과 동맹을 통해 외국의 도움을 찾기도 한다.

한편 변절자들은 상대방이 명백한 자기이익을 포기하리라고는 믿지 않는 보수주의자이다. 이들은 혼자서 최선의 결과를 얻고 싶어 한다. 정치의 영역을 예로 들면 세금을 낮게 유지하고, 조약을 피하고, 자국의 이익추구를 신봉하는 것이 이런 사람들이다. 이들에게는 개인의 이기적인 결정을 총합한 것이 곧 공공의 이익이다. 애덤 스미스처럼, 변절자들은 인류의 일을 이끌어주는 보이지 않는 손을 믿는다. 그리고 물론 어떤 대가를 치르더라도 장기 징역형을 피하고 싶어 한다.

죄수의 딜레마는 국가안보, 즉 군축 문제에도 직접적인 함의를 보여줬다. 소련뿐만 아니라 미국과 동맹국들 역시 상대방이 정말로 선제 공격을 원한다면 아무리 핵무기를 보유하고 있다 할지라도 보호받기 힘들다는 역설에 맞닥뜨렸다. 양쪽 모두 군축을 원한다고 주장하면서도 서로 상대방이 무기를 숨기고 있는지 경계를 늦추지 않았다. 게임이론으로 보면, 미국과 소련은 상대방이 변절할 것을 염려해서 협조를 꺼리고 있었다. 이런 경계심이 진정되려면 몇 년이 걸릴 터였고, 결국 20세기 말에 소련이 몰락하고 나서야 사라지게 된다.

1950년대 중반에 이르러 랜드연구소의 연구원들은 죄수의 딜레마에 대한 해답을 얻었다. 하나의 참된 해답이 결코 존재하지 않는다는 결론이 바로 그것이었다. 변절자와 협조자 모두 합리적으로 행동하며, 그 행동에는 감정적인 경향이 함축되어 있다. 다시 말해서 변절을 받아들이는 것만큼이나 협조를 정당화하기도 쉽지 않다. 미몽에서 깨어난 랜드연구소 사람들은 게임과 게임이론을 국가방위 수단으로 활용하는 것을 포기했다. 게다가 게임이론의 원래 목적, 즉 예측 불가능한 소련의 움직임을 예측한다는 목적 자체가 급변하는 국제관계의 상황에서 의문스러워 보이기 시작했다. 특히 1953년에 스탈린이 사망하면서 소련은 으뜸가는 특징이라고 할 만한 신비주의를 버리겠다고 공언했다. 새로운 지도자 니키타 흐루쇼프는 이른바 '평화공존'을 위해 서구와 접촉하려고 했다. 이런 역사적인 변화 때문에 랜드연구소 사람들은 전쟁억제에 새롭게 초점을 맞추게 됐다. 연구원들은 훗날 랜드연구소의 전형적인 절차가 되는 체계분석을 주된 도구로 활용했다. 그러나 흥미롭게도 체계분석은 소련에 대한 선제공격계획에서 탄생했다.[32]

1947년 체계분석이라는 용어를 만든 장본인은 랜드연구소의 공학자 에드워드 팩슨이었다. 랜드연구소가 아직 더글러스항공에 있을 당시 윌리엄스가 팩슨을 군사가치평가부 책임자로 앉혔을 때의 일이다. 윌리엄스처럼 게임이론 애호가였던 팩슨은 이 이론이 전역戰域에서도 유용하리라고 생각했다.[33] 또한 두 사람 모두 이른바 전쟁에 관한 거대한 통합이론, 즉 무력충돌의 과학을 통제하고 지배할 수 있는 규칙과 공리의 집합이 존재한다고 믿었다. 1945~46년 육군항공대의 과학자문역과 전략폭격조사위원회의 고문을 역임한 팩슨은 곰보자국이 있는 얼굴에 무뚝뚝한 성격, 줄담배를 피워대는 십장 스타일의 인물로 동료 과학자들의 이론과 연구를 논파하는 데서 특별한 기쁨을 느꼈다. 한번은 '묵사발 위원회'의 요약보고 자리에서 동료 분석가를 하도 가차 없이 논평한 바람에 그 분석가가 졸도하는 일까지 벌어진 적이 있었다.[34]

팩슨의 체계분석 개념은 제2차 세계대전 당시의 운용연구에서 유래한 것이었다. 통계에 끊임없이 의존해야 한다는 것은 전쟁 시기에 운용연구의 치명적인 약점이 됐다(흥미롭게도 월스테터나 존 찰스 체노웨스 매킨지, 올라프 헬머 같은 랜드연구소의 수학과와 경제학과 사람들 대부분이 전시에 미통계청에서 일했다). 운용연구는 확실한 데이터가 없으면 제구실을 하지 못했고, 따라서 이미 잘 알려진 체계에 대해서만 제 역할을 다할 수 있었다. 가령 폭격기 편대 문제에 관해 다음과 같은 질문이 있을 수 있다. 우리가 보유한 항공기 기종을 가지고 얼마나 많은 적의 공장을 파괴할 수 있는가? 과도한 손실을 피하기 위해 비행 중에 폭격기를 한 무리로 모으는 가장 효율적인 방법은 무엇인가? 속도는 얼마로 해야 하며, 고도는 어느 정도로 유지해야 하는가?

체계분석은 이 질문들을 이렇게 바꿔서 물었다. 우리가 파괴하고 **싶어 하는** 적의 공장은 얼마나 되는가? 우리가 얘기하는 공장은 어떤 종류이며, 어떤 식으로 방어되고 있는가? 우리의 목표를 달성하기 위한 최선의 경로는 무엇인가? 어떤 종류의 항공기를 이용해야 하는가? 어떤 종류의 폭탄을 탑재해야 하는가?[35] 다시 말해서 운용연구가 특정한 과제를 수행하는 가장 효율적인 방법을 밝히기 위해서 기존의 체계를 연구한다면,[36] 체계분석은 아직 설계가 마무리되지 않은 여러 대안적 체계 가운데서 선택을 하는 훨씬 복잡한 문제를 다룬다. 체계분석에서는 자유와 불확실성의 정도가 크고, 무엇을 해야 하는지, 어떻게 그것을 해야 하는지를 둘 다 결정해야 하는 난점이 있다.

사람들이 있지도 않은 새옷을 있다고 생각하고, 또 기꺼이 그 새옷을 보려고 하는 '벌거벗은 임금님' 이야기처럼 들리지 모르겠지만, 팩슨을 비롯한 랜드연구소 연구자들은 매우 중요하면서도 단순한 점을 간파하고 있었다. 문제를 해결하는 데서 정말로 중요한 것은 목표를 정의하는 것이라는 점 말이다. 운용연구는 일정한 체계의 존재를 **가정**한 뒤 이미 손에 있는 것을 가지고 최선의 결과를 얻으려 노력했다. 운용연구는 본질적으로 이미 존재하는 환경에 자신을 적응시키는 매우 유럽적인 방법이었다. 영국인 특유의 낮은 목소리로 이렇게 말하는 소리가 들리는 듯하다. 좋아, 친구들, 최선을 다해 보자고.

다른 한편, 랜드연구소의 체계분석은 철두철미하게 미국적이었다. 기존의 현실에 전혀 제약받지 않았던 것이다. 체계분석은 먼저 이런 질문을 던졌다. 우리는 여기서 무엇을 원하는가? 우리의 목표는 무엇인가? 그리고 현재 이 목표를 달성하기 위한 수단(체계, 무기, 항공기, 또는 다른 무엇이든)이 존재하지 않는다면, 그 수단을 만들어내는 것이 얼마나 어려운가? 비용은 얼마나 드는가? 시간은 얼마나 걸리는가?

체계분석은 꿈을 꿀 수 있는 자유였다. 현실이 한정된 일련의 선택이라는 생각을 벗어던지고, 세계를 자기 의지에 굴복시키는 원대한 꿈을 꿀 수 있는 자유. 또한 "그래 할 수 있다"라는 정신, 인간의 끝없는 창의력을 믿는 정신이었다. 이것은 극복하거나 해결하지 못할 만큼 커다란 장애나 복잡한 문제란 없다고 생각하는 사람의 사고방식이다.

그러나 체계분석에도 난점은 있었다. 이른바 '올바른' 질문을 옭아맬 가정을 세밀하게 검토해야 한다는 난점이 그것이다. 계획을 세울 때 가장 위험한 순간은 검토도 제대로 안 된 기준이 우리가 원하는 해답을 규정하고 있을 때이다. 유감스럽게도 랜드연구소의 분석가들은 대부분 자신들이 세운 놀라운 구조물에 내재한 이 결함을 인식하지 못했다. 게다가 체계분석의 방법론은 특정한 문제의 모든 측면(항공기의 비용, 속도, 항속거리,* 연료 소비 등)을 양으로 환원했다. 그에 따라 동료애, 자부심, 사기 등 수학 공식으로 쉽게 바꿀 수 없는 것들은 체계분석에서 배제됐다. 수학적으로는 우열을 가리기 힘든 두 가지 해법이 남았을 경우 둘 중 하나를 선택하는 데 참조할 일종의 부록으로 추가되는 정도였다.[37]

---

* plane's range. 항공기가 일정한 조건 아래 이륙 순간부터 탑재한 연료를 전부 소비할 때까지 비행할 수 있는 거리.

당연히 측정하고 정렬하고 분류할 수 없는 주제는 체계분석에서 전혀 중요하지 않았다. 합리적이지 않은 것이기 때문이었다. 숫자가 전부였을 뿐, 인간적인 요소는 경험적인 것의 부속물에 지나지 않았다.

1949년 9월경 공군은 소련에 대한 선제 공격의 가능성으로 떠들썩했다. 그에 앞선 8월 29일 소련이 첫 번째 원자폭탄 실험을 실시했는데, 르메이 장군을 비롯한 고위 장성들은 전쟁이 벌어진다면 빠를수록 좋다고 생각하고 있었다. 공군의 지시를 받은 콜봄은 소련을 전략폭격하기에 '가장 알맞은' 폭격기를 팩슨에게 설계하라고 맡겼다. 이때 팩슨이 내놓은 계획안은 체계분석의 강점과 약점을 모두 보여줬다.

본질적으로 팩슨은 적의 대규모 군대와 만날 경우 아군과 적의 이 충돌을 일종의 함수로 정의할 수 있다고 생각했다. 어떤 무기체계(폭격기, 전투기 등)를 쓸지 전장에서 결정하는 선택들의 함수로 말이다. 항공기 관제, 속도, 항속거리, 숫자, 탑재무기 등에 의해 이 체계는 더욱 자세하게 분류될 수 있었다. 각각의 선택이 전체적인 충돌 내의 특수한 게임을 이끌 것이었고, 이렇게 발생한 교전을 전부 수량화하면 진정한 전쟁의 과학에 도달할 수 있다고 팩슨은 믿었던 것이다.

팩슨은 우선 공중폭격을 집중적으로 분석했다. 팩슨은 아음속으로 비행하는 터보프롭 엔진동력의 유인폭격기만을 선택했다. 초음속 터보제트기를 사용하면 비용이 지나치게 높아졌기 때문이다. 그리고는 이 비행기의 목표달성 능력과 비용을 분석하는 데 초점을 맞췄다. 예상손실, 목표물의 범위, 병참, 호위전투기 같은 부대적인 요소들뿐만 아니라 연구, 조달, 운용에 필요한 자금의 단계별 도입 등도 분석의 대상이었다. 또한 팩슨은 무기체계를 분석하면서 "인간, 즉 군인과 민간인, 유지보수와 공급, 토지와 건물을 모두 포함하는 부동산, 의료, 음식 공급, 오락, 기타 이 체계의 운용에 필수적인 모든 것"[38]을 포함시켰다. 이런 변수들의 상관관계를 분석하려면 대대적인 계산이 필요했고, 결국 랜드연구소는 자체적으로 초보적인 컴퓨터를 구축해야 했다.

공중전·미사일전 모의 전략 가상 전쟁게임 중의 랜드연구소 분석가들(1958년). 작전판 가운데 서 있는 사람이 바로 얼마 전에 랜드연구소에 합류한 대니얼 엘스버그이다. 당시 엘스버그는 핵전쟁의 가능성을 비관한 나머지 랜드연구소의 연금플랜에 가입하지 않았다.

또한 팩슨은 랜드연구소 본부 지하에 극비로 공중전연구실을 만들어놓고 해군과 공군의 조종사들에게 전투 시뮬레이션 훈련을 실시했다. 방에 들어간 조종사들은 항공기 조종장치를 잡고서 실제 교전상황을 담은 영상에 나오는 적 비행기의 움직임에 대응해 움직였다. 2년을 연구해 만든 이 가상 공중전 모델을 제2차 세계대전 중의 실제 교전에서 뽑아낸 데이터와 비교한 팩슨은 자신의 이론이 현실에서 크게 벗어났음을 발견했다. 팩슨의 모델에 따르면 조종사들은 60퍼센트의 명중률을 기록해야 했지만, 실제 전투에서는 명중률이 2퍼센트에 불과했다.

팩슨은 이런 불일치를 예측할 수 없는 인간의 반응(가령 현실 세계의 조종사들은 필요 이상의 위험을 감수하려고 하지 않았다) 탓으로 돌리며 폭격기 프로젝트를 계속 진행했다. 팩슨과 그의 팀은 40만 건 이상의 폭격기 비행 결과를 계산하면서 우선적인 폭격 경로, 예상되는 적의 방어, 폭격 범위, 그밖의 무수한 변수 등을 고려했다. 1950년 팩슨의 팀이 작성한 보고서 「전략폭격을 위한 항공기체계 비교」[39]는 그래프, 도표, 방정식, 표 등으로 가득했다. 이 보고서는 랜드연구소의 체계분석이 어떻게 군사계획을 직관적인 과정에서 엄격한 과학으로 바꿔놓았는지를 자랑스럽게 서술하고 있었다. 그러나 랜드연구소가 큰 기대를 안고서 연구 결과를 발표하자마자, 이 프로젝트는 굉음을 내며 땅에 떨어졌다. 몇 주도 지나지 않아 공군 내부의 비판자들이 팩슨과 그의 팀을 비난했다. 말만 많았지 폭탄만 보고, 숲을 보지 못했다는 것이다.

우선 팩슨의 팀은 현존 기술을 훌륭하게 분석해냈지만, 비용을 우려해 신기술의 창출 가능성을 탐구하지 못했다. 팩슨의 소련 파괴계획은 뉴펀들랜드의 한 곳을 공격개시 지역으로 삼아 각지의 미군 기지에서 구식 프로펠러 비행기를 발진시킨다는 구상이었다. 공군은 1944년 이래 제트 동력 폭격기인 B-52 스트레이토포트리스[구름 위의 요새]를 개발하려고 수백만 달러를 쏟아 부었는데, 이제 와서 자신들이 고용한 분석가들이 이 모든 노력을 무시한 채 소련 상공을 별 쓸모도 없는 텅 빈 폭격기로 채워야 한다고 말하니 기가 찰 노릇이었다.[40]

해외 기지들에서 폭격기를 발진시키고 이런 전진기지를 거점 삼아 공격한다는 공군의 계획을 무시한 채 뉴펀들랜드를 소련에 대한 공격개시 지점으로 가정한 것도, 향후 몇 년 간 폭탄을 생산하는 데 사용할 수 있는 분열성 원료[우라늄]의 양이 제한되어 있음을 고려하지 않은 것도 팩슨의 거대한 이론체계를 손상시키는 기본적인 오류였다.

마지막으로, 공군은 조종사의 사망을 고장 난 기계의 손실과 동등하게 보면서 터무니없이 높은 사상자 발생률을 그대로 감수하는 이 보고서의 노골적으로 비정한 태도에 깜짝 놀랐다. 이미 체계분석은 국가 정책의 목표를 연구하면서 인간의 욕망과 존재를 수학적 구조물(운용할 비행기, 투하할 폭탄, 죽일 사람 등)로 환원시키고 있었던 것이다.

검토되지 않은 기준이 처음부터 이 계획의 운명을 정해놓았다. 팩슨은 비용 분석의 관점을 이 군사작전의 초점으로 삼으면서 인간 생명의 내재적인 가치를 무시했다. 이 보고서를 살리기 위해 또 다른 공학자 에드워드 J. 발로가 공을 넘겨 받았다. 발로는 1백 쪽에 달하는 제안서를 16쪽짜리 문서로 줄이고 그 안에 담긴 온갖 지적 오만의 흔적을 말끔히 지워버렸다. 발로는 누그러진 태도로 이렇게 인정했다.

체계분석 접근법에 내재된 가장 큰 위험은 아직 수량적으로 다룰 수 없는 요인들을 우리가 진지한 고려 대상에서 제외한다는 점이다. 심지어 수량적으로 다룰 수 있는 일부 요인들조차도 우리가 연구해온 구조가 복잡하다는 한계 때문에 제외된다. 마지막으로, 체계분석은 상당히 경직되어 있기 때문에 우리가 해답을 제시하려는 공군의 문제가 무엇인지를 6개월 전에 미리 확정해야 한다. 분석을 완료할 무렵이면 이미 문제가 바뀌었거나 아예 사라져버리는 일도 종종 있기 때문이다.[41]

1951년 랜드연구소는 공중방위체계 분석을 수정해서 발표했지만 공군 지도자들 사이에서 이 계획의 위상을 높이는 데는 아무런 역할도 하지 못했다. 전쟁에 관한 통일이론이 만들어낼 수 있는 연구가 고작 이런 것일 뿐이라면, 공군은 그것을 조금도 원하지 않았다. 그렇지만 하나의 도구로서의 체계분석은 전혀 소멸하지 않았다. 비록 그 결과에는 동의하지 않았을지라도 공군과 항공산업계의 관료들은 거기서 활용된 논리적·수량적 기법에 깊은 인상을 받았다.

일찍이 팩슨은 이 연구의 정치적 함의를 무시했다. 공군은 툭하면 어깃장을 놓는 의회를 설득시켜 최신의 고성능 무기를 구매하는 데 랜드연구소의 작업을 정치적 무기로 활용하곤 했는데, 이 연구는 공군의 이런 암묵적인 욕망을 만족시켜주지 못했기 때문이다. 그러나 공군은 체계분석의 합리성이 더 많은 예산을 타낼 강력한 무기임을 깨달았다. 랜드연구소 수뇌부는 이 기회를 엿보면서 전쟁에 관한 일반과학을 창조하려는 시도를 단념했다. 그 대신 이 기법에 쉽게 맞아떨어지는 더 한정되고 구체적인 문제를 다루는 쪽으로 방향을 바꾸기 시작했다.

이런 연구 가운데 하나가 1950년대에 미국 정부의 으뜸가는 민간 정책자문 집단이라는 명성을 랜드연구소에게 안겨주게 된다. 또한 이 연구는 신보수주의(네오콘) 운동의 시조인 빈틈없는 논리수학자에게 부와 갈채를 안겨줬다. 월스테터는 팩슨이 고안한 기법을 활용하면서도 간단하지만 결정적인 문제들에 초점을 국한시킴으로써 랜드연구소의 지적 대표자로 부상하게 된다. 또한 기술적 전문성을 민감한 정치적 감각과 결합시킴으로써 랜드연구소 사람들이 수십 년 동안 지배하게 되는 국방 분야, 즉 핵전략의 윤곽을 뚜렷이 했다.

전쟁이냐 평화냐? 수백만 명이 죽느냐 사느냐? 세계가 지금의 모습대로 계속되느냐 숨 막히는 핵겨울* 속에서 죽어가느냐? 전문가를 자임하는 이 소규모 집단의 손에 인류의 운명이 달려 있었다. 그리고 월스테터는 자타가 공인하는 그 집단의 지도자였다.

---

* Nuclear Winter. 핵전쟁 탓에 발생한 먼지가 지구를 뒤덮어 태양빛을 차단함으로써 기온이 떨어지고 어두운 상태가 지속되는 현상. 1983년 칼 세이건(Carl Sagan, 1934~1996)과 동료들이 핵전쟁이 대기에 미치는 영향을 분석하면서 처음 '핵겨울'이라는 표현을 제시했다. R. P. Turco, O. B. Toon, T. P. Ackerman, J. B. Pollack, and Carl Sagan, "Nuclear Winter: Global Consequences of Multiple Nuclear Explosions," *Science*, vol.222. no.4630, 1983, pp.1283~1292.

4장. 저녁식사 전의 통화

앨버트 월스테터는 핵전략가나 논리수학자이기 이전에 무엇보다도 탐미주의자였다. 젊은 시절부터 월스테터는 예술에 끌렸고, 자기가 선택한 과학 분야조차 개인적인 예술표현의 수단처럼 다뤘다. 또한 오늘날 '모더니티' 말고는 더 좋은 표현이 없는 요소의 끊임없는 주창자이기도 했다. 미술, 음악, 문학, 국방 등 어떤 분야에서든 최신·최첨단의 개념이 늘 월스테터의 관심을 끌었다. 월스테터는 이런 개념을 검토하고 시험하고 자기 삶 속에 통합시켰다. 훤칠한 금발에 교만할 만큼 자신감이 넘쳤던 월스테터는 전후 서구 세계에서 미국을 권력과 문화의 중심으로 만든 거물들이 흔히 보이는 오만한 정신의 화신 같은 인물이었다.

월스테터는 뉴욕에 있던 중부 유럽 출신의 부유한 유대인 가문에서 태어났다. 아버지는 오페라 가수들의 음반을 내는 회사의 소유주였다. 네 살 때 아버지가 세상을 떠나고 대공황 시기에 집안이 시련을 겪긴 했지만, 월스테터는 초대권에 날짜 도장을 찍어가며 다른 친구들이 극장에 가는 것처럼 자주 메트로폴리탄 오페라 극장을 오가며 자랐다. 월스테터는 화가이자 음악가였고, 심지어 현대무용단의 단원이기도 했다. 젊은 시절에는 저명한 미술사가로 전후 미국 미술의 위대한 인물들을 발굴한 마이어 샤피로의 조수로 일했다. 유명한 법학자의 딸인 로버타 모건과 결혼한 뒤, 두 사람은 멕시코로 신혼여행을 가서 고대 아스텍의 피라미드와 유명한 멕시코 벽화가들의 작품을 봤다. 제2차 세계대전 중 월스테터는 전시생산위원회와 국가주택청에서 일하면서도 현대 미술가

개인 서재에서 업무 중인 앨버트 윌스테터.

들의 작품을 섭렵했고, 일부 미술가들의 미국 체류 비자를 보증해주기도 했다. 게다가 바우하우스의 지도자인 발터 그로피우스와 미스 반 데어 로에의 친구였고, 유명 건축가 르코르뷔지에가 대서양 연안 지방을 방문했을 때는 안내자 겸 운전사 노릇도 했다.

1950년대 초 랜드연구소의 국가안보분석가가 된 월스테터는 할리우드힐스에 넓은 집을 한 채 샀다. 당시만 해도 혁신적인 개발업자들이 여기저기 길을 파느라 도로가 온통 흙먼지로 뒤덮여 있었다. 우드스탁 로드의 숲이 우거진 넓은 부지에 건축가 요세프 반 데어 카가 지은 월스테터의 저택은 코르크 재질의 마루와 최첨단 하이파이 시스템, 미닫이 유리문을 열고 나가는 돌출형 발코니 등을 자랑하는 220평방미터 넓이의 멋진 2층 건물로서, 모던한 조명과 편안함을 갖추고 있었다. 저택이 워낙 그림 같아서 현대 도상학의 거장 줄리어스 슐먼이 사진을 남길 정도였다. 우연히도 슐먼은 월스테터의 이웃에 살았고, 둘은 좋은 친구가 됐다. 월스테터 부부는 당대의 유명한 정원설계사인 개럿 엑보에게 저택 뒤쪽 부지를 예술적으로 개조하는 일을 맡겼다. 엑보는 정원을 설치하고 콩팥 모양의 수영장 옆에 이국적인 대나무 숲을 조성했다.[1]

월스테터 부부의 집과 이웃한 로렐캐년은 로스앤젤레스 한가운데의 목가적인 낙원으로서, 이곳의 선셋 대로를 따라 30분만 달리면 랜드연구소 본부에 갈 수 있었다. 아침이면 부부 중 한 명이 샌타모니카에 친구들과 함께 설립한 진보적인 학교 웨스트랜드 초등학교로 딸 조안을 데려다줬고, 학교를 마치면 언덕 북쪽의 그리피스 공원에서 열리는 말타기 교실에 데리고 갔다. 그러나 이처럼 한가한 생활은 1950년대에 조지프 매카시 상원의원이 공산주의자들과 공산주의 '동조자들'을 모두 미국에서 몰아낸다며 벌인 정치적 마녀사냥의 광풍에 휩쓸렸다.

월스테터는 칩거 중이던 찰리 채플린을 설득해 웨스트랜드 초등학교에서 『시티라이트』를 자선 상영하려고 했는데, 당시 연방수사국은 채플린을 추적하고 있었다. 채플린은 첫째 딸이 웨스트랜드 초등학교에 다니고 있었지만 학교 행사에 참여하기를 꺼렸다. 자신을 공산주의 성향의 인물이라고 연방수사국이 소문을 퍼뜨리고 다니는 바람에 배척당할까 두려웠던 것이다. 랜드연구소의 국가안보분석가 월스테터에게 이 훌륭한 인물을 구워삶아 다시 대중 앞으로 끌어내라는 임무가 주어졌다. 학교이사회 소속이던 월스테터는 베벌리힐스의 윌셔 대로에 있는 극장에서 영화상영을 기획했다. 자신에게 관심이 쏠리는 것을 원치 않았던 채플린은 다른 후원자들과 함께 좌석을 배정받기 위해 줄을 섰다. 월스테터는 채플린과 그 부인의 팔을 잡고 맨 앞으로 데리고 갔다. 예술과 문화에서는 정치적 차이가 중요하지 않음을 보여주기 위함이었다.

월스테터의 이웃에 살던 슈워린 부부네와도 이런 일이 있었다. 하원 반미활동조사위원회의 청문회와 할리우드에 불어닥친 '빨갱이 소동'* 이래 슈워린 부부는 연방수사국의 무자비한 박해를 받았다. 당시 시나리오 작가로 활동 중이던 줄스 슈워린과 도리스 슈워린은 좌파 인사들과 친분을 나누고 있었기 때문이다. 슈워린 부부는 하원 앞에서 무릎을 꿇고 공산주의자들의 이름을 밝혀 자비를 구하라는 반미활동조사위원회의 요구를 거부했다. 슈워린 부부는 헌법상의 권리를 말하며 자신들의 입장을 고수했고, 그 때문에 영화사들이 설사 가명을 쓴다고 해도 같이 일할 수 없다고 통보한 탓에 수입이 말라버렸다. 도리스는 교사로 일하려고 했지만, 사실상 미국인의 삶을 규정하는 모든 기준이 되어버린 역겨운 충성서약에 서명하지 않았다는 이유 때문에 어디에도 들어갈 수 없었다. 이런 상황에서 전화통은 불이 났다.

---

* Red Scare. 사회주의·공산주의 활동가들과 그 동조자들이 미국을 전복하려고 한다는 공포심 혹은 그로 인한 소동을 일컫는 말. 미국 역사상 가장 극심한 '빨갱이 소동' 은 볼셰비키혁명 직후 미국 내부에서 노동자운동이 활발해진 1917~20년, 그리고 제2차 세계대전 직후 미국과 소련 사이에서 냉전의 암운이 드리워진 1947~57년에 일어났다. 이 두 번째 빨갱이 소동 당시 반미활동조사위원회는 이른바 '할리우드 블랙리스트'를 만들어 1947년 10월 27일부터 끊임없이 하원 청문회를 열었다.

시도 때도 없이 전화를 거는 것은 공산주의 성향임을 의심받는 사람들을 괴롭히는 연방수사국의 전형적인 수법이었다. 연방수사국 요원들은 고용주와 이웃에게 전화를 걸어 해당 인물이 국가전복 활동에 가담했는지의 여부를 조사받고 있다고 알리곤 했다. 혹시라도 불똥이 튈까봐 염려한 고용주들은 혐의자를 해고했고, 친구들은 관계를 끊었고, 친척들은 공공연하게 헐뜯고 다녔다. 그래도 성에 차지 않으면 밤낮으로 전화를 걸어댔다. 전화기 너머로 들려 오는 우락부락한 남자 목소리는 지금 무얼 하고 있는지, 누구와 만나고 있는지, 다음날 무슨 일을 할 계획인지 등을 물었다. 별다른 목적도 없이 쩨쩨하게 괴롭히는 것이었다. 슈워린 부부에게도 이런 식이었다. 집주인이 방을 비워달라고 통고했기 때문에 슈워린 부부는 동부를 거쳐 유럽으로 이주하기 전에 월스테터네 집에서 잠시 머무르려고 와 있었다. 이곳이라면 연방수사국의 삼엄한 감시망을 피할 수 있으리라는 생각에서였다.

방금 전 워싱턴 D.C.에서 돌아온 월스테터는 정부의 이 말도 안 되는 짓거리를 참을 수 없는 상태였다. 부인 로버타와 외출을 준비하던 월스테터는 침실에서 내려와 거실로 들어갔다. 지하방에서 지내던 슈워린 부부가 열 살짜리 조안과 보모와 저녁를 먹고 있는데 전화벨이 울렸다.

월스테터가 전화를 받았다.

"여보세요?"

어떤 남자가 슈워린 부부를 바꿔달라고 했다.

"지금 전화를 받을 수 없습니다." 월스테터가 대꾸했다. 남자는 그래도 바꿔달라고 억지를 부렸다. 월스테터는 남자에게 신원을 밝히라고 요구했다. 남자는 연방수사국 사람이라면서 슈워린 부부에게 몇 가지를 질문하고 싶다고 했다.

"죄송하지만 지금 받을 수 없다니까요. 내 집에 손님으로 있는 한 그 사람들은 내 친구고, 또 당신 질문에 대답할 필요도 없어요. 이미 다 대답하지 않았습니까? 그러니 다시는 전화하지 마세요."

월스테터는 전화를 끊고 친구와 가족을 바라봤다. 이들은 모두 입을 딱 벌린 채 월스테터를 쳐다봤다. 최고위 핵분석가가, 이 나라 핵기밀의 수호자가 연방수사국에게 협조하기를 거부하다니?

"당연히 그래야죠. 아마 이제 더 이상은 당신들을 괴롭히지 않을 겁니다. 자, 로버타, 우리 늦겠는데."

그 말과 함께 월스테터는 멋지게 차려입은 부인의 팔짱을 꼈고, 정의롭고 힘 있는 자의 유쾌한 자신감을 나타내며 디너파티에 가려고 집을 나섰다. 연방수사국은 슈워린 부부가 월스테터의 집에 머무르는 동안에는 다시 전화를 하지 않았다.

월스테터가 보여준 이 행동은 대단히 인상적일 뿐만 아니라 무척 뻔뻔스러운 일이기도 했다. 더군다나 한때나마 지하공산당 세포조직의 일원이었던 사람이 하기에는 말이다.[2]

5장. 기밀 관리인

지난 몇 년 동안 미국사 분야에서는 대체역사나 가상역사라 불리는 진지한 흐름이 "만약 ~이라면"이라는 가정의 문제에 전념하고 있다. 남북전쟁에서 남부연합이 북부연방에 승리를 거뒀다면 어떻게 됐을까? 페르디난트 대공이 암살되지 않고 제1차 세계대전이 일어나지 않았다면? 아돌프 히틀러가 영국을 침공하지 않았다면? 앨 고어가 2000년에 플로리다 주에서 승리를 거뒀다면 어떻게 됐을까? 이런 질문은 운명의 근본적인 변덕스러움을 탐구하고 사람들의 행동원리와 역사가들이 어떤 힘을 불변이라고 보는지 검토하기 위한 놀라운 추측이다(예를 들어 많은 사람들은 설사 남북전쟁에서 남부연합이 승리했다고 할지라도 노예제는 결국 서서히 사라졌을 것이며, 히틀러가 영국을 정복했다면 미국은 전쟁에 끼어들지 않고 파시즘 동맹국들이 장악한 세계에서 '미국 요새'가 됐을 것이라고 믿는다. 그리고 앨 고어가 재검표에서 승리했다면……. 글쎄, 어떤 운명은 너무 멋져서 길게 생각할 수가 없을 정도이다).[1]

이런 맥락에서 수소폭탄을 언제 어디에 어떻게 사용할지 결정하는 핵억제 정책의 으뜸 설계자인 앨버트 월스테터가 한때 공산주의자였음이 드러났다면 미국에 어떤 일이 생겼을지 궁금하지 않을 수 없다.

월스테터의 급진적인 과거가 드러났다면 그는 틀림없이 해고됐을 것이고 '배치연구'basing study라고 불리는 핵폭격기 배치에 관한 그의 중요한 연구도 십중팔구 이뤄지지 않았을 것이다. 이제는 믿기 어렵겠지만, 배치연구가 주창한 처방이 없었더라면 소련은 인류의 절멸을 야기할 핵공격을 구상했을 뿐만 아니라 충분히 실행에 옮길 수도 있었을 것이다. 게다가 랜드연구소의 다른 분석가가 이 연구를 담당했더라도 보고서가 그만큼 커다란 파급력을 미쳤을지는 의문이다. 월스테터만큼 극적인 효력을 발휘하며 발표할 수 있는 과학자는 어디에서도 찾아보기 힘들기 때문이다. 배치연구를 통해 월스테터는 소련의 선제 핵공격 가능성을 차단했을 뿐만 아니라 자신의 경력과 랜드연구소의 번영도 도모하면서 공군과 전략공군사령부의 핵심 고문이 됐다.

1945년 창설된 전략공군사령부는 이후 폭발적으로 성장하긴 했지만, 미국이 소련의 기습공격에 취약하다는 위험을 인지하기까지 오랜 시간을 허비했다. 모스크바가 자체 개발한 핵폭탄을 폭발시킨 지 2년 뒤인 1951년, 공군은 마침내 기지의 취약성 문제에 관한 내부 연구를 승인했다. 거의 중복되는 조치였지만, 뒤이어 전략공군사령부도 취약성을 최소화하면서도 전쟁이 발발할 경우 적의 최전선에 언제라도 쉽게 접근할 수 있으려면 어디에 기지를 배치해야 하는지에 관한 보고서를 준비해달라고 랜드연구소에게 의뢰했다. 바로 이것이 월스테터가 맡은 배치연구였고, 그가 내놓은 연구 결과는 역사를 바꿔놓았다.

그런데 월스테터는 어떻게 젊은 시절 급진주의에 빠졌던 사실을 감출 수 있었을까? 이 사실이 드러났다면 자신의 경력도 끝장나고 배치연구도 불가능했을 텐데 말이다. 어쨌든 랜드연구소도 공산주의 마녀사냥과 무관할 수는 없었다. 연방수사국은 국가기밀을 다루는 모든 연구자들에 대해 최고 수준의 신원증명을 요구했다. 특히 핵무기계획을 다루는 사람들의 경우에는 더 심했다. 한때 좌파 단체에 속했던 친척이 있다는 혐의만으로도 통과 불허는 아닐지언정 보류의 이유로 충분했다. 리처드 벨만 같은 물리학자들은 연방수사국이 온건 자유주의적인 자신의 정치적 견해를 좌파적인 것으로 간주하고 자기를 블랙리스트에 올려놓았다는 사실을 알고 깜짝 놀랐다. 월스테터의 친구이자 동료인 최고 수학자 존 찰스 체노웨스 매킨지가 얼마나 공포를 느꼈는지는 말할 것도 없다.

공공연한 동성애자였던 매킨지는 연방수사국에 의해 안보상 위험인물이라고 결정됐을 당시 오래 전부터 동성애를 즐기고 있었다. 성적 취향 때문에 협박당할 수도 있다는 말을 들었을 때 매킨지는 로버타 월스테터에게 불만을 토로했다. "이미 모든 사람이 알고 있는데 어떻게 폭로하겠다고 위협할 수 있죠?"2) 신원증명 통과가 불허되고 프랭크 콜봄에 의해 해고된 지 몇 년 뒤 매킨지는 스스로 목숨을 끊었다.3)

월스테터의 옛 친구이자 동료였던 대니얼 엘스버그는 월스테터의 급진주의자로서의 경력이 드러나지 않은 이유에 대해 다음과 같이 시사한 적이 있다. 대공황 이래 미국이 격렬한 이데올로기 전쟁 속에 양분되어 있었던 상황을 감안하면, 우스꽝스러우면서도 놀라운 이유이다.

1930년대에 당시 만연한 반유대주의와 경제위기가 결합되면서 오늘날 뉴욕학파라고 불리는 집단이 등장한 바 있다. 이들은 사회를 재조직하는 새로운 방법을 추구하는 젊고 급진적이고 가난한 유대인 지식인 집단이었다.4) 뉴욕시립대학교(유대인 학생의 정원을 제한하지 않은 몇 안 되는 고등교육기관 중 하나)를 중심으로 모인 뉴욕학파에는 어빙 하우, 어빙 크리스톨, 네이선 글레이저, 대니얼 벨, 월스테터 같은 미래의 저명한 지식인들이 포함되어 있었다.

정작 본인은 외국 태생이 아니었을지라도 미국에 온 지 얼마 안 되는 이민자 부모를 둔 이 사람들은 당시의 젊은이들이 대개 그렇듯이 새롭고 급진적인 것을 숭배했다. 특히 러시아혁명과 1929년의 주식시장 붕괴 이후 새롭고 급진적인 것이란 곧 좌파 정치를 의미했다. 그들은 어떤 면에서는 19세기 이래 미국 지식인들의 삶의 일부였던 사회주의뿐만이 아니라 당시 유행하던 공산주의의 두 주요 변종, 즉 트로츠키주의와 소비에트 볼셰비즘(스탈린주의)에도 끌렸다.

월스테터의 형인 찰스가 수업료가 면제된 뉴욕시립대학교에 다니던 1920년대 초반에 이미 정치적 급진파가 학생식당의 몇몇 별실을 장악하고 있었다. 볼셰비키주의자들과 트로츠키주의자들이 각각 별실 하나

씩을 차지했기 때문에, 그냥 점심만 먹으려는 학생들은 세 번째 별실에 앉아야 했다.[5] 젊은 지식인들은 수업을 빼먹어가며 모호한 정치적 쟁점에 대해 열변을 토했고 소책자, 신문, 잡지 등을 통해 자신들의 변증법적 논쟁을 소개했다. 그 중 일부는 이런 경험을 활용해 학계, 언론계, 정계, 법조계 등에서 경력을 쌓기 시작한다. 벨, 글레이저 등과 함께 『퍼블릭인터레스트』[6]를 창간한 트로츠키주의자 크리스톨이 대표적인 예이다.[7] 좌파 잡지로 출발한 『퍼블릭인터레스트』는 시간이 흐르면서 창간 주체들의 정치적 변신을 고스란히 반영했고, 결국 1980년대에 미국 정치를 변모시킨 신보수주의 운동의 대변자가 된다.[8]

월스테터 역시 1930년대 초에 형의 뒤를 이어 뉴욕시립대학교에 입학했다. 이 학교는 비록 급진 좌파와 공산주의자들의 온상이라는 명성에 걸맞은 곳이었지만, 월스테터는 학교에서 특별히 정치적 활동을 하지 않았다. 월스테터는 수학도였고, 열일곱 살에 『과학철학』이라는 잡지에 「명제와 사실의 구조」라는 논문을 기고해 앨버트 아인슈타인의 열광적인 반응을 이끌어낸 논리학의 천재였다. 저명한 물리학자였던 아인슈타인은 어떤 편지에서 이 논문을 "자기가 읽은 것 가운데 가장 명료하게 수학 논리를 추정했다"[9]고 언급했고, 차나 한 잔 마시면서 논문에 관해 얘기하자고 이 젊은 학자를 집으로 초청했다.

월스테터가 급진 정치에 관여하는 것은 나중에 컬럼비아대학교에서의 일이다. 대공황 때문에 논리학자로서는 생활을 지탱하기가 무척 어려울 것이라고 생각한 월스테터는 모닝사이드하이츠에 있는 이 대학에 법학과 특별연구원직을 신청해 받아들여졌다. 때는 바야흐로 1934년이었고, 월스테터는 당시의 현실에 깊은 인상을 받아 정치에 흥미를 갖게 됐다. 가계家計가 풍비박산 나는 상황을 겪은 월스테터는 이 나라의 경제 체제가 뭔가 근본적으로 잘못됐다는 믿음을 갖게 된다. 그리하여 칼 맑스, 존 메이너드 케인스, 앨프레드 마셜 등 당시에 유행한 경제학자들의 저작을 체계적으로 연구했다. 월스테터에게 이 연구는 그들 각각이 주장한 견해의 타당성을 비교하기 위해 각 이론을 수학적 용어로 공식화하는 것을 의미했다.[10] 역사가 앨런 월드에 따르면, 월스테터는 이와 동시에 공산주의 분파 조직인 '혁명노동자당건설연맹'에 가입했다.[11]

혁명노동자당건설연맹은 신新트로츠키주의자들로 이뤄져 있었다. 비록 똑같이 맑스주의와 사회주의를 신봉했지만 공식 공산당 내의 스탈린주의자들은 트로츠키주의자들을 철천지원수로 여겼다. 그들이 혁명에 관한 레닌의 이상을 배신했다는 것이다. 혁명노동자당건설연맹을 결성한 B. J. 필드는 월스트리트의 분석가 출신으로 1932년 공산당에서 축출됐다. 필드의 지휘 아래 혁명노동자당건설연맹은 1만 명이 넘는 호텔업 종사자들이 일손을 놓은 1934년의 뉴욕 호텔 파업(일명 '프랑스인 웨이터 파업')에 관여했다. 이 단체는 컬럼비아대학교 학생들에게 지지를 받았는데, 그들 중에는 장래의 아내가 될 로버타뿐만 아니라 훗날 철학자가 되는 모튼 G. 화이트도 있었다.

이 단체는 곧 국가전복 활동에 대해 연방수사국의 조사를 받게 됐다. 월스테터 커플처럼 단체의 정식 회원이었다고 주장하는 사회학자 폴 제이콥스는 필드가 사무실에 있던 자료를 짐마차(1934년의 일이다)로 은밀히 옮기던 중 갑자기 말이 죽는 바람에 혼잡한 교차로에서 사고에 휘말렸고 그때 단체의 자료가 사라졌다고 엘스버그에게 얘기해줬다.[12] 필드는 사고의 책임을 뒤집어쓰고, 급진적 활동 때문에 더 큰 위험에 처할 것이 두려워 현장에서 도망쳤다. 뉴욕의 청소원들이 온갖 문서, 간행물, 회원명부를 치우도록 고스란히 남겨둔 채 말이다. 이 단체는 1930년대까지 겨우 명맥을 유지했고, 필드는 결국 정치에서 손을 뗀 뒤 복사服事 출신이 경영하는 캘리포니아 주의 부동산 회사에 들어갔다.

월스테터는 과거의 급진주의 경력에 관해서는 모호하게 언급하긴 했지만 혁명노동자당건설연맹에 가입한 사실은 공개적으로 발설한 적이 전혀 없다(물론 그가 회원이었음을 드러낼 기록이 쓰레기 매립지에서 썩어버린 상황에서 그럴 필요도 전혀 없었다). 월스테터의 딸 조안은 아버지가 이런저런 단체에 가입하는 사람이 결코 아니었다고 말하며 이 사실을 애써 무시했지만, 단체 회원이었는지의 여부는 확인도 부인도 할 수 없다. 조안은 당시 아버지의 주변 사람들이 모두 이런저런 유의 급진주의자였다고 인정하지만, 아버지는 1930년대에 정통 스탈린주의를 반대한 탓에 공산당에서 '공적 1호'로 찍혔다고 주장했다.[13]

당시 월스테터와 제이콥스를 모두 알았던 글레이저는 한 인터뷰에서 이렇게 말했다. "월스테터가 급진 단체의 회원이라는 건 모두 알고 있었습니다. 다만 정확히 어떤 단체인지는 몰랐죠."[14] 화이트 역시 회고록에서 월스테터가 혁명노동자당건설연맹을 소개한 적이 있다고 언급한다. 단체 본부는 유니언스퀘어 북쪽에 있었는데, 회원들이 휑뎅그렁한 2층 관람석에 모여서 맑스주의에 관한 강연을 듣곤 했다.[15]

월스테터의 과거는 확실히 그가 트로츠키주의자 출신 작가들인 제임스 T. 패럴, 솔 벨로, 슈워린 부부, 메리 매카시 같은 급진주의자들과 평생 우정을 유지한 배경이 된다.[16] 그러나 더 중요한 점은 과거의 볼셰비키적 세계관이 월스테터의 연구에 지속적인 영향을 남겼다는 사실이다. 요시프 스탈린과의 권력투쟁 뒤 망명길에 오른 레온 트로츠키는 공산주의의 이상을 무력으로 관철시켜야 한다고 믿었던 인물이다.[17] 월스테터는 소련이 세계 정복을 꿈꾸는 획일적인 체제라고 믿었고, 그런 견해에 기초해 전략적인 결정을 내렸다. 미국의 일반 국민들은 말할 것도 없고 랜드연구소 사람들도 공히 이런 견해를 갖고 있었다. 그렇지만 사실이 반대로 판명난 지 오랜 뒤에도, 소련이 변화무쌍한 외고집을 고수하며 핵대결에 대한 고삐 풀린 욕망을 버리지 않고 있다고 집요하게 주장한 월스테터의 태도는 오래 전부터 자기도 모르게 갖고 있던 신념에 사로잡힌 예전 급진주의자의 단순한 화풀이만은 아니었다.

'일종의 기분전환'으로 변호사가 되려 한 시도를 포기한 뒤 논리수학자로 컬럼비아대학교를 졸업한 월스테터는 전미경제조사국에 들어갔다. 제2차 세계대전 중에는 전시생산위원회와 국가주택청에서 일하다가

형의 발전기 공장을 경영하기도 했다. 전쟁이 끝난 뒤에는 캘리포니아에 위치한 제너럴패널의 부회장이 됐는데, 바우하우스 예술운동의 창시자 중 하나인 발터 그로피우스가 고안한 조립 시스템을 이용해 주택을 조립·판매하는 회사였다. 그러나 얼마 지나지 않아 이곳의 공장에서 사용되는 조립 단위 규격이 미국 건축법 기준에 일치하지 않는다는 사실이 밝혀지자 회사는 곧 몰락하기 시작했다. 그러는 동안 윌스테터는 대학시절 때처럼 다시 수학을 연구하고 싶어 했다.

어느 날 저녁, 로버타와 샌타모니카 거리를 산책하던 윌스테터는 동부 시절의 옛 동료인 매킨지, 그리고 역시 수학자였던 올라프 헬머와 에이브 거식을 우연히 마주쳤다. 세 사람은 최근에 샌타모니카 시내 옛 신문 인쇄소 건물에 있는 랜드연구소라는 곳에서 새로 일하게 됐다며 윌스테터에게 즉석에서 같이 일할 생각이 없느냐고 물었다. 거식은 아마 그곳에서 일하면 인생에서 최고의 시간을 보내게 될 것이라고 장담했다. 그러나 윌스테터는 거절했다. 제너럴패널에 대해 많은 책임감을 느끼고 있었기 때문이다. 회사가 계속 운영될 수 있도록 빚을 내서라도 부채를 갚도록 노력하겠다고 약속한 터였다.

그런데 로버타는 랜드연구소의 일이 재미있을 것 같다고 생각했고, 따라서 세 사람은 이제 막 신설된 사회과학과의 책임자인 한스 스파이어를 설득해 로버타를 도서검토 담당자로 채용하게 했다. 몇 달 뒤 로버타는 예산 문제 때문에 해고됐는데, 그 뒤 분석가로서의 일자리를 얻기 위해 다른 사람 행세를 해야 했다. 결국에는 랜드연구소 사람들이 로버타의 우수한 능력을 알게 되어 자기 정체를 드러낼 수 있었지만 말이다. 제너럴패널이 마침내 청산되자 회사의 훌륭한 설계 시스템은 미래에 조립식 주택이 다시 인기를 얻게 될 때까지 창고에 처박히는 신세가 됐고, 윌스테터는 랜드연구소에 지원서를 내고 채용됐다.

1950년대 초에 이르자 리오 로스턴이 존 윌리엄스와 콜봄에게 했던 경고가 한층 더 뚜렷해졌다. 랜드연구소가 냉전의 전사들을 위한 사상의 무기고라는 악명을 얻게 된 것이다. 랜드연구소가 비행접시나 달 시험 비행, 또는 순식간에 세계를 파괴할 수 있는 엄청난 무기 개발에 관여하고 있다는 소문이 나돌았다. 랜드연구소는 그런 무시무시한 소문을 물리치기 위해 잡지 『포천』의 기자에게 연구소를 소개하는 기사를 쓰도록 허용했다. 존 맥도널드가 쓴 이 기사는 거의 혼자 힘으로 인류를 임박한 파멸에서 구해냈다는 식으로 랜드연구소를 치켜세운 일련의 성인전 같은 기사의 선두주자가 됐다.[18] 몇 년 뒤 랜드연구소는 『사이언티픽 아메리칸』에 연재 광고를 게재해 소속 연구자들은 갈릴레오에서 시작해 데카르트, 에디슨, 아인슈타인을 거쳐 완고한 행정가 콜봄에서 정점을 이루는 기나긴 지적 탐구 여정의 상속자라고 주장했다.[19] 1950년대 말경 대중의 눈에 비친 랜드연구소는 최첨단 지식을 모두 아우르는 최고의 연구소였다. 랜드연구소가 절정기를 구가하는 동안 배후의 실험실에서는 극비의 또 다른 기술적 기적이 날조되고 있었다. 랜드연구소 사람들은 냉정한 신세계를 알리는 침착한 선구자들이었다.

1951년 월스테터는 수학과 고문으로 랜드연구소에서 일하기 시작했다. 월스테터는 방법론에 관한 연구논문을 몇 편 쓴 뒤로는, 이내 수리논리학이 지겨워진 탓에 현실 세계의 문제를 다루고 싶었다. 5월의 어느 날, 드디어 기회가 찾아왔다. 찰스 히치가 찾아와서 훗날 배치연구의 기틀이 되는 착상을 월스테터에게 물어본 것이다. "당신이라면 전략공군사령부의 기지를 어떻게 배치하겠습니까?"

당시 경제학과 책임자였던 히치는 학제간 접근을 통한 문제해결이라는 윌리엄스의 구상을 실행에 옮길 권한이 있었다. 히치는 공군의 유지 보수와 공급 운용에 수량분석 기법을 적용하는 병참과, 공군의 조달 절차를 간소화하기 위한 비용분석과, 국방프로그램에 비용-편의분석을 적용하는 경제학과 등을 모두 관장하고 있었던 것이다.[20] 통계분석 경력과 제2차 세계대전 중의 무기품질 관리 경험 등을 감안하면, 월스테터야말로 전략공군사령부를 위해 연구를 수행할 적임자였다.

그러나 월스테터는 히치의 제안에 별로 들뜨지 않았다. 히치가 기술적 요구사항들을 모두 설명하자 월스테터는 누가 전략가 아니랄까봐 고위 관리처럼 대꾸했다. 그 업무는 다소 지루한 병참 문제처럼 보여서 자기는 흥미가 없다고 상관에게 말한 것이다. 하지만 다음 주말이 되자 어느새 월스테터는 배치연구의 고유한 가능성을 검토하고 있었다.

월스테터는 이 계획을 둘러싼 역관계라는 문제에 부딪혔다. 전략공군사령부의 일부 전략가들은 출격의 편의와 비용절감을 위해 꼭 소련 목표물 가까이에 기지를 배치하고 싶어 했다. 다른 이들은 비용이 아무리 커지더라도 기지를 적으로부터 먼 곳에 두고 싶어 했다. 월스테터는 이렇게 생각했다. "당신이 상대방과 가까이 있다면, 상대방도 당신과 가까이 있다. 그럼 상대방도 많은 기회를 얻게 될 것이다. …… 이론적으로는 이 문제를 해결할 방법이 없다는 생각이 머리를 스쳤다."21)

게다가 월스테터는 이 연구를 통해 매우 구체적인 방식으로 핵전쟁에 관해 알 수 있으리라는 결론을 내렸다. 일찍이 히로시마에 원자폭탄이 투하되는 것을 보고 소스라치게 놀란 월스테터는 이런 공격을 비난받아 마땅한 불필요한 짓이라고 생각했고, 따라서 어떤 식의 핵전쟁이 벌어지더라도 도시에 대한 공격을 제한하는 방법을 찾으려는 성향을 갖게 됐다. 버나드 브로디가 잘 간파한 것처럼 이런 태도는 공군, 특히 1948년 이래 전략공군사령부를 지휘하고 있던 커티스 르메이 장군의 사고방식을 거스르는 것이었다.

미국의 기지가 됐든 유럽의 미국 동맹국들이 됐든 일단 소련이 공격을 감행하면 '모 아니면 도'라는 식의 '강력한 타격'을 가해야 한다는 르메이 장군의 전략은 미군의 공식적인 대응방침이었다. 그러나 월스테터는 거의 평생 동안 군사 정책이나 전략 정책 문제를 의도적으로 무시해왔기 때문에 전통적인 전략폭격 분석을 전혀 알지 못한 채 연구에 착수했다. 비록 조직의 차원에서 봤을 때는 새로운 인물이었을지 몰라도 월스테터는 이미 랜드연구소의 운영정신이라고 할 수 있는 것, 간단히 말해서 연구자는 사실이 보증하기만 한다면 어떤 결론이든 자유롭게 도달할 수 있어야 한다는 정신을 깊숙이 체화하고 있었다.

다음 주 월요일, 월스테터는 히치에게 생각이 바뀌었다는 말을 전했다. 어쨌든 연구를 맡으면 좋겠다는 것이었다. 곧 월스테터는 밤이고 낮이고 모든 시간을 쏟아 부어 광범위한 보고서를 훑어봤다.

월스테터가 배치연구에서 담당한 과제는 전략공군사령부가 전투행동반경이 2천7백 킬로미터인 B-47 폭격기 약 1천6백 대, 전투행동반경 4천7백 킬로미터의 낡은 B-36 폭격기 3백 대, 전투행동반경 4천9백 킬로미터의 B-52 비행단과 KC-97 공중급유기 7백20대를 보유할 것으로 예상되는 1956년부터 1960년까지의 시기를 검토해보는 것이었다.[22] 1951년 당시 모두 합쳐 32개였던 기지 대부분은 소련에 가까이 위치해 있었다. 가급적 적에게 가까이 붙어 있겠다는 의도를 공공연히 드러내는 것이었다. 적지역 침투를 중시한 제2차 세계대전 당시의 전통적인 운용분석에서는 전쟁에서 기지와 장비가 손실될 것을 예상했다. 폭격기가 미국에서 해외 기지로 비행해 폭탄을 싣고 가서 전역에 떨어뜨린 다음, 다시 급유와 탑재를 위해 전진기지로 돌아와야 했던 것이다.

월스테터는 정부와 제조업에서 일한 경력이 있었기 때문에 기술적 요건에 정통했고, 그 덕분에 기지의 배치체계를 이루는 여러 상이한 요소들이 어떻게 작동하는지를 이해할 수 있었다. 결국 월스테터는 엄청난 양의 상세한 자료를 축적했고, 동료들은 그가 정보의 흐름에 취한 듯한 모습으로 랜드연구소 복도를 분주히 오가는 모습을 보면서 그 모든 지식을 이해하기 쉬운 하나의 유용한 연구로 정리할 수 있을지 궁금해 했다.[23] 월스테터는 결국 자비를 들여 임시직 비서를 구했는데, 이 사실을 알게 된 히치는 연구소가 모든 비용을 대야 한다고 주장했다.[24] 월스테터는 헨리 '해리' 로언과 프레드 호프먼이라는 젊은 경제학자 두 명을 추가로 채용했다. 그리고 이 둘에게 폭격분석에 관한 고전적인 작업을 맡겼다. 기존의 항공기 침투 전술을 검토하고, 대안적인 비행경로와 각 경로에서 예상되는 소모율을 계산하는 일이었다. 이 두 사람은 다양한 기지배치 계획안의 비용을 측정하는 일도 도왔다.

월스테터의 생각은 같은 시기에 로버타가 수행 중이던 연구에 깊은 영향을 받았다. 일본이 진주만을 기습공격하기 이전에 사용할 수 있었던 첩보만으로 이 공격을 분석하는 연구였다. 일찍이 1951년에 랜드연구소 사회과학과의 분석가 앤드루 마셜이 로버타에게 이 구상을 제안한 바 있었는데, 로버타는 이 연구에 7년을 쏟아 부어 1957년 드디어 완성작을 내놓았다. 공군은 곧바로 이 문서를 일급기밀로 규정하고 두 개의 사본만을 남겨 지하실에 보관했다. 얄궂게도 로버타는 신원증명 수준이 낮아서 자기가 쓴 연구논문을 가질 수 없었다. 5년 뒤 랜드연구소의 분석가들이 연구소를 떠나 정부 고위직으로 옮겨간 뒤에야 로버타는 자기 논문을 기밀 해제할 수 있었다.[25] 『진주만: 경고와 결정』[26]이라는 제목으로 출간된 이 책은 많은 이들로부터 극찬을 받았을 뿐만 아니라, 유명한 뱅크로프트 역사서 상을 수상하고 로버타에게 진주만 공격에 대한 저명한 역사가라는 명성을 안겨줬다(뉴욕의 세계무역센터가 공격당한 2001년 9월 11일 당시 국방부 차관보였던 폴 월포위츠는 9·11 사건 이후 처음 출석한 의회에서 이 연구를 인용했다. 월스테터의 제자이자 그 가족의 절친한 친구였던 월포위츠는 그 내용을 잘 알고 있었다).

이른바 잡음, 또는 불필요하게 많은 정보가 일본이 감행한 이 치명적인 기습을 경고해주는 갖가지 징후를 밀어내버렸다는 로버타의 명제는 소련이 기회만 생기면 미국을 선제 공격할 것이라고 믿었던 월스테터의 성향과 딱 맞아떨어졌다. 그리고 월스테터가 전략적으로 당시의 상황을 검토하자 모든 곳에 위험이 도사리고 있었다.

전략공군사령부는 유럽과 아시아에 32개의 기지를 두고 있었는데 소련의 기습공격에 대한 방비는 최소한의 수준이었다. 이런 공격이 현실화될 경우에 대한 공군의 보복계획은 별 쓸모가 없을 정도로 불충분했다. 비용을 최소화하는 쪽으로 설계된 탓에 기지의 건물, 창고 같은 시설도 한곳에 집중되어 있었고, 이 때문에 취약성은 더 커졌다.[27] 소련 폭격기들이 저공비행하면서 예상 공격 경로(월스테터는 이에 대해 "서구가 선호하는 대소련 전략"이라고 비꼬았다)를 피하기만 하면 전략공군사령부의 레이더 방위를 쉽게 피할 수 있었다. 폭격기조차도 무방비상태였다. 요새화된 격납고 같은 방비가 전혀 없이 공터에 빽빽하게 늘어서 있었기 때문이다. 마지막으로, 레이더 시스템의 경고시간이 30분에 불과한데도 미군 폭격기들이 대형을 갖춰 핵폭탄이 있는 장소로 날아가 폭탄을 탑재한 뒤 다시 목표물까지 가서 보복할 시간이 충분하다는 공군 계획가들의 가정 역시 타당하지 않았다. 월스테터와 연구팀은 40킬로톤의 전술 핵폭탄 1백20개만 있으면 소련이 유럽에 주둔한 전략공군사령부 폭격기의 85퍼센트를 파괴할 수 있다고 추정했다.[28]

월스테터는 왜 소련이 기회를 잡아서 선제 공격을 하지 않는지 이유를 알 수 없었다. 월스테터가 보기에 당시 소련의 상황은 제2차 세계대전 이전의 일본과 유사했다. 두 나라 모두 세계 2위의 기술을 보유한 떠오르는 제국으로서 최고가 되려고 안달이 난 상태였고, 앞길을 가로막는 세력에게 결정타를 가할 수만 있다면 보복당할 위험조차 무릅쓸 태세가 되어 있었다. 일본의 경우에 호시탐탐 노리는 남태평양 지배권을 위협한 것은 바로 미국의 함대였다. 소련의 경우에는 자국의 탱크들이 서유럽으로 밀고 들어가는 것을 막고 있던 미군이 눈에 가시였다.

월스테터와 연구팀은 연구 결과의 함의에 크게 놀랐다. 'R-244'라는 이름이 붙은 이 연구논문은 극비를 유지하기 위해 'S'문서[기밀]로 분류됐다. 아예 랜드연구소의 간행물 목록에서 제외해버린 것이다. 그렇게 하지 않으면 이름을 날리고 싶어 하는 일부 국회의원이나 어리석은 관료가 전략공군사령부의 보석왕관[명성]이 돼지 앞의 진주목걸이처럼 엉망이 되어버렸음을 폭로할지도 모를 일이었다. 시급하게 실행해야 할 안전조치에 대한 제안 역시 기록조차 남지 않았다. 심지어 월스테터는 아무것도 모르는 랜드연구소의 과학자들이 회의를 열어 소련이 미국의 방

1958년 앨버트 윌스테터(의자에 앉은 이)가 할리우드힐스의 모던한 자택에서 랜드연구소의 가까운 동료들과 국방 정책에 관해 논의하고 있다. 왼쪽부터 신원미상의 남자, 헨리 로언, 앤드루 마셜, 알레인 엔토벤.

어망을 공격할 최선의 방안이 무엇일지 공개적으로 논의할 때조차도 일절 언급을 피했다. 이들은 신속하게 뭔가 조치를 취하지 않으면 자신들의 추측이 곧 현실화될 수 있다는 사실을 전혀 모르고 있었다.[29]

얄궂게도 전략공군사령부의 기지들이 취약하다는 월스테터의 경고는 미국의 여름 날씨를 통해 자국에서도 입증했다. 1952년 9월 1일, 시속 2백킬로미터에 이르는 돌풍을 동반한 토네이도가 텍사스 주의 카스웰 공군기지를 강타했다. 이 폭풍으로 격납고가 무너지고 B-36 한 대가 완전히 파괴됐으며 다른 비행기 81대가 고장 났다. 전기배선도 손상되어 기지가 화재 위험에 노출되기까지 했다.[30]

월스테터는 재앙에 가까운 이 사건을 언급하며 소련이 기지 근처 아무 곳에나 40킬로톤짜리 폭탄을 터뜨리면 설사 목표물에서 2천7백 미터 정도 벗어나더라도 이와 비슷한 위력의 폭풍이 일어나리라고 지적했다. 게다가 폭발로 인한 강한 열기와 빛으로 대부분의 사람이 죽을 터였다. 월스테터는 일련의 광범위한 권고안을 작성했다. 전략공군사령부의 폭격기를 자국 내의 기지에 주둔시키고 연료보급을 위해서만 해외에 착륙시킬 것, 폭격기를 여러 장소에 분산 배치할 것, 핵폭발을 견딜 수 있도록 강화된 폭격기 방공호를 구축할 것 등이 주요 내용이었다.

1952년 말 월스테터와 연구팀은 도표와 수치자료, 그리고 자신들이야말로 전략공군사령부의 존립을 좌우하는 존재라는 절대적인 확신으로 무장한 채 워싱턴 D.C.로 날아갔다. 그러나 공군 장교들에게 92회나 발표를 진행했지만 결국 큰 성과는 얻지 못했다. 연구팀은 막바지에 이르러서야 르메이 장군이야말로 전략공군사령부의 개혁 노력을 가로막는 주된 장애물임을 알게 됐다. 폭격기 방공호를 구축하자는 월스테터의 제안에 르메이 장군이 보여준 반응은 연구 전체에 대한 그의 태도를 여실히 보여줬다. "방공호라니, 엿이나 먹으라고 해."[31]

르메이 장군은 원칙적으로 폭격기에 대한 방비를 강화한다는 생각에 반대했다. 폭격기를 잃으면 더 좋은 새 비행기로 대체하면 그만이라는 것이었다. 게다가 소련이 공격을 위해 군사력을 집중시키는 징후가 조금이라도 보이면 선제 공격을 가할 생각이었다. 또한 정치적인 고려도 작용했다. 르메이 장군으로서는 랜드연구소의 권고에 동의하면 공군에 대한 권위를 잃게 될 터였다. 비록 명목상으로는 공군의 일부였지만, 전략공군사령부는 합동참모본부의 명령만 받았다. 무뚝뚝하고 자존심 강한 르메이 장군이 누구의 부하가 된다는 건 어림도 없는 일이었다.

절망적인 상황에 몰리게 된 월스테터와 연구팀은 르메이 장군을 회피하는 전략을 구사했다. 1953년 8월, 연구팀은 랜드연구소의 인맥을 활용해 공군참모총장 대리인 토머스 D. 화이트 장군 앞에서 직접 연구 내용을 발표하는 자리를 마련했다. 연구팀은 시급한 변화의 필요성을 화이트 장군에게 설득했고, 공군의 실행위원회에서 그 제안을 꼭 검토하겠다는 약속을 받아냈다. 같은 달에 소련이 첫 번째 수소폭탄을 폭발시키는 데 성공했다고 발표하자 연구의 긴급성은 더 커졌다. 1953년 10월경 공군은 월스테터가 권고한 내용 대부분을 승인했다.[32] 1954년 4월에는 월스테터, 로언, 호프먼, R. J. 러츠 등이 'R-266,' 즉 「전략공군사령부기지의 선정과 활용」이라는 극비 연구를 전체적으로 브리핑했다. 이 보고서는 전략공군사령부의 기존 계획들을 '예전에 계획된 시스템'이라고 언급하면서 이미 실행되고 있는 변화를 비꼬듯 지적했다.[33]

전략공군사령부 기지의 취약성을 인정하려 하지 않았던 르메이 장군은 계속 다른 해법을 재촉했다. 플로리다 주 탬파에 위치한 맥딜 공군기지[당시 전략공군사령부의 B-47, B-52 폭격기 주둔지]의 공군 계획가 에드 존스 대령이 B-47 폭격기를 미국에서 완전히 탑재한 채 출발시켜 아이슬란드 상공에서 공중 급유하고 소련의 목표물로 계속 비행한 다음 해외 기지로 돌아가도록 하는 계획을 내놓았을 때, 르메이 장군은 이 구상을 뛸 듯이 반겼다. 존스 계획안은 외부인들에게 통제권이나 결정권을 내주지 않고서도 전략공군사령부의 약점을 시정할 수 있는 방편을 마련해줬던 것이다. '풀하우스 구상'이라는 이름이 붙은 이 계획안은 공군의 정책이 됐다. 계획안의 의도는 "공격 이전pre-strike 기지로서 해외 지역의 중요성을 제한하고 그 역할을 주로 중간 공중급유 기지와 공격 이후 지원으로 축소시키는 것"이었다.[34]

월스테터는 이에 굴하지 않고 자신의 배치연구를 한 단계 진척시켰다. 미국 역사에 지워지지 않는 특징을 남기게 될 개념, 즉 '페일세이프'* 라는 개념은 바로 여기에서 탄생했다. 전쟁 계획가들은 이제 더는 어둠 속에서 움직이거나 불필요한 항로 이탈을 혼란 탓으로 돌릴 수 없게 됐다. 이제 핵공격은 우발적인 경우는 결코 없고 언제나 의도적으로 이뤄질 터였다. 본래 페일세이프 개념은 엄청난 곁가지를 지닌 단순한 구상이었다. 근접성이란 쌍방이 주고받을 수 있는 관계라는 월스테터의 통찰력이 배치연구를 낳았던 것처럼, '페일세이프'라는 개념 역시 살아 있는 모든 것이 계획대로 되는 것은 아니라는 깨달음의 결과였다.

월스테터는 이렇게 자문했다. 실수로 모스크바를 폭격하도록 보낸 비행기를 어떻게 멈출 것인가? 임무가 취소됐을 때 폭격기들을 귀환시킬 수 있는 방법이 반드시 있어야 했다. 폭격 목표물의 절대적인 확실성에 엄청나게 많은 목숨(그리고 지구 자체의 미래)이 달려 있음을 감안하면, 핵무장 폭격기가 목표물 공격에 대한 확인을 받는 일련의 체크포인트가 필요하다고 월스테터는 주장했다. 각 단계별로 확인을 받지 못하면 임무는 자동적으로 철회된다.

심각하지만 아직 명백하지는 않은 경고에 의해 쏟아져 나온 폭격기는 계속 전진하라는 명확한 지시를 받지 못하면 기지로 돌아갈 것이다. 경보가 오류라면 폭격기들은 설령 무선통신이 작동하지 않더라도 기지로 돌아간다. 경보가 실제 공격에 대응해 이뤄졌고, 무선통신이 일부 작동

---

* Fail-safe. 폭격기가 별도의 지시 없이는 넘을 수 없는 한계선을 넘거나 오폭할 경우를 대비해 만들어놓은 제어장치, 혹은 제어수단.

하지 않는다면, 이와 같은 통신 실패는 목표물로 향해 가고 있는 폭격기를 약간 줄여야 함을 의미한다.[35]

페일세이프 개념은 공군에 의해 받아들여졌고, 오늘날까지 몇 차례 일어날 뻔한 핵재앙에서 세계를 구해낸 공적을 인정받고 있다. 최근의 사례 하나는 1979년의 일인데, 전화교환수가 실수해서 미국이 핵공격을 받고 있다는 잘못된 메시지가 전송됐을 때 벌어졌다. 서로 떨어진 세 기지에서 전투기 10대가 긴급 발진해 하늘을 날았다. 하지만 오류가 있었음이 발견되자 다시 돌아왔다. 1980년에는 미니컴퓨터의 마이크로칩이 고장 나서 소련이 핵무기로 미국을 공격하고 있다는 전신이 송신됐다. 이 경우에는 제때에 오류를 발견하지 못했더라면 아마 거의 1백 대의 B-52 폭격기가 발진하고, 대통령이 백악관을 탈출하고, 대륙간탄도미사일 발사준비 신호가 전송됐을지 몰랐다.[36]

배치연구와 페일세이프를 관철시킨 승리를 통해 월스테터는 랜드연구소 동료들의 존경과 선망을 받았을 뿐만 아니라 극소수 군사분석가들에게만 허용되는 정부 최고위층 진입에 성공하게 됐다. 월스테터의 연구는 국가의 전쟁계획에 치명적인 결함이 있음을 지적함으로써 공군이 수십억 달러에 달하는 잠재적인 손실을 입지 않도록 해줬다.[37] 몇 년 뒤 배치연구의 갱신판인 'R-290,' 즉 「1950~60년대 미국의 반격 역량 보호」를 국방부에서 발표하게 됐을 때, 월스테터는 92개에 달하는 사무실들을 일일이 돌아다닐 필요가 없었다. 화이트 장군과 합동참모본부 의장 네이선 트위닝 장군이 동석한 가운데 찰스 윌슨 국방장관에게 직접 브리핑할 수 있었기 때문이다.[38]

R-290은 랜드연구소에게 특별한 승리였다. 이 보고서는 랜드연구소의 저명한 물리학자 가운데 한 명인 브루노 아우건스타인이 새롭게 제시한 탁월한 구상을 전술적으로 활용하는 방안을 담고 있었다. 아우건스타인은 정확성이 떨어지던 당시의 대륙간탄도미사일 탄두에 이용할

수 있도록 수소폭탄을 한층 경량화하는 제조공식을 제시한 바 있었다. 미사일이 원래 목표물에서 3마일, 즉 약 5킬로미터 정도 벗어나는 것은 문제가 되지 않았다. '수퍼'폭탄의 위력은 반경 50킬로미터 이내의 모든 것을 파괴할 것이어서 로켓의 상대적인 부정확성을 상쇄해줄 수 있었다. 아우건스타인의 제안이 실행됨에 따라 대륙간탄도미사일은 전쟁에서 실제로 사용되는 도구가 됐고, 랜드연구소의 원래 존재이유도 실현됐다. 랜드연구소는 진정한 군사'학술원', 즉 경이적인 전쟁무기를 개발하는 학자들의 학교가 됐을 뿐만 아니라 공군이 전후 시기에 가장 탐내던 대륙간탄도미사일이라는 무기를 실용화하는 데도 성공했다(대륙간탄도미사일의 약칭은 원래 IBM^{Intercontinental Ballistic Missile}이었으나 동명의 회사가 항의를 하자 국방부는 마지못해 ICBM으로 약칭을 바꿨다).

랜드연구소 사람들은 새로운 파괴무기를 만드는 데 만족하지 않고, 이 무기를 어디에 어떻게 퍼부어야 하는지에 대한 발언권도 갖고 싶어했다. 원래 공군의 특정 프로젝트를 다루기 위해 모인 전문가 집단이었던 랜드연구소 사람들은 1950년대 중반에 이르면 앨라모고도에서의 첫 번째 원자폭탄 폭발로 모래언덕에 남게 된 초록색 유리*처럼 예상치 못하게 변해버렸다. 랜드연구소의 괴짜 과학자들은 전략공군사령부와 공군이라는 근육을 움직이는 두뇌가 됐고, 국가 지도자들을 새로운 차원의 독보적인 군사적 우위로 이끌었다. 이들은 핵전략이라는 최신 학문을 창조하는 과정에서 핵과 관련된 모든 문제의 현자임을 자처했다. 그러나 불협화음이 없었던 것은 아니다. 곧 제한적 핵전쟁이라는 비극의 불가피성을 짐짓 세련되게 받아들인 월스테터와, 핵전쟁을 벌여야 하는 사태를 피하기 위해 가능한 모든 수단을 모색하고 괴로워하는 핵전략의 아버지 브로디 사이에 불화가 커지기 시작했던 것이다.

---

* Green glass. 원자폭탄이 폭발하면서 발생한 열복사 현상 때문에 모래가 순식간에 녹아서 유리로 변하는 것.

브로디는 워낙 일급기밀이라 1995년이 되어서야 기밀 해제된 수소폭탄 관련 대규모 연구에 참여하면서 깊은 영향을 받았다. 1951년 히치에게 발탁된 뒤 물리학자 언스트 플레셋과 함께 공군을 위해 「고파괴력 무기의 함의」라는 연구를 수행한 브로디는 수소폭탄의 효과와 그에 대한 방어 가능성뿐만 아니라 소련의 수소폭탄 입수와 활용, 그리고 '초고성능' 폭탄에 대한 미군의 공세적 배치계획 등을 검토했다.

이들은 당시 로렌스리버모어국립연구소에서 제조되고 있던 것과 같은 5메가톤급 핵융합 폭탄(나가사키에 떨어뜨린 폭탄 2백50개에 맞먹는 폭발력을 지닌 폭탄)이 사용될 것이라고 가정했다. 그리고 이 수소폭탄의 폭발과 잇따른 화재폭풍의 위력으로 반경 11킬로미터 내의 모든 구조물이 파괴될 것이라는 결론을 내렸다. 1백43평방킬로미터 지역에 있는 무방비상태의 사람들은 모두 곧바로 사망할 것이고, 폭탄이 떨어진 지점을 중심으로 78평방킬로미터 지역에 있는 사람들은 건물 안에 있더라도 사망할 것이었다. 각 지역의 가장자리에 있는 사람들은 50퍼센트의 생존율을 기록할 것으로 예상됐다.[39]

열핵무기가 "엄청난 파괴력을 지닌 살상무기"가 될 것은 분명했다. 이 보고서를 작성한 연구자들은 "핵무기와 열핵무기를 상대방 도시에 대규모로 사용한다면 양쪽 모두 국가적 자살을 감행하는 것이나 다름없다"라는 결론을 내리면서도 하루 속히 이런 무기를 비축해야 한다고 촉구했다. 이 연구자들이 보기에 소련은 예측 불가능한 호전적인 나라라서 미국으로서는 달리 선택의 여지가 없었다. "가장 신속한 속도로 열핵무기를 개발하지 않는다면 우리는 소련의 공격을 억제할 능력을 잃을 수 있고, 실제로 국가적 생존의 기회마저 잃어버릴 수 있다."[40] 이 보고서는 국가안보를 담당하는 각 부문에 널리 배포됐고, 해리 트루먼 대통령도 브리핑을 받았다. 행정부는 논문의 요지에 부응해 1951년 방위 지출을 1백35억 달러에서 4백82억 달러로 늘렸다. 소련이 세계 지배를 위한 기본 계획을 실행에 옮기고 있다는 믿음에 따른 조치였다.[41]

브로디의 결론은 어쩔 수 없는 것이었다. 핵무기 사용을 통한 전쟁 억제는 피할 수 없지만, 핵전쟁은 어떤 합리적인 정치적 목적과도 부합되지 않았다. 그 자신이 핵전쟁 연구의 선구자 가운데 한 명이었던 브로디에게 이것은 괴로운 깨달음이었다. 그러나 미국과 소련이 공히 자국 정치체제의 역학 때문에 이 무시무시한 살상무기 개발을 어쩔 수 없이 계속해야 한다고 느끼는 상황에서 언제 어떤 식으로든 요정이 램프에서 빠져나와 1만 년 동안 이어져 온 문명을 한 순간에 쓸어버릴 위험은 언제나 존재했다. 이런 모순을 어떻게 해결할 수 있을까?

브로디가 내놓은 해법은 이중적인 것이었다. 정치적인 수준에서 브로디는 더 거대하고 치명적인 핵무기 생산을 통해 핵억제력을 강화해야 한다고 주장했다. 이 방안은 도시와 인구를 분산시킬 민방위계획과 쌍을 이뤄야 하는데, 이런 의미에서 브로디는 "새로운 산업 중심지는 지금과 같은 대규모 집결지에서 벗어난 곳에 건설해야 한다"고 촉구했다. 또 중요한 군사시설을 선별적으로 분산하고 예비 군사장비와 물자를 추가로 비축하는 것뿐만 아니라 핵폭발의 충격에도 버틸 수 있는 강력한 민간 방공호의 구축을 역설했다. 이런 조치는 모두 소련이 공격해올 경우 미국이 보복할 수 있는 역량과 인력을 보전하기 위한 것이었다.

한편 개인적인 수준에서 브로디는 기나긴 정신분석 시기로 접어들어 자기 말에 귀를 기울이는 연구소의 모든 사람들에게 이 요법의 장점을 설파하고 다녔다. 제2차 세계대전의 여파, 새로운 냉전의 불안감 등과 싸우고 있던 서구 사회가 지그문트 프로이트에게 매혹된 현실을 반영이라도 하듯이, '올바른 생각을 가진' 랜드연구소 사람들 사이에서도 정신분석은 거의 유행처럼 번졌다. 네이선 레이츠와 로버타 월스테터는 창작슬럼프 문제를 해결하기 위해 정신분석을 받았고,[42] 브로디는 프로이트에 한껏 빠져서 랜드연구소 내부 회람 메모에서까지 핵전쟁 전략을 섹스에 비유했다. 첫 번째 핵대응 이후 향후 대응을 위한 시간을 벌기 위해 발포를 보류한다는 자신의 계획을 사정射精 전의 수축에 비유하는 식이었는데, 전략공군사령부가 선호하는 '강력한 타격'을 자위행위에 비유하기도 했다(허먼 칸은 이 비유를 차용해 전략공군사령부 장교들이 모인 자리에서 이렇게 말하곤 했다. "장교 여러분, 여러분에게는 전쟁계획이 없고 워르가즘war-gasm이 있을 뿐입니다!")[43]

1950년대에 브로디는 집중적인 반성과 정신분석을 통해서 결국 일생일대의 가장 유명한 저작 『미사일시대의 전략』을 내놓았다. 이 책에서 브로디는 전면적이고 치명적인 공격으로 나아가기 전에 타협점을 찾을 수 있는 기회를 상대방에게 제공하는 전술 핵무기 사용을 주장했다. 그렇지만 결국 브로디의 통찰력은 버림받았고, 여러 글에서 브로디는 두 초강대국이 일단 시작하면 수백만 명의 죽음으로 이어지게 될 충돌을 피할 수 있는 길을 도무지 발견할 수 없다고 인정했다.

1952년 가을부터 브로디는 마셜, 히치 등과 이른바 전략목표위원회라는 비공식 그룹을 결성했다. 이들은 주로 점심시간과 퇴근 후에 만나 미국이 쌓아올리고 있는 엄청난 핵무기를 배치하는 최선의 방법을 논의했다. 1953년에서 1955년 사이에 미국의 핵무기 비축량은 거의 2천 개로 늘어났다. 몇 메가톤급 파괴력을 지닌 수십 개의 수소폭탄을 셈하지 않고서도 말이다. 전략공군사령부의 계획가들은 지휘부가 선호하는 '강력한 타격'이라는 각본에 따라 소련과 충돌할 경우 소련의 1백88개 도시에서 인구의 3/4이 몰살당할 것으로 예상했고, 전체 사상자 수는 소련과 동유럽에서만 7천7백만 명을 넘을 것으로 예상했다.[44]

전략목표위원회는 전략공군사령부의 계획가들이 예상하는 이런 대규모 재앙을 피하기 위해 당시 핵전략가들 사이에서 영향력을 얻고 있던 '대항력'counterforce이라는 구상을 내놓았다. 폭넓게 정의하자면 대항력이란 기습공격에 대응할 수 있는 예비 핵전력, 이른바 제2차 공격 역량의 보유를 의미했다. 또한 대항력은 도시를 공격에서 제외하는 대신 군사 목표물에 집중하는 핵공격계획을 신봉한 브로디가 제안한 구상까지 포괄하는 것이었다. 따라서 논리적으로 보면 대항력 전략은 점진적으로 무력을 행사하면서 두 번째로 대대적인 핵미사일을 발사하기 전에 상대방에게 휴전을 선언하고 합의에 도달할 충분한 시간을 줬다. 곧 상당수 랜드연구소의 분석가들은 이 구상에 따라 제한적 핵전쟁을 벌이고 승리할 수도 있다고 믿게 됐다. 비록 처음에는 전략공군사령부와 르메이 장군이 거부했지만 대항력이라는 구상은 몇 년 안에 미국 정부에서 인정하는 핵전략이 된다. 베트남전쟁과 연이은 냉전을 거쳐 소련이 최종적으로 붕괴할 때까지 이 전략은 계속 효과를 발휘하게 된다.

1950년대 말 랜드연구소가 잇따라 정치적 승리를 거두자 현실에 대한 수학적·합리적·경험적 접근과 경제학파는 우위를 굳혔고, 이후 수십 년간 이런 분위기가 연구소를 지배하게 됐다. 당시 소련의 『프라우다』가 랜드연구소를 "과학과 죽음의 학술원"이라고 지칭한 일이 널리 회자됐지만, 아마 수학적 합리주의의 학술원이라는 별칭이 훨씬 잘 어울렸을 것이다. 애초 윌리엄스와 콜봄은 자신들의 전쟁이론을 완성하기 위해 사회과학을 도입했다. 인적 요소에 관한 전문가가 필요하다고 생각했던 것이다. 그러나 자연과학의 승리와 더불어 랜드연구소 사람들은 인간 지식의 개념을 전도시켰다. 경제학자들은 역사학, 사회학, 인류학 같은 사회과학으로 수학적 접근을 보완하는 대신 이런 학문들을 자연과학의 단순한 부속물로 삼았고, 이 학문들을 모형설계와 체계분석을 통한 수치·선택·결정의 패턴으로 뒤바꿨다. 이런 변화는 히로시마 이후의 전쟁이 결코 이전과 같을 수 없다고 주장한 최초의 인물 중 한 명인 브로디가 역설적으로 점차 주변으로 밀려나게 됨을 의미했다. 갈등의 유발과 점진적 고조를 강조하는 브로디의 이성적이고 역사에 기초한 접근은 소련의 끝없는 배신 가능성을 전제한 채 적의 역량에만 의식적으로 초점을 국한시키는 월스테터와 그 추종자들의 분석적 접근과 대립했다.

요컨대 계산, 문법적 분석, 목록작성 등이 랜드연구소에서 서술, 심리학, 해석을 몰아냈다. 이것은 심각한 결과로 이어졌다. 이제 랜드연구소 사람들은 인간을 새로운 관점에서 보게 됐다. 인간에게 중요한 모든 것은 숫자로 환원될 수 있다는 관점이 그것인데, 이런 수치화야말로 인간이 자기이익이라는 주된 동력을 계속 유지할 수 있도록 해줄 것이었다. 합리적 선택이론을 만들어낸 케네스 애로에 따르면 자기이익은 재화의 물질적 소비이며, 자유민주주의가 장려할 수 있는 최선의 정부는 무제한의 소비를 자극하는 정부이다. 이렇게 랜드연구소 사람들은 서구 자유민주주의의 새로운 원리가 될 토대를 확립했다. 재화와 정치를 소비하는 개별 소비자의 명백한 우위에 기초한 원리였다.

이와 더불어 애초 카리스마적인 성격에다가 성공까지 거두게 된 월스테터는 1950년대 말에 이르면 수리논리학자 겸 핵전략가에서 랜드연구소 집안의 큰 스승으로 변신했다. 이미 유창한 언변과 결코 굴하지 않는 자신감을 갖고 있었던 월스테터는 업적을 쌓으면서부터는 구미에 당기는 온갖 취미를 열렬하게 섭렵했다. 게다가 자신의 구미를 당기는 것들은 너무나도 많았다! 학술회의가 열릴 때면 월스테터는 가장 비싸고 좋은 식당만 골라 드나들면서 최대한 이것저것 요리를 맛봤다. 그러면서 인생은 수가 제한된 식권 묶음 같은 것이라 기한이 만료되기 이전에 최대한 많은 식권을 사용하는 것이 모두의 의무라고 말하곤 했다.[45] 월스테터는 랜드연구소에서 끌어 모은 아마추어 음악가들을 모더니티의 성채 같은 자기 집에 불러와 클래식 음악 연주회를 열기도 했다. 고위 외교관들을 위한 연회를 열기도 했고, 미술품과 레코드판을 수집했고, 일요판 신문을 위해 사진을 찍기도 했다. 요컨대 월스테터가 못하는 일이라곤 하나도 없었다. 심지어 어떤 외국어를 할 줄 모르면서도 잘 아는 것처럼 행세해 외국인이 감쪽같이 속아 넘어가는 일도 있었다. 진정한 르네상스형 인간이었던 월스테터는 미국의 군사적 취약성에 대한 끝없는 연구를 통해 이 수많은 취미에 드는 자금을 마련했다. 결국 부정한 돈벌이 수단을 하나 발견해서 평생을 우려먹은 셈이다.

월스테터 자신이 그랬듯이 랜드연구소의 모든 사람이 월스테터를 높이 평가한 것은 아니었다. 월스테터와 동시대를 산 사람들 가운데 몇몇

앨버트 월스테터, 딸 조안, 로버타 월스테터(1955년).

은 그를 교만하고 생색만 내는 독재자로 봤다. 맨처음 월스테터를 고문으로 영입한 비용분석과의 책임자 데이비드 노빅은 월스테터가 배치연구의 수치를 조작했다고 비난하면서 해고한 적이 있었다(월스테터는 이런 혐의를 부인했고, 히치에 의해 다시 채용됐다).46) 한번은 월스테터가 자기가 알아낸 내용을 동료들에게 설명해준 적이 있었다. 그 가운데 한 명이 월스테터의 집을 나서며 이렇게 쓴소리를 했다. "그이는 거기서 산상수훈을 암송하고 있는 거요!"47) 그러나 젊은 분석가들은 월스테터의 예술과 미식 취향을 흉내 내기 시작했다. 무엇보다도 그들은 월스테터의 경박한 자신감을 모방하면서 자신들이 어느 누구보다도 총명하고 재능이 있는 것처럼 행세했다. 늘 랜드연구소 집단의 약점으로 여겨지던 겸손은 월스테터의 전성기에는 더욱 품귀 현상을 보였다.

스스로 의식했든 안 했든 간에 월스테터는 후배 세대에게 일종의 우상숭배를 부추긴 듯하다. 아들이 없었던 월스테터는 전략의 세계에서 자신의 인도를 받을 젊은 남자들을 주변에 끌어 모았다. 젊은이들은 (흰색 모직 카펫과 흰색 가구 등) 온통 흰색인 월스테터의 사무실에 찾아와 랜드연구소의 다른 수많은 재능 있는 연구자들의 획기적인 연구를 무색하게 만들 정도로 휘황찬란한 그의 업적에 경의를 표하곤 했다.

1950년대가 저물 무렵, 지적 발전소를 구축하겠다는 아널드 장군과 콜봄의 꿈은 뚜렷한 현실이 됐다. 랜드연구소는 맨해튼계획 이래 한 기관 안에 가장 많은 지식인들을 모아놓았다. 대표적으로 몇 사람만 꼽아도 수학자 존 폰 노이만, 존 내시, 조지 단치그, 컴퓨터 개발자 윌리스 웨어, 제임스 G. 길로글리, 앨런 뉴웰, 경제학자 케네스 애로, 토머스 셸링, 허버트 사이먼, 해리 마코위츠, 물리학자 에드워드 텔러, 브루노 아우건스타인, 언스트 플레셋, 해럴드 L. 브로드, 새뮤얼 코언 등이 있다. 월스테터는 권력과 가까운 위치 덕분에 그들 모두의 꼭대기에 서 있었고, 극소수의 핵전문 관료집단에서 가장 영향력 있는 인물이었다. 그러나 이 집단 내에는 반(反)월스테터적 관점까지는 아니더라도 적어도 월스테터와 그 동료들이 갔던 길과는 다른 길을 상징하는 또 다른 분석가가 있었다. 또한 공교롭게도 그 사람은 1950년대 말~1960년대 초 미국과 세계의 눈에 비친 랜드연구소의 지적 대담함과 도덕적 무감각성의 본보기 같은 인물이었다. 허먼 칸이 바로 그 주인공이다.

6장. 죽음의 어릿광대

허먼 칸은 지적 우월감에 빠진 랜드연구소의 분석가들이 결코 될 수 없는 흥행사 같은 인물이었다. 칸이 단골 웃음거리로 삼은 소재는 죽음이었다. 수백만, 수천만, 수억의 죽음 말이다. 랜드연구소는 상상조차 할 수 없는 일을 하는 곳이라고 일반인들이 생각하게 된 것은 바로 칸 때문이었다. 칸은 이런 질문을 즐겼다. "소련의 공격을 응징하기 위한 대가로 1억8천만 명의 죽음이 지나치게 많다면, 당신이 기꺼이 치를 수 있는 대가는 어느 정도인가?"[1] 빨갱이가 되느니 죽는 게 나은가? 핵전쟁에서 살아남은 생존자들은 죽은 사람들을 외려 부러워할까?

  홀쭉한 체격의 노골적인 애연가들이 득세하던 시대에 굵직한 몸통과 수다스러운 말투의 칸은 눈에 띄는 인물이었다(당시 미국인 남성은 평균 175센티미터의 키에 몸무게 73킬로그램이었다). 존 윌리엄스처럼 칸 역시 큰 키만큼이나 뚱뚱했고(182센티미터에 136킬로그램), 민방위와 열핵전쟁 등 자기가 좋아하는 주제에 관해서는 즉석에서 몇 시간이고 일장연설을 늘어놓았다. 필스베리 도우보이*처럼 생긴 칸이 우리가 알고 있는 세계의 종말에 관해 익살스럽게 주절대는 강연은 매혹적인 공연과도 같았다. 사람들은 자기도 모르게 웃음을 터뜨렸고, 때로는 세미나가 끝난 뒤 충격과 공포로 구토를 하기도 했다. 로버타 월스테터는 칸에게 파쇄

---

* Pillsbury doughboy. 필스베리라는 미국 식품브랜드의 광고용 마스코트. 뚱뚱하고 귀여운 모습을 하고 있다.

폭탄이라는 별명을 붙여줬고,[2] 어느 핵군축 전문가는 칸의 강연이 핵동결 문제를 다룬 가장 훌륭한 논의라고 평했다. 오래 전부터 선제 핵전쟁을 주장한 칸의 의도와는 전혀 다르게 말이다. 칸은 랜드연구소 출신이었는데, 랜드연구소 사람들은 미국 지식계에서 으뜸가는 현실정치의 전문가들이었다. 그들은 아무리 혐오스러울지언정 사실은 사실이라고 생각했다. 즉, 도덕이나 인간적인 고려는 정책분석에 개입하면 안 되는 것이었다. 유명한 영화감독 스탠리 큐브릭이 세계 종말을 초래하는 무기를 지닌 채 섬뜩한 촌철살인의 농담을 끝없이 지껄이는 주인공이 나오는 영화 『스트레인지러브 박사』(이 영화의 부제는 "나는 어떻게 걱정을 그만두고 폭탄을 사랑하게 됐는가?"이다)를 만들 때 열광적이고 충동을 억누를 수 없는 칸을 모델로 삼은 것도 놀랄 일은 아니다(자기 책에서 너무 많은 자료를 갖다 쓴 큐브릭에게 칸은 저작권료를 요구하기도 했다. 이에 격분한 큐브릭은 이렇게 대꾸했다. "그렇게는 안 될 걸, 허먼!")[3]

앨버트 월스테터나 버나드 브로디처럼 유대인이었던 칸은 뉴저지 주에서 태어나 뉴욕 주의 브롱크스에서 자랐다. 아버지는 독실한 신자였지만 칸은 신앙이 있다고 밝힌 적이 없다. 그렇지만 평생에 걸쳐 시온주의의 대의를 열렬히 지지했다. 열 살 때 부모가 이혼한 뒤 칸은 어머니, 그리고 두 형제 모리스, 어빙과 함께 캘리포니아 주 남부로 이사했다. 네 가족은 로스앤젤레스의 유대인 지구에서 살았는데 고난의 연속이었다. 어머니는 두 번이나 공공 생계보조를 신청해야 했다.[4]

1940년 페어팩스고등학교를 졸업한 칸은 캘리포니아대학교 로스앤젤레스 캠퍼스에서 물리학을 공부했다. (연극적인 정도는 아닐지라도) 달변이었던 칸의 성격은 1943년 입대에 앞서 육군예비군의 심리적성검사를 받을 때부터 이미 완성된 상태였다.

칸은 이제까지 육군의 IQ테스트를 끝까지 푼 사람이 없다는 말을 들었기 때문에 각종 적성검사를 있는 대로 찾아내서 철저히 분석하는 식으로 벼락치기 공부를 했다. 자기 차례가 오자 칸은 30분 만에 시험을 끝내고 시험장을 나와서는 극도로 기진맥진해져 쓰러졌다. 한숨을 쉬고 땀을 뻘뻘 흘리던 칸은 몇 분 뒤 기운을 차리고는 시험장에 다시 뛰어들어가면서 소리를 질렀다. "132번 문제에서 멍청하게 계산을 실수했어요. 바꾸고 싶은데요! 어떻게 이렇게 바보 같을 수가 있지?" 나중에 자기가 역대 최고 점수를 기록했다는 사실을 안 칸은 만족해했다.[5]

태평양 전역戰域에서 군 복무를 마친 칸은 로스앤젤레스로 돌아와서 캘리포니아공과대학교 석사과정에 입학했다. 그 무렵 어머니가 갑자기 세상을 떠나는 바람에 돈이 궁해진 칸은 어린 동생들을 부양해야 했기 때문에 부동산 중개사 자격증을 땄다. 그러나 친구이자 동료 물리학자였던 새뮤얼 코언(훗날 중성자탄을 발명한 인물)이 방금 랜드연구소에 취직한 상태였고, 코언은 칸에게도 그곳의 일자리를 구해줬다. 이렇게 해서 칸은 1947년부터 1961년까지 랜드연구소에 머무르게 된다.

처음에 칸은 원자력 항공기를 개발하는 프로젝트에서 일했는데, 이 구상은 실행 불가능한 것으로 판명됐다. 그렇지만 들어간 지 1년도 안 되어 이미 '수퍼'(일급기밀의 수소폭탄)를 설계하는 팀에 합류한 상태였다. 대부분의 연구는 샌프란시스코 인근 캘리포니아대학교에 새로 문을 연 로렌스리버모어국립연구소에서 수행됐다. 베이에어리어를 자주 방문하는 일은 사교적인 성격의 칸에게는 일종의 혜택이었다. 칸이 워낙 활기 넘치게 떠벌인 탓에 동료들은 그가 랜드연구소에서 어떻게 최고급 기밀 자료 이용을 허가받았는지 궁금하게 여길 정도였다.[6]

일급기밀을 다루는 업무의 성격상 랜드연구소의 물리학자들은 건물의 나머지 부분과 두꺼운 유리문으로 차단된 지역에서 일했다. 초창기에 더글러스항공에서 더부살이하던 랜드연구소 사람들처럼 말이다. 이런 은둔생활에 초조해진 칸은 복도를 서성거리며 기밀지역 바깥에서 알지 못하는 사람들과는 인사를 하고, 아는 사람들에게는 사정없이 질문하며 이것저것 논평하고 계획을 알리는 등의 행동을 했다. 칸은 거의 언제나 둘로 갈라진 랜드연구소의 홀에서 머물다가 연구할 새로운 프로젝트 두세 개와 폭탄을 만드는 틈틈이 쉬면서 끼적일 책과 잡지 등을 손에 가득 들고서 돌아오곤 했다. 자신의 연구조교 로잘리 제인 하일너(칸은 그녀의 정치적 성향을 '존버치협회*보다 오른쪽'이라고 사랑스러운 듯이 설명한 바 있었다)와 갓 결혼한 칸은 누가 보아도 새로운 자리에 열중하고 있었다. 랜드연구소에서 보낸 허니문은 1950년대 초에 연방수사국이 칸을 조사할 때까지 계속됐다.[7]

앞서 칸은 두 차례의 보안검사를 큰 어려움 없이 통과했지만, 그건 하일너와 결혼하기 전의 일이었다. 하일너의 언니 둘이 공산주의자라는 소문이 돌고 있었다.[8] 그런데 그때 연방수사국 정보원 하나가 칸이 공산주의자들의 위장 단체로 추정되는 외국출신보호위원회의 회원이라고 주장하면서 칸을 비난한 적이 있었음이 드러났다. 자유주의자로서 미국시민자유연합과 미국인민주행동연맹의 회원이었던 칸은 공산주의자가 정부의 보안 프로젝트를 맡아서는 절대로 안 된다고 생각했던 잘 알려진 반공주의자였다. 얼마 지나지 않아 일급기밀 관련 문서를 다룰 자격을 회복하게 되지만 연방수사국에서 조사를 진행하는 동안에는 (수소폭탄 개발 업무에 필요한) 자격을 잠시 잃기도 했다.[9]

칸은 자연과학에서 손을 떼게 해준 존 에드거 후버 연방수사국장에게 감사해 했을지도 모르겠다. 어쩔 수 없이 뉴저지 주에서 이주해야 했던 칸은 이 과정을 통해 랜드연구소에서 가장 배타적인 서클, 즉 핵분석가 서클의 성원이 됐기 때문이다. 월스테터, 브로디, 찰스 히치를 비롯해 경제학자 토머스 셸링 같이 이 클럽에 나중에 합류한 사람들은 칸의 동료이자 경쟁자, 때로는 격렬한 비판자가 된다.

랜드연구소의 연구원인 앤드루 마셜과 친구 사이였던 칸은 처음에는 게임이론에 이끌렸다.[10] 두 사람은 확률 분석을 위한 수학적 구조물인 '몬테카를로 방법'Monte Carlo method에 관한 책을 한 권 출간했는데, 여기

---

* John Birch Society. 1958년 창설된 미국의 극우 반공단체.

서 소련의 방어망을 폭격하는 문제에 그 방법을 적용했다.[11] 랜드연구소의 홀을 닥치는 대로 활보하던 칸은 자연스럽게 월스테터와 맞부딪히게 됐다. 당시 월스테터는 배치연구의 기초가 된 사실과 통찰과 숙고의 거대한 구조물을 만드느라 분주했다. 칸은 월스테터의 프로젝트를 돕는 일종의 후배 동료가 됐는데, 이내 프로젝트가 일사천리로 커지면서 사실상 연구소의 모든 전문가들이 시간을 내서 조력하게 됐다. 그러나 칸은 체계분석과 그것이 국가방위에서 하는 역할을 공군 장교들에게 강연하라는 업무를 맡게 됐을 때 자신의 진정한 장점을 발견했다.

지금 와서 되돌아보면 칸처럼 원기왕성한 성격의 사람이 왜 발표자로 적격인지 분명히 알 수 있다. 칸의 재능은 달변이었다. 칸의 재잘거리는 실력은 훗날 '의식의 흐름' 같은 최신식 농담을 선보인 코미디언 모트 살*이나 딕 그레고리** 등의 언변과 맞먹었다(그러나 칸은 레니 브루스***에 필적할 정도로 외설적이지는 않았다). 그렇지만 유대인 코미디언들이 '슈프리처'schpritzer라고 부르는 인물, 즉 떠벌이·재담꾼으로 너무나도 쉽게 변신하는 칸을 보고는 가까운 동료들조차도 깜짝 놀랐다. 공군 하급 장교들을 대상으로 체계분석에 관한 발표를 의뢰받은 칸은 말장난, 비유, 노골적인 혹평 등을 자유자재로 구사하며 뻣뻣한 군인들을 폭소의 도가니로 몰아넣었다. "이상적으로 말하면 우리는 여러분이 타는 폭격기의 모형을 소련으로 보내 몇 대가 격추되고 몇 대가 통과하는지를 본 뒤, 폭격기를 보내 폭탄을 쏟아 붓고 재빨리 튀어오라고 하고 싶습니다. 그런데 소련이 당최 협조를 하지 않네요."[12]

---

* Morton Lyon 'Mort' Sahl(1927~). 캐나다 태생의 미국 코미디언. 스탠드업 코미디의 창시자로, 존 F. 케네디의 연설문에 들어갈 농담을 써준 것으로도 유명하다.
** Dick Gregory(1932~). 미국의 흑인 코미디언. 민권운동 활동가로서 백인과 흑인 모두에게 통하는 정치·시사풍자 코미디를 한 것으로 유명하다.
*** Lenny Bruce(1925~1966). 미국의 스탠드업 코미디언. 사회의 추문과 금기를 신랄하게 풍자한 것으로 유명한데 1964년에는 외설 혐의로 유죄판결을 판기도 했다.

칸은 브로디의 저작과 윌스테터의 배치연구를 자유롭게 끌어 쓰면서 소련의 핵위협에 대한 해답으로 민방위 개념에 매달렸다. 가령 미국의 2억 인구 중에 핵전쟁으로 3천만 명이 죽는다면 1억7천만 명이 살아남는다! 그리고 광산, 동굴, 방공호 같은 대피소를 광범위하게 이용해 사상자 수를 1천만 명으로 줄일 수 있다면, 엄청난 수의 미국인이 여전히 살아남아 나라를 재건할 수 있을 것이다!

칸은 자신의 영감에 사로잡힌 나머지 아이젠하워 행정부에게 전국 곳곳에 민방위 대피소를 구축하는 대규모 프로그램에 착수할 것을 촉구했다. 2천억 달러만 투입하면 최후의 버섯구름이 걷힌 뒤에 미국인이 한 명이라도 살아남아 성조기를 흔들고 나올 게 틀림없다는 것이었다. 대피소는 물리적으로 시민을 보호할 뿐만 아니라 소련의 침공에 대한 억제력으로도 작용할 터였다. 미국 시민들이 핵전쟁을 두려워하지 않으며, 공격을 받은 뒤에도 많은 수가 남아 반격에 착수할 것임을 크렘린 당국이 안다면, 소련이 공격할 이유가 그만큼 줄어든다는 것이었다.

아이젠하워 행정부는 칸의 계획에 미적지근한 반응만을 보였다. 칸은 이 문제를 연구하는 또 다른 위원회에 임명됐지만, 대대적인 대피소 건설 계획안은 전혀 실행에 옮겨지지 않았다. 정부의 공식 정책은 여전히 대규모 보복을 가한다는 것이었지만, 핵전쟁이 일어나면 양쪽 모두 참화에서 살아남을 수 없다고 믿게 된 아이젠하워 대통령은 군축에 집중하는 쪽을 선호했다. 1950년대 중반경 아이젠하워 대통령은 소련과 동시에 핵무기를 감축한다는 모종의 합의에 다다르기 시작했다.

그러나 이에 굴하지 않은 칸은 일반인들에게 자신의 견해를 알렸다. 1959년 칸은 랜드연구소에 휴가를 신청한 뒤 프린스턴대학교의 국제문제연구센터에 들어가 한 학기 동안 일했다. 그리고 전국 각지의 지역사회 단체, 대학, 외교 관련 조직을 상대로 민방위에 관해 강연하기 시작했다. 대부분의 연사들이 한두 시간의 강연에 만족했지만 칸은 자기의 주장을 주입시키려고 슬라이드, 차트, 그림, 영사기 등을 모조리 동원

미래학자이자 랜드연구소의 논쟁적 인물인 허먼 칸이 발언 차례를 기다리고 있다(1968년).

해 2~3일 동안 발표했다. 전시의 다양한 조건에서 생기는 사상자 수를 보여주는 그래프에는 "생존자들은 사망자를 부러워할까?" "비극적이지만 식별 가능한 전후상태" 같은 자막이 붙여졌다. 칸은 전쟁의 가능성을 부문별·사태별로 나눈 뒤 침략이 고조되는 과정을 묘사했는데, 이전에는 (대중 앞에 공표되는 것은 고사하고) 상상조차 한 적도 없는 규모의 사상자가 발생할 가능성을 두고 끊임없이 농담을 던졌다.

비록 대단한 글쟁이는 아니었지만 칸은 여러 사람의 도움을 받아 강연 내용을 정리해 일반인들을 대상으로 한 두꺼운 책으로 편집했다. 외견상 도덕을 초월한 듯하지만 분노를 일으키는 책이었다. 칸은 군사학의 고전인 카를 폰 클라우제비츠의 『전쟁론』에 경의를 표하는 뜻으로 자기 책에 『열핵전쟁론』이라는 제목을 붙였다. (대중적 노출을 경멸하고, 언어, 수치, 통계 등을 합리적이고 정확하게 사용하는 데 익숙했던) 랜드연구소의 분석가 클럽 동료들은 칸이 출간 승인을 받기 위해 랜드연구소에 원고를 제출했을 때 곱게 보지 않았다. 대부분의 분석가들은 칸이 제대로 출처조차 밝히지 않은 채 모두의 글을 표절했다고 여겼다.[13]

그 이전에 칸은 월스테터에게 논평을 부탁하며 1부를 전달했다. 칸이 온통 흰색인 월스테터의 방에 살짝 들어가 스승의 반응을 물었을 때 브루노 아우건스타인이 거기 있었다. "이걸 가지고 할 게 딱 하나 있네, 허먼." 월스테터가 원고를 돌려주면서 말했다. "태워버리게."[14]

물론 칸은 그렇게 하지 않았고, 오히려 책 출간을 승인해달라고 랜드연구소 경영진에게 압력을 가했다. 콜봄은 이 책이 여러 해 동안 랜드연구소에서 수많은 사람들이 공들여 만든 원칙을 무단으로 수정했을 뿐만 아니라 공군과 전략공군사령부의 이익을 거스른다는 점 때문에도 비판적이었다. 하지만 책에 기밀정보가 전혀 없고, 랜드연구소의 공식 문서도 아니었기 때문에 결국 출간에 동의해줬다.

652쪽에 달하는 이 책은 1960년에 출간되자마자 성공을 거뒀고 곳곳에서 논쟁적인 서평이 등장했다. 출간 직후 두 달 동안 1만4천 부 이상이 팔렸다. 전쟁에서 핵무기가 사용되면 절멸만이 있을 뿐이라는 절망적인 이야기에 익숙했던 세상 사람들에게 칸의 실용적인 관점은 의외로 낙관적이고 명료한 것이었다. 다른 한편으로 정치적 신념이 다른 독자들에게는 불쾌하고 외설적인 것이었다.

브로디와 마찬가지로 칸 역시 제한전을 신봉했으며, 대대적인 보복 위협이 억제력을 가져다주는 것은 아니라고 믿었다. 저서에서 칸은 이른바 종말병기doomsday machine, 즉 소련이 모종의 금지된 행동을 벌일 경우 지구상의 모든 생명체를 싹 쓸어버릴 정도의 핵폭탄을 자동으로 발사하는 장치를 가리키는 표현을 만들어냈다. 칸은 이런 구상을 전략공군사령부의 전쟁계획에 비유하면서 둘 다 소련의 공격에 대응할 때 전혀 유연성을 주지 못하기 때문에 부조리하다고 규정했다. 칸은 브로디의 예비 핵전력 개념을 차용하기도 했는데, 앞서 월스테터도 이 개념을 빌려 제2차 공격 역량이라고 부른 바 있었다. 또한 월스테터가 배치연구에서 제시한 권고, 즉 격납고와 미사일 발사대뿐만 아니라 폭격기와 군 병력까지 분산 배치하라는 권고도 활용했다. 마지막으로, 칸은 이런 혼합물에 랜드연구소의 대항력 개념(핵전쟁에서 도시 대신 특정한 군사 목표물을 겨냥한다는 구상)마저 집어넣었다.

칸은 핵교전 도중과 이후의 민방위와 민간인의 생활을 가장 다채롭고 매혹적으로 전망했다. 사람들이 뒷마당 대피소, 광산 갱도를 요새화한 방공호, 깊은 동굴 등에 숨음으로써 연방정부와 경제체제가 살아남을 것이라고 경솔하게 가정한 칸은 방사성 낙진의 효과가 크게 과장된 것이라고 주장했다. 분명 그 결과로 유전자 변이가 일부 생기겠지만, 이런 변이는 이미 대부분의 사람들이 어렴풋이 느끼는 것보다 더 높은 비율로 존재하고 있었다. 그리고 어쨌든 인류는 결국 적응하고 살아남을 터였다. 가장 두드러진 낙진의 효과는 방사선병일 것이기 때문에, 칸은 누구든지 대피소에 있는 이웃사람이 진짜 병에 걸렸는지 아니면 단순한 신경발작인지 알 수 있도록 방사선 계수기를 광범위하게 배포하라고 촉구했다. "그 사람의 수치를 보고 이렇게 말하면 된다. '10뢴트겐을 쏘였을 뿐인데 왜 구토를 합니까? 힘내서 다시 일하세요.'"15)

오염 정도에 따라, 즉 다섯 단계의 유독성 수준에 따라 음식물에 라벨을 붙이자는 제안도 있었다. "A급 음식은 어린이와 임산부에게만 제공한다. B급 음식은 모든 사람이 먹을 수 있는 비싼 음식이다. C급 음식역시 모든 사람이 먹을 수 있지만 저렴한 음식이다. D급 음식은 40~50세 이상에게만 제공한다. …… 이 사람들은 대부분 암에 걸리기 전에 다른 이유로 죽을 것이기 때문이다." E급 음식은 동물 사료용이다.16)

많은 사람들이 『열핵전쟁론』의 비정한 서술에 충격을 받았다. 비록겁먹은 사람들을 이해하긴 했지만 칸은 이런 공포가 시간과 지적 에너지를 낭비할 뿐이라고 생각했다. 인류가 이제껏 상상할 수도 없었던 파괴적인 충돌을 눈앞에 두고 비틀거리는 시대에 미국인들은 무엇보다도열핵전쟁이 발발하더라도 자신들이 확실히 살아남을 수 있음을 알아야했다. 이 사실만 알아도 더 강해지고 안전해질 수 있었다.

책이 출간됐을 때 칸은 온갖 욕을 다 먹었다. 나치가 운영한 '죽음의수용소'에서 사는 것과 마찬가지라고 욕을 안 먹은 게 그나마 다행이었다. 사실 『사이언티픽 아메리칸』에 실린 어느 잔인한 비평에는 애초 이런 언급이 들어 있었다(현명하게도 이 언급은 삭제됐다). 수학자 제임스뉴먼은 이 책을 일컬어 "대량살육을 어떻게 계획하고, 실행하고, 무사히처벌을 면하고, 정당화하는지에 관한 교육적인 소책자"라는 서평을 썼다.17) 다른 출판물 역시 가혹한 비판을 내렸다. 『뉴스테이츠먼』은 칸의책에 "군 장교들을 위한 포르노그래피"라는 이름을 붙여줬다.18) 흥미롭게도 보수 성향의 『내셔널리뷰』는 칸의 책이 소련에 대해 충분히 강경하지 못하다고 말하면서 혹평했다.19)

일부 떠들썩한 호평은 핵군축 옹호론자들과 평화주의자들로부터 나왔다. 칸이 자기 의도와는 달리 핵무기를 통한 평화가 불가능함을 보여줬다고 생각한 철학자 버트런드 러셀이 그 중 하나였다. 미국사회당의 대통령 후보 노먼 토머스도 러셀에게 동의하면서 『새터데이리뷰』에 이렇게 썼다. "칸씨는 전면적인 군축만이 …… 인류가 버젓이 존재할 수 있는 유일한 희망이라고 믿는 우리의 관심을 받을 만하다."[20]

콜봄은 칸이 랜드연구소에 복귀하는 데 조건을 달려고 했지만, 성공에 들뜬 칸은 랜드연구소와 최종적으로 결별했다. 부인과 세 아이들을 데리고 뉴욕으로 이사한 칸은 록펠러재단에서 받은 보조금 1백만 달러로 독자적인 경쟁력을 갖춘 허드슨연구소를 설립했다. 이 연구소에서 칸은 '미래학'이라는 말을 만들어냈다.[21] 자본주의와 기술에는 무한한 미래가 있으며 인류는 우주에서 살게 될 운명이라는 학설이었다.

정통에서 벗어난 사상가로 명성이 높아지고 여러 주제에 관해 수십 권의 저서를 출간했지만, 칸은 『열핵전쟁론』과 맞먹는 성공을 다시 거두지 못했다. 기꺼이 죽을 태세가 된 사람만이 핵시대에 살아남을 수 있다는 랜드연구소의 신조를 입증하는 데 여전히 열중하면서 『열핵전쟁론』의 개정판 작업을 하던 1983년, 칸은 세상을 떠났다. 랜드연구소 전략가 그룹의 옛 친구들이 새로운 기술의 흐름에 적응해 자신들이 창조한 비정한 세계에서 번영을 누리는 동안에도 칸은 역사의 물결이 어떤 식으로 자신과 핵전쟁이론을 옆으로 밀어낼지 예측하지 못했다.

7장. 랜드연구소의 궤도 안에서

1957년 10월 4일, 다른 세상에서 울리는 듯한 삑삑거리는 기분 나쁜 소리에 미국 전역이 한 순간 멈춰 섰다. 값싼 단파 수신기만 있으면 미국 어디서든 세계 최초의 인공위성 스푸트니크 1호가 보내는 라디오 신호를 들을 수 있었다. 끊임없이 들리는 날카로운 신호음은 미국이 자랑하는 기술적 우위가 이제 끝났다는 것을 미국인들에게 보여주는 징후였다. 그리고 소련 서기장 니키타 흐루쇼프가 유엔에서 구두를 벗어 탁자에 두드리며 으름장을 놓은 것처럼, 공산주의자들이 자신들을 묻어버릴 수도 있음을 보여주는 징후였다. 설상가상으로, 폭 60센티미터에 무게 83킬로그램인 이 구체球體는 무척 낮게 날았기 때문에 나라 곳곳에서 육안으로도 볼 수 있었다. 붉은 광장 위에 밝게 뜬 별처럼.[1]

스푸트니크 1호가 미국 상공을 날아가던 그날 밤, 상원 다수당 원내 총무였던 린든 베인스 존슨은 텍사스 주 페더낼러스 강가에 있는 목장에서 바비큐 파티를 열고 있었다. 라디오로 뉴스를 들은 존슨은 주파수를 맞추고 위성이 보내는 비밀스러운 신호에 귀를 기울였다. 나중에 존슨은 회고록에 이렇게 썼다. "바야흐로 하늘이 왠지 뭔가 새롭게, 낯설게 보였다. 다른 나라가 위대한 우리나라보다 기술적 우위에 설 수도 있다는 생각에 큰 충격을 받았던 기억이 난다."[2]

스푸트니크 1호의 발사는 아이젠하워 행정부에게는 결코 놀라운 일이 아니었다. 물론 그 시기는 놀라웠지만 말이다. 오래 전부터 미국과 소련은 천체 현상을 탐구하기 위한 국제적인 과학연구 노력인 이른바 국제지구물리관측년을 맞이해 첫 번째로 우주공간에 위성을 날려 보내려고 경쟁하고 있었다. 주관기구인 국제지구물리관측년특별위원회는 태양 활동이 증가할 것으로 예상되는 1957년 7월 1일부터 1958년 12월 31일까지를 중점 시기로 정한 바 있었다. 그런데 '전위'Project Vanguard라는 암호명이 붙은 미국의 프로젝트가 예산 부족 등의 이유로 예정보다 지연되는 동안 소련의 타스통신이 중앙아시아 카자흐스탄 사막에 있는 기지에서 스푸트니크 1호 발사에 성공했다고 발표했다.

이내 병적인 히스테리의 물결이 미국 전역을 휩쓸었다. 대중의 상상 속에서 소련의 기술은 미국의 심장부를 직접 겨냥하는 광선총 같은 것이었다. 많은 이들이 H. G. 웰스의 소설 『우주전쟁』을 각색해 최근 개봉한 영화에 나오는 화성인들처럼 소련인들도 무자비할 것이라고 두려워했다. 차이가 있다면 소련의 위협은 공상과학이 아니라 현실이라는 것이었다. 수소폭탄의 아버지인 물리학자 에드워드 텔러는 미국이 진주만 공격보다 중요한 전투에서 패한 셈이라고 말했고, 클레어 부스 루스 하원의원은 스푸트니크 1호의 발사 성공을 "미국의 생활방식을 비웃는 대륙간 우주시대의 조소"라고 규정했다.[3]

웬만해서는 특유의 차분한 논조를 잃지 않는 『뉴욕타임스』조차도 사설을 통해 경보를 울렸다. 미국이 "무기경쟁이나 위신경쟁이 아닌 생존을 둘러싼 경쟁"에서 뒤처지고 있다는 것이었다.[4] 다른 신문들은 아이젠하워 행정부가 미국의 기술적 우위를 확보하는 데 필요한 돈을 제대로 쓰지 않았다면서 정부의 소극적인 태도를 비난했다. 오래 전부터 공산주의와 국가방위에 대해 안이한 태도를 보인다는 질책을 받고 있던 민주당은 스푸트니크 1호의 발사가 불러온 사태를 정치적 위신 회복의 기회로 보고 재빨리 대통령의 무능한 모습을 물고 늘어졌다. 민주당은 드와이트 아이젠하워 대통령이 국가업무를 돌보기보다 골프나 치러 다니고 싶어 한다고 비난했다. 민주당 소속인 미시건 주지사 제라드 메넌 윌리엄스는 이에 대해 서투른 시를 쓰기도 했다.

오, 모스크바제 신호음을 내며
하늘 높이 나는 작은 스푸트니크여
너는 이제 빨갱이 하늘이 됐는데
엉클 샘은 잠만 잔다고 세계에 말하지

페어웨이든 러프든
크렘린은 모든 걸 알고 있다고 너는 말하네,
우리가 방심하지 않도록 우리의 골프광이
조금이라도 알길 바랄 뿐.5)

　　존슨 역시 아이젠하워 대통령을 겨냥한 공격에서 뒤처지지 않았다. 11월 25일, 존슨은 스푸트니크 1호를 통해 명백하게 드러난 실책을 조사하기 위해 상원 군사위원회에서 마련한 일련의 청문회를 개시했다. 예상했던 대로, 신중한 재정 정책을 편 공화당 행정부에 비난의 화살을 돌리는 결론이 났다. 군사위원회는 정부가 미국의 우주 자원을 제대로 관리하지 못했다고 언급했다. 존슨의 보좌관인 조지 E. 리디는 이렇게 말했다. "단순한 사실은 우리가 이제 더 이상 소련인들이 기술에서 우리보다 뒤처졌다고 여길 수 없다는 것이다. …… 소련이 우리 원자폭탄을 따라잡는 데는 4년이 걸렸고, 수소폭탄은 9개월이 걸렸다. 그런데 이제는 우리가 소련의 위성을 따라잡으려고 기를 써야 한다."6)

　　매사추세츠공과대학교의 총장이자 과학기술 담당 대통령 특별보좌관으로 아이젠하워 행정부의 고위 과학자였던 제임스 킬리언은 이 사건을 "내가 지닌 국가적 자부심에 대한 모욕"이라고 지칭했다.7) 킬리언은 미국과 동맹국에 대한 소련의 기습공격 위험을 줄이기 위한 조치를 제안하는 임무를 띠고 몇 년 전에 결성된 위원회를 진두지휘하고 있었다. 이 위원회는 미국의 대륙간탄도미사일 개발계획에 속도를 낼 것과, 레이더를 피해 높은 고도로 비행하면서 소련의 군사능력을 탐지할 수 있는 제트기(훗날 이 제트기는 U-2라고 알려지게 된다) 개발에 박차를 가할 것을 권고한 바 있었다.[8] 아이젠하워 대통령은 일찍이 U-2의 개발을 승인했지만, 이 비행기와 그것의 관측 결과를 극비로 남겨뒀다. 그렇지만 이렇게 개발된 '하늘을 나는 눈'도 미국의 힘을 겨냥한 이 최신의 분명한 위협을 탐지하는 데 거의 쓸모가 없었다.[9]

한편 랜드연구소도 이 뉴스에 놀라긴 마찬가지였다. 비록 일종의 인과응보라고 생각했지만 말이다. 일찍이 1946년 공군을 위해 이행한 최초의 프로젝트(324쪽에 달하는 「실험적인 세계순환 우주선 예비 설계」)에서 랜드연구소의 분석가들은 다음과 같이 지적했다.

만약 어떤 다른 나라가 이미 위성 발사에 성공했음을 미국이 갑자기 알게 되면 얼마나 당황하고 경탄할지 충분히 상상할 수 있다. 원소元素의 정복이야말로 물질적 진보의 믿을 만한 지표이기 때문에, 우주여행에서 최초로 의미심장한 업적을 이루는 나라는 군사기술과 과학기술 모두에서 세계의 지도자로 인정받을 것이다.[10]

그러나 공군 관계자들이나 정부 부처 어느 곳도 로켓을 이용해 위성을 발사하고 우주정거장을 궤도 위에 올려야 한다는 랜드연구소의 예언적인 호소에 귀를 기울이지 않았다. 이제 랜드연구소에서 예언한 날이 밝았다. 분석가들은 계속해 혀를 차면서 다 같이 소매를 걷어붙이고 다시 한 번 일에 몰두하기 시작했다.

랜드연구소는 자신들이 옳았다는 만족감 이외에도 선견지명에 대한 충분한 보상까지 덤으로 받을 수 있었다. 예전에 랜드연구소는 아이젠하워 대통령이 주도한 예산 삭감으로 큰 타격을 받은 적이 있었다. 그렇지만 이제는 국방부와의 계약에서 삭감됐던 2백만 달러가 곧바로 복구됐고, 1959년에서 1961년 회계연도까지 4백만 달러가 추가로 투입됐다. 요컨대 스푸트니크 1호는 랜드연구소의 연구자금이 흘러나오는 수도꼭지가 됐고, 이에 따라 랜드연구소는 위성 발사가 낳은 기술적·정치적 결과를 탐구하는 수십 건의 연구를 수행했다.[11]

정치적인 면에서 보면, 스푸트니크 1호는 아이젠하워 대통령을 곤경에 빠뜨렸다. 1956년 재선된 이래 아이젠하워 대통령은 국방, 특히 핵무기 분야의 예산 증액을 꺼렸다. 그 이유는 간단했다. 장군 출신인 아이젠하워 대통령은 핵전쟁이 일어나면 소련이 군사 목표물을 공격하든 민간 지역을 공격하든 상관없이 모두가 살아남기 힘들 것이라고 매우 비관적으로 생각했던 것이다. "말 그대로 잿더미를 헤치고 기어 나와 처음부터 다시 시작해야 한다."[12] 아이젠하워 대통령은 핵교전 이후 육군의 가장 중요한 임무는 국내에서 질서를 유지하는 일이 될 것이라고 생각했다. 따라서 오래 전부터 만일의 사태에 대비하기 위해서 미국 본토 바깥 지역에 대규모 병력을 배치하는 데 반대했다.

이런 반대의 결과로 나온 것이 예산 축소와 '뉴룩'New Look 정책이었다. 전임 해리 트루먼 대통령의 방탕한 방위지출을 줄이기 위한 의식적인 노력의 일환으로 1953년 새 정부가 출범하자마자 실행한 뉴룩 정책으로 아이젠하워 대통령은 세계 어느 지역에 대해서든 소련의 침공을 억제하기 위해 핵무기를 사용할 수 있게 됐다. 또한 국가안전보장회의 제162/2 계획에 따라 경제상황에 맞게 방위지출을 조정하는 장기계획안이 강조됐다. 특히 아이젠하워 대통령은 국가적인 불황을 야기한 한국전쟁 같은 사태를 다시 치르지 않겠다는 결심이 대단했다. 그러나 프랑스가 디엔비엔푸에서 패하는 것을 막기 위해 개입하기를 꺼렸던 아이젠하워 대통령은 1954년 '새로운' 뉴룩 정책을 개발해 국지적 충돌에 유연하게 대응할 것을 강조했다. 미국은 사상 처음으로 '유연한 대응'이라는 이름 아래 국지전에서 전술 핵무기를 사용하도록 승인했다. 여기서 한 걸음만 더 나가면 랜드연구소의 대항력 개념(그리고 핵전쟁에서 승리할 수 있다는 생각)에 도달하는 것이었지만, 아이젠하워 대통령은 소련과의 군축회담이 핵딜레마에서 벗어날 출구라고 역설했다.

아이젠하워 대통령은 자신의 방위 정책을 비판하는 이들의 입을 막기 위해 랜드연구소의 이사장 호레이스 로완 게이서가 이끄는 기존의 위원회를 활용했다. 안보자원위원회, 일명 게이서위원회는 앨버트 월스테터가 실시한 R-266 연구의 결과로 국방 문제를 분석하기 위해 설립된 것이었다. 게이서위원회는 군부, 산업계, 학계의 결합을 보여주는 완벽한 사례였다(훗날 아이젠하워 대통령은 이에 대해 경고하게 된다). 게이서위원회의 다수는 랜드연구소 소속이었다. 그리고 더 중요한 점은 그들 모두 소련이 아이젠하워 행정부가 생각하는 것보다 훨씬 더 강력한 적이라는 랜드연구소의 믿음을 공유하고 있었다는 사실이다.[13]

월스테터를 위시로 허먼 칸, 앤드루 마셜 등이 이 쟁쟁한 조직의 고문이었다. 훗날 쿠바의 피그스 만 침공에 일익을 담당한 것으로 유명해진 중앙정보부의 리처드 비셀, CBS 회장 프랭크 스탠튼, 매사추세츠공과대학교의 제임스 킬리언, 도쿄 공습의 주역으로 셸오일에서 일하는 제임스 H. 둘리틀, 수소폭탄을 개발한 캘리포니아대학교 버클리 캠퍼스 소재 방사선연구소의 어니스트 로렌스 박사, 훗날 세계은행 총재가 되는 체이스맨해튼은행의 존 머클로이, 웨스팅하우스일렉트릭의 로버트 B. 카니 제독, 그리고 기술 자문을 제공하는 랜드연구소의 몇몇 인사 등도 게이서위원회의 고문단에 들어 있었다.[14] 그리고 원자폭탄을 비롯한 무기체계의 핵심 부품을 개발하고 생산한 스프레이그일렉트릭의 회장 로버트 스프레이그 역시 고문단의 일원이었다.[15]

스푸트니크 1호에 자극 받은 게이서위원회는 국방이라는 중요한 문제에 관해 떠들썩하게 경보를 울려댔다. 이를테면 이런 식이었다. 비록 단순한 관측위성으로 밝혀지긴 했지만 만약 군사무기였다면 무슨 일이 벌어졌겠는가? 나아가 모스크바 당국이 자신의 기술적 우위를 역설하고 미국을 공격하기 전에 단순히 시험운행한 것이라면? 미국의 방위수단은 무엇인가? 게이서위원회는 보고서를 통해 핵전쟁에서 민간인을 보호할 대피소를 신속하게 건설하라고 촉구했다. 록펠러재단이나 매사추세츠공과대학교 등에서도 똑같은 내용을 주장한 바 있었다. 국가안전보장회의는 이 프로젝트에 4백40억 달러의 가격표를 붙였다.[16] 한국전쟁이 최고조에 달했을 당시의 국방부 전체 예산에 맞먹는 액수였다.[17]

게이서가 뜻밖의 병에 걸리자 보고서의 어조는 훨씬 날카로워졌다. 몇 달 만에 암으로 사망한 게이서를 대신해 폴 니츠가 최종초안을 작성했기 때문이다. 니츠는 종말론을 방불케 하는 국가안전보장회의의 제68호 문서, 즉 미국과 소련이 1954년쯤 파국적으로 충돌하리라는 예언의 주역이었다. 최후의 심판이 벌어진다던 해에서 3년이나 흘렀지만 니츠는 예전과 똑같은 논조로 게이서위원회의 보고서를 작성했다.

「핵시대의 억제력과 생존」이라는 제목의 이 보고서는 "1945년 이래 소련의 외교·군사 정책을 볼 때, 소련이 팽창주의적인 의도로 자국 방위라는 개념을 넘어서 군사력을 구축하려고 무척 애쓰고 있음을 반박하는 증거를 전혀 찾을 수 없다"고 경고했다. 또한 이 보고서는 소련이 최소 1천5백 개의 핵무기를 만들 수 있는 원료를 보유했고, 모스크바 당국이 미국보다 더 많은 대륙간탄도미사일을 구축할 공산이 크다고 언급했다. 따라서 현재의 방위계획으로는 소련의 공격에서 민간인들을 충분히 보호할 수 없기 때문에 국민 보호는 "주로 전략공군사령부가 제공하는 억제력에 좌우될 것"이었다.[18] 게다가 로버타 월스테터의 진주만 연구를 따온 듯한 부분(아마 앨버트 월스테터가 제공한 것 같다)에서는 오래 전부터 랜드연구소의 분석가들이 경고한 '기습공격'에 전략공군사령부가 무척 취약하다고 단언했다. 그러면서 레이더 시스템을 개선하고, 전략공군사령부를 위해 강화된 방공시설을 널리 분산 구축하고, 공중정찰을 확대하고, 일련의 민방위 조치와 대피소를 강화하라고 권고했다.

이런 조치들은 대부분 랜드연구소에서 수행한 연구를 통해 이미 에드워드 J. 발로나 제임스 디그비 같은 방위체제분석가들이 주장한 바 있었다. 랜드연구소의 분석가 마셜이 이 위원회 소속이고, 칸이 고문이고, 랜드연구소의 공학자 에드워드 P. 올리버가 공식 기술고문을 맡고, 마지막으로 랜드연구소의 창설자 중 한 명인 게이서가 위원장이라는 사실을 감안하면 그리 놀랄 일이 아니었다. 그렇지만 오래 전부터 안고 있던 명백한 취약성의 문제를 미국이 신속하게 시정할 수 있으리라는 게이서 위원회(그리고 랜드연구소)의 기대는 그릇된 것이었다.

아이젠하워 대통령은 개인적인 경험을 통해 군사적 침입은 결코 기습공격이 될 수 없다고 믿고 있었다. 진주만의 예에서도 알 수 있듯이, 악화되는 정치상황이 늘 공격의 전조가 되기 때문이다. 게다가 아이젠하워 대통령은 스푸트니크 1호가 심각한 군사적 위협이 아니라고 굳게 믿고 있었기 때문에 민간 대피소라는 구상에도 반대했다. 설령 핵전쟁에서 3~4천만 명이 살아남을지라도 "도로에서 시체를 치울 불도저가 모자랄 것"[19]이었다. 최종적으로 아이젠하워 대통령은 비셀 중앙정보부장의 감독 아래 U-2가 은밀히 수행하던 소련 상공 정찰의 결과를 믿었다. 선제 공격이라는 구상을 딱 잘라 거부한 적이 결코 없었던 아이젠하워 대통령은 필요하다면 이 정찰기를 통해 충분히 경고를 접수해서 소련 공군 전체를 사실상 쓸어버릴 수 있다고 생각했다. 결국 아이젠하워 대통령은 과장을 혐오하는 솔직한 캔자스 주 출신의 사람이었고, 게이서위원회가 과장을 늘어놓고 있다고 생각했다.

정부는 게이서위원회의 권고를 받아들이는 대신 이 기밀보고서를 매장해버리려고 했다. 아이젠하워 대통령은 암 증세가 호전되고 있던 게이서와 만난 자리에서 향후 4년 동안 방위비를 증액해야 한다는 데는 동의했다. 그렇지만 자기 정부 아래서는 증액을 거부했고 존슨이 주도한 상원 군사위원회의 청문회에서 나온 권고를 무시했다.

아이젠하워 대통령은 핵전쟁이 벌어져도 미국이 인구 절반을 잃고 살아남을 수 있다는 게이서위원회 보고서의 언급에 이의를 제기하면서 게이서가 주장하는 조치는 별 효과가 없을 것이라고 지적했다. 사실 핵전쟁에서는 "보복 말고는 방어라는 것이 존재하지 않기 때문"[20]이었다. 아이젠하워 대통령은 게이서위원회의 주장보다 전략공군사령부의 방어

냉전 초기의 대표적 인물이자 랜드연구소의 오랜 동료인 폴 니츠가 경제 수뇌부 회의에서 발언하고 있다(1963년). 훗날 존 F. 케네디 대통령의 국방장관이 되는 로버트 맥나마라와 국방차관보가 되는 니츠는 랜드연구소가 연방정부 업무에 폭넓게 참여하는 시대를 열었다.

능력이 우수하다고 믿었다. 해외 기지들이 언제든 폭격기에게 방공호를 제공할 수 있고, 자유세계에 속한 나라들이 소련의 팽창주의를 봉쇄하는 데 기꺼이 나설 것이기 때문이었다.

다음 날 아이젠하워 대통령은 '어떤 일'을 훌륭하게 마무리한 데 감사를 표하기 위해 50여 명의 게이서위원회 소속 과학자들과 회동을 가졌다. 아이젠하워 대통령은 무척 흥미로운 작업이라고 말하면서 이렇게 덧붙였다. "여러분은 거기서 어떤 일에 10억 달러를 지출하라고 권고하고 있습니다. 10억 달러가 얼마나 많은 돈인지 아시지요? 10달러짜리 지폐를 워싱턴기념탑 높이만큼 쌓아 올려야 되지요!"[21] 과학자들에게 분명한 메시지를 전한 셈이었다. 10억 달러짜리 일을 반대하는데, 과연 보고서에서 요청한 4백40억 달러를 승인할 리가 있겠는가?

한 달쯤 뒤인 1957년 12월, 게이서위원회의 부위원장 윌리엄 포스터(윈체스터 라이플총과 탄약을 생산하는 올린매티슨화학의 회장)는 자신들의 권고안을 외면한 정부에 실망해 조지타운의 대저택에서 중대한 만찬 자리를 마련했다. 사실상 1950년대 후반 미국을 좌지우지하고 있던 정치계와 언론계의 유력 인사들이 대거 참여한 자리였다. 참석자들의 면면을 보면 리처드 닉슨 부통령, 프랭크 스탠튼 CBS 회장, 로렌스 록펠러, 폴 니츠, 여론조사 전문가 엘모 로퍼, 개혁 성향의 카울스위원회를 후원하는 카울스신문체인의 존 카울스 등이 있었다.

권력 막후에서 벌어지는 비공식적인 실력행사의 원형으로 볼 수 있는 이 만찬 자리는 훗날 로널드 레이건과 조지 H. W. 부시의 집권으로 정점에 달하는 신보수주의의 부상과 냉전의 부활로 이어졌다. 그때까지 랜드연구소의 전략가들과 그 동맹자들, 즉 대외 정책 강경파들은 무기력한 공군을 상대로 승승장구했고 전략공군사령부의 조직개편 과정에서 커티스 르메이 장군을 압도했다. 그런데 공화당 행정부의 최고위층이 국가안보에 관한 자신들의 권고를 가로막자 이제는 공화당에게 총부리를 돌리면서 백악관 정권 교체를 목표로 삼았다.

니츠는 이 만찬 자리에서 게이서위원회의 지도자들을 설득해 보고서를 공개하도록 만들려고 했다. 한편 투병 중인 게이서 대신 위원장을 맡은 스프레이그는 보고서의 공식 발표를 거부했다. 그러나 이틀 뒤인 12월 11일 『뉴욕타임스』가 이 만찬에 관한 기사를 실었고, 2주일도 채 안 되어 『워싱턴포스트』가 「생존을 위한 막대한 군비의 필요성 제기」라는 제목의 헤드라인 기사로 전통의 라이벌을 앞질렀다. 기사는 첫 문단에서부터 "미국이 이류 강대국의 지위로 추락하는 놀라운 길로 들어서고 있다"고 경고한 뒤 여전히 극비에 붙여진 게이서위원회의 보고서를 인용해 "미사일로 가득 찬 소련"이 언제든지 공격할 수 있기 때문에 "미국은 역사상 가장 심각한 위험에 빠져 있다"고 단언했다.22)

이 기사가 나가자마자 민주당 정치인들은 게이서위원회의 주장에 편승해 기밀보고서의 공개를 요구하는 한편, 국민의 목숨을 이처럼 '명백하고 현존하는 위험'에 노출시킨 공화당을 비난했다. 스푸트니크 1호에 대응해 실시한 전위 프로젝트의 실패는 정부의 입지를 더욱 옹색하게 만들었다. '전위'라는 이름이 붙은 로켓 두 개가 이륙 직후 기능장애를 일으켜 폭발한 반면, 소련은 스푸트니크 2~4호를 잇달아 대기권 밖으로 쏘아 올렸다. 불안에 사로잡힌 국민들이 보기에 소련이 로켓 분야에서 차지한 우위는 군사력의 우위로 자연스럽게 확대될 것이었다.

이제 '미사일 격차'라는 통념은 아이젠하워 행정부의 뜨거운 정치적 논란거리가 됐다. 국민들은 정부가 두 손 놓고 시간을 허비하는 동안 소련이 군사력에서나 계략에서나 미국을 앞질렀다고 생각했다. 의욕적인 새로운 정부, 소련의 위협에 맞서 미국의 세계 패권을 회복할 강인한 민주주의를 향한 열망이 커져 갔다. 1958년 매사추세츠 주 상원의원 존 F. 케네디가 연설할 때마다 "이 나라를 다시 움직여야 합니다!"라고 호소하자 이 문제는 다가오는 대통령 선거의 쟁점이 됐다.23)

좌절한 아이젠하워 대통령은 미사일 격차라는 개념을 어디서 처음 만들어냈는지 조사하라고 명령했다. 결국 1950년대 중반부터 공군이 폭격기 격차에 관한 정보를 잘못 평가해온 데 그 기원이 있음이 발견됐다. 공군과 중앙정보부는 당시 소련이 보유한 바이슨 폭격기의 숫자를 서로 다르게 보고했다. 공군이 높은 수치를 강력히 주장하면서 두 기관이 경쟁 중인 상태였다. 공군으로서는 소련 폭격기의 수가 많을수록 예산과 비행기를 더 많이 확보하고 권력도 커질 것이었다. 처음에 중앙정보부의 앨런 덜레스 부장은 자기 부하들이 내놓은 추정치를 확인하고 싶어 하지 않았다. 주로 공군이 데이터의 기초자료를 내놓으면 중앙정보부가 그것에 기초해 수치를 추정하는 것이 전통이었기 때문이다. 그런데 스푸트니크 1호가 발사되면서 덜레스 부장은 소련측의 은밀한 노력을 미국이 잘못 해석해 이런 불일치가 생겼다고 설명할 수 있게 됐다. 폭격기 제조에 열심이던 소련이 스푸트니크 1호를 궤도상에 발사한 것 같은 미사일 제조 쪽으로 비중을 옮긴 사실을 몰랐다는 것이다. 흐루쇼프 서기장이 앞으로 유인 폭격기는 박물관에서나 보게 될 것이라고 자랑스럽게 선언한 것을 보면 이런 음모론적 가정이 완벽하게 들어맞는 것 같았다. 미래에는 소련의 미사일이 하늘을 지배하게 될 터였다. 결국 이런 관료적 궤변에 따라 폭격기 격차가 미사일 격차로 바뀐 것이었다(이런 일치된 혼란은 소련의 계획이 무엇인지 아는 믿을 만한 현장 정보인력이 부족한 데 따른 것이었다. 사실을 추적하는 첩보원이 충분히 없던 미국은 사진, 관측 가능한 데이터를 통한 과학적 추론, 추정 등에 의존했다. 미사일 격차에 관한 경고의 경우처럼 흔히 이 모든 것은 단순한 오류로 밝혀졌다).

1957년 말, 소련이 1962년 말이나 (박차를 가할 경우) 그보다 앞선 1961년쯤 폭격기 5백 대를 보유하게 될 것이라는 분석가들의 보고서가 변경됐다. 중앙정보부는 해외첩보 조사 결과를 요약한 국가정보평가를 아이젠하워 대통령에게 제출했는데, 거기에서는 소련이 대륙간탄도미사일 5백 개를 보유하게 될 것이라고 언급했다. 이런 정정은 달갑지 않은 위로였다. 미국은 1960년과 1961년에 각각 24개와 65개의 대륙간탄도미사일을 보유할 것으로 예상됐기 때문이다.

1958년 공군은 U-2가 찍은 공중사진으로 유추한 정보에 근거해 소련이 선제 핵전쟁을 벌이기로 마음만 먹으면 전략공군사령부의 거의 전부를 파괴할 만한 대륙간탄도미사일을 보유하고 있다는 (그릇된) 결론에 다다랐다.[24] 그렇지만 정보 전문가 집단 내에서는 이 수치가 의심만 키워갔다. 중앙정보부의 분석가들은 소련이 이 정도의 대륙간탄도미사일을 보유하고 있다면 발사 실험을 해야 마땅한데 발사 여부를 확인하기 위해 대기권을 분석해봐도, 소련의 움직임을 탐지하는 터키 주재 비밀 레이더 시설의 데이터를 판독해봐도, 정찰기가 찍은 사진을 봐도 소련이 운용 중인 대륙간탄도미사일의 수가 공군이 주장하는 것보다 훨씬 적은 것이 분명하다고 주장했다. 해군과 육군의 분석가들도 공군의 추정치가 과장이라고 압박하며 소련이 운용 중인 것은 50개 정도라고 주장했다. 1960년의 국가정보평가는 이런 충돌을 반영이라도 하듯이 소련의 핵미사일 전력을 명확하게 추정하기보다는 잡다한 수치만을 늘어놓았다. 소련의 대륙간탄도미사일 수는 1963년이나 그 이후로도 5백 개에 미치지 못할 것이었다. 1960년까지 소련은 50개를 겨우 보유할 것이고, 그 중 35개만이 운용될 것으로 예상됐다. 1961년에는 1백75~2백70개, 1962년에는 3백25~4백 대를 보유할 것으로 예상됐는데, 이 수치는 모두 폭넓은 여러 변수를 감안한 것이었다.

이처럼 상충하는 국방 정책 관련 예측이 국방에 미치는 부정적 효과는 다른 두 요인 때문에 더욱 증폭됐다. 민주당 상원의원 스튜어트 시밍턴이 어디에선가 유출된 미사일 격차 추정 자료를 공개하고, 중앙정보부가 기밀문서 배포 규정을 변경한 것이 그 두 요인이었다.

1947년 육군항공대가 육군에서 분리되어 공군이 됐을 때 초대 공군 장관 자리에 올랐던 시밍턴은 대통령이 되려는 야망을 품고 있었다.[25] 상원 육군위원회의 고참 위원이었던 시밍턴은 전 보좌관 토머스 랜피어 대령을 통해 공군의 추정치를 파악하고 있었다. 제2차 세계대전의 영웅이기도 했던 랜피어 대령은 당시 미국의 대륙간탄도미사일 아틀라스의 제조업체인 콘베어에서 일하고 있었던 것이다. 시밍턴은 공군이 추정하는 미사일 격차를 검토해보려고 덜레스 중앙정보부장에게 사적인 회동을 요청했다. 덜레스 중앙정보부장은 소련이 실제로 실험한 미사일 숫자에 관한 내용을 시밍턴에게 건넸다. 이 수치가 공군의 추정치와 너무나도 차이가 났기 때문에 시밍턴은 두 번째로 만난 자리에서 중앙정보부가 정치적인 이유에서 정부에 잘못된 수치를 제공한 것이 아니냐고 따졌다. 그러나 공군의 추정치가 오류인 것은 대륙간탄도미사일만이 아니라 중거리 미사일 시험 발사까지 포함했기 때문이라고 결론지은 덜레스 중앙정보부장은 자기 주장을 굽히려 하지 않았다.

시밍턴이 공개적으로 비판을 가하고 나서자 정부의 입장은 난처해졌다. 기밀정보를 밝히지 않는 한 시밍턴의 비판을 반박할 수 없기 때문에, 결국 정부로서는 군사기밀을 이미 파악하고 있으며 일이 어떻게 돌아가는지 잘 알고 있다는 주장 정도만 하는 수밖에 없었다. 마치 흐루쇼프 서기장이 민주당의 정치 캠페인 주제음악을 써주는 것 같았다.[26]

1958년 아이젠하워 행정부는 공식 추정치 발표에 관한 규칙을 바꿔 관료집단의 실수를 더욱 복잡하게 만들었다. 이제 랜드연구소 같은 군대 관련 계약업자들은 정부의 공식 수치를 알지 못하게 됐다. 즉, 랜드연구소가 입수한 마지막 공식 추정치에는 소련이 1961년까지 대륙간탄도미사일 5백 개를 보유할 것이라는 공군의 과장된 수치가 들어 있었던 것이다. 시밍턴 같은 비판자들은 백악관을 주시하면서 아이젠하워 행정부가 일부러 소련의 위협을 무시한다고 비난했다. 1959년까지 스푸트니크 개발계획과 미사일 격차에도 불구하고 정부가 소련의 점증하는 위협에 별 대처를 하지 않으려고 하자, 랜드연구소의 분석가들은 윌스테터의 말마따나 미국이 "스푸트니크 이전처럼 다시 잠에 빠지는" 사태를 막기 위해 통상적인 정책 집단을 벗어나 활동 반경을 넓히기 시작했다.

이런 혼란에 경각심을 느낀 윌스테터는 고의로 눈을 가린 채 대재앙의 길을 열고 있는 정치인들에게 신중히 경고했다. 1959년 당대의 유력

잡지 『포린어페어스』에 「공포의 미묘한 균형」이라는 제목으로 발표된 월스테터의 글은 모스크바에서 조지 F. 케넌 대사가 봉쇄 정책에 관한 구상을 담아 보낸 저 유명한 '엑스'의 전문에 비견할 만한 역사적 사건이었다.27) 이 글은 그때까지 발표된 어떤 글보다도 미소 관계를 재검토하도록 자극했고, 끝없이 고조되는 핵경쟁의 기틀을 마련했다. 결국 두 나라는 세계를 수천 번 파괴할 만큼 핵무기를 갖게 된다.

이 글에서 월스테터는 '공포를 통한 자동적인 균형,' 간단히 말해서 미국이든 소련이든 일단 핵무기를 사용하면 자살행위가 될 것임을 잘 알고 있기 때문에 양국이 핵무기를 보유하고 있다는 사실 자체만으로도 세계의 안전이 보증될 것이라는 아이젠하워 행정부의 믿음을 비난했다. 이런 믿음은 그릇된 것이고 위험하기까지 하다는 것이었다.

월스테터는 마치 자기가 손에 창을 든 채 기존 권력에 뛰어드는 돈키호테인 양 글을 써나갔다. 그러면서 자기가 공격하는 것은 단순한 풍차가 아니라 서구 문명의 생존을 위해 정복해야만 하는 잔인한 거인이라고 세계를 설득하려고 애썼다. 월스테터의 경고는 배치연구의 기본적인 주장을 고스란히 되풀이하는 것이었다.

> [1960년대가 되면] 소련이 경고 없이 우리를 공격할 수 있는 가능성이 훨씬 더 무게감을 더할 것이라고 예상해야 한다. 게다가 **사실상 경고 없이 공격할 수 있는 소련의 능력 역시 더욱더 커질 것이라고 예상해야 한다.** 그렇게 되면 전략적 [핵]억제력이 불가능하지는 않을지라도 달성하기가 극히 어려워질 것이며, **결정적인 국면에서는 우리에게 소련의 공격을 억제할 힘이 없게 될런지도 모른다.**28)

이에 덧붙여 월스테터는 열핵전쟁이 일어나면 공격당하는 쪽뿐만 아니라 공격하는 쪽도 절멸할 것이라고 믿는 사람들에게 제2차 세계대전 당시 소련의 사례를 상기시켰다.

제2차 세계대전 당시 소련의 사망자 수는 2천만 명 이상이었다. 그러나 소련은 이런 재앙에서 무척 순조롭게 회복했다. 장래에 소련이 이 수치에 훨씬 **못 미치게** 피해를 제한할 수 있다고 확신하는 상황이 분명 생길 공산이 있다. 소련이 전략적으로 현명한 선택을 하고 우리는 그렇게 하지 못하는 경우를 말이다. 다른 한편, 어떤 국면에서는 소련이 보기에 공격하지 **않는** 경우가 훨씬 더 위험하게 느껴질 수도 있다. 주변부 전쟁에서 크게 패할 경우, 또는 핵심 위성국을 잃음과 동시에 반란이 (소련 자국까지 포함해) 확산될 위험이 생길 경우 우리에게 공격당할 위험이 있다는 식으로 말이다. 그러면 소련으로서는 기습적인 선제 공격이 현명한 선택이자 그들이 보기에 위험을 줄이는 방편이 될 것이다.[29]

월스테터는 자신의 주장을 수량적인 근거 위에 짜 맞췄다. 버나드 브로디처럼 광범위하게 역사적인 비유와 비교를 일삼거나, 칸처럼 핵전쟁 이후의 생존방식을 화려하게 통찰하는 것은 원래부터 월스테터의 취향에 맞지 않았다. 그 대신에 월스테터는 새로운 종류의 억제력을 주장했으며, 원래 랜드연구소에서 고안한 제2차 공격 역량 개념을 정교하게 다듬었다. 요컨대 핵교전에서 정말 중요한 것은 보복할 수 있는 화력을 지닌 채 생존하는 능력이라는 것이었다.

지난 1~2년 사이에 '제1차 공격' 역량과 '제2차 공격' 역량을 구별하는 것이 중요하다는 사실은 널리 인식되어왔다. 그렇지만 이런 구별이 이른바 '공포를 통한 균형'이라는 이론에 대해 갖는 함의는 거의 인식되지 못한 편이다. …… 그런 이론은 소련 지도자들이 다소 무능하거나 우리에게 협조적일 것임을 가정한다. 좋게 말하면 '서구가 선호하는 소련의 전략'이라고 할 만하다. 소련에게 가능한 선택지가 이처럼 협소하다고 생각하는 것이 제아무리 매력적일지언정, 소련이 합리적으로 전쟁을 계획하는 한, 그런 선택지는 우선순위에서 뒤처질 것이다.[30]

대륙간탄도미사일의 사용을 옹호했던 월스테터는 중거리탄도미사일까지 나란히 증가시키는 것을 어리석은 일이라고 생각했다. 대외 선전용이라면 모를까 서구 동맹국의 안전을 높이는 데는 별다른 쓸모가 없다는 것이 월스테터의 생각이었다. 그것이 쓸모 없는 주된 이유는 발사 버튼을 누르기 전까지 상당히 복잡한 조정이 필요하다는 점 말고도, 소련과 근접한 거리에 배치해야 한다는 특성상 쉽게 역공당할 수도 있기 때문이었다(페일세이프 정책을 따르는 유인 폭격기와 달리 미사일은 한번 발사되면 철회는 고사하고 중지시키기도 어렵다).

또한 월스테터는 소련이 중거리탄도미사일을 일종의 포위 정책으로, 즉 미국이 선제 공격하기 위한 준비로 보고 있다고 경고했다. 아이젠하워 대통령이 선제 공격을 배제하지 않았음을 기억해야 한다. 흐루쇼프 서기장이 크림 반도의 휴양소에서 흑해를 보며 손님들에게 뭐가 보이냐고 물었다는 일화도 이런 평가를 뒷받침한다. 손님들이 아무것도 안 보인다고 대답하자 흐루쇼프 서기장은 이렇게 대꾸했다. "내 눈에는 터키에서 내 별장을 겨누고 있는 미국 미사일들이 보인다네."[31]

이 글에서 월스테터는 비핵무기와 첨단기술의 개발을 주장했다. 핵 대응을 불필요하게 만드는 이런 대안은 1990년대에 실행될 군사부문혁신Revolution in Military Affairs을 예견하는 것이었다.

재래식 전쟁, 즉 공격자가 수차례 출격해 끊임없이 소모전에 노출되어야 하는 상황에서 현대식 지대공미사일이 지녔던 함의를 떠올려 보면, 이런 [새로운] 무기는 이를테면 파도처럼 밀려오는 핵폭격기 1천 대를 99퍼센트 명중시키는 영웅적 임무를 수행하는 것보다 훨씬 더 나은 일을 할 수 있을 것이다. 이와 마찬가지로, 이따금 언론에서 거론되는 대전차 유선 유도 미사일과 대인 파쇄무기의 발달은 연구·개발과 조달에 더 많은 돈을 지출하지 않고서도 동서간 재래식 병력의 균형을 시정하는 데 도움이 될 수 있을 것이다.[32]

마지막으로 월스테터는 1980년대에 레이건 행정부가 주창하고 뒤이은 모든 공화당 정부가 한결같이 추구한 미사일 방어체제, 즉 스타워즈Star Wars의 개발로 나아가는 길을 제시하기도 했다.

만약 우리가 물샐 틈 없는 공중방어망을 확보할 수 있다면 상당히 많은 것이 바뀔 수 있다. 단적인 예만 들어도 제한전 역량이 그 중요성을 잃게 될 것이다. 게다가 우리가 노출될 위험이 전혀 없기 때문에 [적의] 작은 위협에 대해서도 확실히 대규모 보복을 가할 수 있다. 그리고 공격을 억제하는 것 역시 그다지 중요하지 않게 될 것이다.[33]

월스테터의 천재성은 수치에 근거해 논증한 뒤 그 논증을 폭넓고 일관된, 때로는 매우 비관적인(다른 식으로 말하면 '현실적인') 역사관과 결합시킨 데 있었다. 월스테터는 상대편 사람들도 랜드연구소의 분석가들처럼 생각한다고 가정했다. 자신들 앞에 놓인 위험과 가능한 이익을 가늠해보게 되면 상대방도 우리와 마찬가지로 합리적인 결론에 다다를 것이라고 가정하는 이런 사고방식은 정보기관에서 으레 나타내는 일종의 거울이미지 문제를 낳았다. 월스테터는 소련 지도부가 역사적으로 보기 드물 정도로 극악무도하다고 여겼다. 그렇지만 랜드연구소와 국방부의 비상대책을 제외하면, 그 어떤 나라도 잠재적인 정치적 성과를 얻기 위해 **의도적으로** 자국민 2천만 명을 죽음으로 내몬 적은 없었다(나는 여기서 대니얼 엘스버그의 통찰에 빚을 지고 있음을 밝혀야겠다).

여기서 고려해야 할 점은 스탈린 치하의 소련이나 히틀러 치하의 독일처럼 한 명의 통치자가 지배하는 사회가 아니라면 과연 이런 식의 모험을 벌여 자국민 수백만 명을 희생시킬 수 있겠는가 하는 것이다. 이처럼 순전히 수량적으로 분석한다면, 흐루쇼프 서기장이 이끈 1959년의 소련 같은 집단지도체제의 정부가 제아무리 권위주의적이더라도 이런 모험에 운명을 걸 수 없다는 역사적인 사실을 보지 못하게 된다. 지도부가 순식간에 갈라져 서로 대립할 것이기 때문이다. 오직 절대적인 지배자(또는 공격받는 국가)만이 이런 위험을 무릅쓸 것이다.

혹자는 집단지도체제였던 일본이 월스테터가 상상한 바로 그와 같은 기습공격을 벌였다고 반박할지도 모른다. 이런 주장은 겉으로 보기에는 사실 같지만 기본적으로 허울만 좋을 뿐이다. 일본은 결정적인 타격을 가하거나 미국(또는 하와이) 인구 전체를 절멸시키려고 한 것이 아니라, 미국의 태평양 함대를 무력화하려고 했을 뿐이다. 그렇게 하면 일본이 동남아시아에서 정복한 지역을 공고히 하는 것을 저지하기 위해 미국이 제때 보복하지 못할 것이라고 오판한 것이다.[34] 분명히 히로히토 천황은 진주만 기습 때문에 일본이 잿더미가 될 것이라고 전혀 예상하지 못했다. 만약 침략당할 경우 미국이 기꺼이 핵무기를 사용할 태세가 되어 있음을 알았더라면 도조 히데키가 지휘한 전쟁 내각이 어떤 방침을 택했을지는 오직 추측해볼 수 있을 뿐이다.

월스테터의 말은 자기충족적인 예언이었다. 진지하게 제의했든 아니든 간에, 월스테터의 비관적인 세계관은 늘 최악의 상황이 벌어질 수 있는 세계를 만들어내는 데 톡톡히 일조했다. 그 덕분에 월스테터는 향후 40년 동안 이런저런 방식으로 이득을 누리게 된다. 책과 논문 집필을 의뢰받고, 정부의 각종 위원회에 임명되고, 자문직을 맡고, 대학에 자리 잡는 등으로. 그러나 어쩌면 극단적 낙관주의라는 치명적 질병에 걸렸을 수도 있는 미국에 월스테터 같이 긴급한 호소를 하는 사람이 필요했을지도 모른다. 모든 우발적인 사태에 철저히 대비하지 않았다면 정부 고위층의 계획가들은 책임을 회피한 셈이다. 그러나 다른 한편으로 (이런 일에는 항상 시바 신보다도 더 많은 팔이 필요한데) 일부 역사가들은 월스테터 같은 파멸의 예언자가 없었더라도 양쪽 모두의 가정 때문에 결국 핵전쟁에 관한 질문이 제 무게를 못 이기고 무너졌을 것이라고 말하고 있다.[35] 물론 월스테터는 이런 주장을 단호하게 거부했을 것이다. 월스테터의 관점에서 보면, 자신과 같은 지식인이야말로 마땅히 최악의 사태를 예상해야 했다. 일단 대비를 하면 그런 일이 벌어지지 않을 것이기 때문이다. 로마 황제 아우구스투스가 말한 것처럼, 평화를 누리기 위해서는 전쟁에 대비해야 하는 법이다. 이 옛말에 따라서 월스테터는 개전의 이유가 되는 사태가 생길까봐 늘 염려했다.

결국 대재앙에 대비하라는 월스테터의 간곡한 권유는 순식간에 새로운 세대의 전쟁 계획자들과 정치인들이 내세우는 표어가 되어버렸다. 아이젠하워 행정부의 낡은 제약을 돌파하고 싶어 안달이 나 있던 이 사람들은 자신들이 기대했던 것보다 훨씬 더 큰 성공을 거두게 된다. 그리고 세계를 핵재앙 일보직전까지 이끌고 간다.

8장. 우아한 춤

앨버트 월스테터를 찾는 전화는 케네디 선거운동 진영의 깊숙한 곳에서, 랜드연구소 경영진과 고위 전략분석가들 내부에서 정치적 알력이 심각해지고 있음을 아는 누군가로부터 걸려왔다. 프랭크 콜봄은 항상 공군과 아이젠하워 행정부를 지지했다. 이와 달리 월스테터 부부 주변에 모여든 전문가 집단(알레인 엔토벤, 프레드 이클레, 대니얼 엘스버그 같은 명석한 경제학자, 물리학자, 수학자 등)은 새로운 방향, 즉 다른 사고방식을 갈망했다. 따라서 월스테터는 웰스대학교와 스미스대학교를 나온 어떤 사람에게서 이런 접촉이 왔을 때 전혀 놀라지 않았다.

당시 스물다섯 살이던 디어드리 헨더슨은 존 F. 케네디의 보좌관이었다. 하버드대학교의 방위연구계획 책임자로 있던 헨리 키신저가 헨더슨을 케네디 상원의원 사무실에 천거했다. 헨더슨은 처음에는 연구조교였지만 국방 정책과 안보 정책에 정통했던 까닭에 금세 케네디와 그를 지지하는 교수들 사이의 연락책을 맡게 됐다. 교수들은 대부분 미국이 새로운 출발을 할 필요가 있다고 생각하는 젊은 지식인들이었다. 헨더슨은 하버드와 보스턴 지역의 이른바 '두뇌위원회'를 선거운동 진영과 연결하는 연락책도 맡아서 아치볼드 콕스 교수(훗날 워터게이트 사건 당시 연방특별검사가 된다), 케네디의 주요 연설문 작성자이자 법률고문인 시어도어 소렌슨 등과 가까이 일했다. 헨더슨이 맡은 일은 조만간 '뉴프런티어'New Frontier라고 불리게 되는 정책을 위해서 각종 정보, 정책방침, 지적인 도움을 구하는 것이었다.[1] 헨더슨은 엘스버그가 랜드연구소를 휴직하고 하버드대학교에서 박사학위를 마무리할 때 만난 적이 있었다. 엘스버그는 헨더슨에게 월스테터를 소개해줬다.

월스테터는 자신이 「공포의 미묘한 균형」에서 제시한 상당수의 쟁점을 케네디가 이미 자기 것으로 받아들였음을 알고 있었다. 케네디는 월스테터의 구상을 칼럼니스트 조지프 앨섭을 비롯한 이들이 펼치는 종말론적인 경고와 결합시켰다.[2] 이른바 미사일 격차를 구실 삼아 아이젠하워 행정부의 국가안보 정책(또는 정책의 부재)을 비판하기 위해서였다. 비록 미사일 격차라는 것이 존재하지 않는다는 사실을 잘 알고 있었기 때문에 그런 생각을 가볍게 무시했지만, 월스테터는 민주당에서 자신의 구상이 큰 역할을 하고 있는 데 매우 흡족해했다.

우선 월스테터는 공화당 후보인 리처드 닉슨 부통령을 좋아하지 않았다. 일찍이 닉슨이 상원의원 선거에서 헬렌 가하간 더글러스를 상대로 빨갱이 소동을 벌이는 걸 보면서 넌더리를 낸 적이 있었다. 랜드연구소의 다른 동료들처럼 월스테터 역시 공화당 행정부의 전반적인 무기력에 실망했다. 그 때문에 월스테터는 헨더슨이 우드스탁로드에 있는 저택에 찾아왔을 때 더없이 따뜻한 태도로 그녀를 맞이했다. 두 사람은 천장에 일본식 번창의 상징인 빨간 종이로 만든 잉어가 걸려 있는 아래층 서재에 자리를 잡고 앉았다. 헨더슨이 국가안보 문제에 관해 케네디 선거운동본부에 조언을 해줄 의향이 있느냐고 묻자 월스테터는 기꺼이 그렇게 하겠노라고 성심성의껏 대답했다.

헨더슨이 계속 엉뚱하게 미사일 격차 문제를 거론하긴 했지만, 월스테터는 그녀가 샛길로 빠질 때마다 막으면서 그 대신 새로운 행정부가 어떤 것을 실제로 중요한 안보 문제로 다뤄야 하는지를 집중적으로 조언해줬다. 미사일 격차에 관한 논의 자체를 피하려고 한 게 아니라(어쨌든 월스테터도 그런 얘기를 들었을 때 정치적으로 유리한 점이 있다고 생각했다), 당파적인 공격보다 훨씬 복잡한 문제가 생길 수 있다고 판단했기 때문이다. 월스테터는 랜드연구소의 다른 사람들도 돕도록 노력하겠다고 약속했다. 특히 헨리 로언, 찰스 히치, 엘스버그 등 비밀을 지키리라고 믿을 만한 동료들을 염두에 둔 것이었다. 그렇지만 신중을 기해 일을 처리해야 할 터였다. 랜드연구소는 여전히 공군에 예속된 존재였고, 콜봄은 아이젠하워 충성파였기 때문이다. 게다가 월스테터는 이미 버나드 브로디 때문에 콜봄과 곤란한 입장에 처해 있었다.

월스테터는 이 논쟁이 대단치 않은 것이라 언급할 가치도 별로 없다고 생각했지만, 브로디는 화를 참지 못하고 사과까지 요구했다. 이 모든 것이 와인 때문이라고 생각해보라! 콜봄이 사무실로 찾아와서 브로디가 불만을 제기했다고 말했을 때 월스테터는 내심 당황했다. 월스테터는 사실 상관인 콜봄과 사이가 좋지 않았고, 때로 그가 이성적이지 못하다고 생각했다. 그래서 콜봄과 맞닥뜨릴 때면 마치 분풀이라도 하는 것처럼 자동적으로 거만해지곤 했다.

콜봄은 월스테터에게 브로디가 보낸 편지 한 장을 보여줬다. 랜드연구소를 방문한 프랑스 고관들이 브로디의 만찬 초대를 무시하고 있다고 불평하는 내용이었다. 그들은 그 대신 월스테터가 여는 야회를 즐겨 찾았다. 값비싼 와인과 음식을 내놓았기 때문이다. 브로디는 자신이 중요한 접촉 대상과 정보 원천을 놓치고 있고, 월스테터의 디너파티 때문에 자신의 기여가 훼손되고 있다고 생각했다.

처음에 월스테터는 콜봄이 농담하는 것이라고 생각했다. 어쨌든 월스테터는 J. 리처드 골드스타인 부연구소장이 음식과 와인 값도 정당한 비용이기 때문에 비용을 연구소에 청구하면 된다고 말했는데도 그 비용을 전혀 청구하지 않았다. 콜봄이 눈을 부릅뜨고 바라보는 것을 눈치챈 월스테터는 간단하게 대꾸했다. "프랭크, 난 와인을 좋아해요. 그리고 공교롭게도 프랑스 사람들은 대부분 와인을 좋아하고요. 특히 프랑스 와인을 좋아하죠. 그런데 그 때문에 그 사람들이 나를 보러 온다고 생각하지는 않습니다. 하지만 설사 그렇더라도 내가 어쩔 순 없잖아요. 당신이 버나드한테 좋은 와인을 사주는 게 어때요?"

월스테터는 악의를 품은 브로디에게 보복할 필요성을 느끼지 못했다. 그저 브로디가 일반인들을 상대로 글을 쓰는 양식 있는 사람이지만 랜드연구소의 중심에 있지 못할 뿐이라고 생각했다. 랜드연구소에서 하는 일의 핵심은 정책에 대한 권고였고, 이런 점에서 브로디는 존재감이 미미했다. 그러나 월스테터로서는 이제부터 브로디의 분노를 다른 데로 돌리거나, 적어도 자기를 지키기 위해서라도 뭔가를 해야 한다는 것이 분명해졌다. 어쩌면 새로운 행정부의 일이 도움이 될지도 몰랐다. 아니면 자신이 제안받은 핵전략 관련 책을 쓸 기회를 브로디에게 넘길 수도 있었다. 그러면 브로디가 유럽으로 가서 연구를 좀 해야 하고, 따라서 잠시나마 자기를 괴롭히지 않을 것이 분명했다. 그 와중에 고민해야할 더 중요한 일이 생겼다. 딸이 연 파티처럼 말이다.

원래는 간단한 소규모의 수영장 파티가 됐어야 하지만, 월스테터 집안의 일이 늘 그렇듯이 걷잡을 수 없이 커져버렸다. 딸 조안이 전부터 할리우드고등학교에 다니는 친구들을 초대하고 싶어 했는데, 그 중 몇 명은 스페인어를 같이 배우는 아이들이었다. 열네 살짜리 아이들은 대부분 자기 집에 수영장이 없었기 때문에 조안은 친구들을 불렀다. 따뜻한 봄날에 혼자서 수영하는 것은 그렇게 즐겁지 않았기 때문이다.

그런데 월스테터는 수영장 옆에 조안이 만들어놓은 모자이크를 자랑하고 싶었다. 수영장과 탈의실을 가리기 위해 잇대어놓은 섬유유리 패널 위에 피트 몬드리안의 그림처럼 색색깔로 그린 모자이크였다. 그래서 **자기** 친구들을 몇 명 초대하고 핫도그, 감자칩, 햄버거 같은 파티 메뉴에 카나페와 냄비요리, 상세르 와인 등 어른용 음식도 몇 개 추가했다. 물론 어른을 위한 음악도 준비했는데, 이번에도 조안은 아버지와 어머니가 무용단에 속했던 젊은 시절처럼 텅 빈 서재에서 파티의 시작을 알리는 파소 도블레 춤을 추는 걸 참고 지켜봐야 했다.

다행히도 조안의 부모는 딸 친구들이 오기 전에 화려한 스텝을 끝냈고, 어른들이 싱글 몰트 위스키, 프랑스 와인, 러시아 보드카 등을 들고 나타나자 자기 친구들과 놀 수 있었다. 월스테터가 술잔을 든 채 딸의 예술적 재능에 건배하고, 예술적 영감의 신들에게 바치는 의미로 딸의 작품에 술을 조금 부었을 때까지는 말이다. 당혹스러운 행동이었지만, 아버지가 하는 일이 으레 그렇듯이, 묘하게 사랑스럽기도 했다.

조안은 아버지가 출장을 다닐 때마다 보안 수준이 높은 여러 곳에서 보낸 편지들을 결코 잊지 못했다. 마치 그림동화 작가 러드윅 베멜먼스가 자신이 창조한 캐릭터인 꼬마 소녀 매들린을 그리는 대신 핵전략가가 된 것처럼 멋진 그림까지 담겨 있곤 했다. 아버지에게서는 언제나 기대할 수 없는 것을 기대할 수 있었다. 그러나 그날 조안은 아버지가 자기 동급생인 리처드 펄과 나누는 대화를 듣고 놀랐다.

리처드는 조안의 아버지에 관해 들은 적이 있었고, 월스테터가 딸의 친구들과 인사를 하느라 돌아다닐 때 그를 핵군축에 관한 대화로 끌어들였다. 월스테터는 소년이 하도 꼬치꼬치 캐묻는 데 진절머리가 나서 서재로 달려가 『포린어페어스』 한 권을 꺼내왔다. 그러고는 「공포의 미묘한 균형」을 복사해주면서 미국의 군사적 약점에 관해 정 알고 싶으면 이것을 읽어보라고 말했다. 나중에 월스테터는 이 소년이 한 질문이 이른바 국방부의 전문가들이 던졌던 모든 질문보다도 훨씬 더 말이 되는 것이었다고 지인들에게 술회했다.

"그러면 케네디는 어떤가요, 월스테터 아저씨?" 리처드가 물었다.

월스테터는 씩 웃으면서 화제를 돌렸다.[3]

9장. 신동들의 지배

1961년 1월 17일 밤, 아이젠하워 대통령은 민주당에 권력을 넘겨주기 전에 고별사를 남겼다. 훗날 자신이 이끈 행정부의 성격을 규정하게 된 이 연설을 통해 아이젠하워 대통령은 군산복합체에 대해 경고했다.

아이젠하워 대통령은 게이서보고서가 어떻게 유출됐는지, 그리고 이른바 미사일 격차가 어떤 식으로 대통령 선거에서 결정적인 쟁점이 되기에 이르렀는지를 목격하면서 미국의 자유를 위협하는 불길한 힘에 대해 분노에 찬 한 목소리로 이렇게 경고했다.

> 우리는 정부의 각종 위원회에서 의식적이든 무의식적이든 군산복합체가 부당한 영향력을 갖지 못하게 막아야 합니다. 잘못 주어진 권력이 재앙처럼 커질 가능성이 존재하며 앞으로도 그럴 것입니다. …… 오직 경각심과 식견을 지닌 시민들만이 산업과 군대의 이런 거대한 방위기구를 우리의 평화적인 수단과 목적에 부합하게끔 적절히 강제할 수 있습니다. 그래야만 안보와 자유를 동시에 지켜낼 수 있습니다.[1]

고별사의 마지막 초고에서 아이젠하워 대통령은 군산회복합체, 즉 군대-산업-의회의 복합체를 언급했지만 입법부 의원들을 존중해 마지막 집단은 지워버렸다. 어쨌든 그들은 전통적인 미국의 최후 보증인일지도 모른다. "쟁기제조업자들이 적당한 시간에 필요하다면 칼도 만들 수 있어서 무기산업이 전혀 존재하지 않는다"는 그 미국 말이다.

그러나 고별사 막바지에서 지적한 것처럼 아이젠하워 대통령은 3일 뒤면 권력을 후계자에게 넘겨주게 되어 있었다. 바로 그 후계자, 존 F. 케네디는 그 자신이 본질적으로 군산복합체의 소산이었다. 사실 리처드 닉슨을 상대로 아슬아슬하게 이긴 점을 감안하면 케네디는 랜드연구소의 조언자들과 미사일 격차에 관한 쟁점 덕분에 대통령이 됐다고 할 수 있다. 선거운동 기간 내내 케네디가 랜드연구소의 연구자들과 현자들이 제공한 정보를 활용하면서 미국의 방위태세가 허약하다는 말을 되풀이한 반면, 닉슨은 정부의 비밀 엄수라는 제한에 묶여 있었던 관계로 케네디의 주장을 직접적으로 반박할 수 없었다.

1961년 케네디가 백악관을 승계하자 마침내 랜드연구소는 공군과 맺고 있었던 오래된 인연의 사슬을 끊을 수 있었다. 힘찬 자유주의로 무장한 민주당은 전임 아이젠하워 대통령을 지배하고 랜드연구소를 좌지우지하던 무기력한 공화당 진영과의 급진적인 결별을 세상에 알렸다. 게다가 미국 역사상 가장 젊은 대통령인 케네디가 무게감을 갖기 위해 엘리트 지식인들을 의도적으로 활용함에 따라 샌타모니카의 거물들은 동부로 다시 와서 성공을 추구하라는 공개 초대장을 받은 격이었다. 그러므로 찰스 히치가 신임 국방장관 로버트 맥나마라를 만나자마자 첫눈에 사랑에 빠진 것도 전혀 놀랄 일이 아니었다.[2]

그래프, 차트, 방정식 등에 정통한데다가 외모 자체(무테안경, 어두운색 정장, 말쑥하게 빗어넘긴 머리)가 올빼미보다는 매를 연상시키는 맥나마라 국방장관은 부드러운 말투와 달리 자신감이 철철 넘치는 랜드연구소 출신의 계산의 전도사 히치와 완벽한 짝을 이뤘다. 두 사람 모두 숫자가 세상을 구원할 수 있다고 굳게 믿었다.

맥나마라 국방장관은 편협한 정치적 이해관계로 반항하는 군부를 충분히 개조할 수 있다고 자신했다. 전통적으로 방위비 지출 규모를 결정하는 것은 의회였고, 그 다음에야 군부의 각 부문은 누가 가장 큰 몫을 차지할지 경쟁했다. 일단 예산 배분이 결정되면 각 군은 대개 적절하다고 판단하는 어떤 프로젝트에든 자유롭게 예산을 지출할 수 있었다. 버나드 브로디 같이 경험 많은 국방부 관찰자도 이런 현실에 익숙한 채 이런 관습이 하루 빨리 사라지기만을 바랄 뿐이었다.

바야흐로 그런 낡은 사고방식이 갑작스런 종말을 맞이하려 하고 있었다. 케네디 대통령이 국방부를 개혁하라는 지시를 구체적으로 내렸던 것이다. 대규모 조직의 군살을 빼고 효율적으로 만드는 일을 밀어붙인 경험이 있는 맥나마라야말로 적임자였다. 당시 마흔네 살이던 맥나마라는 1960년의 대통령 선거 몇 달 전에 포드자동차 역사상 최연소로 회장직에 오른 바 있었다. 캘리포니아 북부 출신으로 자유주의적 성향의 지식인이었던 맥나마라는 전국유색인지위향상협회와 미국시민자유연합의 회원이었고, 직장은 디트로이트였지만 인근 대학도시인 앤아버에 살았다. 열두 시간을 일하고는 부리나케 집으로 달려와서 부인이 엘리트 지식인들의 사교모임을 여는 것을 도와줬고, 하루가 끝날 때면 최신 정치 쟁점에 관한 두툼한 책을 한 권 끼고 잠자리에 들었다.

제2차 세계대전은 그 세대의 많은 이들에게 그랬듯이 맥나마라의 인생 경로도 결정적으로 바꿔놓았다. 육군에 지원 입대한 맥나마라는 육군항공대 통계관리국에 들어가 하버드경영대학 집단의 일원으로서 새로운 경영이론을 전투의 효율성 증대에 적용하는 일을 했다. 커티스 르메이 장군을 도와 괌에 주둔한 제21폭격부대의 일본 비행시간을 30퍼센트나 늘린 것은 맥나마라의 수많은 업적 가운데 하나이다.

전쟁이 끝난 뒤 맥나마라를 비롯한 하급 장교 아홉 명은 새로운 기법을 요구하는 사업체에 자신들의 전문적인 경영능력을 제공하는 집단을 결성했다. 얼마 전에 할아버지에게서 거대 자동차 기업의 경영권을 물려받은 헨리 포드 2세가 이 집단을 채용했다. 맥나마라와 그가 이끄는 전문가 집단은 가차 없는 예산·인원 삭감과 구조조정을 통해 삐걱거리는 디트로이트의 거인을 현대화하는 동시에 수익, 효율성, 인기를 높이면서 '신동들'Whiz Kids이라는 별명으로 알려지게 되었다. 맥나마라는 심지어 포드자동차가 처음 내놓은 준중형 승용차 '팰컨'의 디자인에도 힘을 보탰다. 맥나마라는 잘못을 저지를 수 없는 경영자였다.

케네디가 대통령에 당선된 뒤, 민주당 성향의 경제학자 존 케네스 갤브레이스가 맥나마라를 국방부 수장 자리에 천거했다. 권력을 집중하고 군대를 현대화하고자 했던 케네디는 이 효율성의 귀재를 한번 면담해보려고 불렀다. 조지타운에 있는 대통령 당선인 자택을 찾은 맥나마라는 내키지 않는 듯이 "저는 적임자가 아닙니다"라고 솔직하게 말했다.

"그럼 누가 적임잔가요?" 케네디가 반문했다.

맥나마라가 자신은 종전 뒤부터 군사 문제에 관심을 기울이지 않았으며 국방장관 역할을 제대로 할 수 있을지 확신도 못하겠다고 하자, 케네디는 대통령직도 어디 따로 배우는 학교가 있는 게 아닌데 아이젠하워 대통령을 만나고 나서 자기도 충분히 그 일을 할 수 있겠다는 생각이 들었다고 대꾸했다.[3] 결국 맥나마라는 장관직을 받아들였지만, 자신은 워싱턴 D.C.에서 으레 하는 무의미한 사교생활에는 끼지 않겠으며 직접 부하 직원을 뽑도록 해달라고 단서를 달았다. 케네디가 이에 동의하자 맥나마라는 쇼어럼 호텔 스위트룸에 자리를 잡고서 일주일 동안 수백 장의 색인카드를 들춰가며 함께 일할 사람들을 골랐다.[4]

다시 갤브레이스가 끼어들어 맥나마라에게 히치를 면담해보라고 권했다. 맥나마라는 랜드연구소의 이 분석가를 알지 못했지만, 히치가 롤런드 N. 매킨과 함께 쓴 『핵시대의 방위 경제학』[5]을 읽고는 그에게 매료됐다. 히치는 랜드연구소에서 오래 전부터 논의되어온 일련의 구상을 이 책에 집대성해놓았는데, 이것은 맥나마라가 포드자동차를 개조하는 과정에서 활용한 것과 본질적으로 동일한 종류의 통계분석, 가격비교, 합리적 의사결정 시스템을 통한 프로그램형 경영관리 등을 옹호하는 내용이었다. 요컨대 맥나마라는 체계분석의 내용은 말할 것도 없고 그런 용어의 존재조차 알기 전에 이미 랜드연구소의 체계분석을 실행한 셈이었다. 맥나마라가 히치에게 자리를 제안했을 때, 히치 역시 처음에는

월스테터의 동료 알레인 엔토벤이 랜드연구소에서 전략공군사령부를 위한 예산수립 관련 강의를 하고 있다 (1958년). 곧 경영진에 불만을 품고 랜드연구소를 그만둔 엔토벤은 국방장관 로버트 맥나마라에게 발탁되어 국방부를 개조하는 '신동들'의 일원이 된다.

선뜻 받아들이려 하지 않았지만 자기 구상을 실행할 수 있도록 아랫사람들을 선별할 수 있게 해주겠다는 약속에 마찬가지로 설득당했다. 감사 담당 국방부 차관보로 임명된 히치는 곧바로 전 랜드연구소의 분석가 알레인 엔토벤을 불렀고, 신설 기관인 체계분석실을 지휘하는 국방부 부차관보를 맡아달라고 요청했다.[6]

국방 문제를 헌신적으로 다루는 진지한 로마 가톨릭교도였던 엔토벤은 월스테터의 조수 가운데 한 명으로서 그를 도와 전략공군사령부의 취약성에 관한 R-290 후속 연구를 한 바 있었다.[7] 엔토벤이 랜드연구소에 들어온 것은 1950년대 말경이었다. 그러나 랜드연구소의 경영진에 실망하고 있던 엔토벤은 곧 국방부로 자리를 옮겼다.

나는 무척 중대하고 복잡한 주제를 45분짜리 안이한 브리핑으로 다루고 마는 분위기에 인내심을 잃었다. …… 내 마음에 드는 랜드연구소 풍자만화가 하나 있었다. 허먼 칸이 중요하고 흥미롭고 새로운 구상이 넘쳐나는 두 시간짜리 브리핑을 마무리하고 있는데, 저명한 경영진 한 명이 "왜 당신 바지지퍼가 열려 있지요?"라고 말하고, 다른 한 명은 "30분으로 줄여야 할 거요"라고 말하는 풍자만화였다.[8]

히치에게 합류하기 1년 전부터 엔토벤은 국방부의 연구·엔지니어링 관리직에서 일하고 있었다. 두 사람은 자신들의 임무가 국방부 전체의 사업처리 방식을 개조하는 것이라고 봤다. 그것은 랜드연구소가 개발한 교의에 따라 이뤄지는 혁명이 되어야 했다. 어느 누가 체계분석을 창시한 당사자들보다 그것을 더 잘 실행할 수 있겠는가?

곧 히치와 엔토벤은 샌타모니카에 있는 수십 명의 사람들에게 와서 자기들과 함께 일하자고, 특히 국방부 예산을 정하는 일을 도와주고 국방부의 결정이 향후 5년에 대해 갖는 함의를 분석하는 일을 하자고 요청했다. 이런 움직임이 훗날 공군에 손해를 끼칠 염려도 있긴 했지만(랜드연구소는 여전히 연구 예산의 90퍼센트를 공군과의 계약을 통해 충당하고 있었다), 프랭크 콜봄은 이 계획에 동조했다. 곧 경제학과에서만 고문 열네 명이 차출되어 국방장관실 소속으로 새로 뽑힌 열 명과 함께 메릴랜드 주 베데스다에 랜드연구소 연구실을 차렸다.[9]

히치가 국방부 예산을 새로 짜는 것과 동시에 월스테터의 엘리트 집단에서 또 한 명, 헨리 로언이 케네디 행정부의 상층부에 합류했다. 로언은 1년 휴가를 내고 하버드대학교에서 책을 쓰고 있었다. 거기서 로언은 폴 니츠를 만났다. 니츠는 대통령 선거운동 기간 동안 국가안보 담당을 총괄한 데 대한 보상으로 국제안보 담당 국방부 차관보로 임명된 상태였다. 국방에 대한 로언의 공세적인 관점이 자기와 잘 맞는다고 판단한 니츠는 유럽 안보를 담당하는 부차관보로 그를 지명했다.[10]

이상하게도 월스테터는 케네디 행정부에서 전혀 공직을 받아들이지 않았다. 종종 자신의 조언을 구한 로언을 비롯해 랜드연구소 전략가들과 계속 접촉했으면서도 말이다. 유감스럽게도, '뉴프런티어'를 위해 기꺼이 일을 했을 랜드연구소의 분석가인 브로디에게는 한 번도 제의가 오지 않았다. 브로디는 오지 않는 전화를 기다리다가 화가 났고, 결국에는 마법의 원탁에서 자기를 배제하는 일을 진두지휘하는 것이 분명하다고 여긴 사람, 즉 월스테터에게 눈을 돌렸다.[11]

한편 각기 다른 시기에 랜드연구소의 분석가들 수십 명이 국방부에 '차출'됐다. 1962년 니츠의 후임자인 존 맥노튼의 특별보좌관으로 일하게 되는 엘스버그도 그 중 하나였다.

엘스버그가 걸은 정치적 변신의 여정은 신보수주의자들이 걸은 경로를 거꾸로 뒤집은 것과 비슷하다. 브로디, 칸, 월스테터, 그밖에 랜드연구소의 수많은 영향력 있는 전략가들과 마찬가지로 엘스버그도 세속적인 유대인이었다(엘스버그의 부모는 유대교에서 크리스천사이언스로 개종해 독실한 신자가 됐다). 하버드대학교의 명민하고 독창적인 경제학 교수였던 엘스버그는 결정이론decision theory, 즉 불확실한 상황에서 이뤄지는 결정과정을 추상적으로 분석하는 이론에 관해 선구적인 논문을 몇 편 썼다. 또 해병대 중위로서 군복무에 크게 만족했던지라 한때 직업군인으로 남는 것을 심각하게 고려하기도 했다. 엘스버그는 자신이 '트루먼 민주당원'이라고, 요컨대 국내 문제에서는 사회적 자유주의자이며 해외 문제에서는 공세적인 반공 전사라고 생각했다.[12]

수다스럽고 개성이 강하고 끝없이 질문을 던지는(그리고 언제나 옆길로 새고 마는) 성격의 엘스버그는 스무 살에 결혼했고 스물다섯이 되기 전에 두 아이의 아버지가 됐다. 1958년 월스테터의 추천으로 랜드연구소에 경제이론가로 채용됐으니 엔토벤과 거의 동시에 들어간 셈이었다. 미래의 국방부 동료들과 마찬가지로, 스물일곱의 엘스버그도 핵전쟁의 가능성을 확신한 까닭에 랜드연구소의 연금플랜에 가입하지 않았다. 미래에 연금을 받으리라는 보장을 믿지 않았기 때문이다.[13]

랜드연구소의 기풍에 푹 빠진 엘스버그는 금세 눈에 띠었고, 곧 명석하고 창의적인 사상가로 환영받으며 월스테터 주변의 핵전략가 집단에 합류했다. 엘스버그 역시 월스테터를 믿음직한 지도자로 여겼고, 월스테터와 함께 배치연구를 진행하던 로언과도 변함없는 우정을 쌓게 됐다. 랜드연구소 경영진으로서는 소중한 연구자인 엘스버그를 연구소의 미래를 짊어질 든든한 희망으로 키우고 있었다.

맥나마라 국방장관 휘하에 들어간 랜드연구소 사람들은 콜봄이나 의심 많은 공군이 부과하는 제약 없이 국방부의 모든 권력 통로에 접근할 수 있게 됐다. 아이젠하워 대통령 시절의 마지막 몇 달간 월스테터 진영이 케네디 선거운동에 조력했음을 간파한 콜봄은 랜드연구소의 조직구조를 재편했다. 새로운 과를 만들고, 기존에 과장들이 지녔던 채용·해고·예산 등의 권한을 대부분 자신에게 은혜를 진 경영위원회로 이전한 것이었다. 이런 조치는 월스테터 주변의 전략분석가들을 무력하게 만들었지만, 이제 맥나마라 국방장관의 특사가 된 그들은 한때 자신들 위에 군림했던 바로 그 공군 인사들에 대한 권한을 갖게 됐다. 그들은 잠시도 지체하지 않고 권력을 행사했다. 객관적이고 합리적인 분석이라는 가면을 활용해 자신들의 의지를 국방부에 강제한 것이다.

특히 히치와 엔토벤은 신임 예산국장 데이비드 벨의 도움으로 공군을 겨냥해 국방부 인원과 예산을 정리·축소·개편했다. 상고머리에 양복을 차려 입고 파이프 담배를 피우는 젊은 지식인들이 몇 달 안에 신형 B-58과 B-70 폭격기, 미사일 시스템 등 르메이 장군의 신성한 프로젝트들을 휴지조각으로 만들어버렸다. 훗날 포드자동차를 일신시킨 집단에 빗대어 '맥나마라의 신동들'이라고 불리게 된 이들은 르메이 장군과 전략공군사령부가 유연성, 책임성, 비용절감을 요구하는 새로운 시대에 좀체 적응하려 하지 않는 편협한 네안데르탈인 같다고 생각했다. 게다가 이 '신동들'은 뺨 때리고 욕까지 하는 격으로, 해군의 폴라리스 잠수함 개발계획에는 찬성하면서도 육군에게는 재래식 병력을 증강하라고 주장했다. 공군은 이들을 경멸했지만 이들은 전혀 개의치 않았다. 언젠가 포트리븐워스 기지에 있는 육군본부로 가는 비행기 안에서 자기들이

한 장소에 이렇게 모여 있는 것을 알면 르메이 장군이 비행기를 공중 폭파시킬지도 모르겠다고 농담을 나눌 정도였다.[14]

공군 고위 인사들의 기분을 상하게 만든 것은 예산 삭감만이 아니었다. 다름 아니라 신동들의 대결적인 말투 역시 그들을 노하게 만들었다. 언젠가 핵전쟁에 관한 열띤 논의를 하던 중에 엔토벤은 큰소리로 쏘아댔다. "장군 여러분, 저도 당신들만큼 많은 핵전쟁을 치렀습니다." 또 다른 공군 장군이 불필요한 연설을 늘어놓았을 때는 딱 잘라서 이렇게 말했다. "장군님, 뭔가 이해를 못하시나 본데요. 전 브리핑을 들으려고 온 게 아니라 우리가 결정한 걸 전달하려고 온 겁니다."[15]

경제적으로 랜드연구소는 신동들이 국방부를 장악하자 이득을 봤다. 국방장관실은 랜드연구소와 수익성 좋은 신규 계약을 여럿 체결했고, 공군은 맥나마라 국방장관의 압력에 따라 랜드연구소와 기존의 계약을 확대했다. 1961년 여름에 이르러 콜봄이 이끄는 경영위원회는 맥나마라 국방장관의 관심을 간파하고서는 국방장관실에 자금 지원을 신청하기 위해 제출할 아이디어를 내놓으라고 각 과에 주문했다. 제한전 연구, 군축 연구, 정치 영역 연구(특히 아프리카와 라틴아메리카에 초점을 맞추는 연구. 예를 들어서 민방위 연구나 냉전 연구) 등 예전에는 관심 밖이었던 분야도 대거 포함됐다.[16] 그러나 랜드연구소에 대한 적대감은 오랫동안 뿌리 깊이 살아남았다. 12년이 지난 뒤에도 공군 장성 버나드 슈리버는 맥나마라 국방장관의 신동들에 관해 불만을 토로하게 된다.

국방장관의 직원들은 전국 각지를 돌아다니곤 했다. 그들은 우리 사령부에 들어와서 온갖 계급의 사람들과 얘기하고 여러 회사의 산업현장에 들어가서 온갖 직급의 사람들과 얘기하곤 했다. 그러는 동안 우리는 그 사람들이 무엇을 궁금해 하는지도 알지 못했다. 어떤 일이 있어도 그들은 들어오면서 보고서 사본 한 장 우리에게 내놓지 않았고, 따라서 우리는 도대체 무슨 일이 벌어지고 있는지 알지 못했다.[17]

랜드연구소의 대부인 공군참모총장 커티스 르메이가 존 F. 케네디 대통령 옆에 앉아 있다(1962년 1월). 르메이 장군이 케네디 대통령의 국방 정책을 소련의 정책에 비유했기 때문에 두 사람은 항상 사이가 좋지 않았다.

공군은 국방부 진입에 성공한 랜드연구소에게 배신감을 느꼈다. 당시 합동참모본부장이 된 르메이 장군은 자신이 기르고 보호해준 집단이 등 돌리는 것을 보고 분노했다. 르메이 장군은 신동들을 경멸하며 공군에 있는 친구들에게 이렇게 말하며 다니곤 했다. "내 하나 묻겠는데, 흐루쇼프가 국방장관이 되면 이보다 더 상황이 나쁠까?"18)

이제까지 신성불가침이던 자기 영역을 랜드연구소 사람들이 공격하는 데 맞서 군 지도자들은 자신들이 원하는 무기를 정당화하는 수치를 내놓을 독자적인 체계분석가 집단을 만들어냈다. 그들은 '비용 효율'이나 '실행 가능한 시나리오' 같은 말뿐만 아니라 꼬치꼬치 캐묻는 '묵사발 위원회'의 작동 방식까지 습득했다. 어느 한 프로젝트를 놓고 꼬치꼬치 캐묻거나 철저하게 분석해 진은 진대로 빠지고 비웃음까지 얻어먹게 되는 랜드연구소의 저 악명 높은 발표회까지 말이다. 랜드연구소의 방법론을 흉내 내려는 시도는 처음에는 우스꽝스러운 계산을 내놓는 등 실패할 듯 보였지만, 결국 장교들은 랜드연구소의 체계분석 기법을 가지고 노는 법을 익혔다. 즉, 원하는 대로 예정된 결론에 도달하려면 어떻게 전제를 비틀고, 인상적인 그래프·계산·방정식 등을 결합시키면서 어떻게 부자연스러운 변수를 적용해야 하는지를 알게 된 것이다.

이제 랜드연구소가 군에 자문역을 하는 유일한 싱크탱크인 시대는 지나갔다. 육군은 자체적으로 싱크탱크를 보유하게 됐고, 해군도 마찬가지였다. 심지어 공군도 항공우주연구소라는 연구소를 설립해 그곳과 밀접한 관계를 유지했다. 그렇지만 이 중 어느 것도 랜드연구소만한 영향력이나 명성을 누리지는 못했다. 랜드연구소에 명성을 안겨준 것과 같은 식의 장기계획에 참여하지 못했기 때문이다.

그렇지만 『라이프』, 『룩』, 『새터데이이브닝포스트』 같은 일반 간행물들은 공군을 통해 영감을 얻은 일련의 기사들에서 랜드연구소를 다른 싱크탱크들과 한 묶음으로 취급했다. 이 기사들은 "현대전의 승패는 담쟁이로 뒤덮인 대학 본관의 체스판에서 정해질 수 있다"고 믿는 '방위 지식인들'이라는 개념을 대중화했다. 랜드연구소 사람들이 대표적인 경우였다.[19] 비판자들은 이 사람들이 아무에게도 책임을 지지 않는 무책임한 연구자들이라고 비난했다. 의심하지 않는 대중들에게 자신들의 엘리트주의 이데올로기를 강요한다는 것이었다. 그때 이후로 싱크탱크들은 의회 조사의 집중 타깃이 됐고, 결국 의회는 랜드연구소를 비롯한 국방부의 싱크탱크 예산을 축소하는 쪽으로 나아갔다.[20]

케네디 행정부에서 공군장관[제7대]을 맡은 유진 M. 주커트는 공군 이외의 프로젝트를 받아들이면 랜드연구소의 관심과 자원이 희석된다고 주장하며 전체 연구의 20퍼센트로 제한해서만 '외부' 작업을 할 수 있게 만들려고 했다. 이런 요구가 제기되자 국방부로 간 신동들 뒤에 남아 여전히 공군에 신세를 지던 랜드연구소의 각 집단은 분열됐다. 공군 쪽에서 만약 랜드연구소가 주문을 제대로 수행하지 못하면 모든 재정 지원을 중단하겠다고 을러대자 상황은 악화됐다. 그 순간에는 콜봄조차 반기를 들었고, 열띤 설전이 오가던 중에 콜봄은 맥스 골든 공군법무감에게 이렇게 큰소리쳤다. 만약 공군이 그런 조건을 계속 고집한다면 랜드연구소는 이미 공군과 체결한 모든 계약을 파기하고 아예 문을 닫을 준비가 되어 있다고 말이다. 콜봄은 하도 흥분해서 얘기하는 도중 세 번이나 자리를 박차고 나갈 뻔했다. 결국 골든 공군법무감은 허세가 통하지 않는다는 것을 깨닫고 콜봄에게 말했다. "랜드연구소와 달리 우리는 국익을 위태롭게 만드는 사치를 부릴 여유가 없고요, 내 머리에 총을 겨눠도 내게는 기존의 협상조건을 따를 권한이 있습니다."[21]

이렇게 공군의 반혁명은 실패로 돌아갔다. 랜드연구소의 분석가들은 국방부를 개조하는 일을 계속했고, 랜드연구소가 만들어놓은 체계분석의 언어와 예산책정 프로그램은 곧 정부 전체의 만국공통어가 된다. 결정적으로 전쟁 개시, 억제, 서구와 공산주의 진영 사이의 관계 등에 관한 랜드연구소의 이론은 케네디 행정부 시기 동안 신성한 교의가 되어 미국이 세계를 바라보는 방식을 뒤바꾸게 된다.

10장. 과학의 기술

1960년 봄, 젊은 엔지니어 폴 바란은 랜드연구소에서 자신이 새로 맡은 일이 얼마나 끔찍한 함의를 갖는 것인지 직접 알게 됐다. 만약 실수로 계산을 잘못하면 미국의 미래가 사라져 버릴 수도 있는 일이었다. 만약 미국을 기습 핵공격한 소련에 의해 통신 시스템이 공격받는다면 전략공군사령부는 어떻게 반격을 승인할 수 있을까? 앨버트 월스테터의 용어법으로 말한다면, 남은 미사일과 통신할 수 있는 방법이 없는데 미국은 어떻게 실행 가능한 제2차 공격 역량을 보유할 수 있을까?

로스앤젤레스에 위치한 엘세군도의 휴즈항공에서 미니트맨[대륙간 탄도미사일 LGM-30/SM-80의 애칭]의 제어 시스템 설계자로 일하던 바란이 샌타모니카 해안의 랜드연구소에서 펜을 굴리는 집단에 합류하게 만든 것은 바로 이런 종류의 문제였다.[1] 1950년대 말~1960년대 초 랜드연구소의 많은 사람들이 그랬듯이, 바란 역시 문명의 미래가 자신의 계산에 달려 있다고 굳게 믿었다. 월스테터가 지적했듯이 소련 폭격기 소규모 편대의 기습공격만으로도 미국이 보유한 핵무기는 심각한 타격을 입을 수 있었다. 그런데 이온층에서 일어나는 핵폭발은 장거리 고주파 라디오 통신을 완전히 두절시키는 효과를 낳을 것이었다. 게다가 핵공격으로 전화 시스템의 중앙교환소가 파괴된다면, 미국이 미사일을 발사할 수 있는 지휘·통제·통신체계가 전혀 가동되지 않을 터였다.

폴란드 태생으로 두 살 때 부모를 따라 미국으로 이민을 온 바란은 역사의 예측 불가능성에 깊은 영향을 받았다. 국방력이 강하고 약함에 따라 모든 사람의 삶이 어떻게 영향을 받는지 뼈저리게 느꼈던 것이다.[2] 미사일 통신 문제에 대한 바란의 대응은 결국 우리가 오늘날 인터넷이라고 부르는 것의 개발을 향한 길을 열게 된다.

바란은 오래 전부터 이른바 신경망, 즉 인간 두뇌의 탈집중화된 사고 패턴 연구에 흥미를 갖고 있었다. 신경이 상호연결된 이 복잡한 망 덕분에 인간의 뇌는 물리적 변화에 대단히 유연하게 반응할 수 있다. 한 시스템이 스트레스를 받으면 다른 것이 도움의 손길을 내민다. 가령 손을 들라는 명령이 정상적인 신경경로를 통해 전달되지 못하면, 뇌는 나란히 이어진 다른 유사 경로를 잠시 이용해서 이 명령을 전달한다.[3]

바란은 전국 각지에 저주파 AM 라디오 방송국이 많이 있다는 프랭크 콜봄의 관찰에서 단서를 얻어 AM 라디오 안테나를 대안적인 전국적 통신망의 신경중추나 통제소로 활용해 대륙간탄도미사일을 발사하는 독창적인 계획을 고안해냈다. 비상사태가 벌어지면 전략공군사령부가 이 안테나를 징발해 미사일에 명령을 전송할 수 있을 것이었다. 공군은 바란의 권고를 신속하게 받아들였고, 비밀 공격신호를 전송하는 다용도 안테나들로 구성된 네트워크를 완성했다. 이 네트워크상의 신호는 노드node에서 노드로 전달되고 라디오로는 들을 수 없었다.

바란은 자신의 성공에 만족하면서도 더 개선하기를 원했다. 이 시스템이 단순한 '출발/정지' 명령을 넘어서기를 바랐던 것이다. 비효율적인 아날로그 회선에서 소음이 발생하는 것을 감안하면, 개선을 위해서는 메시지를 디지털로 변환하는 방법을 찾아야 했다.

1960년대 초반은 대부분의 사람들이 '디지털'이라는 단어의 뜻도 거의 알지 못하는 시대였다. 일상 대화에서 그 단어를 사용하는 사람은 더욱 없었다. 라디오와 텔레비전 신호 역시 모두 아날로그였다. 즉, 계속 변하는 전류와 전압을 통해 데이터를 전송했기 때문에 전화 시스템에 들어갈 중앙교환노드가 필요했다. 당시 미국 대부분 지역에서 교환노드는 독점 기업인 AT&T가 소유하고 있었다(우연의 일치이겠지만 윌스테터의 형인 찰스는 지역의 소규모 전화 시스템을 매점한 뒤 이것을 대규모 광역 시스템으로 결합해 백만장자가 됐다. 결국 찰스는 콘티넨털전화사라는 전국적인 대기업을 설립했다). 이 교환노드들은 신호를 받아서 증폭시킨 뒤 최종 수신자에게 전송했다. 문제는 수신자가 송신자로부터 멀리 떨어져 있을수록 왜곡(또는 잡음)이 커진다는 점이었다. 연속되는 노드들에 의해 신호가 반복적으로 증폭되기 때문이다. 비디오테이프에 담긴 영화를 복사할수록 점점 보기 힘들고 화면이 흐릿해지는 것과 마찬가지이다(옛날 국제전화 통화가 메아리처럼 울렸던 것도 이 때문이다).

이와 달리 디지털은 2진 방식이다. 즉, 컴퓨터의 경우처럼 모든 정보가 양수와 음수, 또는 0과 1의 긴 연속으로 전송된다. 이렇게 되면 거리로 인한 잡음과 왜곡이 데이터에 거의 영향을 미치지 않기 때문에 양질의 전송이 가능하다.[4] 디지털 신호는 필요하다면 증폭이나 그에 따른 왜곡 없이도 다른 여분의 회로를 통해 전송될 수도 있다.

바란은 메시지를 디지털화한 것만이 아니라 '패킷'으로 분할하는 획기적인 진전도 이뤄냈다. 패킷이란 수신자, 발원지, 접속시간, 이 모든 것을 이해 가능한 전체로 재구성하는 시퀀스 명령 등의 정보를 담은 불연속적인 데이터 묶음이다.[5] 각각의 패킷에는 자체의 경로 정보가 담겨있다. 각 패킷은 마치 하나의 DNA 분자처럼 전송 에러가 생길 때마다 정확히 스스로를 복제한다. 패킷은 자동적으로 가장 편리한 경로를 탐색하고, 메시지가 종착점에 도달하면 자동적으로 형태가 바뀐다.

이제 노드나 교환소, 심지어는 직통 전화선도 필요하지 않게 됐다. 만약 캔자스 주 남중부에 위치한 위치토의 미사일 격납고와 워싱턴 D.C. 사이를 이어주고 있는 직통 통신이 파괴되면 패킷은 미국에서 오스트레일리아를 거쳐 중국, 하와이, 캐나다, 위치토까지 이어지는 [또 다른] 사용 가능한 전화선을 탐색할 것이다. 이런 식으로 전기 신호가 전송되는 데는 채 1초도 걸리지 않는다. 결국 세계 전체가 하나의 두뇌처럼 될 것이고 전화선이 중추신경계(신경통신망)를 이룰 것이다.

바란은 자신의 구상이 실행 가능하다고 AT&T를 설득하려고 했다. 그렇지만 AT&T는 설사 바란이 구상한 디지털 시스템을 구축할 수 있다고 해도 자사를 위협할 최악의 경쟁자가 될 것을 만들지는 않겠다고 대답했다.6) 그리하여 범세계적인 패킷교환 시스템 개발은 공군의 몫이 됐고, 그 뒤 1966년 국방부가 고등연구계획국을 통해 데이터뱅크와 과학자들을 연결하는 알파넷ARPANET을 개발하면서 국방부로 이전됐다. 얄궂게도 알파넷은 독자적으로 자신만의 네트워크를 구상해낸 영국 과학자 도널드 데이비스가 개발한 구조를 채택했다. 그 뒤 알파넷은 군사적 색채를 벗어 던지고 오늘날 우리가 아는 인터넷이 됐다.

바란은 시기를 잘못 만난 불운한 인물이었다. 바란은 세계가 2진 방식으로 전환할 준비가 채 되기도 전에 디지털 시스템을 생각해냈다. 물론 랜드연구소가 국가안보를 추구하다가 과학적 혁신의 선구자가 되는 경우는 이번이 처음이 아니었고 마지막도 아니었다.

1950년대 초반, 존 윌리엄스는 공군 프로젝트를 수행하는 데 필요한 엄청난 양의 계산을 도와줄 컴퓨터를 구축해달라고 IBM을 설득하기 위해 동부 연안으로 직접 찾아갔다. 당시의 계산기는 랜드연구소가 새로 고안한 체계분석에서 주어진 연습에 담긴 무수한 변수를 다룰 능력이 없었다. 가령 소련을 공격하기 위한 '최선의' 폭격기를 설계하는 과제를 부여받은 에드워드 팩슨은 폭격기의 성능, 예상 손실, 목표물의 범위, 병참, 엄호용 전투기 같은 보조적 필요 등과 더불어 연구, 조달, 운용 등에 단계적으로 필요한 자금까지 고려해야 했다. 이런 변수들의 상호관계를 밝히려면 엄청난 계산이 필요했다.7) IBM은 이 모든 요구를 다룰 수 있는 컴퓨터를 설계해달라는 요청을 거부했고, 따라서 랜드연구소의 엔지니어들은 독자적으로 개발하는 쪽을 택했다.

랜드연구소 사람들은 프린스턴고등연구소가 개발한 일련의 기계(일리악ILLIAC, 실리악SILLIAC, 와이작WEIZAC, 매니악MANIAC 등)에 붙은 이름을 본뜨고, 랜드연구소의 고문인 수학자 존 폰 노이만을 기리는 의미에

1952년 프린스턴고등연구소의 IAS 컴퓨터 앞에 선 J. 로버트 오펜하이머(왼쪽)와 존 폰 노이만. IAS 컴퓨터는 훗날 모든 컴퓨터 설계의 기본이 되는 '폰 노이만 구조'에 입각해 만든 것으로서 조니악도 이에 근거하고 있다.

서 자기들이 개발한 기계에 조니악JOHNNIAC이라는 이름을 붙였다. 저명한 컴퓨터 귀재 윌리스 웨어가 조니악의 하드웨어 개발자였다. 조니악이 만들어지고 몇 년 동안 미국을 통틀어 겨우 열 대 정도의 컴퓨터만이 그에 맞먹는 용량을 갖고 있었다. 이 기계에는 펀치 카드식 입출력 장치 같은 획기적인 특징이 여럿 포함되어 있었다. 또 정보처리를 위해 80개의 진공관에 쉽게 접근할 수 있도록 구성되어 있었다. 당시의 초보적인 컴퓨터는 몇 시간 이상 작동하면 전원을 꺼야 했다. 움직이는 부품의 과열을 막고 계속 움직이게 하기 위해 랜드연구소의 엔지니어들은 조니악이 보관된 지하실 온도를 섭씨 12도로 유지했다. 냉소적인 연구자들은 금세 이 기계에 뉴모니악pneumoniac['폐렴'pneumonia에 빗댄 표현]이란 별명을 붙였다. 그 뒤 몇 년 동안 엔지니어들은 진공관 저장장치를 최초로 상업적으로 생산된 자기코어 기억장치로 바꾸고, 그것을 140칼럼 폭의 고속 임팩트 프린터와 결합시키고, 최초의 온라인 시분할 방식에 맞먹는 방식으로 다수의 이용자를 지원하는 교체 드럼을 추가하는 등 조니악의 성능을 계속 개선해갔다.[8]

랜드연구소는 조니악을 독창적으로 이용했는데 그 중 하나가 선형 프로그래밍을 위한 컴퓨터 소프트웨어 개발이었다. 선형 프로그래밍이란 선형 방정식체계에 의해 결정되는 다변수 함수를 위한 최적의 값을 찾는 데 필요한 계산을 의미한다. 예를 들어 한 병사의 식사에 관한 일련의 요건(특정한 시간과 장소에서 가용할 수 있는 식품의 범위 내에서, 그리고 특정한 예산 내에서 칼로리, 단백질, 비타민 등의 수치)이 주어진 상황에서 어떻게 하면 최선의 결과에 도달할 수 있을까? 1940년대 말, 랜드연구소의 조지 단치그는 이런 최적의 결과에 도달하기 위한 방식을 개발해 '심플렉스 방법'simplex method이라는 이름을 붙였다. 단치그는 모든 가능해可能解의 조합을 하나의 다면체로 표현하는 방식을 고안해냈다. 어떤 것이 최선의 결과를 낳는지 분명해질 때까지 각 벡터를 검토하는 식이었다. 심플렉스 방법을 조니악의 계산능력과 결합한 덕분에 랜드연구소 연구자들은 군수품 조달, 생산과정, 경영계획 등의 다양한 문제를 신속하고 효과적으로 풀 수 있었다.

하지만 조니악은 훗날 랜드연구소의 베스트셀러 출간물이 될 『정규 편차가 10만 개인 임의의 수 100만 개』[9]를 체계화하는 데 도움이 될 정도로 발전되지는 않았다. 모호한 제목에서 드러나는 것처럼, 이 책은 랜드연구소의 엔지니어들이 만든 공상의 전자 룰렛이 선택한 숫자들을 집계한 것이었다. 이런 종류의 개연성 계산은 랜드연구소의 확률 연구에 결정적으로 중요했다. 실제로 어느 핵잠수함 함장은 탈출 기동작전에 필요한 항로를 만들기 위해 이 책을 한 권 갖고 다녔다. 풍문에 따르면, 제목이 워낙 이상했던 탓에 뉴욕 공립도서관은 이 책을 심리학 도서로 분류했다고 한다. 이 책은 1971년까지 3쇄를 찍었고, 최근에 찾아온 불안의 시대를 맞이해 2001년에 재판이 나왔다.

랜드연구소의 계산능력은 소련 로켓의 적외선 탐지에 값진 역할을 했고, (월스테터의 작업을 뺀다면) 알려진 것(즉, 기밀 해제된 것) 중 랜드연구소가 미국의 국가안보에 기여한 가장 큰 공헌에도 결정적으로 중요했다. 랜드연구소의 물리학자 브루노 아우건스타인이 전쟁 무기로 대륙간탄도미사일을 개발하는 과정에서 톡톡한 역할을 한 것이다.

윌리엄스는 1949년에 수소폭탄을 연구하기 위해 퍼듀대학교에서 아우건스타인을 빼내왔다. 랜드연구소에 온 아우건스타인은 소련이 최초로 만든 수소폭탄의 폭발 결과를 연구해 소련 과학자들이 리튬을 핵분열 연료로 사용하고 있다는 사실을 밝혀냈다. 소련의 폭탄이 미국의 폭탄보다 훨씬 가벼울 수 있었던 것이 바로 이 때문이었다. 뒤이어 아우건스타인은 무게를 줄인 이 수소폭탄을 몇 개 묶어서 미사일 탄두에 장착하는 구상을 내놓았다. 1950년대 초반의 대륙간탄도미사일은 통상적인 원자폭탄을 탑재하면 정확도가 떨어져 군사적 목적에 부합할 수 없었다. 그러나 파괴 반경이 훨씬 크고 더욱 치명적인 수소폭탄을 탄두에 채워넣으면 정확도의 부족은 거의 문제가 되지 않는다.

1954년 아우건스타인은 당시의 미사일 관련 문서 중 가장 중요한 것으로 여겨지는 비망록을 통해 이런 제안을 내놓았다. 그리고 랜드연구소의 고문인 폰 노이만이 위원장으로 있던 국방부 산하 관련 위원회에서 브리핑도 했다. 아우건스타인이 제시한 수치를 폰 노이만이 강력히 옹호한 데 힘입어 공군은 그가 권고한 내용을 실행에 옮겼다.[10]

아우건스타인이 이런 제안을 발표한 직후에 국방부는 이 프로젝트에 관한 시스템 공학을 수행해달라고 랜드연구소에 요청했다. 이 일을 수락하면 랜드연구소의 성격이 싱크탱크에서 응용과학 집단으로 바뀔 것임을 안 콜봄은 국방부의 주문을 거절했다. 결국 이 작업은 라모-울드리지라는 신생 회사가 맡아서 했다.[11] 돌이켜보면 이 선택은 중대한 결정이었다. 랜드연구소로서는 엔지니어링·항공우주 분야의 대기업이 될 기회를 놓친 셈이기 때문이다. 라모-울드리지는 훗날 TRW라는 대기업이 됐다. 정신의 삶에 몰두해 있던 콜봄과 랜드연구소는 단순히 돈벌이를 위해 그런 삶을 포기할 수 없었다. 이기심과 달러[돈]라는 두 개의 프리즘으로 역사를 고쳐 쓴 조직으로서는 이상한 선택이었다.

랜드연구소라는 조직 내부의 차원에서 보면, 아우건스타인의 성공은 내부의 역학관계에서 물리학과의 중요성이 그 절정에 달했음을 나타냈다. 이런 상황에서 극비에 붙여질 수밖에 없는 연구의 성격, 그리고 정부의 지속적인 후원을 받을 수 있는 잠재력의 제한성 때문에 랜드연구소는 곧 새로운 수입의 원천을 창출할 수 있는 다른 분야를 개발하라는 압력을 받게 된다. 한동안은 우주공간 탐사가 해답이 될 것처럼 보였다. 랜드연구소가 처음으로 수행한 프로젝트인 「실험적인 세계순환 우주선 예비 설계」가 우주여행을 공상의 영역에서 끌어낸 것에서도 알 수 있듯이, 랜드연구소는 처음 탄생할 때부터 이미 로켓공학과 밀접한 관계를 갖고 있었다. 하지만 그로부터 10여 년이 흐른 뒤 스푸트니크 1호가 발사되고 나서야 랜드연구소의 과학자들은 우주에 관한 구상을 전면적으로 발전시킬 수 있는 승인을 받게 된다.

1954년 9월, 방위동원청의 과학자문위원회는 월스테터가 수행한 배치연구의 결과에 자극받아 아이젠하워 행정부를 위해 소련의 기습공격 가능성을 연구하기 시작한 바 있었다. 콜봄의 막역한 친구이자 매사추세츠공과대학교의 총장이던 제임스 킬리언이 위원장을 맡고 있었는데, 킬리언의 오른팔은 필름·카메라 제조업체인 폴라로이드의 회장 에드윈 랜드였다. 홀쭉한 체구에 검은 머리, 아몬드 모양의 눈매에 항상 우울한 표정이 서려 있던 랜드는 천재이자 흥행사로 불렸다. 랜드는 편광 필름과 폴라로이드 즉석 필름을 발명했고 그 과정에서 엄청난 부를 쌓았다. 또 정부가 후원하는 과학 연구에도 깊숙이 관여하고 있었다. 킬리언은 랜드를 전략첩보 문제를 중점적으로 다루는 기술역량소위원회의 의장으로 임명했다.[12] 과학자문위원회 명의의 「기습공격 위협에 대처하기」라는 보고서 대부분을 집필한 것도 바로 랜드였다.

이 보고서는 아이젠하워 대통령에게 다음과 같이 경고했다.

우리는 정보 판단의 기초로 삼을 수 있는 확실한 사실의 수치를 늘리고, 더 나은 전략적인 경고를 제공하고, 기습공격의 피해를 최소화하고, 위협을 과대평가하거나 과소평가하는 위험을 줄이기 위한 방도를 찾아야 한다. 이런 목표를 위해 최첨단 과학·기술 지식을 폭넓게 활용하기 위한 강력한 프로그램의 도입을 권고하는 바이다.[13]

이 보고서에 깊은 인상을 받은 아이젠하워 대통령은 소련의 위협에 관한 첩보를 더 많이 얻을 수 있는 수단을 찾아보도록 승인했다.[14]

1950년대 초 랜드연구소 연구자들은 전략공군사령부가 의뢰한 일급기밀 프로젝트를 통해 소련을 정찰하기 위해 무인 열기구 수백 개를 날려 보내자는 구상을 이미 내놓은 바 있었다. 1949년 해군이 '모비딕'이라는 암호명으로 소련 상공에 다수의 정찰용 기구氣球를 날려 보낸 데 대한 대응이었다. 늘 해군과 경쟁하던 공군은 자체적으로 더 큰 비밀첩보 기구를 가동하도록 랜드연구소에 의뢰했다. 랜드연구소 과학자들은 '고퍼'GOPHER 프로젝트에 착수했다. 카메라를 실은 5백여 개의 고高고도 기구를 터키와 서유럽 여러 지점에서 날려 보내 기류를 타고 소련 영토로 진입시키는 계획이었다. 이 계획에는 '하늘의 유개화차'Flying Boxcar로 불리던 대형 수송기 C-119가 필요했다. 소중한 첩보 카메라를 실은 기구들을 공중에서 낚아채야 했기 때문이다. 놀랍게도 작전은 성공했다. 실제로 기구 가운데 40개가 귀환했던 것이다. 기구에 찍힌 사진에는 약 5백20만 평방킬로미터의 소련 영토가 담겨 있었다.[15]

1952년 소련이 자국 영토에서 미국 첩보 카메라의 잔해를 발견하면서 고퍼 프로젝트는 대부분 중단됐다. 그러나 이미 의도하지 않게 전국적인 열광을 촉발시킨 뒤였다. 일부 역사가들은 1950년대에 서남부 지역, 특히 네바다 주의 공군 기지들 주변에서 유에프오 목격담이 널리 퍼진 까닭은 사막 상공을 시험 비행하는 기구를 오인한 것이었으리라고 추측하고 있다. 유감스럽게도 이 이론은 확실히 입증된 적이 없다. 이 시험 비행에 관한 세부 내용은 여전히 기밀이기 때문이다.

고퍼 프로젝트가 종결되자 아이젠하워 행정부는 소련 상공을 정찰 비행하기 위해 폭격기를 개조하라고 서둘러 주문했다. 그렇지만 이 비행기들이 여러 대 격추되는 사건이 발생하면서 국제적인 위기로 치달을 뻔하기도 했다. 킬리언이 이끄는 과학자문위원회의 보고서가 발표되자 공군은 다른 전술을 시험해보기로 결정했다. 이번에는 기구를 훨씬 높이 2만1천 미터 이상의 고도로 우주공간에 근접하게 날리기로 한 것이다. 소련 상공을 가로질러 날아가 일본이나 알래스카쯤에서 회수한다는 계획이었다. 공군은 이 계획을 '제네트릭스'GENETRIX 프로젝트라고 명명했다. 전략공군사령부 팀이 랜드연구소 연구자들과 함께 서독, 스코틀랜드, 터키, 노르웨이 등지의 기지에서 기구를 날려 보냈다.

첩보 기구가 다시 포획되어 소련이 문제를 제기하는 사태를 미연에 방지하기 위해 아이젠하워 행정부는 특집기사를 만들어냈다. 이 기구들은 국제지구물리관측년이라는 관측 프로젝트의 일환으로 제트류를 측정·기록하는 용도라는 것이었다.16) 한편 아이젠하워 대통령은 하나로 수렴되는 두 계획을 비밀리에 승인했다. 고고도 U-2 정찰기 개발과 랜드연구소의 원자력 정찰위성 설계가 그것이었다.

이런 시도를 은폐하기 위해 아이젠하워 대통령은 1955년 7월 21일 소련의 니키타 흐루쇼프 서기장과 만난 제네바 정상회담 자리에서 훗날 '영공개방 독트린'이라고 불리게 된 선언을 했다. 아이젠하워 대통령은 두 초강대국 사이에 '신뢰의 부재'와 '가공할 무기의 존재'가 있기 때문에 기습공격에 대한 염려가 생긴다고 언급했다. 그러니 이런 염려를 완화하기 위해 상대방 국가에 항공촬영 시설을 설치하고 상호 감독 아래 정찰비행을 실시하자고 제안했다. 그러나 바로 그날 흐루쇼프 서기장은 아이젠하워 대통령의 제의를 거부했다. 자국 영공에 대한 침해로 본 것이다. 흐루쇼프 서기장은 복도에서 아이젠하워 대통령에게 이렇게 말했다. "그 제의는 절대로 받아들일 수 없소이다. 군축 없는 사찰이기 때문입니다."[17] 그러나 아이젠하워 대통령은 이에 굴하지 않고 미국으로 돌아오자마자 '소형 무인 지구 순회 위성'을 개발하는 계획을 발표했다. 사실 아이젠하워 대통령은 흐루쇼프 서기장을 무력화한 상태였다. 흐루쇼프 서기장은 상호 영공비행에 동의하지 않음으로써 무심코 미국에 '우주공간 이용의 자유' 원칙, 즉 우주공간은 모든 나라에 속한다는 개념을 확립할 구실을 준 셈이었다. '우주공간 이용의 자유'는 국제법의 기본 원칙이 됐고, 1960년대에 체결된 각종 국제조약에 삽입됐다.

아이젠하워 대통령이 제네바에서 영공개방 독트린을 발표할 때 염두에 둔 '소형 무인 지구 순회 위성' 가운데 하나가 랜드연구소에서 제안한 원자력 우주선이었다. '피드백'Feedback 프로젝트라고 명명된 이 무인 위성은 지구 표면을 촬영하고 텔레비전 카메라를 통해 정찰관측 결과를 발신하도록 설계됐다. 이 위성은 지구 4백80킬로미터 상공을 돌면서 해상도 30미터의 이미지를 보내게 된다.

피드백 프로젝트는 1954년 3월 1일 랜드연구소가 공식적으로 제안한 것이었다. 대륙간탄도미사일이 기술적으로 실행 가능하며 6년 안에 운용 가능하다고 국방부의 유도미사일 연구단이 공군에 통보한 것과 거의 같은 무렵이었다. 1945년 말에 이르러 군은 랜드연구소의 위성과 대륙간탄도미사일 개발을 동시에 진행하도록 승인했다.

공군은 랜드연구소의 원자력 위성 설계를 록히드항공에 맡겼다. 록히드항공은 이 위성에 WS 117L이라는 이름을 붙였다.[18] 이것은 미래지향적인 프로젝트였지만, 바로 그런 혁신적 속성 때문에 실행 가능성을 둘러싸고 회의론이 일었다. 무엇보다도 공군은 원자력을 이용한다는 제안에 대해 여전히 신중한 태도를 보였다. 피드백 프로젝트는 랜드연구소가 직전에 진행한, 똑같은 에너지를 이용한 원자력 제트기를 떠올리게 만들었다. 당시 원자로에서 방출되는 방사선의 양이 조종사에게 치

명적이라는 사실이 드러났기 때문에 공군은 이 개발계획을 폐기했다.[19]
원자력 위성과 관련해 추가로 제기된 염려는 위성에 텔레비전 카메라를
탑재한다는 것이었다. 텔레비전 기술은 아직 초기 단계에 있었고, 방송
의 정확성과 비밀 유지를 장담할 수 없었다. 결국 사진촬영 카메라가 더
정확하고 신뢰할 만한 것임이 드러나게 된다.

1957년 말 WS 117L은 기한도 못 지킨데다 기술적인 난관에도 봉착
했다. 그 해 스푸트니크 1호의 발사에 충격을 받고 소련에 대한 정찰을
어떻게 수행할 것인가 하는 문제를 신속히 해결하기를 원했던 과학자
문위원회는 아이젠하워 대통령에게 랜드연구소의 원자력 위성 구상을
폐기하라고 촉구했다. 그 대신 아이젠하워 대통령은 피드백 프로젝트와
1950년대 초반에 사용한 열기구를 결합시킨 새로운 비밀시스템을 승인
했다. '코로나'CORONA라고 명명된 이 프로젝트는 미사일에 위성을 탑
재해 궤도상에 올려 보내는 것이었는데, 이후의 모든 위성정찰 프로그
램의 효시가 됐다(전해 내려오는 이야기에 따르면, 이 프로젝트의 암호명
을 만들어내라는 독촉에 시달리던 어느 참모가 마침 옆에 있던 스미스 코
로나 타자기를 내려다보다가 서둘러 이 이름을 내놓았다고 한다. 이렇게 프
로젝트 이름이 '코로나'라고 명명됐다).

코로나는 대륙간탄도미사일을 우주선 발사장치로 개조해 카메라가
장착된 관측위성을 계속 쏘아 올릴 것이었다. 그러나 이 위성은 랜드연
구소의 구상처럼 텔레비전으로 이미지를 전송하는 대신, 지구 궤도를
돌다가 지구로 떨어져 제네트릭스에서 사용된 기구처럼 회수되는 방식
이었다. 특히 아이젠하워 대통령은 당시 2년 가까이 소련 영공에서 U-2
정찰비행을 성공적으로 수행 중이던 중앙정보부에게 코로나 프로젝트
의 지휘를 맡으라고 명령했다. 고등연구계획국이 중앙정보부의 주문을
실행에 옮겼고, 랜드연구소 과학자들은 감독 역할을 맡았다.

이 프로젝트는 중앙정보부의 비밀주의, 고등연구계획국의 기술적 노
하우, 랜드연구소의 과학적 영감이 완벽히 결합된 작품이었다. 그런데

랜드연구소의 엔지니어 두 명이 극비 정찰위성 개발계획인 코로나 프로젝트를 위해 원유 시추설비를 미사일 발사대로 활용할 수 있는지의 여부를 조사하고 있다.

딱 한 가지 문제가 있었다. 이 프로그램이 말 그대로 궤도에 오르지 못했던 것이다. 1958년 첫발을 내딛은 열두 차례의 코로나 발사는 (캘리포니아 중부에 있는 오늘날의 밴던버그 공군기지에서 발사됐는데) 처참한 실패로 돌아갔다. 한 달이라는 짧은 간격을 두고 발사를 거듭한 탓에 엔지니어들이 다음 발사 전에 문제를 바로잡을 시간이 별로 없었다. 그러나 아이젠하워 행정부는 소련의 진정한 전술 역량이 어느 정도인지 최종 판단하라는 엄청난 압력에 시달리고 있었다. 미사일 격차는 좀체 해답을 찾지 못하는 정치적 문제가 되어 있었고, 행정부 내에서도 소련의 진짜 힘이 어느 정도인지에 관해 평가가 분분했다.

8월 10일에 발사된 열세 번째 코로나 위성은 처음으로 비행에 성공했다. 그렇지만 필름이 아니라 식별장치만을 장착한 상태였다. 열네 번째 코로나 위성은 수년 간 쏟아 부은 노력의 결정체였다. 7킬로그램이 넘는 필름에 과거 U-2 정찰기가 찍은 양을 다 합친 것보다 많은 사진을 담은 채 귀환했던 것이다. 12년 뒤에 신형 위성으로 교체될 때까지 코로나는 소련의 의도를 샅샅이 관찰하는 미국 첩보활동의 중추 역할을 했다. 마치 제2차 세계대전 중에 독일군이 암호생성기 에니그마로 만들던 암호 전신문을 중간에 가로채 해독한 것처럼 말이다.

코로나가 찍은 이미지는 결국 1.8미터 해상도까지 개선됐고, 그 덕분에 미국은 소련(그리고 대부분의 다른 나라 역시) 구석구석을 촬영할 수 있었다. 코로나는 분석가들에게 새로운 지평을 열어줬다. 이전에는 현지의 믿을 수 없는 정보원들로부터 얻은 간접적인 정보와 낡은 지도에 의존해야 했다. 그런데 코로나가 등장하면서 분석가들은 예전엔 들어보기만 했던 소련 도시들의 위치를 찾아냈다. 게다가 소련의 탄도탄 요격 시설과 중국 국경 부근의 병력배치, 원자력 발전소와 도로와 들판, 심지어는 어느 해에 한 나무에 열린 열매의 수까지 관찰했다.

냉전시대의 굵직한 위기 때마다 미국 정부는 코로나 덕분에 적국 소련의 힘을 정확히 가늠할 수 있었다. 코로나는 이스라엘과 아랍 국가들이 벌인 6일 전쟁, 소련의 체코슬로바키아 침공, 소련 수용소 군도의 잔해까지 이미지로 남겨놓았는데, 훗날 존슨 대통령은 이렇게 말했다. "우리는 지금껏 우주개발 프로그램에 3백50억~4백억 달러를 쏟아 부었다. 그러나 우주 사진을 통해 얻은 지식을 제외하고 별다른 성과가 없었더라도, 그 가치는 전체 프로그램 비용의 열 배가 될 것이다."[20] 랜드연구소는 코로나 이후에도 우주개발 프로그램에 참여했다. 또한 미항공우주국 창설에도 결정적인 역할을 했다. 개발 비용을 산정하는 새로운 시스템을 개발해 예산 준비에 막대한 도움을 준 것이다.

1950년대 초에 공군이 랜드연구소에 제트전투기와 제트폭격기, 그리고 이에 덧붙여 대륙간탄도미사일의 초기 모델에 관한 연구를 의뢰했을 때만 해도 연구, 개발, 시험, 평가 등과 관련된 1회성 비용을 손쉽게 산정할 수 있는 방법이 전혀 없었다. 국방부 예산은 줄어들고 신기술 비용은 급증하는 이중고에 직면한 국방부가 효율적인 비용통제 조치를 요구했기 때문에 이런 상황이 문제로 대두됐던 것이다. 그때 랜드연구소의 분석가 데이비드 노빅이 구원의 손길을 내밀었다.

1950년 신설된 비용분석과의 책임자 노빅과 그의 팀은 비용분석 기법을 새롭게 정의했고, 결국 1950~60년대의 비용분석 관련 문헌들은 랜드연구소의 이 공헌에 지대한 영향을 받았다. 랜드연구소의 분석가들은 장기간의 비행기 생산비용에 관한 통계적 산정('학습곡선')에 기초해 이른바 '비용산정 관계'를 개발했다. 이것을 통해 속도, 항속거리, 고도 같은 요인을 변수로 삼아 비행기 비용을 완벽에 가까울 만큼 비교하고 개발 비용 추세까지 뚜렷이 나타낼 수 있었다. 이런 예상 방정식으로 새로운 시스템의 비용은 신속·정확하게 산정될 수 있게 됐다. 랜드연구소는 이 기법을 항공우주 시스템의 모든 단계로 확대했다. 당시 계획 중이던 거대한 로켓들의 비용 내역이 없었던 베르너 폰 브라운 같은 로켓 과학자들은 랜드연구소의 기법을 활용해 로켓의 발사 비용과 그에 따른 적절한 예산을 산정하기 위한 데이터를 수집했다.[21]

1958년 하원 항공우주탐사특별위원회는 우주개발 시스템의 용도와 특징에 관한 안내서 제작을 랜드연구소에 의뢰했다.[22] 그 해 말 아이젠하워 대통령이 미항공우주국을 설립한 뒤에는 공군이 우주 문제에 "계속 관심을 갖고" 신설 기구를 위해 연구해달라며 격려하기도 했다. 이미 랜드연구소 경영자들은 공군의 각종 제한에 조바심 나 있었고, 수입원을 다변화하기를 원했기 때문에 이런 권고를 환영해마지 않았다.

자신이 설계한 로켓 새턴 5호의 F-1엔진 앞에 선 베르너 폰 브라운(1968). 새턴 5호는 소련의 스푸트니크 1호 발사에 대응해 존 F. 케네디 대통령이 내놓은 이른바 아폴로 계획(달탐사 계획)에 사용됐다.

애초 랜드연구소는 계약한 연구의 결과물을 내놓기까지 시간을 오래 끈 탓에 미항공우주국 관리자들에게 자신들이 우주개발 연구의 적임자임을 설득하지 못했다. 1960년이 되어서야 랜드연구소는 미항공우주국의 승인을 얻을 수 있었고, 통신위성 개발과 관련된 단기간의 공공 정책 문제 연구를 진행했다. 예전과 달리 랜드연구소는 몇 주일 만에 연구를 마무리했고, 이에 만족한 미항공우주국은 원자력 로켓의 활용 가능성을 분석하는 또 다른 단기 연구를 의뢰했다. 이 보고서 역시 신속히 완성됐지만 미항공우주국 관리들은 결론에 만족하지 못했다. "자신들의 프로그램을 선전하는 데" 방해가 되리라고 생각했기 때문이다.

랜드연구소는 보고서의 어조를 수정한 개정본을 내놓았지만, 이런 수정은 많은 소속 과학자들의 분노를 샀다. 객관적 연구를 자랑하는 자신들의 명성이 훼손됐다고 느낀 것이다. 랜드연구소는 이와 같은 단기적인 작업별 프로젝트의 문제를 피하기 위해 공군 프로젝트와 비슷한 장기 계약을 미항공우주국과 체결하려고 했지만, 이런 노력은 수포로 돌아갔다. 랜드연구소가 공군을 벗어나 다변화한다는 목표를 달성하기 위해서는 대통령 한 명이 사망하고, 랜드연구소 고문들의 지도 아래 미국 역사에서 가장 인기 없는 전쟁이 발발하기까지 기다려야 했다.

11장. 소련 문제의 최종 해결책

랜드연구소가 케네디 행정부에 끼친 영향력이 처음 구체적으로, 어쩌면 가장 유익한 결과를 가져온 사례는 미국의 전반적인 핵전쟁 계획을 바꿔놓았다. 이른바 단일통합작전계획이 그것이었다.[1]

　아이젠하워 대통령은 임기 마지막 해에 각 군이 서로 조정하지 않은 채 무분별하게 핵무기를 증식하는 데 대응하기 위해서 단일통합작전계획을 주문했다. 단일통합작전계획 전략은 모든 핵무기(해군의 폴라리스 미사일을 비롯한 해군 함대와 육군 각 부대의 핵무기 일체)의 통제권을 집중시키긴 했지만, 1950년대의 낡은 '강력한 타격'에 지나지 않았다. 실제로 운용될 첫 해의 숫자를 따서 '단일통합작전계획-62'라고 불린 이 계획은 소련의 임박한 서유럽 침공을 (설사 소련이 핵무기를 사용하지 않더라도) 총 2천1백64메가톤 위력의 핵폭탄 1천4백59개로 막는다는 구상이었다. 소련, 중국, 동유럽의 군사 목표물과 6백54개 도시가 예상 공격 대상이었다. 소련의 위협이 감지될 경우 공식 정책에 따라 미국이 선제공격을 하면 미국의 핵전력 전체가 가동될 것이었다. 그렇게 되면 총 7천8백47메가톤 위력의 핵무기 3천4백23개가 사용되는 것이었다. 이와 같은 대학살이 일어날 경우 러시아인과 중국인 2억8천5백만 명이 사망하고 4천만 명 이상이 중상을 입을 것으로 예상됐다.[2]

　살육은 여기서 끝나지 않았다. 합동참모본부는 동유럽에서 1억 명 이상이 추가로 사망할 것으로 예상했다. 또한 핀란드, 오스트리아, 아프가니스탄 같은 주변의 중립국에서 방사성 낙진으로 1억 명이 사망할 것

국방부 집무실에서 랜드연구소 중역들과 협의하고 있는 공군참모총장 토머스 D. 화이트 장군(1958년). 이미 이 무렵부터 랜드연구소의 분석가들은 전략공군사령부와 공군의 근육을 움직이는 두뇌 노릇을 하게 됐다.

이었다. 마지막으로, 북대서양조약기구 국가들에서도 방사성 낙진이 어느 방향으로 날아가는가에 따라 1억 명이 추가로 사망할 가능성이 있었다. 위협 감지에 대한 자동적인 대응의 결과로 모두 합쳐 6억 명에 달하는 사람(정의로운 사람들과 죄인들, 방관자들과 아무것도 모르는 사람들)이 목숨을 잃게 될 터였다. 이런 대규모 폭격이 지구 기후에 어떤 영향을 미칠지는 전혀 고려되지 않았음은 말할 것도 없다.[3]

전략공군사령부는 존 F. 케네디 대통령의 취임식으로부터 2주 뒤인 1961년 2월 3일 단일통합작전계획-62를 로버트 맥나마라 국방장관에게 브리핑했다. 공군참모총장 토머스 D. 화이트 장군이 맥나마라 국방장관과 로스웰 길패트릭 국방부장관을 비롯한 국방부 고위 민간 관료들

앞에서 발표를 이끌었다. 전략공군사령부의 장교들은 각종 도표, 수치, 통계 등을 현란하게 보여주면 맥나마라 국방장관이 깊은 인상을 받을 것이라고 내심 기대했지만 결과는 만족스럽지 않았다. 맥나마라 국방장관은 발표의 요지를 곧장 이해할 수 없었을 뿐만 아니라 주어진 데이터를 예전의 분석과 종합·분석·비교할 수도 없었다. 그리고 이 계획에 따르면 어떤 목표물은 네 번에서 열 번까지 폭격당하는 셈이라면서 파괴계획에 엄청난 중복이 존재한다고 즉석에서 지적했다. 또한 소련의 사상자 수와 산업 파괴를 과소평가한다고 공공연하게 비판했다.[4]

특히 맥나마라 국방장관은 화이트 장군이 반농담 조로 지나가면서 말하는 것을 듣고 깜짝 놀랐다. "근데, 장관님, 혹시 알바니아에 친구나 친척은 없으시겠지요. 그 나라를 쓸어버려야 할 거라서 말입니다."[5] 동유럽, 소련, 중국의 수억 인구들처럼 알바니아인들도 단지 공산주의체제 아래 산다는 이유만으로 절멸될 것이라는 말이었다.

맥나마라 국방장관은 전략공군사령부 본부를 나서면서 국가 차원의 핵 정책을 바꾸겠다고 결심했다. 그래서 케네디 대통령을 설득해 선제 핵전쟁 포기를 선언하도록 만들었다.[6] 그러나 핵전쟁이라는 유령이 끔찍한 결말이 되는 경우를 대비해 다른 종류의 계획을 마련해놓아야 했다. 그런데 과연 어떤 계획이 있을까? 몇 주 뒤 랜드연구소의 분석가 윌리엄 코프먼에게서 생소한 개념인 '대항력'에 관해 중요한 브리핑을 받았을 때 맥나마라 국방장관은 해답을 찾았다.

1961년 2월 10일 알레인 엔토벤과 찰스 히치가 코프먼과의 대화를 주선했다. 프린스턴대학교에서 버나드 브로디의 학생이었고 앨버트 월스테터의 동료였던 코프먼은 도시를 공격 대상에서 제외하는 브로디의 독창적인 계획을 정교화했다. 본래 이 계획은 소련의 인구 중심지가 아니라 알려진 군사 목표물에만 핵무기를 사용하도록 요구했다. 또한 코프먼은 월스테터의 제2차 공격 역량 개념에 입각해 계산된 대응을 제안했다. 점차 반격의 강도를 높이는 식으로 단계별 핵반격을 수행해 소련 스스로 핵교전이 더욱 고조되는 사태를 막게 만들자는 것이었다. 코프먼은 오래 전부터 이런 내용을 공군에게 수십 차례 브리핑했지만 별다른 성과는 얻지 못했다. 네 시간으로 예정된 회의를 위해 코프먼은 도표, 도식, 도해 등을 준비해왔지만 맥나마라 국방장관이 금세 전체적인 구상을 파악했기 때문에 회의는 한 시간도 안 되어 끝났다.[7]

맥나마라 국방장관은 대항력과 제2차 공격 역량을 아우르는 코프먼의 제안을 받아들였다. 이 구상이 대통령으로 하여금 소련의 움직임에 유연하게 대응할 수 있도록 해줌으로써 핵무기의 새로운 활용법을 제공한다고 생각했기 때문이다. 맥나마라 국방장관은 훗날 ('맥나마라의 밴드'라고 알려진 참모들의 구상, 오페레타 풍의 옛 노래,* 영화 『뮤직맨』의 수록곡 「76개의 트롬본」 등을 뒤섞어) '96개의 트롬본'이라고 알려지게 된 96개의 과제 목록 맨 앞에서 보좌관들에게 이렇게 주문했다. "대항력 공격과 관련된 가정을 포함해 기본적인 국가안보 관련 정책과 가정을 수정하는 비망록 초안을 준비할 것." 코프먼이 자문을 맡은 이 작업은 훗날 새로운 핵 정책의 토대를 형성하게 된다.[8]

맥나마라 국방장관은 96개의 트롬본 중 '첫 번째 프로젝트'를 폴 니츠에게 맡겼다. 니츠는 이 프로젝트를 헨리 로언에게 넘겼고, 로언은 다시 대니얼 엘스버그에게 전달했다. 해병대 출신인 엘스버그가 군의 전쟁계획을 면밀하게 연구한 몇 안 되는 민간인이라고 생각했기 때문이다. 엘스버그는 이 프로젝트가 국가의 핵대응을 합리적으로 바꾸는 것은 말할 것도 없고, 더 정확하고 효율적이게 바꿀 수 있는 기회라고 생각했다. 엘스버그가 보기에 현존하는 전반적인 핵계획은 소련이 침공하는 경우에라도 우스꽝스럽고 비상식적으로 잔인한 것 같았다.

---

* 1946년 미국의 유명가수 크로스비(Bing Crosby, 1903~1977)가 발표한 노래 「맥나마라 밴드」(McNamara's Band)를 지칭한다. 원래 이 노래는 아일랜드 출신의 맥나마라 형제(패트릭, 존, 마이클)가 결성한 가족 밴드 '맥나마라 밴드'의 주제가였다.

코프먼은 핵무기를 발사하라는 명령이 신중한 결정, 즉 대통령이나 국방장관 같은 정부 최고위급의 결정에 따른 것이라는 가정 아래 계획을 구상했다. 엘스버그는 코프먼보다 많은 걸 알고 있었다. 1950년대 말 랜드연구소는 엘스버그를 미태평양지구 총사령부에 파견해서 핵의 관리와 통제라는 문제를 연구하게 한 적이 있었다. 거기서 엘스버그는 아이젠하워 대통령이 공개적인 선언과는 반대로 워싱턴 D.C.와의 통신 두절이나(당시만 해도 종종 일어나는 일이었다) 대통령의 유고(아이젠하워 대통령은 두 차례 심장발작을 일으킨 적이 있다) 같은 일정한 상황에서 핵공격의 개시 권한을 주요 전역戰域의 사령관들에게 위임한 적이 있음을 알게 됐다. 그뿐 아니라 이런 권한을 가진 4성 장군 중 일부는 다시 권한을 부하에게 위임했다. 결국 핵공격을 명령할 수 있는 자격이 훨씬 더 많은 사람들에게 분산되고, 흔히 생각하는 것보다 실수나 남용의 가능성이 커진 것이다. 수많은 공상과학 영화와 스릴러 소설의 근간이 된, 제정신이 아닌 어느 지역 사령관이 핵공격을 감행하는 악몽 같은 사태는 현실과 그리 먼 일이 아니었다. 특히 월스테터가 '페일세이프' 개념을 내놓기 전까지는 말이다(그러나 훗날 케네디 대통령은 이런 권한 위임을 재승인했고, 1964년에는 린든 베인스 존슨 대통령이 재확인했다).

보고서 초안에서 엘스버그는 미국이 소련이나 중국·동유럽 국민들에게 자국 정부가 한 행동의 책임을 지워서는 안 된다고 거듭 역설했다. 따라서 전쟁 발발시 미국은 민간인 사상자 수를 최소화하려고 노력해야 했다. 엘스버그의 계획은 인구 중심지에 대한 무차별 공격을 자제하고, 필요한 경우에 "이런 목표물을 위협할 수 있는 충분한 군사력을 남겨둘 것"을 주장했다. 또한 엘스버그는 영속적인 미군 지휘통제 중추의 절대적 필요성과 더불어 반격을 위한 예비 무기 보유의 필요성도 강조했다. 기존의 핵전쟁 계획에서는 둘 다 빠져 있던 것이었다.[9]

단일통합작전계획-62가 공식 정책이 되기 한 달 전인 1961년 5월, 맥나마라 국방장관은 엘스버그의 계획을 1963년에 세울 예정인 새로운 작전계획의 기초로 활용하라고 합동참모본부에 전달했다. 한편 엘스버그는 (국가안전보장회의의 맥조지 번디, 국무부의 월트 로스토, 국방부의 길패트릭 같은) 정부의 국가안보 책임자들에게 소련과의 충돌이 핵전쟁으로 변질되지 않도록 전쟁의 정의 전반을 수정하라고 거듭 촉구했다. 엘스버그의 노력은 성공했고, 1962년 초 맥나마라 국방장관은 미시건대학교에서의 연설을 통해 새로운 대항력 정책을 발표했다.[10]

위기에 대처하는 이 새로운 정책은 충분히 빠른 시간 안에 시험을 받게 된다. 단 몇 주 만에. 1961년 여름, 대항력이냐 대규모 보복이냐 하는 랜드연구소의 모든 구상이 실제로 도전에 직면했다. 불과 얼마 되지 않아 미국 정부가 소련에 핵무기를 선제 사용하는 방안을 심각하게 고려했던 것이다. 그 계기는 가장 경쟁이 치열한 도시 베를린이었다.

공산주의 압제의 바다 위에서 미국이 영향력을 행사하는 섬이었던 독일의 옛 수도는 제2차 세계대전 이후 독일의 분단을 반영하듯이 공산주의의 동쪽과 민주주의의 서쪽으로 분할된 상태였다. 동독 당국은 오래 전부터 서독을 향한 대규모 이탈이 끊이지 않는 탓에 골치를 썩이고 있었다. 1958년까지 2백만 명이 서독으로 이주했고 매달 1만 명 가까이 계속 탈출하고 있었다. 대부분이 베를린을 통한 것이었다. 1948년 스탈린 서기장이 미국의 동맹국들을 밀어내기 위해 도시를 봉쇄한 적이 있었지만, 3백 일에 걸친 대규모 공수작전으로 원래 계획이 수포로 돌아간 뒤 소련은 베를린에 대한 자유로운 접근을 허용하는 협정에 서명했다. 케네디가 대통령에 당선되기 직전 소련의 새 서기장 니키타 흐루쇼프는 다시 베를린에 대한 군대와 물품의 이동을 제한하는 문제를 놓고 잡음을 일으켰다. 동독과 최종적인 강화조약을 조인하고 베를린을 출입하는 모든 교통에 대한 책임을 공산당 정권에 부여한다는 것이 구실이었다. 서독이 지배하는 지역을 질식시키려는 의도였다.[11]

1961년 6월 빈에서 케네디 대통령과 만난 흐루쇼프 서기장은 이런 위협을 되풀이했다. 당시 케네디 대통령은 피그스 만 침공에 실패한 뒤 정치적 힘을 되찾으려고 노력 중이었다. 원래 아이젠하워 전 대통령이 중앙정보부의 비밀 작전으로 승인한 1961년 4월의 이 침공은 미국에서 훈련시킨 쿠바 망명자 1천2백 명으로 구성된 부대를 활용해 피델 카스트로의 공산주의 정권을 무너뜨리기 위한 것이었다. 우월한 화력의 쿠바군에 직면한 상황에서 케네디 대통령이 군사 지원을 제공하지 않자 망명 침략자들은 결국 패했다. 결국 쿠바는 미국에게 처음으로 대승을 거뒀고 케네디 행정부의 위신을 크게 떨어뜨렸다.[12]

케네디 대통령의 젊음과 국제 문제에 대한 경험 부족이 결합된 이 실패를 보고 흐루쇼프 서기장의 심중에 잠재해 있던 크림 반도의 농부는 미국 대통령이 어쩔 줄 모른 채 갈팡질팡하고 있다고 믿었다. 흐루쇼프 서기장은 케네디 대통령에게 일장연설을 늘어놓으며 미국과 그 동맹국이 12월까지 서베를린에서 철수하지 않으면 전쟁이 벌어질 수도 있다고 으름장을 놓았다. 케네디 대통령은 단호했다. "그러면 전쟁이 일어나야지요, 흐루쇼프 서기장. 아마 무척 추운 겨울이 될 겁니다."[13]

케네디 대통령이 크게 염려하지 않은 한 가지는 흐루쇼프 서기장이 자랑해마지 않는 핵무기의 규모였다. 케네디 대통령이 취임한 몇 주 뒤에 중앙정보부는 맥나마라 국방장관에게 U-2 정찰기가 내린 결론을 보고한 바 있었다. 소련에 유리하다는 이른바 미사일 격차는 존재하지 않는다는 것이었다. 맥나마라 국방장관이 취임 초기의 기자회견 자리에서 만약 격차라는 게 존재한다면 사실 미국에 유리한 쪽이라고 무심코 발설했을 때, 곧바로 추문이 일었다. 『뉴욕타임스』가 1면에 기사를 싣고 전국 각지의 신문이 사설을 통해 새 정부가 국민을 기만했다고 격렬한 비난을 퍼부었을 뿐만 아니라, 의회에서는 맥나마라 국방장관이 사임하고 대통령 선거를 다시 치러야 한다는 요구가 빗발쳤다. 맥나마라 국방장관이 물러나겠다는 의사를 밝혔지만 케네디 대통령은 사의를 수락하지 않으면서 이렇게 말했다. "우리 모두 어쩌다 실언을 합니다. 그냥 잊어버려요. 좀 지나면 잠잠해질 겁니다."[14]

그렇지만 소련이 자랑하는 핵우위가 겉만 번지르르한 허세임을 알았다 하더라도 케네디 행정부는 동독에 대한 소련의 전투력 우위가 사실임을 뼈저리게 인식하고 있었다. 소련의 몇 개 사단이 베를린을 에워싸고 있는 상황에서 미군에게는 겨우 18일 동안 재래식 교전을 치를 정도의 탄약과 보급품밖에 없었다.15) 소련이 서베를린을 봉쇄하기로 결정하는 경우에 미국 합동참모본부가 세워놓은 계획은 서독의 아우토반을 따라 몇 개 여단을 보내 봉쇄를 무너뜨린다는 것이었다. 소련이나 바르샤바조약기구 동맹국들이 저항하면 그 다음 단계는 단일통합작전계획-62에 따른 전면적인 핵공격이었다.

워싱턴 D.C.로 돌아온 케네디 대통령은 해리 트루먼 대통령 시절 국무장관을 지낸 딘 애치슨에게서 날카로운 조언을 들었다(케네디 대통령은 직업외교관 출신으로 록펠러재단의 총재 딘 러스크를 국무장관으로 임명했다).16) 애치슨이 보기에 베를린 위기는 소련이 미국의 의지를 시험해보기 위한 구실에 지나지 않았다. 만약 케네디 대통령이 베를린을 양보한다면, 소련은 다른 곳에서도 별다른 위험 없이 미국의 이해관계를 공격할 수 있다고 생각했을 것이다. 게다가 미국이 핵무기 사용을 두려워한 나머지 다른 나라에 대한 약속을 존중할 능력이나 의지가 없는 것으로 보였을 것이다. 애치슨은 미국이 휘둘리지 않으리라는 메시지를 소련에게 보내기 위해 재래식 병력을 대규모로 증강해야 한다고 제안했다. 그렇지만 훗날 애치슨 스스로도 이런 움직임이 핵전쟁으로 귀결될 수도 있음을 유감스럽게 인정했다.17) 케네디 대통령과 빈에 동행했던 러스크 국무장관은 전임자의 권고에 동의했으며, 그 해 여름 유럽 각국 외무장관과 북대서양조약기구 상임위원회를 만날 계획을 잡았다.

1961년 7월 25일, 케네디 대통령은 애치슨의 조언에 따라 기존 예산안에 33억 달러를 추가해달라고 의회에 요청했다. 그 절반은 재래식 군사력 증대를 위해 책정된 것이었다. 또한 육군 병력을 87만5천 명에서 1백만 명으로 늘리고 전쟁 준비태세를 강화하는 일련의 조치를 명령했

베를린 위기가 정점에 달했을 때 집에서 애완견을 데리고 노는 르메이 장군(1961년 8월).

다.[18] 베를린을 둘러싼 대결이 미처 준비되지 않은 핵전쟁으로 치달을지 모를 가능성을 피하기 위해, 로언은 긴급시에 대비한 보고서를 작성하라고 명령했다. 엘스버그가 단일통합작전계획-63을 위해 제안한 코프먼의 대항력/도시 핵공격 금지 구상을 다듬으라는 것이었다.[19]

국가안보보좌관 칼 케이전이 작성한 보고서는 소련이 보유한 핵무기를 완전히 파괴할 수 있다는 흥미로운 가능성을 새롭게 제시했다.[20] 정찰위성이 촬영한 사진을 분석한 결과, 한때 공포의 대상이었던 소련 미사일의 위력이 예상했던 수준에 한참 못 미친다는 사실이 밝혀졌다. 국가안전보장회의는 소련이 실제로 보유한, 미국을 공격할 수 있는 지상 발사 대륙간탄도미사일은 4개에 불과하다고 추론했다. 따라서 소련 시설에 선제 대항력 공격을 가하면 몇 백만 명 정도의 인명 피해를 입힌 채 소련의 지상 핵미사일 위협을 영구적으로 파괴할 공산이 컸다(그 뒤 몇 십 년 동안 소련 지도자들은 미국의 선제공격을 피하기 위해 미국과 핵 균형을 이루는 데 전력을 기울였다. 최근의 연구에 따르면, 소련의 몰락으로 미국은 다시 핵패권국의 지위를 차지했고 마음만 내키면 제1차 선제공격으로 러시아와 중국의 핵무기를 모두 파괴할 수 있다[21]). 그렇지만 이 보고서는 만약 소련 폭격기와 잠수함에 장착된 미사일 일부가 공격에서 살아남아 반격을 가해 온다면 2백만 명에서 1천5백만 명 정도의 미국인이 사망할 것이라고 경고했다.

이 보고서는 행정부 곳곳에서 분노를 불러일으켰다. 케네디 대통령의 주요 연설문 작성자이자 백악관 특별고문이던 시어도어 소렌슨은 보고서를 들고 온 로언의 보좌관에게 소리를 질렀다. "자네 미쳤군! 자네 같은 놈들은 여기에 얼쩡거리지 못하게 해야 하는데!" 국가안전보장회의의 좌파 인사로 훗날 정책연구소를 설립하고 베트남전쟁 비판자로 이름을 날리게 되는 마커스 래스킨은 이렇게 물었다. "이런 식이라면 우리가 어떻게 나치 독일에서 가스실을 만들거나 죽음의 열차를 위한 궤도를 건설한 엔지니어들보다 더 낫다고 할 수 있겠는가?"[22]

니츠조차도 이 제안을 거부했다. 모든 무기를 파괴하지 못하면 어떻게 되느냐고 니츠는 물었다. 그 무기들이 워싱턴 D.C.나 뉴욕을 겨냥한다면? 미국은 정말로 이 도시들과 그것들이 문명에 대해 갖는 의미를 잃어도 된단 말인가?[23] 게다가 이 연구는 소련의 모든 중단거리 미사일의 위치에 관해 확실히 알 수 없음을 인정했다. 수백 개의 미사일이 미국의 동맹국들에 소나기처럼 쏟아질 수도 있었던 것이다. 유럽 사상자 수가 수천만 명에 달할지도 몰랐다. 이 계획은 도저히 받아들일 수 없는 것이었다. 또한 소련은 이미 위기를 통제하기 위해 나름의 독특한 방식으로 행동하고 있었다. 1961년 8월, 소련은 베를린 장벽을 구축해 문제를 야기한 대규모 이주를 효과적으로 중단시켰다.[24]

위기는 점차 완화됐다. 케네디 대통령의 강인하면서도 유연한 자세가 적지 않은 기여를 했다. 케네디 대통령은 나중에 흐루쇼프 서기장과의 협상에서 이런 교훈을 톡톡히 써먹었다. 베를린 문제를 교섭하기 위해 케네디 대통령과 직통 전화를 개설한 뒤인 10월, 흐루쇼프 서기장은 이 문제에 관해 임의로 설정해놓은 기한을 철회했다. 1962년 10월 말 길패트릭 국방부장관은 교섭의 필요성을 강조하기 위해 미국이 소련이 지닌 미사일 군사력의 한계를 알고 있음을 암시하는 연설을 하며, 적이 어떤 식으로든 움직여서 미국의 핵보복 역량을 가동하게 만들면 소련에 사형선고를 내리는 결과가 생길 것이라고 경고했다.

미국의 확고부동한 태도에 겁을 먹은 흐루쇼프 서기장은 서베를린에 대한 병력과 보급품의 이동을 정상 수준으로 회복하도록 허용했다. 그렇지만 랜드연구소의 대항력이론을 실제 현실에 적용할 수 있는 적기가 존재했다면 그것은 바로 베를린 위기였다. 1년 뒤 벌어진 쿠바 미사일 위기 중에도, 케네디 행정부는 소련의 SS-4와 SS-5 중거리핵미사일이 미국 본토를 직접 겨냥하고 있음을 알았지만 소련에 대한 선제 핵공격을 고려하지 않았다. 물론 어떤 시점에서는 쿠바를 침공하고 쿠바의 핵미사일 기지를 사전에 무력화하기 위해 공습할 수도 있다는 말이 있긴 했지만, 그때도 케네디 대통령의 측근들은 케이전의 보고서가 상상한 것과 같은 전면적인 핵공격을 심각하게 고려하지 않았다. 그 대신 케네디 대통령은 쿠바에 대한 소련의 무기 수송을 가로막는 해상봉쇄 조치를 취했다. 케네디 대통령은 흐루쇼프 서기장과 팽팽한 신경전을 치른 뒤 쿠바를 침공하지 않겠다고 약속했고, 소련이 미사일을 철수하는 대가로 터키에 있던 북대서양조약기구의 구식 미사일을 일부 철수했다. 흐루쇼프 서기장이 정치국에서 체면을 차리도록 하기 위해서였다.[25] 랜드연구소에서 고안한 많은 다른 가상 전쟁게임의 경우와 마찬가지로, 미국 정부의 어느 누구도 핵무기를 발사할 정도로 적극성이나 광기, 자살 충동을 갖고 있지 않았다.

그렇지만 베트남은 전혀 다른 광기였다.

12장. 불가항력

사로잡힌 게릴라는 완강했다. 그는 랜드연구소의 질문자들에게 자신은 베트콩(공산주의의 주도 아래 남베트남 농촌 지역 대부분을 장악한 느슨한 연합체)을 위해 목숨을 버리게 되어 자랑스러울 뿐만 아니라 할 수만 있다면 기꺼이 다시 목숨을 바칠 것이라고 밝혔다. 작고 홀쭉한 체구에 정중한 태도를 견지하던 포로는 단 하나의 혁명적인 행동도 후회하지 않았다. 포로는 남베트남 군대에 구타를 당해 얼굴에 멍이 들고 코가 뭉개져 있었지만 사이공 정부에 대한 경멸은 전혀 감추지 않았다.

1965년 앤서니 루소를 비롯해 랜드연구소 연구자들은 남베트남에서 이 포로와 같은 일화를 몇 번이고 거듭해 들었다. 원래 미국의 대외 정책에서 변두리를 차지하는 작은 소동에 불과했던 베트남의 공산주의 반란은 이제 린든 베인스 존슨 신임 대통령이 강박적으로 집착하는 문제가 되어 있었다. 존슨 대통령은 어떤 대가를 치르든 간에 이 전쟁에서 지고 싶지 않았다. 국방부는 미국이 지지하는 정권에 반대하는 세력의 동기와 사기를 연구하도록 랜드연구소에 도급계약을 주었고, 그에 따라 루소와 그 동료들은 1964년 말부터 남베트남 전역을 여행하는 중이었다. 루소 일행은 사이공대학교의 학자들·통역자들과 동행하며 몇 달 동안 게릴라들과 수백 차례의 인터뷰를 녹음했다. 포로들은 처음에는 고문을 당할까봐 입을 굳게 다물었지만, 루소가 단지 그들의 신념에 관심이 있을 뿐이라는 확신이 생기자 입을 열기 시작했다. 베트콩들은 하나같이 자신이 민족해방전쟁을 이끄는 애국자라고 설명했다.

베트콩들은 프랑스와 처음 싸움을 시작했다고 말했다. 이 싸움은 북베트남 지도자 호치민이 원하는 대로 미군이 전부 철수하고 북베트남과 남베트남이 다시 통일할 때까지 계속될 터였다. 베트콩들은 단지 땅을 조금 얻기 위해 싸우는 게 아니었다. 그들은 아이들을 위한 더 나은 교육과 경제적 기회의 확대, 사회계급을 넘어선 평등과 정의를 원했다. 그리고 외국 제국주의자들과 그 꼭두각시들, 부패한 사이공 정부의 관리들로부터 해방되기 위해 싸웠다. 얼마나 많은 베트콩이 죽는지는 중요하지 않았다. 그들이 죽으면 다른 이들이 그 자리를 메웠다. 1백 년 넘게 싸움이 계속되더라도 베트콩은 결코 항복하지 않을 터였다.

랜드연구소의 분석가들은 포로에게 감사를 표한 뒤 담배를 피우러 조사실을 나왔다. 랜드연구소가 본부로 쓰는 파스퇴르 가의 옛 프랑스 식민당국 건물로 사이공 거리를 오가는 차량들의 경적 소리가 밀려왔다. 분석가들이 방금 전에 몇 번째인지 모를 만큼 경험한 일에 대해 곰곰이 생각하고 있는 동안 안마당에서 자라는 거대한 바나나 나무들 주위에는 연기가 자욱히 피어올랐다. 루소가 조수에게 고개를 돌렸다.

"우리 정부가 이번 전쟁에 대해 우리한테 말하고 있는 것은 거짓이야. 전부 거짓이야."[1]

랜드연구소가 계약한 사이공에서의 과제가 정의의 탐색은 아니었다. 정책의 도덕성을 묻는 것 역시 임무가 아니었다. 랜드연구소의 과제는 존 F. 케네디 대통령의 후계자인 존슨 대통령의 베트남 정책을 분석하고 수행하는 것이었다. 반란의 성격을 연구하고 베트콩을 무력화하기 위해 그들의 동기를 밝히는 일이 주된 임무였다. 랜드연구소는 이런 유형의 반란진압 관련 활동으로 많은 수입을 얻고 있었다. 원래 랜드연구소의 전체 조달 자금 중 거의 1/4은 국방부와 체결한 계약과 미항공우주국을 위해 수행하는 조사연구를 통한 수입이었다. 게다가 수입의 70퍼센트 정도는 여전히 공군에서 나왔다. 그러나 매년 액수가 줄고 있었다.[2] 오랫동안 소홀한 대접을 받았던 사회과학 분야의 과들이 새로운 작업 명령 아래 번성하게 됐다. 바야흐로 경제학과의 그늘에서 벗어나 스포트라이트를 받게 된 것이다. 랜드연구소의 원래 존재 이유인 연구에서 자연적인 진화과정을 거치며 물리학과가 수학과에게서, 경제학과가 물리학과에게서 스포트라이트를 뺏어온 것처럼 말이다(물론 이런저런 사회과학이 합리적 선택이라는 수량적 접근 때문에 자기도 모르는 사이에 게임이론과 집합이론을 강조하는 경제학과의 부속물처럼 바뀐 점을 감안하면, 본질적으로 이 과들의 차이는 그리 크지 않다고 말할 수도 있다).

랜드연구소가 제3세계 연구에 매진하기 시작한 것은 국방부가 일련의 좌파 반란에 대처하는 방법에 관한 연구를 주문한 1959년부터였다. 쿠바, 과테말라, 베네수엘라, 콜롬비아, 콩고, 라오스 등 당시에는 한때 미국의 보호령이었던 나라들에서 격렬한 반미 봉기가 끝도 없이 확산되는 것처럼 보였다. 몇 년 전부터 중부 유럽에서 소련을 상대로 한 총력전에 집중하고 있던 국방부에게는 이런 최근의 위협에 대처하는 데 도움이 될 만한 새로운 패러다임이 필요했다. 애초 랜드연구소는 이런 방향전환을 적극 권고했으며, 전문가들이 모여 반란 문제의 가능한 해법을 논의하는 회의를 주최했다. 랜드연구소는 반란자들을 물리칠 수 있는 방법 중 하나는 위기에 처한 나라들에서 군사 쿠데타를 승인하는 것이라고 결론내렸다. 군부는 급속한 근대화에 조력하고 산업적·세속적 가치를 보급시킬 수 있으며, 심지어는 가난한 사람들의 호감을 사려고 애쓸지도 모르기 때문이었다. 군사 근대화와 군사 쿠데타에 대한 암묵적인 수용이 국방부에서 유행하기 시작했고, 분석가들은 제3세계의 군인 계급이 조국을 20세기로 이끌 진보의 옹호자라고 치켜세웠다. 그러니 이 계급이 후한 원조를 받는 대가로 미국의 이익과 가치를 강력하게 지지한 것도 우연의 일치는 아니었다. 이런 주의는 1965년 당시 군부의 지지를 받던 남베트남 정부에 무척 잘 들어맞았다.[3]

랜드연구소가 제3세계 연구로 돌아선 것은 대항력이론의 당연한 귀결이기도 했다. 윌리엄 코프먼은 대규모 핵보복 전략이 모든 면에서 확실하지는 않기 때문에 소련과 중국이 자유세계의 주변부를 상대로 재래식 공격을 가해 미국을 '서서히' 죽일 수도 있음을 인정한 바 있었다. 커티스 르메이 장군 등이 선호한 강력한 타격을 비판하는 사람들은 대항력 개념을 지지했다. 육군의 맥스웰 테일러 장군은 미국이 신뢰를 유지하기 위해서는 공격에 대한 이른바 '유연대응 전략'을 내놓아야 할 것이라고 말했다. 가령 중국이 버마(미얀마) 북부 국경을 침범할 경우에 미국이 핵공격을 쏟아 부을 것은 아니었기 때문이다.[4]

'제한적 대응'이라는 이론은 1961년 1월 초 니키타 흐루쇼프 서기장이 행한 연설에 마침 매혹되어 있던 케네디 대통령에게 딱 들어맞았다. 이 연설에서 흐루쇼프 서기장은 소련이 미국과 '평화공존'을 하고 싶기는 하지만, 공산당은 전세계 인민들의 머리와 마음을 사로잡기 위해 자본가들과 경쟁할 준비가 되어 있다고 말했다. 특히 두 경쟁체제가 대치할 가능성이 있는 장으로 '민족해방전쟁'을 거론한 흐루쇼프 서기장은 소련이 사회주의로 향하는 길을 선택한 나라를 언제라도 "전력을 기울여 무조건" 도울 태세가 되어 있다고 밝혔다.[5] 며칠 뒤 케네디 대통령은 유명한 취임식 연설에서 이에 화답했다. 미국은 "자유를 지키고 키워나가기 위해 어떤 대가라도 치르고 어떤 짐도 질 것이며, 어떤 곤경에도 맞서 우방을 지지하고 어떤 적에게도 저항할 것"이라고 말이다.[6]

케네디 대통령은 흐루쇼프 서기장의 연설문을 행정부 고위 관리들에게 나눠줬고, 죽을 때까지 자주 언급했다. 쿠바가 공산주의를 받아들이고 (라오스나 벨기에령 콩고 같이) 동구와 서구가 지배권을 다투던 옛 유럽 식민지들에서 사회주의 혁명이 갑자기 확산되는 현실은 케네디 대통령의 마음을 무겁게 짓눌렀다. 서유럽이 사실상 거리를 둔 상황에서 이제는 제3세계가 틀림없이 냉전의 무대가 될 것이었다.

국방부 국제안보담당국을 이끄는 자신의 심복 헨리 로언의 중재를 통해 정부 정책에 상당한 영향력을 행사하고 있던 앨버트 월스테터 역시 똑같이 생각했다. 월스테터(그리고 랜드연구소)는 로언을 통해 점점 제3세계 분쟁에 몰두하는 케네디 대통령을 이용했다. 랜드연구소의 J. 리처드 골드스타인 부연구소장은 이렇게 지적했다. "우리는 분명히 이처럼 학제적인 문제를 다루는 데 필요한 독특한 기술의 조합을 갖고 있으며, 또는 적어도 가져야 마땅하다고 확신한다."[7]

결국 랜드연구소는 제한전과 반란진압 활동에 관한 연구와 더불어 북대서양조약기구 정책, 병참 문제, 지원체계 등을 다루는 연구를 내놓게 된다. 또한 제2차 세계대전 이후 말레이시아에서 영국군이 성공적으로 수행한 대게릴라 작전과 진먼 섬 사건* 같은 몇몇 역사적인 사건을 분석하기도 했다. 월스테터 부부는 쿠바에 관한 통찰력 있는 논문 두 편, 「쿠바 위기에 대한 기록」과 「탈공산주의 쿠바를 위한 연구」를 썼다.[8] 앨버트 월스테터가 피델 카스트로를 다루는 문제에 관해 케네디 행정부에게 했던 조언을 확장한 글들이었다. 당연하게도 월스테터는 카스트로가 교활하기 짝이 없는 불안정한(즉, 비합리적인) 인물이라고는 믿을 수 없다는 결론을 내렸고, 쿠바에 대한 해상 봉쇄를 계속하는 동시에 쿠바에서 카스트로 반대 운동이 등장하면 즉시 지원할 준비를 하라고 권고했다. 그러나 큰 기대는 하지 말라고 덧붙였다.[9]

루소가 참여한 「베트콩의 사기와 동기 연구」는 로버트 맥나마라 국방장관의 참모들이 베트남 공산주의 게릴라들의 결의를 떠받치는 힘이 무엇인지 조사해달라며 위임한 과제였다. 인류학자 존 C. 도넬과 정치학 교수 조지프 J. 자슬로프가 고문을 맡아 연구를 이끌었다.[10] 1965년 도넬과 자슬로프는 로언과 그의 새 상관인 존 맥노튼 국방차관보에게 잠정적인 연구 결과를 제출하면서 베트콩이 베트남 독립을 위해 제국주

---

* The Quemoy Islands affair. 1958년 8월 23일~10월 5일 타이완 해협의 진먼(金門) 섬을 중심으로 중국군과 타이완군 사이에 벌어진 무력 충돌. 타이완이 대륙 반공 기지로 요새화한 이 섬에 중국이 (진먼 섬이 내려다 보이는 푸젠성 샤먼시에서) 포격을 퍼부으며 시작된 이 충돌은 1979년에야 공식적으로 끝났다.

의자들과 전쟁을 벌이고 있다고 생각한다는 점을 강조했다.[11] 베트콩은 열성 공산주의자가 아니었고, 멕시코의 사파티스타*처럼 단순히 토지에 대한 욕망에 의해서 움직이는 것도 아니었다. 그들은 애국자였고, 기나긴 전쟁을 벌이고 있었다. 로언이 맥노튼 국방차관보에게 루소의 의견을 되풀이하듯이 소리친 것은 바로 그때였다. "존, 우리가 줄을 잘못 선 거 같아요. 이 전쟁에서 지는 쪽에 줄을 섰단 말입니다."[12]

이 베트콩 연구의 결론은 랜드연구소가 몇 년 전에 수행한 분석을 그대로 되풀이한 것이었다. 1962년 랜드연구소의 워싱턴 D.C. 사무실에서는 케냐, 말레이시아, 프랑스령 베트남 등지에서 대(對)게릴라 전투에 깊숙이 관여한 경험이 있는 일군의 군사 전문가들을 모아놓고 반란진압에 관한 심포지엄을 연 적이 있었다. 이때 참석한 군사 전문가들은 가장 유능한 게릴라 전사란 대의에 헌신하는 사람이라고 경고했다. (얄궂게도 1960년대 중반 미국의 베트남 평정 시도에 깊숙이 관여하게 되는) 에드워드 랜스데일 소령은 확고한 동기를 지닌 식자층의 활동가들이 중핵을 형성하고 그들을 중심으로 성공적인 반란 운동이 전개되고 있다고 설명했다. 게릴라들은 떠돌이 산적이나 평범한 악당이 아니라 대의를 위해 기꺼이 목숨을 바칠 수 있는 신념의 사람들이었다. 그리고 그들의 불만을 낳은 현실이 바뀌지 않는다면, 게릴라가 전부 죽거나 중앙정부가 무너질 때까지 게릴라 전투가 계속될 것이었다.[13]

그런데도 불구하고 존슨 행정부는 도넬과 자슬로프의 경고를 무시했다. 그 무렵 미국은 자국이 베트남에 개입해야 하는 이유를 재검토하지 않은 채 충돌을 고조시키고 있었다. 존슨 대통령은 랜드연구소와 함께 일하면서 베트콩을 물리칠 수 있는 방법을 찾으려고 했지 베트콩을 이해하려고 하지 않았다. 1964년 베트남인들이 해야 할 일을 하도록 미

---

* Zapatistas. 1910년 멕시코의 혁명가 사파타(Emiliano Zapata, 1879~1919)가 토지 개혁을 위해 결성한 '남부해방군'의 별칭.

국 젊은이들을 보내지 않겠다고 약속하면서 압도적인 표차로 당선된 존슨 대통령은 1965년 말에 이르러 미군 병사 50만 명을 추가로 남베트남에 배치했다. 1962년 맥나마라 국방장관이 베트남을 돌아보면서 "모든 양적 지표를 보건대 …… 우리는 전쟁에서 승리하고 있다"[14]고 말하던 때와 달리 이제 상황은 분명하지 않았다.

실제로 당시 미국은 점점 입지가 좁아지고 있었다. 1965년에 이르러 베트콩 병력은 17만 명이 넘었고, 북베트남 군대는 베트콩 파견대를 확대하면서 통신 전문가와 화기 기술자 등의 전문 인력을 제공하고 있었다. 또한 하노이 당국은 한때 밀림 속을 구불구불 돌아가는 비좁은 통로였던 호치민 트레일을 현대식 장비와 물자를 수송하는 사실상의 고속도로로 확장했다. 더군다나 북베트남의 목표물을 대상으로 무자비한 폭격을 가하는 '천둥소리 작전'Operation Rolling Thunder이 개시됐는데도 공산주의 적군은 평화회담 테이블에 나올 낌새조차 보이지 않았다. 북베트남에게는 승리가 아니면 죽음뿐이었다. 맥노튼을 뒤이어 국방차관보 자리에 임명된 폴 웡키는 훗날 후회하듯이 이렇게 토로한 바 있다. "우리는 그들이 합리적인 사람처럼 반응할 것이라고 예상했다."[15]

남베트남에서 혼란이 커지고 있었지만 랜드연구소에서 내놓은 몇몇 보고서는 충분한 돈을 쏟아 붓고 전력을 기울인다면 결국 미국의 노력이 성공을 거둘 것이라고 선전했다. 경제학과의 책임자 찰스 울프 2세가 쓴 『반란과 반란진압: 새로운 신화, 낡은 현실』이 대표적인 본보기였다.[16] 울프는 정보 제공과 이탈에 대한 보상을 권고하고 특별 사면 프로그램을 장려했으며, 식량 공급 통제만으로도 베트남 농민들로 하여금 미국을 따르도록 설득할 수 있다는 유인책을 내놓았다. 그렇지만 울프가 내린 결론은 널리 받아들여지지 않았고, 랜드연구소의 분석가들은 이내 베트남전쟁 찬성파와 반대파로 갈렸다.

멀리 떨어진 구석진 나라에까지 가서 사회정의를 추구하는 가난한 농민들을 죽이는 일이 과연 미국의 국익에 도움이 되는 것인지 분석가

랜드연구소 직원들이 사회당 대통령 후보 노먼 토머스가 강연 도중 농담을 하자 웃고 있다(1965년). 1960년대 중반에 이르러 많은 직원들이 랜드연구소의 보수적인 이데올로기 성향에서 벗어나기 시작했다.

들이 의문을 품게 됨에 따라 랜드연구소를 움직이던 사명감은 희박해져 갔다. 독일 망명자로 랜드연구소에서 베트콩 연구를 총괄했던 정치학자 콘래드 켈런은 두드러진 회의론자였다. 적군 포로들의 굳은 애국심에 관한 연구 결론을 접한 켈런은 미국이 추진하는 동남아시아 정책의 효과를 심각하게 비관하게 됐다. 그리하여 1965년부터 줄곧 베트남에서 일방적으로 철수할 것을 주장하며 이 전쟁은 절대 이길 수 없는 전쟁이며, 베트콩을 절멸시킬 수 있을지는 모르지만 굴복시킬 수는 없다고 말했다. 켈런은 랜드연구소에서 해가 갈수록 이 전쟁에 괴로워하는 분석가 집단의 일부일 뿐이었다. 이들은 점점 더 늘어나 미국의 베트남 군사 개입을 중단하라고 존슨 행정부에 촉구하는 공개서한을 『뉴욕타임스』에 보내기까지 했다.[17] 랜드연구소의 전쟁 찬성파는 며칠 뒤 같은 신문에 서한을 보내 켈런과 엘스버그 등의 주장을 반박했다.[18]

동유럽 출신의 망명자 리온 구레도 논쟁적인 견해를 내놓았다. 지독한 반공주의에 눈이 멀어 있던 소련 전문가 구레는 1962년 『소련의 민방위』라는 책에서 자신이 발견한 소련의 거대한 민방위체계가 크렘린의 비밀 핵공격의 전조라고 그릇된 경고를 했다.[19] 1965년에는 베트남을 방문해 도넬과 자슬로프가 수집한 자료의 일부를 취한 뒤, 미국의 폭격과 그에 따른 재앙을 초래했다는 이유로 남베트남 농민들이 베트콩을 비난하고 있다고 해석했다. 따라서 구레는 적의 사기를 떨어뜨리려면 폭격을 더욱 확대하고 강화할 것을 주장했다. 공군뿐만 아니라 프랭크 콜봄을 비롯한 랜드연구소의 보수 인사들도 구레의 처방을 열렬하게 환영했다. 그들은 도미노이론, 즉 어느 지역에서 한 나라가 공산주의 국가가 되면, 얼마 지나지 않아 이웃한 나라들도 도미노 패가 쓰러지듯이 모두 소련의 수중으로 떨어진다는 이론을 신봉했다. 베트남이 보여준 이중의 아이러니는 『뉴욕타임스』의 레슬리 겔브가 말한 것(사실 첫 번째로 쓰러진 도미노는 미국의 여론이었다는 말[20])만이 아니라 캄보디아, 라오스, 버마 등 그 뒤 도미노처럼 사회주의 진영으로 넘어간 나라들이 사실 미국의 베트남 개입 실패의 결과물이라는 점이었다.

랜드연구소의 저명한 분석가들은 대부분 구레의 방법이 본질적으로 편향되어 있다고, 즉 자기 신념에 맞게끔 사실을 왜곡한 주장에 불과하다고 외면해버렸다. 찰스 히치의 후임자로 경제학과 책임자가 된 구스타비 슈버트는 구레가 "특정 관점을 뒷받침하는 몇 시간, 몇 일 분량의 인터뷰만 발췌했다"고 비난했다. "폭격과 일정 수준의 포격이 미국인들이 아니라 베트콩에 대한 반감을 늘린다고 보는 관점 말이다. 따라서 폭격을 많이 하면 할수록 더 좋다는 것이다."[21] 전쟁 찬성파와 반대파 사이의 악감정이 워낙 커진 나머지 경영진 회의에서 주먹다짐이 벌어지기도 했다.[22] 랜드연구소는 미국 사회를 충실하게 반영하고 있었다. 이 경우에는 나라 전체를 갈라놓은 분열을 반영했다.

1961년부터 1967년까지 베트남전쟁을 다룬 방식은 랜드연구소의 제한전 개념을 적용한 또 다른 예로 볼 수 있다. 소련을 상대로 한 전쟁 각본을 활용한 것이다. 이런 방식을 부추긴 주인공 중 한 명은 윌스테터 휘하의 핵분석가 집단에 속한 인물로 훗날 노벨상을 받는 경제학자 토머스 셸링이었다. 랜드연구소에서 일할 당시 저술한 『갈등의 전략』에서 셸링은 전쟁이란 언제나 일종의 교섭력이며, 이 교섭력은 피해를 가할 수 있는 능력에서 나온다고 주장했다.[23] 존슨 대통령과 맥나마라 국방장관은 북베트남에 대한 압박에 박차를 가하기로 결정하면서 셸링의 훈계를 따르기로 했다. 역사학자 프레드 캐플런에 따르면, 1964년 5월 22일 존슨 대통령은 국가안보보좌관 맥조지 번디가 쓴 쪽지를 받았다. "국방부에서 존 맥노튼의 지휘 아래 북베트남을 상대로 단계적인 행동을 하기 위한 통일적인 정치·군사계획이 준비 중임. …… 이 계획의 원리는 파괴가 아니라 고통을 주기 위해 공격해야 하며, 북베트남의 남부 개입 결정을 바꾸기 위한 목적으로 공격해야 한다는 것임."[24]

당시 베트남 문제를 담당하고 있던 맥노튼 국방차관보는 자신의 친구이자 하버드대학교 시절 동료인 셸링에게 접근해 확전 문제를 어떻게 처리해야 하는지 조언을 구했다. 우연히 엘스버그의 상관이었던 맥노튼 국방차관보는 하노이 당국의 관심을 끌기에 충분한 고통을 가하려면 폭격이 가장 좋은 수단이라고 생각했다. 그런데 어떤 종류의 폭격을 가해야 할까? 어느 정도 폭격해야 하고, 하노이의 관심을 사로잡았음을 어떻게 알 수 있을까? 어떻게 해야 폭격이 끝난 뒤에 북베트남이 툭툭 털고 활동을 재개하지 않을 것이라고 미국이 확신할 수 있을까?

두 사람은 한 시간 동안 이런저런 상황을 숙고했지만 이런 질문들 중 그 어느 것에도 속 시원한 해답을 내놓지 못했다. 셸링은 폭격을 개시하면 3주 이상 지속해서는 안 된다고 경고했다. 3주가 끝날 때면 하노이가 평화를 호소할 터였다. 아니면 아무 성과도 얻지 못하거나. 이렇게 천둥소리 작전은 1965년 3월 2일에 시작됐다. 그러나 이 작전은 북베트남이나 베트콩에 그 어떤 분명한 효과도 미치지 못했고, 북베트남과 베트콩은 미국이 지원하는 사이공 정부를 무너뜨리려는 노력을 계속했다. 사실 미국 정부는 주요 인구 중심지(즉, 하노이)나 수백만 명의 사상자를 낳을 수 있는 제방 등은 폭격하지 않겠다고 말한 셈이었다.[25] 미국은 전쟁을 신중하게 확대하는 가운데 한 번에 한 단계씩 나아갈 것이고, 북베트남을 침략하지 않겠으며, 적이 우리의 메시지에 화답해 폭격 중지를 요구하기까지 기다릴 것이었다. 평화 교섭 말고 다른 합리적인 길이 전혀 없음을 적이 분명하게 알게 될 것이기 때문이었다. 신중하고 단계적으로, 냉정하게 고통(즉, 고문)을 가해 결국 호치민이 항복을 선언하게끔 의도적으로 교착상태를 조성하는 정책이었다. "계속 싸우면 미국보다는 호치민이 싸움의 대가를 더 크게 치러야 할 것이다. 따라서 호치민은 전쟁을 끝내는 것이 계속하는 것보다 훨씬 더 유리하다고 생각할 것이다."[26] 랜드연구소는 이런 정책이 비극만을 야기한 채 실패로 돌아간 데 대해 결코 그 도덕적 책임을 인정하지 않았다.

랜드연구소의 베트콩 연구가 베트남인들의 행동양태를 설명함으로써 권력에 진실을 말하는 도덕적 책임을 다하려고 노력했음은 사실이다. 훗날 맥나마라 국방장관은 베트남인들의 행동양태를 이해시켜줄 수 있는 믿을 만한 설명이 부족했던 점이야말로 평화를 가로막은 가장 큰 장애물이었다고 변명했다. 그러나 이 말은 거짓이었던 셈이다.

당시 정부에는 우리의 무지를 보충하기 위해 자문을 구할 만한 전문가가 부족했다. …… 내가 아는 한 이 지역에서 대게릴라 작전 경험이 있는 국방부 장교는 한 명뿐이었다. 필리핀 대통령 라몬 막사이사이와 남베트남 대통령 응오딘지엠의 고문으로 일한 에드워드 랜스데일 대령이 그 주인공이었다. 그러나 랜스데일 대령은 비교적 젊었고 지정학에 대한 폭넓고 전문적인 능력이 없었다. …… 또한 우리는 호치민 운동의 민족주의적 측면을 과소평가했다. 우리는 우선 호치민을 공산주의자로 보고, 그 다음으로 베트남 민족주의자로 여겼던 것이다. …… 우리는 우리의 가정들을 비판적으로 분석하는 데 실패했다. 우리가 정책결정을 내리는 토대 자체에 심각한 결함이 있었다.[27]

그러나 거의 20년 뒤에 나온 맥나마라 국방장관의 이 이기적인 변명은 랜드연구소의 책임을 면제해주지 못한다. 순전히 정치적인 목표를 달성하기 위한 수단으로 대항력이라는 이론적 구조물을 공급한(베트남이 미국 땅에 핵폭탄을 떨어뜨리려 한다고 주장하는 사람은 아무도 없었다) 랜드연구소는 이 개념을 현실에 적용한 이들 만큼의 책임이 있다. 랜드연구소로서는 베트남전쟁이 지적으로 정당화되는 것을 적극 저지해야 했을 것이다. 엘스버그나 켈런 같은 분석가들은 그러길 바랐을 테지만 랜드연구소라는 기관 자체는 그런 개입을 원하지 않았다. 포드재단, 하버드대학교, 컬럼비아대학교 같은 당시의 다른 주류 성원들은 결국 전쟁을 비난했지만, 랜드연구소는 끝까지 그렇게 하지 않았다.

공군이 되었건 국방장관실이 되었건 간에 랜드연구소는 후원자가 휘두르는 돈지갑의 힘에 휘둘리게 됐다. 그렇지만 어떤 특정한 정책적 쟁점에 관해 도덕적 입장을 취하는 것은 랜드연구소의 핵심 원리에 위배된다. 조수 프리츠가 시체를 가지고 괴물을 만들어내는 것은 나쁜 짓이라고 프랑켄슈타인 박사에게 말하리라고 기대하는 사람은 아무도 없다. 조수가 존재하는 이유는 미친 과학자가 괴물을 만들어낼 수 있도록 시체에서 뇌를 빼내는 것이기 때문이다.

적이 다른 언어를 쓸 뿐만 아니라 전혀 다른 목표와 기대를 갖고 있다면, 당신 생각을 이해시키기란 쉽지 않다. 대항력 개념이 냉전시대에 처음 만들어졌을 때 어느 평자는 이렇게 논평했다. 미국인들은 어떤 일을 해야 하나? 헬리콥터에 올라 타 확성기를 든 채 적 영공을 비행하면서 이제 됐나, 항복할 텐가, 라고 외쳐야 하나? 비극적이게도 미군은 남베트남에서 바로 이런 짓을 하고 있었다. 미군 헬리콥터들은 공습으로 잿더미가 된 지역에 전단 수백만 장을 뿌리면서 베트콩 전사들에게 항복을 권유했다. 1966년 8월 마지막 주에만 4천5백만 장이 넘는 전단이 베트콩이 장악한 지역과 북베트남에 투하됐다.[28]

그러나 결국은 당시 학생 시위대가 외친 구호가 현실이 된다.

호, 호,

호-치-민

민족해방전선은 승리하리라!

베트콩과 북베트남에게는 아무리 고통이 크더라도 승리 말고는 다른 해결책이 없었다.[29] "이 너구리 털가죽을 벽에 걸고야 말 것"[30]이라는 고집스럽고도 맹목적인 미국의 태도가 20세기 최초로 전쟁에서 패하는 미국 대통령이 되고 싶지 않다는 존슨 대통령의 바람과 결합된 결과는 발작적인 광기였다. 미군 대변인이 매일 사이공에서 기자회견을 열어 적군 사상자 수를 미국이 전쟁에서 승리하고 있다는 증거로 거론한 '다섯 시의 촌극'은 유명한 예이다.[31] 이런 광기는 베트남인 수만 명을 즉결 처형하는 참사로 정점에 달한 '피닉스 작전'Operation Phoenix 같은 극단적 형태로 이어졌다. 피닉스 작전에서 일익을 담당한 랜드연구소의 주요 인물은 대단한 열정과 날카로운 지성을 지닌 로버트 W. 코머였다. 코머는 '토치램프 보브'Blowtorch Bob라는 별명으로 유명했다. 코머와 논쟁을 벌인 헨리 캐벗 로지 미국 대사가 마치 엉덩이를 토치램프로 지지는 것 같다고 말하면서 붙인 별명이었다. 그러나 평상시의 상냥한 태도에 뿔테 안경을 쓰고 브라이어 뿌리로 만든 파이프를 물고 다니는 코머는 첩보소설가 존 르 카레가 흔히 말하는 '첩보관료'intellocrat로 통했다.[32]

1960년대 중반 코머는 국가안전보장회의의 참모로서 서아프리카 가나의 대통령 콰메 은크루마의 사회주의 정권을 전복시킨 군사 쿠데타 계획에 관여했다. 미국이 주도한 동남아시아 전쟁이 고조되던 1966년, 존슨 대통령은 코머를 "베트남과 관련된 평화 구축을 위해 미국이 진행하는 모든 비군사적 계획의 지휘, 조정, 감독"을 책임지는 특별보좌관으로 임명했다.[33] 코머가 맡은 임무는 '평정'(이론적으로 말하면 목적을 달성하기 위해 정보, 선전, 적절한 규모의 무력을 활용하는 프로그램)을 통해 베트남인들의 의식을 장악하는 것이었다. 코머가 자신은 그 분야에 경험이 많지 않다고 말하자 존슨 대통령은 이렇게 대꾸했다. "글쎄, 어쩌면 우리한테 필요한 건 신선한 고기일 거요."(몇 년 뒤의 인터뷰에서 코머는 존슨 대통령의 단어 선택에 여전히 놀라움을 표시했다. "대통령이 그렇게 말했어요. '신선한 피'가 아니라 '신선한 고기'라고요").

훗날 중앙정보부장에 오른 윌리엄 콜비는 나중에 코머를 두고 "통계광이자 정력적인 낙관주의자"라고 묘사한 바 있다. 그도 그럴 것이 코머는 베트남 전문가들에게 폭넓은 철학적 논의에 만족하지 말고, 측정 가능한 전쟁의 목표와 달성 기준을 세우라고 촉구했기 때문이다. 랜드연구소 사람들이 흔히 그렇듯이 수량적 합리성에 몰두한 코머는 존슨 대통령이 무엇을 원하는지 대번에 알아맞히는 예민한 안테나 역시 갖고 있었다. 그런데 당시 존슨 대통령이 원한 것은 미국이 승리하고 있다는 자신의 주장을 뒷받침하는 수치였다. 존슨 대통령의 보좌관 하나는 이렇게 말하기도 했다. 만약 얼마나 많은 사람들이 베트콩의 선전에 영향을 받는지 물었다면 코머는 "13시간 20분" 이내로 극비 전문을 보내왔을 것이라고 말이다. "확정된 수치: 2,634,201.11명."[34]

1967년 코머는 엘스워스 벙커 대사 바로 밑의 2인자로 남베트남 주재 미국 대사관에 왔다. 며칠 안에 코머는 베트남에 있는 미국의 민간 지휘부를 개편하는 데 힘을 쏟았다. 윌리엄 C. 웨스트모어랜드 장군 휘하의 '대민 활동 및 혁명적 발전 지원반' 담당부관으로 임명된 코머는 남베트남의 대통령 응우옌반티에우를 설득해 베트콩 지휘조직의 지도부를 생포하거나 살해하는 특별 프로그램에 착수토록 했다. 피닉스라는 작전명은 베트남 신화에 등장하는 새, 즉 어디든 날 수 있는 '풍호앙'(봉황)을 영어로 부정확하게 번역한 것이었다.[35]

피닉스 작전은 베트남 농촌을 돌아다니는 중앙정보부의 암살대(이른바 지역정찰대)를 활용해 베트남 정보기관들로부터 정보를 수집하는 것이었다. 전쟁이 몇 년째 지속되면서 베트콩 기간요원, 즉 각지에 있는 베트콩 지도부의 정체는 마을 사람들에게 공공연히 알려진 상태였다.

코머는 콜비를 심복으로 삼아 작전의 할당량을 정했다. 매달 베트콩 기간요원을 3천 명씩 '무력화'한다는 것이었다.

엄밀하게 말하면, 피닉스 작전에서 생포한 사람 중 그 누구도 암살 대상은 아니었다. 이론상으로 보면, 사로잡힌 포로는 당국과 이야기를 나눈 뒤 다른 게릴라들이 있는 곳으로 안내할 것이었다. 그러나 실제로는 우선 총질부터 하고 질문은 나중에 했다. 사이공의 부패한 관리들은 이 절차를 약간 곡해해서 무고한 사람들의 등을 치는 한편, 연행해야 할 사람들에게는 검거하지 않는 대가로 뇌물을 요구했다. 훗날 퓰리처상을 받게 되는 『뉴욕타임스』의 통신원 닐 시언은 베트남전쟁에 관한 자신의 저서 『찬란하게 빛나는 거짓말』에 이렇게 적었다. "사이공의 관리들은 서둘러 할당량을 채우려고 소규모 전투에서 살해된 하급 게릴라들을 베트콩 부락장과 촌장으로 승진시켰다."[36]

수천 명이 살해되거나 고문당하거나 남베트남의 감옥에 던져졌고 강간, 전기충격, 물고문, 구타, 천장에 매달기 등 갖가지 고문이 총동원됐다. 고문의 끝은 처형이었다. 1971년 피닉스 작전의 요원이었던 바턴 오스본은 의회 위원회에서 이렇게 증언했다. "나는 부하 요원이 확인한 (베트콩) 혐의자 한 명의 뒤를 쫓고 있었습니다. 그 남자는 해병대 방첩 시설에서 심문을 받는데, 내게 증인으로 입회해달라더군요. 바라크로 들어가는데 그 남자가 끌려나오고 있었습니다. 시체로 말이죠. 15센티미터짜리 나무못이 귀에 박혀 뇌를 뚫고 나와 죽은 상태였습니다. …… 베트콩 혐의자로 구금된 사람 가운데 심문을 받고 살아나온 사람은 한 명도 보지 못했습니다."[37] 이 청문회에서 콜비는 베트남인 2만8천5백27명이 피닉스 작전 기간 동안 살해됐다고 증언하게 된다.

도덕적 견지에서는 아무리 혐오스럽더라도, 코머 같은 사람들이 선호하는 확실한 수치의 측면에서 보면 피닉스 작전은 성공작이었다. 전통적 은신처인 메콩 강 삼각주에서 베트콩 군대를 밀어냈고, 5년 넘게 사이공이 넘보지 못한 지역들을 남베트남 군대가 다시 장악할 수 있게 된 것이다.[38] 코머는 이런 노력의 결과로 존슨 대통령에 의해 1968년 터키 주재 대사로 임명된다. 존슨의 후임인 리처드 닉슨 대통령에 의해 소환된 코머는 랜드연구소에 몸을 담았고, 거기서 북대서양조약기구와 신속배치군의 페르시아 만 파견 필요성에 관한 연구논문을 썼다.[39] 훗날 지미 카터 대통령의 정책 담당 국방차관으로 임명되는 코머는 사실상 민주당 행정부에서 일한 베트남 시대의 마지막 전사였다.

랜드연구소가 베트남에서 맡은 역할은 이론이나 정책의 수준에 머무르지 않았다. 랜드연구소는 1965년과 1966년에 F-5A 제트기(스코시 타이거Skoshi Tiger[꼬마 호랑이])가 대게릴라전 항공기로 유용한지에 관한 연구를 수행했다. 랜드연구소의 한 팀이 시험계획을 작성하고, 6개월 동안 비행기의 전투능력을 분석했으며, 공군이 발표한 최종 보고서의 대부분을 작성했다. 연구는 단순하고 가벼운 이 전투기가 전투에 매우 적합하다는 결론을 내렸고, 남베트남 공군이 비행기를 인도받아 1975년에 사이공이 함락될 때까지 운용했다.[40]

그렇지만 1960년대가 막을 내릴 즈음 랜드연구소는 베트남이라는 논쟁적인 늪에서 발을 빼기 시작했다. 믿기 힘들지만 '카멜롯'Camelot이라는 암호명의 프로젝트가 기폭제 역할을 했다.

카멜롯은 라틴아메리카 급진 혁명의 양상에 관해 육군이 위임한 비밀 연구였다.[41] 1965년 칠레 당국이 우연히 이 연구를 발견한 뒤 국제적인 논란이 일어났는데, 칠레 정부나 칠레 주재 미국 대사나 이 프로젝트의 존재를 알지 못했기 때문이다. 칠레 학생들은 항의 시위를 벌였고, 산티아고 정부는 워싱턴 D.C.에 공식 항의했다. 이 추문 직후 딘 러스크 국무장관은 랜드연구소 같은 외부 계약 기관이 다루는 외국 관련 연구 프로젝트의 실용성을 검토하기 위한 특별 그룹을 설치했다.

행정부 내부의 혼선에 화가 난 존슨 대통령은 이렇게 선언했다. "미국의 대외 관계에 불리한 영향을 미친다고 국무장관이 판단할 경우 해외 지역 연구에 대한 후원을 일절 하지 않기로 단호히 결정한다."[42] 뒤

이어 존슨 대통령은 국방장관실과 모든 국방기관, 합동참모본부를 망라하는 훈령을 발표해 국무부 대표 한 명이 모든 정부 차원의 행태·사회연구, 여론조사, 경제연구 관련 계약을 검토하라고 지시했다. 이제 '신동들'은 전화 한 통으로 랜드연구소의 옛 동료에게 특정 군사 연구의 이런저런 흥미로운 측면을 조사해달라고 요청할 수 없게 됐다. 이제부터 모든 요청은 그들이 통제할 수 없는 통로를 거쳐야 했다.

사실 1965년 말에 이르면 신동들도 국방부 내부에 그다지 많이 남아 있지 않았다. 히치는 캘리포니아대학교 총장직을 수락했고, 로언은 예산국으로 옮겼으며, 코프먼과 셸링은 학계로 돌아간 상태였다.[43] (랜드연구소의 현직 연구원들, 그리고 휴가차 잠시 파견된 연구원들이 대부분인) 체계분석실에서 일하고 있던 알레인 엔토벤도 베트남전쟁에 관한 보고서를 의뢰하는 대로 곧 정부를 떠날 예정이었다. 이 연구는 미국의 폭격이 역효과를 가져왔으며, 조만간 전쟁을 마무리할 수 있는 군사적인 해법은 전혀 없어 보인다고 결론지었다.[44]

이렇듯 신동들이 연방정부로 대거 이동한 사실뿐만 아니라 체계분석(그리고 체계분석의 정부식 표현인 '기획계획예산체계')이 점차 인기를 끈 것 역시 랜드연구소에 큰 영향을 끼쳤다. 랜드연구소 간부들은 체계분석의 효력이 다했다고 생각했다. "이 구상은 신선함을 대부분 잃었고, 요즘은 누구나 체계분석을 하고 있다."[45] 많은 이들은 랜드연구소 사람들이 '독불장군'이라고 부르는 허먼 칸, 에드워드 팩슨, 월스테터 등의 빈자리를 한탄했다. 사실 랜드연구소는 1950년대 핵전략 정책의 중심에서 누린 영광의 나날 동안 특색을 이루던 젊은 활기를 잃으면서 성숙하는 중이었다. 훗날 월스테터가 말한 것처럼, 분석가들은 "자신이 원하는 결정에 영향력을 행사할 수 있는 사람들과 일하기 위해서" 랜드연구소를 떠나야 했다.[46] 일부 평자들은 랜드연구소가 초창기에 활기와 정력이 넘쳐났던 것은 모두 예측 가능한 시간의 추이 때문이라고 말했다. 1950년 당시 직원들의 평균 연령이 30세 이하였기 때문이다. 조직 내에

타성이 만연했다면, 그것은 성숙하는 조직이 정상적으로 성장한 결과이자 구성원들의 뱃살이 늘어나고 머리가 벗겨진 결과였다.

설상가상으로 공군장관은 다시 한 번 랜드연구소의 독립성에 대해 단호한 조치를 취하기 시작했다. 이번에는 콜봄이 거들었다. 역대 공군 수장 가운데 가장 유능한 인물로 손꼽히던 유진 M. 주커트는 확실히 가장 완고한 장관이기는 했다.[47] 케네디 대통령 시절에 공군이 의뢰한 작업 이외의 일을 둘러싼 통제를 놓고 벌어진 싸움에서 주커트 공군장관은 '모 아니면 도' 식으로 밀어부치는 랜드연구소의 완강한 입장에 진적이 있었다. 그러나 1965년 주커트 공군장관은 하원 군사위원회의 강력한 의장 칼 빈슨과 그의 오른팔인 버지니아 주 출신 하원의원 포터 하디를 든든한 동맹자로 얻었다. 빈슨 의장이 뒤를 받쳐주는 가운데 하디는 정부 외주계약 분야의 남용에 관한 일련의 소위원회 청문회에 착수했다. 맥나마라 국방장관에게 정치적 타격을 가한 다음에, 그것을 기회 삼아 국방부 예산에 대한 통제권을 둘러싸고 여전히 국방장관과 다투고 있는 각 군의 영향력을 높이려는 속셈이었다.[48]

하디 청문회는 특히 공군의 두드러진 계약자이자 제2의 랜드연구소를 지향하는 항공우주연구소와 관련된 예산 남용을 다수 폭로했다. 여러 가지 예산 남용 가운데 항공우주연구소는 연구소장의 개인 요트를 뉴욕에서 캘리포니아 주로 선적하는 비용까지 공군에 청구했다. 항공우주연구소를 이토록 느슨하게 감독했다는 것은 공군이 향후 생길 수 있는 추문을 피하기 위해(그리고 오래된 다툼을 해결하기 위해) 랜드연구소를 통제하려 했음을 확인시켜줬을 뿐이다. 주커트 공군장관은 랜드연구소 이사장 프랭크 스탠튼에게 다음과 같은 의지를 밝혔다. 만약 랜드연구소가 외부 연구의 규모와 범위를 제한한다는 훈령에 따르지 않는다면, 언제든 랜드연구소 프로젝트를 포기할 준비가 되어 있다고 말이다. 주커트 공군장관의 이런 의지에 대해 랜드연구소 이사회는 랜드연구소의 독립성을 지킨다는 약속을 도전조로 재확인했다.[49]

이처럼 랜드연구소의 미래를 통제하기 위해서 벌어진 싸움은 점점 수익성이 좋아지는 국내 사회조사 분야로 연구를 확장하자는 요구가 랜드연구소 내부에서 한층 높아지는 것과 거의 동시에 일어났다. 1960년대 중반에 이르러 존슨 대통령은 이른바 '위대한 사회'라는 정책을 표방하며 미국 내부의 사회적 목표를 달성한다는 목적 아래 수백억 달러를 투자하기 시작했다. 랜드연구소 관리자들은 헤어 나오기 힘든 베트남의 수렁에서 거리를 두기 위해 가능한 연구의 양 자체를 늘리고 싶어 했다. 일례로 1965년 5월 교육부국장 헨리 루미스는 미국 학교의 교육기법을 향상시키는 방안을 연구해달라고 랜드연구소에게 제안했다. 루미스 교육부국장은 교육국의 현재 예산이 10억 달러인데 1966년에는 30억 달러로 증액될 예정이고, 연구 예산도 늘어날 것이라고 말했다. 향후 몇 년 동안 수억 달러씩 늘어날 것이라는 말이었다.[50]

콜봄은 루미스 교육부국장의 제안을 개인적으로 거절했다. 무엇보다 랜드연구소의 역사적 임무를 해치는 일이라고 생각했기 때문이다. 예전에 공군으로부터 랜드연구소의 독립성을 자랑스럽게 지켜내긴 했지만, 내심 콜봄은 여전히 공군 소속이었고, 초기의 전망에서 랜드연구소를 멀어지게 만드는 것은 무엇이든 혐오의 대상이었다. 1962년 정부 활동에 관한 의회 소위원회에 출석한 콜봄은 이렇게 말했다. "저는 공군이 …… 랜드연구소 같은 조직 형태를 어떻게 다룰 것인지에 관해 분명한 철학과 정책을 가지고 출발했다고 생각하며, 그런 구상은 완벽한 것이라고 감히 말하고 싶습니다. 그리고 이 관계에 변화가 생긴다면 나라 전체로 볼 때 대단히, 대단히 바람직하지 못할 것입니다."[51]

그러나 랜드연구소 이사회는 설사 제아무리 고귀하다 할지라도 콜봄과 같은 정서를 받아들이지 않았다. 이와 마찬가지로 비군사 분야로의 연구 확장을 가로막는 콜봄의 결정도 비판했다. 게다가 맥나마라 국방장관을 위시한 국무부 집단과 콜봄의 긴장된 관계를 예의주시했다. 콜봄은 이런 말을 하곤 했다. "맥나마라가 참석하는 워싱턴의 칵테일 파티에 갈 때마다 나는 맥나마라가 어디에 있는지 계속 살펴보면서 그가 있는 쪽으로 가지 않았다. …… 맥나마라와는 이야기를 하고 싶지 않았고 그와 말을 나누는 모습을 보이고 싶지도 않았다."[52]

맥나마라 국방장관이 주커트 공군장관에게 압력을 가해 갑작스럽게 사임하도록 만든 뒤 자기 부하인 해럴드 브라운을 신임 공군장관으로 임명했을 때, 랜드연구소 이사회는 국방부 벽에 붙은 내용을 보고 콜봄에게 물러날 것을 제안했다. 콜봄이 전혀 예상하지 못한 순간이었다. 콜봄은 죽는 날까지 자기를 쫓아낸 사람들과 랜드연구소가 자기를 몰아낸 방식을 노골적으로 경멸하게 된다. 그렇다고 해서 콜봄이 재정적으로 곤경에 처한 것은 아니었다. 랜드연구소 이사회에서 쫓겨난 콜봄은 사우스웨스턴연구투자회사라는 금융회사에 회장으로 취임했다. 1985년 은퇴 생활을 어떻게 보내고 있느냐는 질문을 받은 콜봄은 그답게 신랄하게 대답했다. "하고 싶지 않은 일은 절대 안 하고, 하고 싶은 일은 뭐든지 하지요. 이보다 더 좋을 순 없어요."[53]

랜드연구소 이사회는 (신중하게) 숙고한 끝에 콜봄의 후임자로 월스테터가 가장 아끼는 인물이자 엘스버그의 가장 친한 친구인 헨리 로언을 선택했다. 신동들의 일원이었던 로언은 그 이후로 랜드연구소를 이끌면서 새로운 연구 분야를 개척하고, 명성을 쌓고, 국가적 추문을 야기하게 된다. 그러는 동안 로언을 비롯한 신동들이 처음에는 장려하다가 점점 의문을 품고 마침내 자기들과는 무관하다고 잡아떼게 된 베트남전쟁은 계속해서 제 갈 길을 가게 된다. 이 전쟁에 브레이크를 거는 데는 랜드연구소의 또 다른 선각자가 한 명 필요했다.

13장. 락끼엔의 밤

대니얼 엘스버그는 그 남베트남 육군 소령이 자기를 죽이러 오리라고 확신했다. 싸구려 맥주와 코냑에 반쯤 취해 침대에 누워 있던 엘스버그는 베트남공화국 육군이 장악한 마을에서 나는 소리에 열심히 귀 기울였다. 소령이 총 쏘는 소리를 들은 지는 한참 전이었지만, 엘스버그는 모험에 나서지 않았다. 엘스버그는 권총을 손닿는 곳에 놓아두려고 했지만 간이침대가 너무 좁았고, 결국 소령이 바깥에 있는 보초를 피해 슬쩍 들어오는 경우를 대비해서 권총을 가슴에 세워놓았다.

1966년 크리스마스이브 자정 무렵이었다. 엘스버그는 메콩 강 삼각주의 사이공 남쪽에 있는 롱안 주의 마을 락끼엔에서 가슴 졸이고 있었다. 엘스버그를 빼면 기지 안의 유일한 미국인인 육군 대위(그는 남베트남 군대의 고문으로 일하고 있었다)는 바로 옆 간이침대에서 태평하게 자고 있었다. 마치 위치토[공군의 미사일 격납고가 있는 미국 캔자스 주의 도시]나 머스코지[미국 오클라호마 주의 도시], 또는 어디가 됐든 간에 고향에서 휴가를 보내는 것처럼 전혀 위험을 모르는 눈치였다.

엘스버그는 팔베개를 한 채 누워 임시 막사 벽에 아른거리는 촛불 그림자를 바라보고 있었다. 대위에게 자기가 먼저 네 시간 동안 망을 보겠다고 약속했지만, 설사 그런 약속을 하지 않았더라도 눈을 붙일 수는 없었을 것이다. 삼각주의 악몽 같은 소리들(끊이지 않고 들리는 귀뚜라미 울음소리, 이따금 날아가는 새의 깍깍거리는 소리, 나무와 벽에서 나는 사람 숨소리 같은 소리 등)이 대위의 코고는 소리와 한데 뒤섞였다. 어둠 속에서 흙과 꽃, 땀과 똥 따위의 냄새가 났다. 옷을 모두 걸친 채 방어태세를 갖추고 침대에 누워 있는 엘스버그를 어둠이 내리눌렀다.

"소령님이 취했습니다." 남베트남 중위가 상관에 대해 변명했다. 중위는 소령이 엘스버그 앞에서 미국인들을 모욕한 데 대해 남베트남 육군 대대장과 휘하 장교들이 매우 유감스럽게 생각한다고 말했다. "다른 장교들은 그렇게 생각하지 않습니다. 소령님한테 화를 내고 있습니다. 하지만 그 분은 소령님입니다."

"그런데 다들 소령이 한 말에 동의하지 않는다고요?" 엘스버그가 던진 질문이었다.

"글쎄요, 몇 가지 말에는 동의할지도 모르지만, 그렇게 많이 동의하진 않습니다."

어쩌면 그들 말이 옳을 터였고, 어쩌면 이 모든 것이 프랑스어를 쓰는 가톨릭 신자인 대대장이 미국인 고문들을 위해 연 특별만찬에서 다들 미친 듯이 들이킨 시바스 리갈과 레미 마르탱, 와인과 베트남산 '33' 맥주 때문인지도 몰랐다. 엘스버그는 심지어 남베트남 주재 미국 대사관의 윌리엄 포터 부대사가 야전에서 고향을 그리워하는 병사들에게 주라고 건네준 프루트케이크까지 가지고 왔다. 피시소스, 국수, 프루트케이크, 프랑스 코냑 등. 행복한 전사들의 양식이었다.

베트남인 소령이 갑자기 폭발할 특별한 이유는 전혀 없었다. 엘스버그는 소령과 함께 한 테이블에서 즐겁게 크리스마스 캐럴을 불렀고, 장교들이 애절한 베트남 노래를 부를 때는 미소를 지으며 고개를 주억거리기까지 했다. 게다가 엘스버그가 그곳에 간 것은 단지 '평정' 작전을 관찰하고, 롱안 주에 미국의 화력을 너무 많이 쏟아 부으면 오히려 역효과가 나서 농민들을 베트콩의 품으로 밀어넣게 될 것이라고 헨리 캐벗 로지 대사에게 경고의 말을 하기 위해서였다. 베트콩의 주장이 더 믿을 만한 것일지도 모른다는 생각이 서서히 들긴 했지만, 그래도 엘스버그는 여전히 남베트남 정부에 공감하고 있었다.

미국에 있을 당시 랜드연구소라는 안전한 경계 안에 있던 엘스버그는 미국에게 선택의 여지가 없다고 주장했다. 그러니까 이 전쟁에서 승리를 거두지 못하면 동남아시아 전역이 공산주의에 예속되어 최악의 폭정과 노예상태로 전락할 것이라고 주장했던 것이다. 잠시 1년 전에 로버트 맥나마라 국방장관을 위해 써준 연설문 초안이 생각났다. "우리는 약속을 지키기 위해, 남베트남의 독립을 지켜주기 위해, 필요한 일을 하기 위해 베트남에서 활동하고 있습니다. 언제쯤이면 미국이 이 지루한 임무에 넌더리를 낼까요? 절대 그럴 일은 없을 겁니다."

맥나마라 국방장관이 이 연설문을 실제로 써먹지는 않았지만 참으로 당당한 말이었다. 그 뒤 엘스버그는 구식 낭만주의자처럼 실패한 연애에서 도망이라도 치듯이 남베트남으로 왔다. 그런데 바로 이곳에서 아무런 목적도 없는 영토의 장악과 탈취, 부패, 살인 등 베트남전쟁의 온갖 오류를 두 눈으로 직접 보게 됐다. 그리고 이제 마치 자신이 미국 독립전쟁에 참전한 영국 군인 같은 존재라고, 그 나라의 지형도 알지 못한 채 지나치게 많은 무기를 들고 쓸데없이 흥분해서 싸우는 외국 군대의 일원이라고 이따금 생각했다. 적은 항복하지 않을 터였다. 갈 곳이 없기 때문이었다. 이곳은 그들의 땅이었다.

"당신네 미국인들은 왜 여기 있는 거요?" 술에 취한 소령이 따져 물었다. "베트남에서 베트남인들한테 뭘 가르쳐야 한다고 생각하는 거요? 우리가 공산당하고 싸울 만큼 용감하지 않다고 생각하는 거요?"

소령은 테이블에 있는 다른 장교들에게 베트남어로 고함을 질러댔는데 아무도 감히 소령의 말을 반박하려고 하지 않았다. 이내 소령은 자기 막사로 가서 권총을 꺼내서는 미국인들을 죽이겠다고 소리를 질렀다. 젊은 베트남 중위가 소령의 행동에 대해 사과를 하는 와중에도 소령은 엘스버그와 미군 대위를 향해 총을 쐈다.

"아무것도 아닙니다. 걱정 마세요." 중위가 말도 안 되는 소리를 했다. "그래도 오늘 밤은 여기 그냥 있으세요. 별 일 없을 겁니다. 대대장

님이 병사들에게 소령을 감시하라고 명령하셨으니까 이 집 근처로는 절대 오지 못할 겁니다."

밤하늘에 자신들의 존재를 알리려고 하는 듯이 저 멀리서 베트콩의 50밀리 자동소총 소리가 드르륵거렸다. 이곳은 우리 땅이고, 우리 논, 우리 소, 우리 민족이다. 너희들은 절대 이기지 못한다, 라고 말하는 것 같았다. 잠시 뒤 미군이 포를 쏘며 응대했다. 잠깐 침묵이 있은 뒤, 귀뚜라미들이 다시 쓸쓸한 노래를 불러대고 나른한 바람이 일었다. 그 와중에도 대위는 코를 골았고 엘스버그는 고국에 있는 두 아이, 메리와 로버트를 생각했다. 문득 엘스버그는 샌타모니카에 갑자기 추위가 닥치면서 크리스마스가 올는지, 말리부에 있는 자기 집에는 여느 때처럼 캘리포니아의 태양이 노란 모래를 따스하게 비출지 궁금했다. 전신에 땀이 흐르는데도 한기가 스쳐갔다.

푹푹 찌는 밤에 주거니 받거니 쏘아대는 박격포 소리 한가운데서 엘스버그는 참 엿 같은 크리스마스 이브라고 생각했다.[1]

14장. 성공의 대가

1965년 가을, 앨버트 윌스테터는 시카고의 레이크쇼어 드라이브 근처에 있는 아파트를 나설 때마다 매일 같이 자신이 얼마나 축복받았는지 회상했다. 아니, 만약 그가 신의 섭리가 인간사에 개입한다고 믿었다면 그랬을 것이다. 합리주의자인 윌스테터는 그보다는 조물주를 시계공으로, 인간을 시계 부속품으로 보는 계몽주의의 시각을 신봉하고 있었다.

어쨌든 윌스테터는 자신이 행운아임을 알고 있었다. 시카고대학교의 종신재직권, 훌륭한 가족, 호수가 내려다보이는 매력적인 아파트, 자기를 돌봐주고 자기가 돌봐줄 친구들이 한 무더기나 있었으니 말이다. 명성과 재산(적어도 과도한 재산)은 윌스테터에게 어울리지 않았다. 윌스테터에게서 부의 축적을 넘겨받은 형 찰스는 전국을 연결하는 전화제국을 구축하느라 분주했다. 앨버트는 그저 세상의 중심에 있는 것에 만족했다. 정책과 영향력, 이것이야말로 모든 사유하는 사람의 발람*이어야 했다. 권력 그 자체가 아니라 권력에 대한 접근. 역사에 발자국을 남기고, 더 나은 세상에 발자국을 남겼음을 아는 것. 영원한 변화의 유산. 한 사람이 어찌 이보다 더 많은 것을 바랄 수 있겠는가?

그 과정에서 당연히 실망스러운 일도 있었다. 1963년 버나드 브로디가 획책한 분노와 원한으로 프랭크 콜봄이 자신을 랜드연구소에서 불

---

* Balaam. 민수기에 등장하는 주술사. 발람의 어원으로 추측되는 셈족어 '바알'(Baal)의 의미 중 '우상'(사람들이 좇는 대상)이 있는데, 이런 뜻으로 쓴 듯하다.

명예스럽게 쫓아낸 때가 그런 경우였다. 그렇게 위대한 사람들이 그토록 낮게 허리를 굽힐 수도 있음을 생각해보라! 그런데 적어도 브로디는 한때 위대했다. 콜봄은 언제나 이류의 냄새를 풍겼다. 지성에 대한 확신과 용기에 대한 집요함을 혼동하는 그런 인물이었다.

건물 밖으로 나서는 월스테터의 뺨에 차가우면서도 상쾌한 공기가 부딪혔다. 월스테터는 가을과 봄 학기에만 강의하고 나머지 반년은 로스앤젤레스로 돌아가 자문 일을 하기로 한 선견지명에 흡족해했다. 다른 방법이 있다면 누가 시카고의 쌀쌀한 겨울을 그냥 견디겠는가? 도어맨에게 인사를 하는데 오래 전에 하던 농담이 생각났다. 랜드연구소에서 파란 제복을 입은 사람들과 하도 말을 많이 한 탓에 워싱턴 D.C.의 쇼어럼 호텔에 갔을 때 자기도 모르게 도어맨에게 보고를 했다는 이야기 말이다. 택시를 불러 세운 월스테터는 뒷자리에 몸을 파묻었다.

1951~63년까지 한창 때의 12년을 랜드연구소에서 보냈다. 이때가 최고의 시기였을까? 전혀 아니다. 최고의 시기는 아직 오지 않았다. 그런데 …… 갑자기 쫓겨난 것이다. 물론 헨리 로언에게 준 문서는 기밀문서였다. 브로디가 그 장면을 봤다. 그러나 사실 그 규칙은 지키는 사람보다 어기는 사람이 더 많았다. 월스테터는 회고록을 쓰게 되면 이 일을 어떻게 쓸지 잠시 고민했다. 노한 열성당원이 회의적인 현실주의자를 쫓아냈다고? 불량배가 원칙을 지키는 인간의 등에 칼을 꽂았다고?

콜봄은 사임을 요구했다. 이 요구를 거부하자 콜봄은 월스테터를 해고했다. 그런 식이었다. 재직 기간, 명성, 친구, 그 무엇도 중요하지 않았다. 월스테터가 공군에 반기를 들고, 존 F. 케네디 대통령과 로버트 맥나마라 국방장관을 지지하고, 사람을 바보로 만드는 랜드연구소의 분위기를 감히 곧이곧대로 말한 데 대한 콜봄의 복수였다. 무척이나 큰 충격을 받은 월스테터는 대니얼 엘스버그에게 소식을 전하면서 거의 울 뻔했다. 이런 일이 생길 것이라고는 전혀 대비하지도 못한데다가, 자신의 생활방식으로는 …… 글쎄, 어쨌든 월스테터는 콜봄을 설득해 다른 일자리를 찾을 때까지 시간을 달라고 했다. 다행히도 윌스테터는 캘리포니아대학교 로스앤젤레스 캠퍼스의 교수직을 얻었고, 뒤이어 시카고대학교에서 종신재직권이 보장된 훨씬 더 좋은 자리를 구했다.

택시가 캠퍼스에 도착하자 윌스테터는 차에서 내리며 기지개를 켰다. 정치학 강의실로 가는 도중에는 주변에 있는 학생들의 밝은 얼굴을 살펴봤다. 피코트, 부츠, 대학 스웨터 등을 걸친 학생들이 네 명씩 섞여 있었다. 진부한 표현이지만, 어쩌면 콜봄이 은혜를 베푼 걸지도 몰랐다. 다양하게 다른 분야도 경험해보라고 말이다. 게다가 결론은 권선징악이었다. 콜봄 자신이 요직에서 밀려났다. 브로디 역시 캘리포니아대학교 로스앤젤레스 캠퍼스로 자리를 옮겼는데, 그는 그곳에서 프랑스 군과 핵무기, 즉 그들이 그토록 자랑하는 (그리고 프랑스의 모든 것이 대개 그렇듯이 지나치게 과장된) 핵억제력을 북대서양조약기구가 부당하게 대우하는 문제를 고민하고 있었다. 결국 브로디는 프랑스의 애완견이 되어 있었다. 정말 권선징악이었다.

그 날 오후, 캠퍼스에서 열린 환영회 자리에 참석한 윌스테터는 대학원 신입생들을 소개받았다. 특히 창백한 안색에 검은 머리, 두툼한 입술을 지닌 낯익은 얼굴의 어느 학생에게 눈길이 쏠렸다.

"자네 이름이 월포위츠라고 했나?" 윌스테터가 물었다.

"네, 폴 월포위츠입니다."

"혹시 수학자 잭 월포위츠와 친척인가? 컬럼비아대학교에서 그 사람하고 에이브러햄 월드하고 같이 공부했는데."

"사실, 제 아버지입니다."

윌스테터가 껄껄 웃었다. "그래, 여기 시카고가 마음에 들 걸세."[1]

1965년은 윌스테터에게 행운의 해였다. 시카고대학교에 무사히 자리를 잡은 윌스테터는 랜드연구소 시절 영향력을 안겨준 동시에 논쟁을 불러일으킨 설교 성향을 마음껏 펼칠 수 있었다. 정치학 교수인 윌스테터는 마치 새로운 카토*처럼 군사적 준비태세의 근거를 제기하는 한편 현존하는 소련의 위협을 희생시키면서까지 베트남에 강박적으로 집착하는 정부를 호되게 비판할 수 있었다. 그와 동시에 자문으로 활동하면서 돈벌이가 좋은 부업은 계속 유지했다.

무엇보다도 시카고대학교는 월스테터에게 많은 조력자를 모을 수 있는 기회를 제공했다. 특히 젊은 수학자 폴 월포위츠가 가장 영향력 있는 인물임이 밝혀지게 된다. 월포위츠는 훗날 조지 W. 부시 대통령의 국방차관보로서 정치 경력의 정점에 이르고 이라크전쟁을 지휘한다.

브루클린에서 태어난 월포위츠는 아버지가 통계수학을 가르치는 맨해튼의 컬럼비아대학교 근처에 자리한 모닝사이드하이츠에서 자랐다. 유명한 아버지처럼 월포위츠도 어린 시절부터 산수와 이론물리학에 재능을 보였다. 코넬대학교에서 수학을 전공한 월포위츠는 쉬는 시간에 자기는 역사책을 읽는데 동료들은 수학 문제를 하나 더 푸는 것을 보고 자기가 유별난 존재임을 깨달았다. 월포위츠가 보기에 실제 생활에서 분리된 추상적 성격의 순수한 수학은 별 쓸모가 없었다. 자기의 수학적 재능을 암 치료법을 발견하는 데 쓸 수 있다면 더 좋을 것이라고 생각했던 월포위츠는 매사추세츠공과대학교의 생물물리화학 박사과정에 지원해서 합격했는데, 장래 직업에 대해 아직 확신이 없었기 때문에 입학을 잠시 미뤄두고 시카고대학교에서 정치학 학위에 도전했다.[2]

원래 월포위츠는 논쟁적인 철학자 레오 스트라우스의 사상에 빠져 있었다.[3] 그러나 시카고대학교에서 월스테터를 만난 뒤에는 그를 스승으로 삼았다(또한 월포위츠는 같은 대학교에서 한 세대의 신보수주의자들에게 영향을 미친 악명 높은 철학 교사 앨런 블룸의 제자가 됐다. 솔 벨로의 유작 소설 『레이블스틴』은 월포위츠와 블룸의 관계를 각색한 것이다). 월포위츠와 월스테터 둘 다 이스라엘의 이익을 열렬히 옹호하는 세속적인

---

* Marcus Porcius Cato(BC 234~149). 고대 로마의 정치가이자 군인. 강건했던 옛 로마의 회복을 주장한 것으로 유명하다. '대(大)카토'라고도 불린다.

유대인으로서 중동 정치에 관심을 기울였다. 또한 어떤 쟁점에 접근할 때 숫자를 중시하는 월스테터의 방식도 월포위츠의 성향과 잘 맞았다. 게다가 두 사람은 동일한 정책적 관점을 공유했다. 그들에게 소련과의 화해는 외설이나 마찬가지였다. 결국 월포위츠의 장래 경력을 엮게 되는 각기 다른 온갖 실타래(사실에 기초한 문제해결법, 미국이 세계의 메시아라는 믿음, 이스라엘의 생존이 인류 생존의 필수조건임을 단언하는 은밀한 시온주의 등)는 모두 월스테터가 불어넣은 신념이었다.

　시카고대학교에서 월스테터는 곧 유명세(그리고 악명)를 떨치게 될 또 다른 정책 전문가의 성공을 장려하게 된다. 리처드 펄이 그 주인공이다. 반대파에게는 '어둠의 왕자'로, 경탄하는 이들에게는 '국방부의 두뇌'라고 불리게 되는 펄은 월스테터의 딸 조안과 함께 할리우드고등학교를 다닌 뒤부터 대학을 다니는 내내 월스테터와 연락을 주고받았다. 펄이 프린스턴대학교에서 대학원 과정을 밟던 1969년, 월스테터는 그에게 현장 조사를 좀 해달라고 부탁했다. 펄이 맡은 일은 (당시 상원 군사위원회의 저명한 위원이자 내무위원회 위원장이었던) 헨리 '스쿱' 잭슨 상원의원을 비롯한 워싱턴의 영향력 있는 정치인들을 인터뷰하고[4] 탄도탄 요격미사일 방어체제를 둘러싼 상원의 논쟁에 관한 보고서를 쓰는 것이었다.[5] 워싱턴 주 출신 민주당 의원인 잭슨은 국방을 강조하는 강경한 견해 때문에 '보잉사 출신 상원의원'으로 알려져 있었다. 월스테터처럼 잭슨도 '도덕적인' 외교 정책의 신봉자였다. 여기서 도덕적이라 함은 반소련·반공산주의를 의미했다. 잭슨 상원의원은 노르웨이 출신의 루터파 신자였지만 헌신적인 이스라엘 지지자였고 핵군축 협상을 유대인의 소련 국외 이주의 자유와 연결시키는 입법을 발의하기도 했다.[6]

　펄은 다음과 같이 회상했다.

월스테터는 다른 사람에게도 이 일을 해달라고 말을 해놨으니까 아마 둘이서 함께 일할 수 있을 거라고 말했습니다. 그 다른 사람이 폴 월포위츠였어요. 그래서 폴과 나는 며칠 동안 자원봉사자로 워싱턴 D.C.에 가서 사람들을 인터뷰했지요. 인터뷰한 사람 중 하나가 잭슨이었는데 첫 눈에 반했습니다. 잭슨과 처음 만난 날을 결코 잊지 못할 겁니다. 대학원 생 둘이 상원에 있는 잭슨 의원실 바닥에 앉아서 탄도미사일 방어에 관한 도표와 분석을 검토하고 이 문제에 관한 견해를 들은 거죠.[7]

이 운명적인 인터뷰는 잭슨 상원의원이 펄에게 보좌관 자리를 제안하는 결과로 이어졌고, 결국 로널드 레이건 대통령의 첫 번째 임기에 펄은 국제안보 정책 담당 국방차관보로 임명된다. 이 첫 번째 자리를 발판 삼아 펄은 워싱턴 관료사회에서 승승장구하게 된다.[8]

1960년대 중후반 월스테터와 그 추종자들이 베트남에 대한 미국의 집착이 자연의 이치에 따라 수그러든 뒤의 미래를 분주히 대비하는 동안, 랜드연구소는 사회조사 분야의 신천지를 개척하고 있었다. 1967년 1월 1일 로언이 콜봄 대신 새로운 연구소장이 되자 그때까지 남아 있던 금기(군사 연구에서 벗어나는 것)가 무시됐다. 공군과 국방부를 위해 랜드연구소가 활용한 사례 모델링, 양적 기반, 위계적 지휘 연쇄 등의 도구는 린든 베인스 존슨 대통령 시절의 시대정신에 완벽하게 들어맞았다. 게다가 로언은 랜드연구소의 방법론을 사회조사로 확장하는 일을 떠맡을 적임자처럼 보였다. 로언은 연구소장이 되기 전에도 이사진에게 이렇게 말했다. "대통령 직속기관에서 일할 당시 국내 문제에 관해서도 국방 연구에 비견될 만한 조사와 분석이 필요함을 절실하게 느꼈습니다. 중요하고 흥미로운 국내 문제는 교육, 보건, 범죄, 도시 문제, 빈곤 등 무척 광범위합니다."[9] 이 분야 중 어느 것도 랜드연구소의 특기인 집중적·논리적·수치적 사례 테스트의 대상이 아니었다. 로언의 계획은 단순했다. 랜드연구소를 존슨 행정부의 두뇌로 만든다는 것이었다.

랜드연구소의 베테랑 로언은 보스턴 출신의 산업공학자로 1950년 찰스 히치가 이끄는 경제학과에 처음 발을 들여놓았다. 로언이 처음 맡은 임무는 월스테터의 배치연구를 돕는 일이었다. 로언은 1953년까지 월스테터와 긴밀하게 협력하면서 일을 하다가 히치에게 경제학 박사학위를 따고 싶다고 말했다. "히치를 찾아가자 그가 이렇게 말했지요. '옥스퍼드에서 공부하게.' '어떻게요?' 히치가 말했어요. '퀸스칼리지 학장에게 편지를 한 통 써주겠네.' 그게 입학 절차였지요."10)

옥스퍼드대학교에서 2년을 보낸 뒤 랜드연구소로 돌아온 로언은 월스테터와 함께 초기 배치연구의 후속판인 「전략적 공군기지의 선택과 활용」을 집필했다. 1960년 존 F. 케네디가 대통령에 당선된 뒤에는 폴 니츠 밑에서 국제문제 담당 국방부차관보로 일하기 위해 자리를 옮겼다. 1965년까지 국방부차관보로 일했는데, 존슨 대통령이 국방부의 예산수립 방식을 연방정부 전체에서 채택하도록 지시했다. 로언은 이 프로젝트를 지휘하기 위해 예산국 부국장으로 임명됐다. 2년 뒤 임무를 완수하고 정부를 나온 로언이 매사추세츠공과대학교의 교수직을 맡으려고 할 때 랜드연구소가 연구소장 자리를 제안했다. "매사추세츠공과대학교의 정치학 교수직을 수락한 뒤 로스앤젤레스의 집을 팔고 보스턴 쪽에 집을 샀지요. 그런데 랜드연구소 이사회가 찾아와 연구소장을 맡아달라고 했어요. 좋다고 했죠. 살지도 않은 보스턴 집을 되팔고, 이미 로스앤젤레스의 집을 판 뒤라 새 집을 사야 했습니다. 워싱턴의 집도 팔아야 했고. 여섯 달 동안 집 다섯 채를 사고파는 것도 힘든 일이더라고요."11)

연구소장이 된 지 3개월 뒤 로언은 기존 과체계를 개편해 조직의 다양성을 높였다. 워싱턴 D.C.에 폭넓은 인맥이 있는데다가 랜드연구소와 정부에 무엇이 필요한지 날카롭게 분석하고 있던 로언은 곧 사회도시연구소를 설립하자고 제안했다. 이 새로운 연구소는 결국 초창기 랜드 프로젝트의 복제판인데, 차이가 있다면 사회 정책을 연구하는 데 전념한다는 점이었다. 랜드연구소의 연구자들을 활용하고 외부 전문가를 채용해 신설된 사회도시연구소는 사회안정을 해침으로써 미국의 대외적 힘을 약화시킨다고 여겨지는 각종 국내 문제에 초점을 맞췄다.

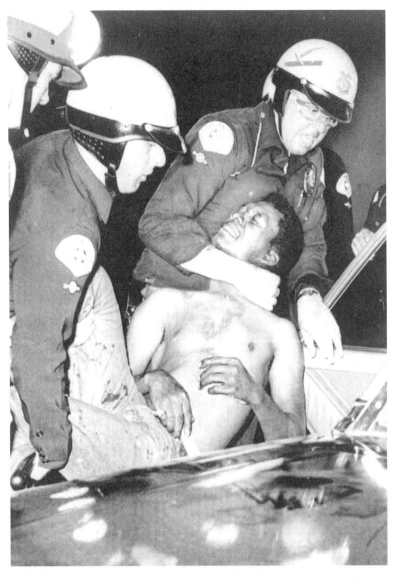

사망자 34명, 부상자 2천32명을 낳은 와츠 폭동(1965년 8월 11~15일)은 3천9백52명이 경찰에 연행되면서 끝났다. 그러나 이것은 1970년대 중반까지 미국 사회를 뒤흔들 격변의 서곡일 뿐이었다.

1965년 로스앤젤레스의 와츠 빈민가에서 폭동이 일어나고, 2년 뒤 뉴저지 주의 뉴어크와 미시건 주의 디트로이트에서도 폭력적인 인종소요가 일어나자 국내 상황에 관한 미국인들의 자기만족은 뒤흔들렸다. 경찰 폭력, 빈곤, 차별 등의 문제는 공정한 미국이 베트남을 비롯한 나라들에 민주주의의 열매를 안겨준다는 이미지를 손상시켰다. 자국민이 일자리, 주거, 정의 등을 요구하며 폭동을 벌이고 있는데 어떻게 미국이 대외 문제에 목소리를 높이고, 공산주의보다 민주주의가 우월하다고 주장할 수 있겠는가? 존슨 행정부는 이런 문제를 해결해줄 도움이 필요했고, 로언은 랜드연구소의 체계분석이 결실을 맺으리라고 확신했다.

1967년 5월 로언은 마치 랜드연구소 초창기의 정신뿐만 아니라 구조까지도 복제하려는 것처럼, 현재 추진 중인 도시문제 연구소를 위한 조언과 지지를 모으기 위해 회의를 조직했다(1947년 존 윌리엄스의 제안으로 뉴욕에서 열린 회의와 무척 흡사한 것이었다). 이 회의에는 월스테터, 케네스 애로, 랜드연구소 분석가 출신의 예산국 부국장 찰스 즈윅, 맥나마라 국방장관의 특별보좌관 출신 애덤 야몰린스키, 정치학자이자 역사학자인 리처드 E. 누스태트 등이 참석했다.

회의 참석자들은 새로운 연구소를 둘러싼 상황이 쉽지 않음을 금세 깨달았다. 이 연구소는 공군의 후원을 마음껏 누리지 못할 것이기 때문이었다. "초기에 랜드연구소가 연구소 문제에 간섭하거나 답변을 듣는 데 별 관심이 없는 돈 많은 '바보 고객'의 혜택을 많이 받았음은 주지의 사실이다. 그러나 도시연구 그룹의 상황은 완전히 다르다."[12]

참석자들은 재정 불안을 피하려면 랜드연구소가 적어도 5년간 초기 자금을 확보해줘야 하고, 신설될 연구소를 독자적인 이사회 아래 둔 채 랜드연구소에서 가까우면서도 떨어진 곳에 세우라고 권고했다. 그 편이 랜드연구소 사회과학과의 도움을 받는 것보다 젊은 과학자들을 신규 채용하는 데 유리하리라는 것이었다. 이 연구소는 약 2백50만 달러의 연간 예산으로 20명 정도의 상급 상임 직원을 둘 것으로 예상됐다.

비록 공군의 후원을 받지는 못했지만 다른 면에서 보면 이 새로운 연구소는 절묘한 시기에 등장했다. 예전에는 랜드연구소의 전문적 능력을 활용할 수 없었던 정부기관들이 국가적 문제의 새로운 해법을 찾기 위해 떼 지어 이 연구소로 달려들었다. 교육국장은 랜드연구소가 교육방송과 교육에서의 기술 활용 등을 연구해달라고 의뢰했다. 보건교육복지부는 국가보건체계 개선 연구계획에 관한 로언의 제안을 검토했고, 교통부는 교통흐름 측정을 위한 센서 이용 연구를 랜드연구소에 맡기는 데 흥미를 보였다.13) 게다가 3월에 존슨 대통령이 사회조사 프로젝트 예산의 증액을 의회에 요청하고 도시기술조사청을 설치한 바 있었다. 그러나 워싱턴 D.C.의 상당수 엘리트 집단과 접촉하고 있던 로언조차도 랜드연구소를 정부의 사회 정책을 연구하는 연결체로 구축한다는 자신의 공격적인 캠페인이 행정부와 훨씬 긴밀한 관계를 지닌 경쟁자를 자극하는 기폭제가 될 것임은 전혀 예상하지 못했다.

조지프 칼리파노는 존슨 대통령의 국내 문제 담당 특별보좌관으로 신설된 주택도시개발부를 감독했다. 하버드대학교를 졸업한 34세의 칼리파노는 원래 맥나마라 국방장관이 국방부로 발탁한 인물로서, 브루클린에서 나고 자란 이탈리아-아일랜드계 노동계급 가정 출신이었다. 특히 직업적 성취를 자랑스러워했던 칼리파노는 정부에 정치적으로 기여하는 데 자부심을 느꼈다. 존슨 대통령은 칼리파노를 백악관으로 발탁한 직후에 이렇게 말했다고 한다. "사람들이 말들 하던데 당신이 굉장히 똑똑하다고 하더군요. 하버드대학교에서 아주 날렸다면서요. 그런데 내한 마디 하지요. 하버드대학교에서 배운 어떤 것보다도 브루클린 거리에서 배운 게 대통령에게 훨씬 더 큰 도움이 될 겁니다."14)

칼리파노는 로언이 제안한 사회도시연구소를 정부가 유리하게 홍보할 수 있는 수단으로 봤지만, 랜드연구소에 이목이나 영향력을 넘겨줄 생각은 없었다. 로언이 회의를 열었다는 소식을 듣자마자 칼리파노는 신속하게 움직이지 않으면 주택도시개발부가 발탁할 인재가 별로 남지 않을 것임을 깨달았다. 그래서 6월경 도시개발에 관한 연구소 설립을 검토하는 회의를 자체 소집했다. 그 회의와 다음 몇 달 동안 잇따라 열린 회의를 통해 칼리파노는 주택도시개발부가 만들 도시연구소가 랜드연구소 스타일을 따라야 한다고, 즉 "똑똑한 사람들을 몇 명 모아서 전반적인 도시 문제를 '심층적이고 폭넓게 생각'하도록" 해야 한다고 결심했다. 단, 한 가지 분명한 예외를 두어야 했다. 비록 표면상으로는 독립적이지만 이 연구소는 일상적인 활동, 자금, 행정기능 면에서 주택도시개발부의 긴밀한 지도를 받아야 했다.[15] 다시 말해서, "빈곤과 인종적 불의를 종식시키고"[16] 모든 이가 풍요와 자유를 누리는 미국을 만들겠다는 존슨 대통령의 구상인 '위대한 사회'(이 구상은 1964년의 시민권법, 메디케어와 메디케이드* 등을 낳았다)의 부속기관이 되어야 했다.

1967년 12월, 존슨 대통령의 축하 속에서 칼리파노는 "민간이 설립한 비영리기구" 도시연구소의 탄생을 발표했다. 초대 연구소장은 랜드연구소 분석가 출신으로 맥나마라 국방장관 밑에서 국방부장관으로 일했던 윌리엄 고럼으로 정해졌다(워싱턴 D.C.에 본부를 둔 비당파적 경제·사회 정책 연구기관으로 소개되는 도시연구소는 현재까지도 랜드연구소의 방법론을 긴밀하게 따른다. '올바른' 쟁점을 선택하고, '올바른' 팀을 구성하고, 팀이 인도하는 방향으로 사실을 추적하고, 조사 결과를 동료 평가에 맡기고, 적절한 이해관계자들에게 그 결과를 제공하는 것이다).

칼리파노는 도시연구소를 활용해 랜드연구소가 사회 정책을 연구할 길을 차단했다. 모든 연방기관에 연구 자금의 일부를 도시연구소로 보

---

* Medicare/Medicaid. 두 개 모두 미국의 국민보건 관련 보조제도로서 전자는 주로 65세 이상 노인을 대상으로 한 의료보험 프로그램이고, 후자는 주로 저소득층을 대상으로 한 사회보장 프로그램이다. 또한 전자는 그 재정을 연방정부 차원에서 충당하는 반면에, 후자는 주정부가 재정의 절반을 부담한다. 원래 미국에서는 의사협회의 반대로 1935년부터 의료보험이 사회보장법에서 제외됐는데, 1965년 7월 30일 존슨 대통령이 개정된 사회보장법에 서명함으로서 상황이 개선됐다.

내도록 조처한 것이다. 게다가 50개 주의 주지사와 전국 주요 대도시 시장들에게 편지를 보내 존슨 대통령이 도시연구소에 전념하고 있음을 강조하고 업무 제휴를 장려하는 등 전국 각지의 정책입안자들에게 도시 연구소의 활동을 적극적으로 소개했다.[17]

좌절한 로언에게는 민간 산업과 대규모 민간 재단 등 정부 이외의 원천에서 더 많은 자금을 확보하도록 랜드연구소를 이끄는 것 말고는 선택의 여지가 없었다. 군산복합체의 정점에 자리한 랜드연구소는 확실히 민간 부문과의 연계를 활용하기 좋은 위치에 있었다. 이사 두 명이 스탠더드오일의 부사장이었고, 1968년에는 스탠더드오일의 부사장 데이비드 A. 셰퍼드가 이사장에 올랐다. 폴 니츠는 랜드연구소가 미국 대외 정책과 중동의 석유 이권 사이의 연계를 연구해야 한다고 제안했다. 그러나 랜드연구소는 이 연구를 수행할 수 없었다. 석유회사들이 연구 결과를 비밀에 부치고 싶어 했고, 연구소 규약상 사기업 경영 연구를 의뢰받는 것도 명백하게 금지되어 있었기 때문이다. 그 대신 랜드연구소는 과거의 경우처럼 사회조사 자금의 상당 부분을 포드재단에 의지했다. 특히 의미심장한 것은 랜드연구소가 전국적인 정치 무대에서 존슨 행정부에 대항할 수 있는 것처럼 보이는 주요 인물 가운데 한 명과 정략결혼을 했다는 사실이다. 뉴욕시장 존 V. 린지가 그 주인공이었다.

사진발이 좋은 43세의 린지 뉴욕시장은 흔히 '공화당의 케네디'로 불렸다. 훈장을 받은 해군 대위이자 예일대학교 출신의 변호사였던 린지는 뉴잉글랜드의 유서 깊은 가문 출신이었다. 뉴욕의 실크스타킹 지구(파크애비뉴와 맨해튼 어퍼이스트사이드로 이뤄진 공화당의 본거지)에서 일곱 차례 하원의원으로 당선된 린지는 1965년 개혁의 대변자로 자처하며 뉴욕시장 선거에서 승리를 거뒀다. 언론인 머리 켐튼의 말을 도용한 "그는 젊고 다른 이들은 모두 지쳤습니다"라는 것이 린지의 구호였다.[18] 언론인, 자유주의자, 소수 인종 등이 결국 미국 대도시 자유주의의 최후의 숨결이 되는 린지에게 표와 마음을 던졌다.

린지 뉴욕시장은 친기업적이자 친시민권적이고자 하는 공화당원으로서 때로는 민주당원보다 더 자유주의적이었던 당시 뉴욕주지사 넬슨 록펠러의 판박이 같은 인물이었다. 처음 하원의원에 당선된 뒤 린지는 이렇게 말했다. "개인의 자유와 안전을 향상시키기 위해 고안된 진보적 조치들을 공화당이 지지한다는 증거를 보여주겠습니다."[19]

1963년 린지 하원의원은 약속을 지켰다. 당시 법무장관 로버트 F. 케네디는 자국민이 외국에서 자국 정책을 비판하지 못하게 막는 1918년의 선동금지법을 확대하려고 했는데 이제 맞섰던 것이다.[20] 몇 년 뒤 뉴욕시장 선거에서 승리한 린지는 뉴욕을 좌지우지하는 노동조합과 관료주의의 강력한 기득권 세력을 굴복시키겠다고 약속했다. 그리하여 지하철 파업을 벌이겠다고 위협하는 운송노동자 노동조합과의 비밀 회동을 거부했다. 그런 밀실 협상은 비민주적이라는 것이었다.[21] 노동조합은 겁을 먹기는커녕 린지의 뉴욕시장 취임일인 1966년 1월 1일에 맞춰 파업을 벌였다. 파업의 여파로 도시는 13일 동안 마비됐고, 결국 린지 뉴욕시장은 노동조합의 요구에 응하겠다고 말할 수밖에 없었다. 케네디 대통령이 빈에서 그랬던 것처럼, 린지 뉴욕시장 역시 정치적으로 약하다는 인상을 풍기며 임기를 시작했다. 임기 내내 린지 뉴욕시장은 이렇게 드러난 약점 때문에 일련의 정치적 도전에 직면할 수밖에 없었다.

린지 뉴욕시장의 문제는 민주당이 장악한 도시와 나라의 공화당원이라는 사실에 일부 기인했다. 뉴욕 시예산위원회*와 시의회는 19세기 말이래 뉴욕 정치를 좌지우지해온 민주당 파벌 태머니홀Tammany Hall의 마지막 흔적에 짓눌려 있었다.[22] 국가적 차원에서 보면 존슨 대통령 역시 절대 린지 뉴욕시장의 팬이 아니었고, 이따금 연방 주택보조금 지급을 연기하거나 유예하는 식으로 타격을 주었다.[23] 게다가 린지가 시장으로

---

* Board of Estimate. 미국 도시의 통치기구로서 시장 등의 행정부와 입법부의 선출직 관리들로 구성되며 과세와 토지이용 등을 주로 결정한다.

서 인계받은 뉴욕은 인종 분열과 정치적 긴장이 만연한 곳이었다. 이 도시가 (디트로이트, 워싱턴, 필라델피아 등과 달리) 1968년 여름의 폭동 중에 타버리지 않은 것은 린지 뉴욕시장의 노력 덕분이었다. 린지 뉴욕시장은 경호원을 대동하지 않은 채 재킷을 어깨에 걸치고 흑인과 히스패닉 빈민가를 직접 방문해 주민들에게 진정하라고 설득했다.[24]

린지 뉴욕시장과 그 주변의 이상주의자들은 자신들이 국방부를 개조한 맥나마라 국방장관처럼 뉴욕을 개혁하고, 객관적·수량적 합리성이라는 냉정하고 신중한 시각 아래 정부 정책을 검토함으로써 정치와 정책을 분리해 정부에 효율성을 가져다준다고 생각했다. 이들이 이성의 기수인 랜드연구소와의 제휴를 환영한 것은 지극히 당연한 결과였다.

린지 뉴욕시장의 예산국장 프레드릭 오라일리 헤이즈는 연방정부 예산국에서 로언과 함께 일한 적이 있는 인물로서 랜드연구소가 연방체제 전체에서 전파하는 계획예산과 계획분석 방법에 익숙했다.[25] 헤이즈는 도시 문제를 연구하고 해법을 제시할 "랜드연구소 형태의 연구소"를 설립하려고 포드재단에 5년 동안 4백50만 달러의 기금을 요청했다. 그렇지만 포드재단은 (민주당과 노동조합이 선거로 장악한) 시예산위원회와 시의회를 배제한 채 정책을 수립하려는 것이냐며 요청을 거부했다. 머쓱해진 린지 뉴욕시장은 랜드연구소로 고개를 돌렸다. 1968년 1월 8일 린지 뉴욕시장과 로언은 뉴욕의 소방청, 경찰청, 보건의료국, 주택개발국 등에 관해 6개월짜리 연구 네 건을 수행하기로 랜드연구소와 계약했다고 밝혔다. 린지 뉴욕시장의 말에 따르면 "이 계약이야말로 시정부의 효율성을 향한 오랜 탐색에서 가장 중요한 발전"이었다.[26]

이론적으로 볼 때 이 제휴는 큰 뜻을 품은 이상적인 결합이었다. 뉴욕은 랜드연구소가 체계분석과 조사방법론을 도시 문제에 적용할 수 있는 완벽한 실험실이었다. 린지 뉴욕시장은 시가 안고 있는 문제와 해결 방법에 관한 비당파적이고 객관적인 보고를 얻을 수 있었다. 사사건건 비효율적으로 방해를 일삼는 민주당을 상대로 점수를 따면서 말이

1968년 할렘을 걸어서 한 바퀴 도는 행사를 진행 중인 뉴욕시장 존 V. 린지(가운데). 자유주의적 공화당원이던 린지는 랜드연구소에 시정부의 개혁(그리고 민주당 지역 기구의 무력화)을 목표로 한 일련의 연구를 의뢰했다. 이 연구는 랜드연구소가 본업을 벗어나 가장 야심차게 추진했으나 결국 실패로 돌아간 도시정책 수립 시도였다.

다. 1969년 랜드연구소와 뉴욕시가 후원하는 비영리 독립 연구기관 뉴욕시-랜드연구소가 설립되면서 이들의 동반자 관계가 공식화됐다. 이번에는 랜드연구소가 자신의 후원 아래 당파성을 최소화할 것을 보장함에 따라 포드재단도 이 신설 연구소의 주요 후원자로 참가했다. 1971년에 이르면 뉴욕시-랜드연구소의 작업은 랜드연구소에서 수행하는 도시연구의 절반 가까이를 차지하게 된다.[27]

랜드연구소는 린지 뉴욕시장과 제휴함으로써 군사 부문 싱크탱크에서 사회조사로 발을 넓히기 위한 결정적인 정당성을 얻게 됐다. 1968년 말에 이르러 랜드연구소는 경제기회국*을 위시로 교통부, 주택도시개발부, 포드재단 등과 2백만 달러 이상의 계약을 체결했다. 랜드연구소는 이 분야의 주요 경쟁자인 도시연구소를 사실상 뉴욕에서 밀어내버렸다. 그러나 대가를 치러야 했다. 뉴욕의 미래를 둘러싼 무자비하고 격렬한 전투에 휘말리게 된 것이다. 그에 비하면 국방부 관료들의 난투는 대학 교수단 다과회에서 스콘 대신 케이크를 고르는 것처럼 보였다.

랜드연구소의 행렬에서 제일 먼저 이탈한 것은 뉴욕경찰청이었다.[28] 경찰조직의 개선책을 검토·제안하는 것은 1백만 달러에 가까운 최대 액수의 계약이었는데, 뉴욕경찰청은 1년 만에 계약을 종료했다. 뉴욕경찰청은 엄청난 부패와 비효율 위에서 번성하는 세력의 손아귀에 있었다. 경찰관 수백 명이 마약 사기에 연루되어 있었고, 소수 인종에 대한 경찰의 인권 침해와 폭력 행사는 당시의 시대풍조였다(이런 사정은 몇 년 뒤 알 파치노 주연의 『형사 서피코』나 진 해크먼 주연의 『프렌치 커넥션』 같은 영화를 통해 대중들에게 알려진다). 개혁은커녕 변화를 향한 열망조차 없었던 뉴욕경찰청은 일선 경찰들이 너나할 것 없이 경멸하는 자유주의적 시장의 지시를 최대한 무시했다. 또한 랜드연구소도 경찰 문제에 무관심한 것으로 여겨졌다. 비판자들은 랜드연구소 연구원들이 뉴욕경찰청이나 경찰서에 주재하는 불편을 감수하지 않으려 한다고 지적했다. 그렇게 하면 많은 경찰관들의 신뢰를 얻을 수 있을 텐데 말이다.[29]

랜드연구소의 연구는 불신을 누그러뜨리지 못했다. 뉴욕시-랜드연구소는 경찰의 신규 채용, 선별, 훈련 실습 등을 자세히 분석해 1950년대 말 이래 경찰에 들어온 2천 명 가까운 경찰관들의 정보 데이터베이스를 구축했다. 여기에는 범죄기록, 직업이력, 교육, 형사고발, 민사고소 같은 무척 은밀한 자료도 들어 있었다. 언론에 노출될 경우 한 경찰관의 경력을 끝장낼 수도 있는 온갖 위반의 세부 목록이었다.[30]

---

* Office of Economic Opportunity. 존슨 대통령의 '위대한 사회' 정책에 따라 빈곤을 퇴치하기 위해 설치된 기관으로 빈곤 지역과 흑인 거주 지역을 대상으로 교육·훈련과 취업 기회의 확대 등에 주력했다.

실제로 이렇게 될 가능성은 그리 멀리 있지 않았다. 뉴욕시-랜드연구소가 경찰의 직권 남용에 대한 고발을 뒷받침하려고 자신들이 구축한 데이터베이스의 정보를 활용해 경찰의 부정행위에 관한 비밀 보고서를 작성했던 것이다. 그런데 1970년 11월『뉴욕타임스』의 1면에 이 보고서의 내용이 실려버렸다.[31] 이 보고서는 경찰이 과잉폭력, 여론 무시 등 일관된 패턴을 보인다고 비난하면서 범죄행위나 인권 침해로 고발당한 사건 중 단 5퍼센트만 해당 경찰관이 견책 이상의 중징계를 받았다고 지적했다. 이 보고서는 뉴욕시-랜드연구소가 시장의 장난감에 불과하다는 뉴욕경찰청의 선입견을 증폭시켰다. 보고서에 담긴 정보가 뉴욕경찰청의 전면적인 변화를 주장하는 데 이용됐기 때문이다.

뉴욕시-랜드연구소가 연구한 주택 정책 역시 논란을 폭발시키며 비당파적 연구 집단이라는 조직의 명성을 갈가리 찢어놓았다. 연구원들은 저소득의 백인 노인층뿐만 아니라 그들만큼 가난한 소수 인종 출신의 주민층이 늘어나는 도시에서 무척 민감한 주제인 임대료 통제개혁 문제에 달려들었다. 린지 시정부는 집주인들이 자기 자산을 개선하도록 장려하고 도심의 황폐화를 치유하기 위해 임대료 통제법을 손보려고 했다. 그러나 (상당수의 소수 인종 지도자들을 비롯한) 비판자들은 린지 시정부가 임대료를 올리고 가난한 세입자들을 사는 곳에서 쫓아내려고 한다고 생각했다. 1968년까지 재정적 유인책이 부재했던 탓에 뉴욕의 부동산 소유주들이 10만 개에 달하는 빈 주거단위(뉴저지 주의 전 인구를 수용할 수 있는 규모이다)를 방치해뒀다는 사실에도 불구하고 말이다.

뉴욕시-랜드연구소는 일련의 보고서를 통해 몇 가지 제한을 두되 자유시장에 의해 임대료가 정해지도록 하는 제안을 내놓았다.

복지 수혜 대상이 아닌 가구에게는 감당할 수 있는 액수와 최저 임대료 일람표 사이의 차액에 대해 임대료 증서가 발급될 것이다. …… 집주인은 (식품점 주인이 식량 배급표를 바꾸듯이) 이 증서를 시에 제출해 현금

으로 바꾼다. 시 당국은 건물이 규정 위반 사항이 없을 경우에만 증서를 현금으로 바꿔준다.[32)]

린지 시정부의 주택 담당 관리들은 원래 기밀로 분류되어 있던 임대료 통제 보고서의 존재 자체를 완강히 부인했다. 그렇지만 1969년 말경 지역사회 활동가들이 이 보고서에 관한 소문을 접하게 됐다. 1970년 2월, 결국 시장실은 이런 연구의 존재를 인정하면서도 아직 완성된 것이 아니라고 주장했다. 그로부터 채 열흘도 지나지 않아 『뉴욕타임스』는 랜드연구소의 권고안 전체를 설명하는 1면 기사를 내보냈다.[33)] 이번에도 역시 비판자들(장래의 뉴욕시장 에이브러햄 빔도 그 중 하나였다)은 뉴욕시-랜드연구소가 독립적인 분석 집단이기는커녕 시청의 지적 앞잡이 노릇을 하고 있다고 비난했다.

뉴욕시-랜드연구소의 보건과는 납중독, 성병, 간호사 양성 같은 분야에서 호평받은 연구를 수행했지만, 안정된 책임자가 없었기 때문에 권고안의 많은 부분을 실행에 옮기지 못했다.[34)] 이와 대조적으로 랜드연구소와 뉴욕소방청 사이의 제휴는 절대적인 성공을 거뒀다. 랜드연구소가 뉴욕시와 손잡은 곳 가운데 뉴욕소방청이 가장 중앙집권적이고 위계적이며 규율 잡힌 조직이라는 사실이 일정한 역할을 했다. 즉, 뉴욕소방청은 국방부와 가장 비슷한 환경을 제공했다. 뉴욕소방청은 당파 정치나 사회적 가치판단, 개인적인 윤리적 고려 등의 복잡한 문제에 아랑곳하지 않고 효율성을 추구할 수 있었던 것이다.

특히 뉴욕소방청에서 랜드연구소가 성공을 거둔 데는 조정과 행운이 작용했다. 랜드연구소는 뉴욕소방청 팀의 일원이 되려고 적극 노력하면서 연구자를 일선 소방서에 배치했을 뿐만 아니라 뉴욕소방청이 원하는 소방청의 임무와 관련된 결과물을 내놓았다. 허위경보 대응 횟수를 줄이고 전화응답 처리절차를 간소화한 것이다. 게다가 뉴욕소방청은 랜드연구소가 '미끄러운 물'을 제공한 데 대해 무척 고마워했다.

뉴욕시-랜드연구소의 수석 소방 연구자 에드워드 블룸은 몇 년 전 유니언카바이드라는 화학 회사에서 고문으로 일한 기술자였다. 블룸은 물에 첨가하면 호스를 통과하는 유속을 크게 높이는, 유니언카바이드의 중합체polymer를 알고 있었다. 1968년 블룸은 뉴욕소방청을 설득해 이 첨가제를 사용해보도록 했는데 결과가 굉장했다. 이 제품은 호스 내부의 마찰을 줄여 펌프 압력을 높이지 않고서도 분출되는 물의 양을 80퍼센트까지 증가시켰다. 미끄러운 물은 뉴욕소방청의 고정 재료가 됐고, 전국의 다른 소방기관도 곧 이 혁신적인 제품을 채택했다.35)

이런 다양한 연구는 뉴욕에는 유용했을지 몰라도 그 자체만으로는 뉴욕시-랜드연구소의 생명력을 연장시켜줄 수 없었고, 린지 뉴욕시장이 수많은 정치적 위기를 헤쳐 나가게끔 받쳐주지도 못했다. 1973년에 이르러 린지 뉴욕시장은 민주당으로 당적을 옮겼고, 대통령 후보 지명전에 나섰으나 탈락했다. 환상에서 깨어난 유권자들과 직면하고, 1965년에 적수들이 그랬던 것처럼 지쳐 버린 린지는 한때 낙천적으로 '환락의 도시'Fun City라고 불렸던 도시의 3선 시장에 도전하지 않았다.36)

신임 뉴욕시장 에이브러햄 빔은 1970년 시감사관으로 재직할 당시 린지 시정부가 외부 고문들에게 7천5백만 달러를 지출한 데 대해 맹공을 퍼붓고, 2백만 달러짜리 랜드연구소와의 계약 승인을 거부한 경력이 있었다. 이제 린지 대신 뉴욕시장 자리에 오른 빔은 어떤 자문 업무든 뉴욕시립대학교에 있는 자체 전문가들을 활용하면 된다는 시의회의 권고에 따라 랜드연구소와 진행하던 모든 연구를 종료시켰다. 뉴욕 시정부와의 마지막 계약이 만료되면서 연구진은 해체됐고 남은 인원은 샌타모니카의 본부로 옮겨갔다.37) 훗날 뉴욕 시정부와 랜드연구소가 협력한 또 다른 연구소가 1996년부터 2005년까지 새롭게 문을 열게 되지만, 이번에는 연구 분야가 비교교육연구로 제한됐다.38)

뉴욕시-랜드연구소의 경험을 통해 랜드연구소가 얻은 주된 교훈 가운데 하나는 당파성을 풍기지 않아야 한다는 것이었다. 1970년대부터 줄곧 랜드연구소는 정치적 울타리의 양쪽 모두에 자기편을 양성하려고 의도적으로 노력하면서 연구 분석에서 민주당이나 공화당 어느 쪽의 편도 들지 않았다. 로언의 지휘 아래 랜드연구소는 환경 정책, 통신, 방송, 교육 등에 관한 일련의 연구 프로그램에 착수했고, 오늘날까지도 계속하고 있다. 무엇보다도 뉴욕시-랜드연구소는 민간 부문과 군사 부문이 동등하게 연구소의 살림을 뒷받침하는 시대를 향한 길을 닦아줬다. 랜드연구소의 가장 빛나는 별 중 하나가 조직을 역사상 가장 커다란(그리고 가장 위험한) 논쟁에 빠뜨렸을 때, 이런 준비태세의 유용성이 입증됐다. '국방부 문서' 사건이 바로 그것이었다.

15장. 몰래 빠져나가다

1969년 10월 1일, 늦은 밤.

　대니얼 엘스버그는 제본한 문서를 닳아빠진 서류가방에 집어넣고 샌타모니카에 있는 랜드연구소 본부의 홀을 따라 초조하게 걷고 있다. 엘스버그가 들고 가는 문서에는 모두 '극비'라는 도장이 찍혀 있는데, 1945년까지 거슬러 올라가는 이 문서는 국방부에서 의뢰한 47권짜리 베트남전쟁 관련 연구논문의 일부이다. 문서 전체는 세상에 단 두 개만이 존재한다. 엘스버그가 하나를 갖고 있고, 다른 하나는 국방장관 멜빈 레어드의 집무실에 비밀리에 보관되어 있다. 이 문서는 미국의 동남아시아 개입의 역사를 추적하는 내용이지만, 엘스버그에게는 수십 년간의 지독한 기만을 낱낱이 서술한 증거이기도 하다. 엘스버그는 설사 자신이 반역자로 유죄 판결을 받은 채 여생을 감옥에서 보내는 한이 있더라도 유감스러운 이야기를 낱낱이 털어놓기로 결심을 굳혔다.

　1967년 이래 엘스버그는 기껏해야 유혈적인 교착상태로 귀결될 뿐인 베트남전쟁 관련 정책의 실패를 지적하며 정부가 전쟁을 그만두게 하려고 애썼다. 그러나 아무도 귀를 기울이지 않았다. 린든 베인스 존슨 대통령도, 로버트 맥나마라 국방장관도, 헨리 키신저 국가안보보좌관도, 심지어 랜드연구소의 상관들조차도. 변화란 후퇴를, 후퇴는 불명예를 의미한다고 여기는 미국 지도자들은 불명예보다 죽음을 택할 것이다. 존슨의 후임인 리처드 닉슨 대통령이 전쟁을 단계적으로 축소하겠다고 약속하고 북베트남과 평화회담을 진행하고 있기는 하지만, 엘스버그는 닉슨 대통령이 비밀주의를 통해 은밀히 전쟁을 계속하고 오히려 확대할 것임을 보여주는 비밀 전문을 봐왔다. 어쩌면 하노이에 핵폭탄을 떨어뜨릴지도 모른다. 이 광기를 막는 유일한 길은 전쟁의 역사 전체를 국민들에게 알리는 것이다. 미국의 이름으로 전쟁 범죄를 저지르는 사람들에게 온 나라는 혐오감을 느끼며 고개를 돌릴 것이 확실하다.

얄궂게도 이 전쟁사 프로젝트의 유일한 민간인 관리자였던 엘스버그만이 이런 일을 수행할 수 있다. 1967년 랜드연구소의 신임 연구소장이 된 헨리 로언은 맥나마라 국방장관에게 베트남의 '교훈'과 미국이 어떻게 동남아시아에 연루됐는지 연구하자고 제안했다.[1] 맥나마라 국방장관은 열렬하게 동의했다. 로언은 자기 심복인 엘스버그를 책임자로 앉혔다. 이제 엘스버그는 가장 친한 친구라고 부르는 사람에게 등을 돌리려 하고 있다. 아마 로언은 엘스버그의 자리를 뺏을 것이고 연방 관리에게는 최악의 경우로 보안자격도 상실할 터였다.

엘스버그는 그 날 밤 앤서니 루소와 만나기로 약속했다. 루소는 랜드연구소의 동료로 베트콩의 동기에 관한 연구 경험을 통해 동남아시아에서의 평화를 비관적으로 전망하게 된 상태였다. 루소의 여자친구 린다 시네이가 최신형 제록스 복사기를 갖춘 광고대행사 주인인데, 엘스버그와 루소는 이 복사기로 문서 전부를 복사해 의회와 언론에 넘겨줄 생각이다. 그러나 이 문서를 들고 나오기가 쉽지 않을 듯하다.

랜드연구소의 보안은 엘스버그가 몇 년 일했던 국방부보다도 더 빈틈이 없다. 엘스버그는 극비 전문을 가지고 국방장관실, 국무부, 백악관 등을 왔다갔다 하면서 보안 담당자의 곁눈질 한 번 받지 않았다. 그러나 랜드연구소에서는 이용하지 않는 모든 기밀자료를 비밀 금고에 넣어둔다. 엘스버그는 연구소 건물을 나설 때 검색을 받아 본 적이 한 번도 없지만, 오늘 밤도 그러지 않을 것이라고 믿을 이유는 전혀 없다.

심장이 고동치는 와중에 엘스버그는 로비 쪽의 보안문을 연다. 경비원 둘이 데스크에 앉아 있다. 데스크 뒤편 벽에는 제2차 세계대전 시절의 포스터들이 붙어 있다. "여기서 보고 여기서 말한 건 여기 놔두고 여기 남겨두라." 다른 포스터에는 경비원들이 운 나쁜 용의자를 심문하는 장면에 다음과 같은 문구가 쓰여 있다. "새로운 친구들을 만나고 흥미로운 장소를 방문하고 싶으세요? 그러면 금고를 열어두세요." 엘스버그는 유리문 앞에서 잠시 머뭇거리고는 한껏 용기를 내서 걸음을 내딛는다. 경비원 한 명이 고개를 들어 대충 훑어보더니 미소를 짓는다.

"잘 가요, 댄."

엘스버그는 빈손을 흔들고 고개를 끄덕이고는 세기 중반의 모더니즘 건물을 천천히 빠져나와 줄무늬가 있는 인도를 따라 주차장으로 간다. 길 건너 샌타모니카 경찰서 위로 청록색 하늘이 아련히 보인다. 들뜬 기분의 엘스버그는 알파로메오에 올라타 웨스트할리우드에 있는 루소의 아파트로 차를 몬다. 제한속도를 확실히 지키면서.

시네이의 광고대행사는 예술가 유형의 사람들에게 인기 있는 동네인 크레슨트하이츠와 멜로즈 거리가 만나는 모퉁이의 꽃집 위에 있다. 시네이는 두 사람을 데리고 철제 난간으로 된 외부 계단을 통해 사무실 문 앞으로 가서는 경보장치를 끄려고 열쇠를 꽂는다. 제록스 복사기는 크고 (당시로서는) 빠르지만, 엘스버그는 문서 보관본을 복사하려면 밤새도록 복사기를 돌려야 할 것임을 안다. 전쟁에 항의하기 위한 전국적 파업일인 '전쟁중지일'이 10월 15일로 예정되어 있는데, 이 행동을 위해 제 시간에 문서를 공개하고 싶다. 며칠 뒤 자신과 콘래드 켈런을 비롯한 랜드연구소의 몇몇 분석가들이 그 해 안에 미군이 베트남에서 철수해야 한다고 공개적으로 요구하는 서한을 『뉴욕타임스』에 보낼 예정인데, 이 문서를 그 안에 공개해서 서한에 무게를 더하고 싶다.

엘스버그는 훔친 문서들을 제본한 두툼한 책자들과 씨름한다. 한 번에 두 쪽씩 복사하기 위해 유리판에 대고 힘껏 누르지만 가운데 부분은 흐리고 삐뚤빼뚤하다. 책을 뜯어서 힘껏 누르는데 유리판 밑의 롤러가 페이지를 따라 움직일 때마다 유리 사이로 저 세상의 빛 같은 녹색 불빛이 새나온다. 엘스버그는 첫 번째 복사본을 정리하라고 루소와 시네이에게 건넨 뒤 다시 복사기로 온다.

탕탕, 유리문을 거칠게 두드리는 소리에 엘스버그가 동작을 멈춘다. 제복 차림의 경찰관 둘이 계단 꼭대기에 서 있다. 한 명이 엘스버그에게 문을 열라고 손짓한다. **맙소사!** 엘스버그는 머리를 굴리면서 어느새 자기가 발각된 것인지 놀라워한다. **이 친구들 대단한데? 어떻게 알았지?**

엘스버그는 재빨리 복사기 뚜껑을 닫아 복사하던 문서를 감춘다. 애들은 어떻게 될까 궁금해 하며 문으로 다가가면서 엘스버그는 '극비'라는 표시가 된 문서더미를 백지로 가린다.

"무슨 일이신지요, 경관님?" 엘스버그가 문을 열면서 묻는다.

"경보장치가 꺼져서요."

엘스버그는 최대한 침착한 표정으로 루소와 시네이를 쳐다본다.

"린다, 이 사람들이 당신을 좀 보자는데."

경관들이 들어온다.

"안녕, 린다. 또 그랬군요, 네?" 한 경관이 말한다.

"아이고 맙소사, 미안해요." 린다가 대꾸하면서 경관들을 맞이하려고 오는 동안 루소는 자기 앞에 있는 문서를 슬쩍 가린다. "그 망할 놈의 열쇠 때문이에요."

"아, 괜찮아요." 경관이 말한다. "그걸 교훈으로 삼으면 되죠."

"아, 그럴게요, 그럼요." 시네이가 약속한다.

경관들이 손 인사를 하고는 사무실을 나간다. 엘스버그, 루소, 시네이는 잠시 놀라서 말 없이 서로를 쳐다보고는 다시 일을 시작한다.[2]

16장. 아무리 겉모습이 바뀌어도

국방부 문서의 폭로는 랜드연구소에게 커다란 타격이었다. (헨리 로언과 앨버트 월스테터의 총아였던) 대니얼 엘스버그 같은 사람이 『뉴욕타임스』에 극비정보를 폭로했다는 사실은 결국 바리새인들과 운명을 같이하기로 결심한 성 바울이 성 베드로를 로마인들에게 넘겨주기로 했다는 것처럼 상상조차 할 수 없는 일이었다.

그러나 랜드연구소의 일부 사람들에게는 엘스버그에 관한 소식이 놀랍지 않았다. 1971년 6월 13일 월스테터 부부는 옥스퍼드대학교에서 딸과 소련학자 네이선 레이츠랑 점심을 먹던 중 국방부 문서가 공개됐다는 소식을 들었다. 잠시 침묵이 흘렀다. 이윽고 서로를 돌아보면서 누가 먼저랄 것도 없이 동시에 소리쳤다. "댄!" 그들은 대니얼이야말로 랜드연구소 사람 가운데 기밀정보를 일반 대중에게 공개할 유일한 인물이라고 생각했다. 레이츠가 비난의 말을 던졌다. "어쨌든 그 사람은 사십이 다 되어가는데 책 한 권 쓴 게 없어요." 레이츠는 엘스버그가 1차 자료를 『뉴욕타임스』에 넘기는 대신 자신의 주장을 종합해 베트남전쟁에 관한 전문적 연구 결과를 내놓았어야 했다고 생각했다.[1]

엘스버그가 국방부 문서 여러 권을 몰래 복사해 결국 공개하기까지는 3년이라는 시간이 걸렸다. 그동안 베트남전쟁은 최악으로 치달았다. 린든 베인스 존슨 대통령은 임기 마지막 몇 달 동안 파리에서 북베트남과 협상을 개시하며 북베트남 폭격을 중단했다. 후임 대통령인 리처드 닉슨은 하노이와 공식 접촉을 계속하면서 참전 미군의 규모를 단계적으

1973년 1월 17일 대법원 앞에서 인터뷰를 하고 있는 대니얼 엘스버그(앞)와 앤서니 루소(뒤). 엘스버그와 루소는 간첩죄·절도죄 등 12개 죄목으로 기소됐고(형량을 모두 합하면 115년에 달했다), 맨처음 국방부 문서를 공개한 『뉴욕타임스』는 15일간 정간 조치를 당했다.

로 축소하기 위해 '[베트남전쟁의] 베트남화' 프로그램에 착수하긴 했지만, 이미 미군 병사 1만5천 명 이상이 전장에서 죽은 뒤였다. 게다가 전쟁은 계속 확대되고 있었다. 1970년 미군 폭격기들이 인접한 캄보디아를 폭격했고, 육군 장군 론 놀은 미국의 지원을 등에 업고 노로돔 시아누크 왕자를 몰아냈다. 이듬해 남베트남 군대가 북베트남 부대를 추격하는 와중에 라오스를 침략했다. 어느 때보다도 더 많은 민간인 사상자가 발생했고, 전쟁은 전혀 수그러들 기미가 보이지 않았다.[2]

미국에서는 반전 정서가 확산되면서 나라 전체가 두 쪽으로 갈라졌다. 1968년 당시 전쟁을 끝낼 계획이 있다고 말하면서 취임한 닉슨은 거의 존슨만큼이나 인기 없는 대통령이 되어 있었다. 닉슨 대통령에 대한 국민의 신뢰는 50퍼센트로 떨어졌고, 전쟁에 대한 지지는 34퍼센트로 추락했다. 국민의 절반 이상이 베트남전쟁은 "도덕적으로 잘못됐다"고 생각한 것이다. 자신들이 자행하고 목격한 파괴의 악몽에 시달리던 베트남 참전 군인들은 이제 반전 시위를 이끌었다. 1971년 4월 워싱턴 D.C.에서는 시위대 20만 명이 대규모 집회를 열어 이틀 동안 사실상 도시 전체가 마비됐고, 이에 당황한 닉슨 대통령은 밖으로 나와서 군중 가운데 일부와 말을 나누기도 했다. 당시 주요 연사 가운데 한 명이었던 해군 장교 출신의 존 케리는 훗날 매사추세츠 주 출신 상원의원이 되고 2004년에는 민주당 대통령 후보로 출마한다. 동료 참전 군인들을 대표해 유창하게 연설한 케리는 "이 야만적인 전쟁의 최후의 흔적까지 찾아내서 뿌리를 뽑아버리겠다"고 약속했다.[3] 따라서 미국 국민들은 엘스버그가 베트남전쟁이라는 수렁에 관한 경고를 제멋대로 무시한 정부 관리들의 기만을 폭로하자 열렬하게 환영했던 것이다.

엘스버그가 정말 배신자임이 확인되자 로언은 보안이 뚫린 데 책임을 지고 물러났다. 엘스버그의 직속 상관인 경제학과 책임자 찰스 울프 2세는 그로부터 30년이 넘은 뒤에도 이 사건에 대해서 여전히 독설을 쏟아냈다. 무엇보다도 울프는 닉슨 대통령이 이미 베트남에서 미군을 철수시키겠다고 약속한 점을 감안하면 엘스버그의 행동은 이성적이지 못했다고 경멸적으로 단정지었다.[4] 울프가 보기에 엘스버그의 업적이라곤 자신을 길러주고 재능을 키워준 랜드연구소의 명성을 손상시킨 것뿐이었다. 로언의 후임 연구소장인 도널드 B. 라이스는 지금도 엘스버그가 범죄를 저질렀다고 믿고 있다. "도덕적인 측면에서 보면 분명 그렇지요. 직업상 의무라는 점에서도 분명 그렇고. 법적으로 범죄인지 아닌지는 모르겠소이다. 그건 법률가들이나 법원에서 판단할 일이니."[5]

그렇지만 랜드연구소의 분석가들 가운데 엘스버그만 이 비밀 보고서를 공개할 생각을 했던 것은 아니다. 국방부 문서 작업에 참여한 연구원들 가운데 적어도 두 명이 랜드연구소의 전前 직원에게 자신들이 직접 언론에 자료를 건네주지는 못했지만 엘스버그의 행동을 보고 기뻐했다고 털어놓았다.6) 콘래드 켈런은 이렇게 말했다. "그건 순전히 광기였고, 우리는 어떻게든 막아야 했어요."7)

샌프란시스코 베이에어리어에 있는 널따란 집에서 인터뷰를 한 엘스버그는 국방부 문서를 공개하기까지 몇 년 동안 친구·가족의 요구와 양심의 요구 사이에서 커다란 심적 갈등을 겪었다고 토로했다. 1969년 베트남전쟁에 반대하는 랜드연구소의 분석가들이 서명한 편지가 공개되면서 이미 엘스버그와 월스테터의 관계는 끝장 나 있었다. 랜드연구소의 배후 인물인 월스테터 역시 베트남전쟁에 반대했을 수도 있지만, 정통 경로를 벗어난다는 것은 생각만 해도 몸서리쳐지는 일이었다.

"앨버트 월스테터와 헨리 로언은 제일 친한 친구였습니다. 앨버트는 좀 아버지 같고, 헨리는 형 같았고. 아무튼 앨버트는 [이 서한으로] 내가 헨리를 배신했다고 생각했습니다. 헨리가 그걸 승인한 사실을 전혀 몰랐던 것이지요. 내가 이 사실을 알려주자 월스테터가 이렇게 대꾸하더군요. '헨리가 대낮에 길거리에서 거시기를 내보이라고 하면 그렇게 하겠나?' 그래서 나는 이렇게 대답했습니다. '이 일이 당신한테는 그 정도라는 거죠, 앨버트? 그저 노출증일 뿐이라는 건가요?'"

엘스버그와 월스테터는 그 사건 이후 다시는 말을 섞지 않았다. 2년 뒤 국방부 문서가 공개되면서는 로언과의 관계도 끝장이 났다.

엘스버그에게 비밀 연구를 공개하기로 한 결정은 평생을 일할 생각이던 랜드연구소와의 고통스러운 결별을 의미했다. "국방부 문서 사건 전까지는 대학으로 돌아갈 생각이 전혀 없었지요. 랜드연구소는 지식인에게 완벽한 곳이었습니다. 랜드연구소의 작업 환경은 이상적이었고, 강의를 할 필요도 없었지요. 유유자적한 생활이었습니다."8)

연방수사국이 엘스버그가 민주당 의원들에게 국방부 문서 사본을 전달했다는 사실을 밝히자마자 엘스버그의 파르나소스 산*은 사실상 종말을 고했다. 닉슨 대통령이 국가기밀 누설죄로 엘스버그를 기소하라고 법무부에 지시한 것과 동시에 엘스버그는 랜드연구소를 그만뒀다. 국방

백악관 인사들이 워터게이트 사건에 연루되어 있음을 인정한 리처드 닉슨 대통령의 텔레비전 담화를 시청하고 있는 백악관 기자들(1973년 4월 30일).

부 문서를 공개한 신문사에게 내려진 일련의 경고령은 엘스버그와 동료들이 더 많은 언론사에 이 문서를 배포하도록 만들 뿐이었다. 결국 연방 대법원은 법무부의 결정을 뒤집고 공개를 허용했다.

닉슨 대통령은 타격을 입은 자신의 명성을 만회하기 위해 '배관공들'이라고 알려진 특별 비밀집단에게 "새는 곳을 틀어막으라"는 지시를 내렸다. 닉슨 대통령의 특별 법률고문 찰스 콜슨, 전 중앙정보부 요원 E. 하워드 헌트, 은퇴한 연방수사국 요원 G. 고든 리디 등은 온갖 불법 활동에 관여하는 공작원들을 모았다. 저명한 언론인과 배우 등의 '적목록'을 작성하고, 엘스버그의 정신과 의사 사무실에 침입해서 엘스버그가 접촉하는 사람들에 관한 추가 정보를 수집하는 것 등이 이 배관공

---

* Mount Parnassus. 그리스 중부, 코린토스 만 북부(델포이)에 있는 산. 그리스 신화에 의하면 아폴로, 예술과 창조의 여신들인 무사 등의 영지(靈地)이다.

들의 주된 임무였다. 결국 그들은 워싱턴 D.C.의 워터게이트 빌딩에 있는 민주당 전국위원회 본부를 몰래 들어가서 훗날 '워터게이트 사건'이라고 알려지는 헌정 위기 사태를 야기하게 된다.

워터게이트 사건 담당 검사 얼 실버트를 통해 닉슨 행정부가 엘스버그의 정신과 의사 사무실에 대한 불법 침입을 승인한 사실이 판사에게 전해지자, 결국 엘스버그가 정부 정보를 불법적으로 복사했다는 정부의 고발은 기각됐다. 엘스버그의 기대와 달리 국방부 문서가 공개됨으로써 베트남전쟁이 곧바로 종식되지는 않았다. 그렇지만 닉슨 대통령에 대한 탄핵절차가 시작되는 토대가 마련됐다. 닉슨 대통령의 보좌관 H. R. 할드먼은 베트남전쟁이 없었더라면 워터게이트 사건도 없었을 테지만, 또한 엘스버그가 없었더라면 워터게이트 사건도 없었을 것이라고 말했다.9) 워터게이트 사건 이후 힘을 얻은 민주당은 의회를 장악해 전쟁 확대를 위한 예산을 삭감했다. 그로부터 2년도 지나지 않아 사이공은 북베트남에 함락됐다. 결국 호치민이 승리를 거둔 것이다.

그 후 몇 십 년 동안 엘스버그는 유명한 연사, 이름난 작가, 대중적인 지식인이 됐다. 최근의 어느 인터뷰에서 엘스버그는 이따금 다시 랜드연구소에서 일하는 꿈을 꾼다고 털어놓았다. 정상적인 꿈이기도 하고 악몽이기도 한 꿈이었다. 그러나 지금까지도 엘스버그는 샌타모니카 본부에서 기피인물이다. 최근에는 옛 친구들과 잡담하러 랜드연구소에 들어갔다가 경영진에게서 즉시 건물 밖으로 나가라는 요청을 받았다.10)

30대 초반에 모범생 차림의 골퍼였던 도널드 라이스는 랜드연구소에서 분석가로 일하다가 행정부 산하 관리예산국 부국장으로 자리를 옮겼다. 라이스로서는 놀랍게도, 로언이 물러난 직후인 1972년 랜드연구소 이사회 대표들이 신임 연구소장을 맡아달라고 접촉해왔다. 지금까지도 라이스는 왜 자기가 선택됐는지 확실히 알지 못한다.

라이스는 연구소장으로 취임하면서 자신의 첫 번째 책임을 엘스버그가 남기고 간 "혼란을 정리하는 것"이라고 봤다. "국가적으로 중요한

한 조직이 터널 속으로 빠져버려서는 안 된다고 확신했습니다. 많은 절망이 있었고, 이 조직이 어떻게 될 것인지 걱정도 많았지요." 라이스는 때로 백악관이 아예 랜드연구소를 폐쇄시킬까봐 염려했다. "백악관 수석 참모 보브 할드먼은 아마 할 수만 있다면 정치적 보복을 했을 겁니다. 관리예산국 국장 조지 슐츠[훗날의 국무장관]가 대통령과의 2 대 1 회동을 주선해줬기 때문에 닉슨 대통령은 행정부 고위직에서 일했던 사람이 랜드연구소를 운영할 것이라는 사실을 알게 됐지요."

국방부 문서가 공개되면서 나타난 직접적인 결과 가운데 하나는 랜드연구소의 보안조치가 강화된 것이었다. 얼마 동안 누구든지 샌타모니카 본부를 나올 때는 검색을 받았다. 직원들은 직접 복사를 하지 못하게 된데다가 새롭게 보안교육도 받았다. "여러분이 랜드연구소에서 보고 듣고 쓰는 것은 영원히 연구소의 자산"이라는 내용이었다.[11]

또 다른 결과는 랜드연구소가 하나의 기관으로서 1960년대에 얻은 영광을 일부 잃었다는 것이다. 조만간 랜드연구소가 정책 형성과 거리가 먼 민간 부문의 연구집단으로, 즉 부즈앨런해밀턴Booz Allen Hamilton 같은 컨설팅 회사로 변신(다른 관점에서 보면 추락)할 것이라는 말들이 나돌았다.[12] 라이스는 랜드연구소의 증표와도 같은 기초 연구라는 대의를 촉진시키는 것보다 조직 유지를 위해 보조금을 확보하는 데 더 관심이 많은 불간섭 방침의 경영자라는 비판을 받았다.

사실 1970~80년대 동안 랜드연구소는 라이스의 지휘 아래 20세기 말과 21세기 초 이뤄진 조직 발전에 결정적 역할을 하는 여러 분야, 즉 주거보조, 교육개혁, 테러리즘, 개발도상국의 가정생활, 형법체계 개선, 마약예방, 이민 등의 연구 분야에 매진했다. 랜드연구소는 정치적 연줄을 만들고, 선구적인 연구를 후원했으며, 워싱턴 D.C.의 가장 높은 권력의 사다리와 연구소를 다시 한 번 연결시켜줄 인재들을 양성했다. 그리하여 조직의 황금시대에 버금가는 백은시대를 가져왔다. 라이스가 알고 있었던 것처럼, 워싱턴 D.C.에 친구가 있으면 여러모로 도움이 된다.

몇 년 동안 라이스는 랜드연구소의 명성을 다시 쌓아올리는 과정에서 아주 좋은 친구의 도움을 받는 행운을 누렸다. 1973년 닉슨 대통령이 국방장관으로 임명한 랜드연구소의 분석가 출신 제임스 슐레진저가 그 주인공이었다. 싹싹한 성격에 파이프 담배를 즐기는 경제학자로 자식이 일곱 명에 사람을 홀리는 부드러운 목소리의 소유자였던 백발의 슐레진저는 1961년 랜드연구소에 몸을 담았다. 랜드연구소에 늦게 결합한 슐레진저는 얼마 지나지 않아 대항력이라는 가훈을 받아들인 전향자로 변신, 1967년에는 군축의 목표 가운데 하나가 "전쟁을 도시 목표물보다 군사 목표물을 겨냥하는 저강도 수준으로 유지하는 것"이라고 썼다.[13] 1969년에 이르러 슐레진저는 랜드연구소의 전략연구프로그램을 지휘했고, 토머스 셸링의 저작에 영향을 받아 통제된 핵전쟁에 관해 단행본 분량의 논문을 썼다.

로언이나 라이스처럼 슐레진저 역시 관리예산국에서 견습생 시절을 보내다가 다른 정부 직책으로 옮겼다. 1973년 4개월 동안 중앙정보부장을 맡다가 곧 국방장관으로 영전된 것이다.[14] 겨우 마흔셋의 나이로 국방장관에 임명된 슐레진저가 옛 동료들을 하도 많이 정부 각급 부처에 집어넣은 탓에 혹자는 그들을 "랜드연구소 동창생 집단"이라고 불렀다.[15] 거미줄처럼 얽힌 고문들과 친구들은 라이스가 지금까지 랜드연구소에서 국가안보 분야 이외의 가장 성공적인 연구 중 하나로 손꼽히는 연구를 개시하는 데 큰 도움이 됐다. '의료보장실험'이라는 단순한 이름으로 여러 해 동안 진행된 광범위한 프로젝트가 그것이다.

1970년대 초, 존슨 대통령의 '위대한 사회' 프로그램이 마침내 닉슨 대통령에 의해 완수됨에 따라 의료보험의 비용과 효율성을 둘러싸고 커다란 논쟁이 벌어졌다. 1965년 메디케어가 신설된 뒤 정부가 서비스를 신청하는 사람들의 물결에 대처하려 함에 따라 과학저널, 신문, 의회 등에서 비용 분담(가령 의료비의 환자부담금과 공제액*)의 효과에 관한 근본적인 질문이 검토됐다. 한 사람이 얼마나 내야 하나? 공제액이 있다는 사실을 알아도 사람들이 의료서비스를 많이 이용할까? 의료서비스 이용과 환자부담금 사이에 상응관계가 있을까? 만약 그렇다면 해당 부담자의 건강과 국민 일반의 건강은 어떤 관계일까?[16]

당시에는 의료비 분담의 효과를 확실하게 보여주는 과학적 자료가 거의 없었다. 심지어 일부 비판자들은 사람들에게 치료비를 내게 하는 것이 "푼돈을 아끼려다 큰 돈을 잃는 셈"이라고 말하기까지 했다. 환자들이 심하게 아파서 입원할 때까지 비용 때문에 병의 치료를 꺼릴 것이라는 말이었다. 게다가 넉넉한 의료보험이 있는 사람들이 그 때문에 의료서비스를 더 많이 이용하는지, 아니면 애초부터 일반 사람들보다 더 아프기 때문에 의료보험에 가입한 것인지도 알기 어려웠다.

닉슨 행정부는 비용 분담의 효과(신설된 건강관리기구**가 개인의 건강과 의료서비스 이용에 미치는 효과)에 관한 결정적 질문에 답해줄 수 있는 실험을 수행하려고 랜드연구소와 계약했다. 랜드연구소는 자체 보건과를 통해 전국 6개 지역의 5천 명 이상을 아우르는 보험회사가 됐고, 이 사람들을 13개의 각기 다른 비용 분담 플랜에 등록시켰다. 모든 플랜은 중산층과 부유층 가구에 대해 1천 달러의 환자부담금 상한선을 두었고, 빈곤층 가구에는 소득과 연동된 상한선을 두었다. 13개의 플랜 중 세 개는 공제액*이 전혀 없는 대신 일정 범위의 의료서비스에 대해 각각 25, 50, 95퍼센트의 공동보험료***를 부과했다. 사람들이 외래 치료보다 무상 입원을 선택하는지 알아보려고 실시된 어느 플랜은 외래 치료에 1백50

---

* Deductible. 의료보험의 조항 중 하나로, 해당 보험이 적용되기 시작하는 기준 액수를 말한다. 예를 들어 내 의료보험에 공제액이 2백만 원으로 설정되어 있다면, 보험회사는 이 금액이 넘어서는 시점부터 보험을 적용한다.

** Health Maintenance Organizations. 민간 의료보험의 일종으로 개인·기업 가입자가 연 가입비를 내고 포괄적인 보건의료 서비스를 받는다. 건강관리기구는 보건의료 제공자를 직접 고용하거나 계약을 체결한다.

*** Coinsurance. 환자가 의사 혹은 병원의 청구금액 중 일정 '비율'을 부담하는 것. 이와 달리 환자부담금(copayment)은 일정 '금액'을 환자 자신이 부담하는 것이다.

달러의 공제액을 설정하고 입원 치료는 무상으로 제공했다. 1982년 현장조사를 종결한 이 연구에는 현재 가치로 환산해 약 2억5천만 달러가 소요됐다. 이 정도 규모의 연구는 유례가 없는 일이었다.

충분히 예상된 바였지만 이 연구의 일부 결론은 적지 않게 직관과 반대되기도 했다. 성인 가운데 무상 치료로 건강이 개선된 사람들은 저시력자나 고혈압이 있는 저소득층 사람들뿐이었다. 비용 분담은 전체적인 의료비 지출을 줄이긴 했지만 현금 지출액과 이용량도 줄였다. 즉, 비용 분담은 저렴한 가격의 의료서비스를 찾는 환자들의 수가 아니라 의료서비스 비용의 총액을 줄인 셈이다. 비용 분담 이후 부유층과 빈곤층 모두 의료서비스 이용이 비슷하게 줄어들었지만, 가난한 사람들은 1년에 병원을 찾는 횟수가 준 반면 입원 횟수는 늘어났다. 마지막으로, 처음에는 가난한 사람들이 중산층이나 부유층에 비해 이 플랜을 더 많이 이용했지만, 치과와 일반 병원 치료에 대한 반응은 비슷했다. 아마도 치과 치료를 받을 만한 충분한 돈이 없었기 때문일 것이다. 또한 이 연구는 정신과 치료가 보험의 영향을 많이 받는다는 사실을 밝혀냈다. 보험 적용을 받지 못하는 사람은 보험을 완전히 적용받는 이들에 비해 심리 치료나 정신과 치료를 받는 비율이 25퍼센트에 불과했다.

이 연구에서 가장 놀라웠던 결론은 비용 분담이 각기 다른 플랜에 속해 있는 사람들의 건강을 서로 비교해보니 크게 의미 있는 차이가 있지는 않았다는 사실이다. "정기 의료 심사(자궁 세포진 검사, 유방 및 직장 검사)는 무상 치료와 함께 더 나아졌지만, 치실 사용을 제외한 다른 건강 습관(운동, 식사 조절, 흡연)은 악화됐다."[17]

보험업계와 연방정부는 랜드연구소의 연구에 담긴 메시지를 놓치지 않았다. 요컨대 환자에게 무상 의료보호를 해주지 않아도 되는 이유가 생긴 것이다. 환자에게 비용을 지불하게 해도 의료서비스의 질이 떨어지지 않으니 말이다. 1982년 이 연구의 잠정적인 결론이 발표됐을 때 당시의 보험 플랜 중 30퍼센트만이 병원 서비스에 대해 공제액을 설정했다. 1984년에는 그 비율이 63퍼센트였고, 1987년에 이르면 90퍼센트가 됐다. 사실상 오늘날에는 공제액 설정이 보편적이다. 그 기간 동안 보건과 의료에 관한 랜드연구소의 다른 연구들은 국민의료보험이 삶의 질을 개선하기는 하지만 반드시 기대수명을 연장해주지는 않으며, 보험료를 많이 내는 사람들의 경우에 외래 치료 요구가 줄어드는 반면 보험료와 상관없이 입원 치료 이용은 꾸준한 수준을 유지한다는 결론을 내리게 된다. 결국 랜드연구소의 보건과는 민간 의료 정책을 연구·분석하는 미국 최대이자 세계에서도 손꼽히는 프로그램이 된다.[18]

또한 라이스의 재임 중에 랜드연구소는 외국에서 수행하는 프로젝트를 추진하기 시작해 네덜란드에서 가장 큰 성공을 거뒀다. 1970년대에 네덜란드 정부는 오스터셸드 삼각강三角江을 주기적인 홍수에서 보호하는 방법을 찾아달라는 내용(비교적 간단할 것으로 예상된 조사연구)으로 랜드연구소와 계약을 맺었다. 연구가 마무리될 즈음, 랜드연구소 연구원들은 네덜란드 정부를 설득해서 세계 최대의 인공댐 건설에 착수하도록 했다. 겨우 4백 년에 한 번 일어날까 말까 한 폭풍해일을 막기 위해 고안된 기적 같은 토목공사였다. 이와 같은 작업은 1980년대 초반에 물 부족, 염분, 수질, 범람 등의 문제를 다루는 네덜란드의 종합적인 물 관리 정책 분석으로 귀결됐다.[19] 이런 선구적인 작업이 가능했던 것은 일정 부분 유럽에 경쟁 상대가 없기 때문이었다.

"세계 어느 곳에도 랜드연구소 같은 조직은 없습니다. 우리는 광범위한 체계분석을 제공할 수 있었고, 네덜란드 정부는 왜 투수성 장벽을 만들어야 하는지 국민들에게 설명할 수 있었지요."[20] 최근 라이스가 한 말이다. 네덜란드에서의 이런 성공 덕분에 랜드연구소는 다른 유럽 나라들에서도 쉽게 작업을 맡을 수 있었다. 현재 진행 중인 대표적인 연구로는 영국 정부를 위한 인터넷 동영상 규제 자문, 유럽인간생식학회를 위한 수정률 연구, 캘리포니아공과대학교와 매사추세츠공과대학교에 대항하기 위한 유럽위원회의 유럽공과대학 설립 지원 등이 있다.[21]

여전히 말쑥하고 건강한 라이스는 현재 암 치료약을 개발하는 의료 연구기관인 샌타모니카 소재 에이전시스의 신임 회장이다. 랜드연구소의 현직 이사이기도 한 라이스는 다국적 에너지 회사인 셰브런, 바이오테크놀로지 회사인 암젠, 금융서비스 회사인 웰스파고 등의 이사이기도 하다.[22] 랜드연구소 재임 뒤 공군장관으로 임명된 라이스는 페르시아만전쟁 당시 바그다드에 처음 떨어진 '스마트 폭탄'의 방아끈을 액자에 담아 사무실 벽에 걸어놓고 있다.

1989년 라이스가 연구소장을 그만둘 때까지 비군사 부문 연구의 양이 늘어나긴 했지만 국가안보 연구가 중단된 것은 아니다. 사실 라이스의 재임기에 랜드연구소는 공군과 완전히 화해하고, 지상군 문제를 다루는 연구소 아로요센터를 설립해 각 군 사이의 경쟁관계에 다리를 놓으면서 정점에 달하게 된다. 원래 육군은 이 연구소를 패서디나에 있는 캘리포니아공과대학교에 두었다. 제트추진연구소와 대학의 제휴관계를 활용해 연구를 수행하기 위해서였다. 그런데 1982년 대학 교수진이 정책 권고를 검토할 기회를 주지 않는다면 대학의 이름을 이용하지 말라고 이의를 제기함에 따라 육군의 계획은 물거품이 됐다.

"거길 유지할 수 없게 되자 육군은 곤경에 빠졌지요." 라이스의 회상이다. "그전부터 육군참모차장 프랭크 스토먼과 개인적인 친분이 있었는데, 그 사람들을 설득해서 랜드연구소로 오게 했습니다. 공군은 대체로 그 문제에 대해 낙관적이었어요. 우리는 이미 국방장관실을 위해 작업을 해뒀지요. 정부에 속한 다른 부문의 일을 하면서도 별 충돌 없이 그들의 문제도 처리할 수 있다는 증거를 보여준 겁니다."[23] 요컨대 '신동들'이 일으킨 맥나마라 혁명은 이제 제도로 자리를 잡았다. 육해공군이 마침내 서로 공유하고 함께 가는 법을 배운 것이었다.

라이스가 남긴 다른 주된 업적은 훗날 미국 최대의 사립 정책대학원으로 성장하는 파디-랜드대학원을 공식적으로 설립한 것이었다. 카네기재단은 이 대학원을 하버드대학교, 캘리포니아대학교 버클리 캠퍼스,

카네기멜런대학교 등에 있는 비슷한 대학원들과 비교하며 호의적으로 평가했다. 파디-랜드대학원의 독특함은 랜드연구소 분석가들과의 협력 아래 학생들이 직접 현실 세계의 문제를 다뤄보도록 한다는 데 있다. 처음에 이 대학원은 단 네 개의 주요 영역을 중심으로 핵심 교과과정을 편성했다. 거시경제학, 미시경제학, 사회학, 기술과학이 그것이었다. 설립 직후에는 소련 연구라는 세부 전문 영역이 두드러졌다.[24]

랜드연구소는 레이츠를 비롯한 랜드연구소 소련학자들의 초기 작업에 기초해(그러나 소련에 대한 이 분석가들의 케케묵은 종말론적 견해는 무시했다) 세계에서 으뜸가는 민간 소련연구소로 변신했다. 이곳에서 배출된 가장 유명한 졸업생은 아마 샌타모니카에서 여름 동안 인턴으로 일한 미래의 국무장관 콘돌리자 라이스일 것이다. 대부분의 졸업생처럼 라이스도 인턴을 끝내고 연구직을 얻으려고 했을 테지만, 현재 랜드연구소에 있는 어떤 이의 말을 빌리면, "라이스는 직원감이 아니었다."[25] 즉, 라이스는 익명의 연구자가 되기에는 지나치게 야심이 컸다는 것이다. 랜드연구소에서 여름 동안 일하고도 채용 제안을 받지 못한 장래의 국방차관보 폴 월포위츠도 마찬가지였다. 그러나 라이스가 정책 입안 분야의 높은 사다리를 올라가자 랜드연구소는 이사회에 결합해달라고 라이스를 초빙했고, 라이스는 1991~97년 이사로 일했다.

엘스버그의 말처럼 랜드연구소의 영향력은 자체 발간한 정책보고서들보다 그 문을 통과한 사람들을 통해 더 뚜렷이 드러난다. 1970년대부터 줄곧 수많은 대외 정책 지도자들이 필수 과정이라도 되는 양 샌타모니카에서 시간을 보냈다. 랜드연구소에서 연구한(그리고 일자리를 얻은) 사람들 가운데 대표적인 인물로는 『역사의 종말과 최후의 인간』의 저자인 영향력 있는 역사가 프랜시스 후쿠야마, 훗날 랜드연구소 부연구소장에 오르는 저명한 테러리즘 전문가 브루스 호프먼, 월스테터의 심복으로 파디-랜드대학원 원장과 아프가니스탄·이라크 주재 대사를 역임하고 훗날 유엔 주재 대사가 되는 잘마이 칼릴자드 등이 있다.

그리고 라이스 재임 중에 랜드연구소와 공식적으로 관계를 맺은 도널드 럼스펠드가 있다. 아마 미국 역사상 가장 논쟁적인 국방장관일 럼스펠드는 닉슨 대통령의 경제기회국 국장으로 임명된 때부터 사실상 랜드연구소의 분석가들과 손을 잡았다.[26] 게다가 1977년부터 2001년까지 랜드연구소 이사회 성원이었고 두 차례나 의장을 지냈다. 럼스펠드는 조지 W. 부시 대통령의 내각에 들어가려고 떠났을 뿐이다.[27]

1989년 공군장관이 되기 위해 랜드연구소를 떠났던 도널드 라이스는 능란한 정치적 공고화의 시대를 되돌아볼 수 있었다. 라이스는 랜드연구소가 엘스버그 사건에서 살아남는 데 힘을 보탰을 뿐만 아니라 대외 정책과 군사 연구에서 많은 구상을 실현했다. 이런 구상들이 '레이건 시대'를 가능케 만들었다. 소련의 붕괴 역시 그 결과물이었다.[28]

17장. B팀의 공격

앨버트 월스테터는 발언권을 포기하려 들지 않았다. 베벌리윌셔 호텔 댄스홀의 연단에 선 월스테터는 도표를 등에 업은 채 데탕트를 사납게 비난했다. 세계가 위태로운 지경이고, 미국은 가장 큰 위험에 처해 있으며, 월스테터는 한 판 싸우지 않고는 내려오지 않을 기세였다.

1974년 그 해 여름 월셔 대로에 있는 이 스페인 바로크풍 호텔 바깥의 향기로운 베벌리힐스에서는 또 하루의 눈부신 아침 햇살이 퍼졌다. 로데오 거리는 막 영업을 시작했고, 리무진과 벤츠에 탄 스타들이 브런치를 먹으러 르돔나 라스칼라 같은 레스토랑으로 향했다. 세계 최대의 엔터테인먼트 관련 대행사인 윌리엄모리스에이전시의 에이전트들은 인적 없는 영화 스튜디오에서 할리우드의 젊은 유명 인사들을 습격할 다음 계획을 세웠다. 흑인 최초로 로스앤젤레스 시장에 오른 신임 시장은 시를 진정한 세계 일류 도시로 만들겠다고 약속했다. 워터게이트 사건은 당시 동부 연안의 제도권을 뒤흔들긴 했지만 지역 정치 풍경을 크게 바꾸지는 못했다. 격변의 드라마에 익숙한 캘리포니아 사람들은 닉슨 행정부가 서서히 붕괴되는 과정에 별로 눈길을 주지 않았다.

그러나 월스테터가 저항을 택한 곳은 미국식 이상향理想鄕인 바로 이곳의 가장자리였다. 그 날 아침 월스테터는 친구인 폴 니츠가 소련과의 제2차 전략무기제한협정에서 손을 뗐다는 뉴스를 접했다. 워터게이트 사건으로 분위기가 악화되면서 니츠에게 비난이 쏟아졌던 것이다. 리처드 닉슨 대통령과 헨리 키신저 국무장관은 워터게이트 사건이라는 위기에서 사람들의 관심을 돌리기 위해 그 무엇이 됐든지 소련과의 협정을 맺고 싶었을 뿐이었다. 반백이 다된 대외 정책의 베테랑 니츠는 이런 분위기라면 소련과의 교섭으로 국가안보가 향상될 전망이 거의 없으며, 따라서 자신은 빠지겠다고 말했다.[1]

과거에 경종을 울렸을 때 그랬던 것처럼 월스테터는 선별된 청중, 즉 대외 정책과 관련된 제도권의 선구자들을 상대로 발표를 했다. 전날 밤 랜드연구소 시절의 동료 제임스 딕비의 집에서 열린 만찬 자리에서 이미 사정을 살핀 상태였다. 스파나코피타[시금치를 넣어 구운 그리스식 파이], 데친 연어, 밥을 곁들인 바스크식 닭볶음, 자발리오네[계란 노른자, 설탕, 포도주 등을 재료로 만드는 커스터드 비슷한 디저트] 같은 요리에 1971년산 슈타인베르거 슈패틀레제 와인과 최상급인 1964년산 클로부조 와인을 곁들인 이 날의 만찬에서 월스테터는 음식과 주장 둘 다를 음미할 줄 아는 사람들을 상대로 자신이 늘 입에 달고 사는 '준비태세'에 관한 복음을 설교했다. 신디케이트 칼럼니스트 조지프 크래프트, 『월스트리트저널』의 주필 로버트 L. 바틀리, 『타임』의 편집차장 제이슨 먹매너스 등이 바로 그 만찬 자리에 있었다.

이 날의 만찬과 월스테터의 연설은 그 뒤 6년 동안 월스테터가 전국 각지의 공개 포럼을 돌며 지칠 줄 모르고 벌이는 장기 캠페인의 준비운동에 불과했다. 그 날 아침 호텔 댄스홀에서 월스테터는 미사일 격차의 유산, 즉 미국이 습관적으로 소련의 힘을 과대평가한다는 정책 분야 지식인들의 통상적인 믿음이 일종의 신화라고 선언했다. 월스테터는 소련 무기의 규모, 비용, 살상능력 등이 한결같이 **과소**평가된다고 경고했다. 월스테터는 기밀 해제된 수치를 인용하고 그래프와 도표로 자신의 주장을 보여주면서 끊임없이 얘기했다. 여기저기서 눈짓과 턱짓을 하고 말을 막아도 자리에 앉거나 발언권을 양보하려 들지 않았다. 동료들을 일깨우기 위해, 즉 캘리포니아군축세미나의 여러 주제 중 하나를 진지하게 토론하려고 모인 학자·관료 40여 명에게 행동을 북돋우기(적어도 숙고를 촉구하기) 위해 의도한 행동이었다. 토론 주제는 '광기/상호확증파괴MADness의 대안'(핵전쟁 발발시 미국이 공식 목표로 삼은 정책인 상호확증파괴*의 머리글자 'MAD'를 빗댄 말장난), '무기제한 환경 속의 미 전략 방위태세,' '최악의 경우에도 절대 해선 안 되는 일에 관해 한 마디 더: 확증파괴공격' 등이었다.

그렇다. 월스테터는 이제 랜드연구소 소속도 아니었고, 정부에 몸담고 있지도 않았지만 이 청중들에게 그의 말은 엄청난 무게로 다가왔다. 당시까지만 해도 이곳에 온 모든 사람들은 월스테터를 미국에서 가장 걸출한 핵분석가로 알고 있었다. 대학교수로서는 유일하게 월스테터의 호소는 국방부에 있는 옛 제자들만이 아니라 대통령 자신은 아닐지라도 국방장관과 국무장관, 백악관 국가안보보좌관의 호응을 받았다. 월스테터는 대단한 영향력을 지닌 인물이자 배후에서 모든 것을 조종하는 대가였고, 그 자리에 모인 사람들은 모두 이런 사실을 알고 있었다. 그러니 월스테터가 말하는 것은 중요했고 관심을 기울여 마땅했다.

일찍이 1969년 의회에서 탄도탄요격미사일조약에 관해 증언할 때부터 월스테터는 소련의 점증하는 군사적 위협을 낙관적으로 봐서는 안된다고 경고한 바 있었다. 그러나 이 조약은 월스테터의 개탄에도 불구하고 결국 1972년에 의회에서 승인됐다.[2] 당시 월스테터는 모스크바가 제1차 전략무기제한협정 아래 미사일, 탄두, 폭격기 등을 확대 배치하는 동안 미국은 소련의 약속에 속기만 할 것이라고 경고했다. 월스테터가 보기에 국가 지도자들은 미국의 취약성을 못 본 체했는데, 이런 취약성을 바로잡지 않으면 핵전쟁의 대재앙으로 이어질 수도 있었다.

---

* Mutual Assured Destruction. 적이 핵 공격을 가할 경우 적의 공격 미사일 등이 도달하기 직전/직후에 생존해 있는 보복력으로 상대편도 전멸시키는 보복 핵전략. 상대방의 국토를 초토화하고 국민 전체를 절멸시킨다는 위협으로 핵전쟁이 일어나면 어느 쪽도 승리할 수 없다는 전제 아래 입안된 핵억제 전략이었다. 1960년대 이후 미국과 소련이 이 전략을 통해 공포의 균형을 유지했다.

몇 시간 뒤 월스테터는 연단을 내주고 우레 같은 박수갈채 속에서 자리에 앉았다. 모든 이가 설득된 것은 아니다. 2년 전의 자료에 기초해 미사일 전력을 평가한 월스테터는 그 해 미국이 운용하게 될 훨씬 많은 탄두를 무시했고, 상당수 청중은 이 사실을 알고 있었다. 그러나 그것은 중요하지 않았다. 월스테터는 사람들을 자기만족에서 일깨우기 위해 이런 일을 벌인 것이었고, 이런 점에서는 성공을 거둔 셈이었다. 몇 주 뒤 월스테터는『포린폴리시』에 기고한 글에서 새롭게 문제를 제기했다.[3] 이 글은 1959년의『포린어페어스』기고문「공포의 미묘한 균형」에 맞먹는 반향을 일으켰다. 이 글은 월스테터가 보기에 위험스럽게 오도된 정부 정책을 바로잡기 위한 길고 힘든 캠페인, 즉 기존의 국가 지도자들을 권력에서 몰아내기 전에는 끝나지 않을 캠페인의 서론이었다.

월스테터의 도전에 응한 첫 번째 인물은 중앙정보부장 윌리엄 콜비였다. 콜비 중앙정보부장은『포린폴리시』의 기사 사본 몇 부를 직원들에게 보내면서 논평을 해달라고 했다. 몇 년 뒤 콜비는 월스테터의 견해가 "무척 흥미로웠던" 데 반해 중앙정보부 분석가들이 반응으로 내놓은 "수세적인 글들"은 실망스러웠다고 말했다.[4] 그러나 1974년 7월 25일 시카고외교협회에 보낸 서한에서 콜비 중앙정보부장은 월스테터가 관련 기록을 지나치게 단순화했다고 주장했다.

[미사일 전력 평가에는] 무기기술 예측, 즉 발사장치의 숫자뿐만 아니라 질적인 요소까지, 공격 무기뿐만 아니라 탄도탄요격미사일 같은 방어체계까지 포함됩니다. 이런 넓은 맥락에서 보면 첩보 예측의 기록은 월스테터 교수의 논문이 시사하는 것보다 훨씬 더 복잡합니다. 과소평가만큼이나 과대평가의 사례도 많이 있습니다.[5]

콜비 중앙정보부장은 월스테터의 속사포 같은 공세가 데탕트를 둘러싼 심대한 철학적 차이의 선언이자 국가의 방향과 성격에 관한 선전포고임을 깨닫지 못했다. 월스테터는 랜드연구소와 정부 안팎의 수많은 보수파 대변인들이 예전부터 사적으로 토로한 불만, 중앙정보부와 그곳에서 작성된 국가정보평가가 소련에게 너무 관대하다는 불만을 공개적으로 밝힌 것이었다. 그것은 국내의 정치적 목적을 위해 소련과 가까워지려고 내민 화해의 제스처가 국가안보에 미칠 파국적 효과를 무시하는 닉슨 행정부에게 보내는 전반적인 불신의 표명이었다. 이들이 보기에 미국은 잘못된 길을 가고 있었고, 이번에는 오도된 여론을 바꾸기 위해서라도 통상적인 랜드연구소의 채널을 벗어날 필요가 있었다.

1972년 첫 번째 임기 말에 이르러 닉슨 대통령은 소련과 새로운 협력의 시대를 개시했다. 닉슨 대통령은 모스크바를 방문해 레오니트 브레즈네프 소련 간부회의 의장과 탄도탄요격미사일조약은 물론이거니와 제1차 전략무기제한협정에도 서명했다. 닉슨 대통령의 이런 움직임은 국내의 정치적 이해관계에 따른 것이긴 했지만 미국의 변화하는 현실을 일부 보여주는 것이기도 했다. 베트남전쟁에서 패한 이후 미국인들은 열전이든 냉전이든 모든 종류의 전쟁에 지쳐 있었고 평화운동은 주류로 부상한 상태였다. 1974년에 이르러 절대 다수의 미국인은 미국이 핵무기 수를 줄이기 위해 더 노력해야 한다고 믿었고,[6] 국민의 거의 절반은 미국이 지나치게 많은 국방비를 지출하고 있다고 생각했다. 게다가 국민의 과반수가 소련에 대해 우호적인 견해를 갖고 있었고, 핵전쟁의 위협이 여전히 높다고 생각하는 이는 거의 없었다.[7]

키신저 국무장관과 브레즈네프 의장이 만난 회담의 비망록을 보면 브레즈네프 의장이 젊은 외교관들의 머리를 헝클어뜨리고 서툰 장난을 치는 등 두 초강대국 대표는 격의 없는 형제처럼 굴었다.[8] 이런 신뢰와 동지애의 감정은 국가안보를 위험에 빠뜨리지 않고도 방위비 지출을 줄일 수 있다는 닉슨 행정부의 판단에 반영됐다. 그러나 (로널드 레이건 전 캘리포니아 주지사, 헨리 '스쿱' 잭슨 상원의원, 제임스 슐레진저 국방장관, 그리고 당연히 월스테터 같은) 열성적인 소수가 목소리 높여 항의한 것처럼 모스크바에게 데탕트는 선진국 주변부에 대한 경쟁의 종언을 의미하지 않았다. 소련은 쿠바의 군대를 대리인으로 활용해 앙골라, 나미비아, 니카라과 같은 제3세계 국가들에서 공산주의 정권이나 공산주의 성향의 정권을 떠받쳤다.[9] 5만 명의 쿠바 병사들이 사회주의 성향의 앙골라해방인민운동 후보 아고스티뉴 네투를 도와 남아프리카공화국의 지원을 받는 조나스 사빔비의 당인 앙골라완전독립민족동맹을 무찌르고 내전의 승리를 이끈 앙골라가 주된 사례였다(키신저 국무장관의 말에 따르면 이런 쿠바의 앙골라 개입은 경악스러운 일이었고, 1961년 피그스 만 침공 실패 이후 사이가 좋지 않던 피델 카스트로의 쿠바 정부와 미국 사이에 그나마 무르익어 가던 화해의 분위기를 망쳐 놓았다).

정부 비판자들은 존 F. 케네디와 존슨 대통령 시절 미국이 무기경쟁에서 소련을 압도하긴 했지만, 1970년대 들어 소련이 미국의 군사력을 앞지르기 위해 노력하고 있다고 지적했다. 니츠를 비롯한 이들은 탄핵 위기에 처한 닉슨 대통령이 국민들의 관심을 돌리기 위해 전략무기에서 미국의 영구적인 열세를 제도화하려 한다고 걱정했다. 이것은 경쟁하는 유일한 초강대국 소련이 여전히 공공연하게 미국을 쳐부수겠다고 말하는 세계정세 속에서 위험하기 짝이 없는 움직임이었다.[10]

정부 안팎의 친親데탕트 세력은 소련의 핵무기가 더 많기는 해도 미국이 보유한 무기만큼 살상력이 크지 않다고 주장한 반면, 반反데탕트 집단은 미사일·핵무기 갯수와 물리적 규모만으로도 소련이 미국보다 우위에 있다는 명백한 증거가 된다고 주장했다. 다탄두독립목표재돌입탄도탄의 유효성을 둘러싼 당파적 상호비방은 얼마나 많은 천사가 바늘 끝에서 춤출 수 있는지를 놓고 벌인 중세의 논쟁에 비견될 만큼 심각해졌다. 다탄두독립목표재돌입탄도탄은 첨단부에 몇 개의 원자탄두를 탑재할 수 있었는데, 각 탄두가 각기 다른 떨어진 목표물을 공격하도록 프로그램을 입력할 수도 있었다. 이 미사일은 1960년대 말에 모스크바 주위를 빙 둘러 배치된 소련의 탄도탄요격미사일 장벽을 뚫기 위해 미국이 개발한 것이었다. 미국과 소련은 바로 이와 같은 탄도탄요격미사일과 다탄두독립목표재돌입탄도탄의 끝없는 경쟁을 방지하기 위해 제1차 전략무기제한협정에 서명했다.[11]

반데탕트 집단은 소련이 자체 개발한 다탄두독립목표재돌입탄도탄을 설치한 뒤 대규모 선제 핵공격으로 미국의 제2차 공격 역량을 완전히 무력화하기 위해 미국을 이용 중이라고 주장하며 소련 미사일의 엄청난 '투사중량,'* 즉 미국의 공격 목표물에 상당수의 탄두를 퍼부을 수 있는 소련 미사일의 갯수와 위력이 대단하다고 개탄했다. 그러나 닉슨 행정부 내의 친데탕트 세력은 이런 경고를 대수롭지 않게 여긴 채 미국의 미사일은 더 효율적이고 소형화되어 있기 때문에 소련 미사일보다 갯수나 규모가 작아도 훨씬 더 위력이 크다고 지적했다.[12]

월스테터와 니츠 같은 비판자들이 보기에 억제 수단 없는 데탕트는 도덕적으로도 그릇된 것이었다. 자국민을 노예화하는 소련에게 보상을 주는 것은 안 될 일이었다. 데탕트는 소련의 정치적 자유 확대에 대한 보상이 되어야 했다. 특히 잭슨 상원의원은 데탕트로 경제적 이익(관세 인하, 교역 증대, 소련에 대한 최혜국 대우)을 주는 대신 소련이 유대인 억압을 완화하게 만들자고 주장했다.[13] 소련의 반체제 인사 나탄 샤란스키와 노벨문학상 수상자 알렉산드르 솔제니친(이들은 이것이 공산당의 지배력을 약화시킬 방법이라고 주장했다) 등에 고무된 데탕트 반대론자들은 원칙적으로 소련의 어떤 약속도 믿으려 하지 않았다. 주요 비판자 중한 명인 슐레진저 국방장관은 당시 "슈펭글러는 낙관주의자였다"라고 말한 것으로 유명했다(오스발트 슈펭글러는 음울한 대작 『서구의 몰락』을 쓴 독일인 저자로서 니츠를 비롯한 상당수 보수 사상가들에게 영향을 끼쳤다). 슐레진저는 잭슨 상원의원의 강력한 지지 덕분에 국방장관이 된 인물이었다. 친구 월스테터처럼 슐레진저도 소련의 우위에 관해 염려했다.

---

* Throw Weight. 무기에서 일정 지역까지 투사할 수 있는 탄두 작약(炸藥)의 중량.

1973년 국방장관에 임명되고 몇 주 뒤에 슐레진저는 이렇게 말했다. "소련은 …… 장갑裝甲 주먹을 갖고 있다. 지금은 벨벳 장갑掌匣으로 그걸 감싸고 있다. …… 데탕트가 바로 그 벨벳 장갑이다."[14]

극우파의 경계성 과대망상증에도 불구하고, 제1차 전략무기제한협정 조인 직후 소련이 이 협정의 제한선까지 밀어붙이는 식으로 공격용 전략 핵무기를 증강하기 시작했다는 것은 확실한 사실이다. 슐레진저 국방장관은 경보를 울린 최초의 인물 중 하나로서 제2차 전략무기제한협정에서 강경노선을 주문했다(결국 협정 비준에 반대하는 목소리가 떠들썩해진 나머지 상원은 전략무기제한협정 비준을 부결시키게 된다).

1974년 8월, 닉슨이 사임하고 제럴드 R. 포드가 대통령이 되자 슐레진저 국방장관은 신임 군통수권자와 불편한 관계에 놓이게 됐다. 포드 대통령이 보기에 슐레진저 국방장관은 자기 취향과 달리 지나치게 우파적이었던 것이다.[15] 여론조사의 지지도가 계속 하락하는 가운데 유권자들이 자신을 강경파 슐레진저 국방장관과 데탕트 성향의 키신저 국무장관 사이에 낀 무능하고 무기력한 중재자 정도로 여긴다고 염려한 포드 대통령은 1975년 슐레진저 국방장관을 해임하고 대외 정책 담당팀을 전면 개편했다. 이때 포드 대통령은 이후 30년 동안 민주당과 공화당 행정부 양쪽에서 고위직을 맡게 되는 많은 인물을 처음 발탁했다.

포드 대통령은 슐레진저 대신 국방부를 이끌 인물로서 정치적으로 기민한 도널드 럼스펠드를 선택했다. 일리노이 주 출신 하원의원을 지낸 43세의 럼스펠드를 미국 역사상 최연소 국방장관으로 발탁한 것이다.[16] 이와 동시에 키신저 국무장관은 유임시켰지만 브렌트 스코크로프트를 국가안보보좌관으로 임명했다. 그리고 럼스펠드의 동료인 리처드 체니를 백악관 비서실장으로 발탁했으며, 훗날 자기 평생 정치적으로 가장 비겁한 행위였다고 술회한 처신을 했다. 넬슨 록펠러 부통령에게 압력을 가해 1976년 재선에 도전하지 않도록 하고 그 대신 캔자스 주 출신 상원의원 로버트 돌을 선택한 것이다. 마지막으로, 베이징 주재 연락사무소

소장(아직 양국 간에 대사를 파견하기 전이었다)을 본국으로 소환해 신임 중앙정보부장 자리에 앉혔는데, 코네티컷 주 출신으로 예일대학교를 졸업한 뒤 공화당 하원의원을 역임한 텍사스 석유업계의 거물 조지 H. W. 부시가 바로 그 주인공이었다.[17] 린든 베인스 존슨 전 대통령의 말을 빌리면, 포드 대통령에게는 '신선한 고기'가 필요했던 것이다.

1976년 포드 대통령에 맞서 공화당 대통령후보 지명전에 나선 캘리포니아 주지사 로널드 레이건은 슐레진저가 단지 적이 점점 강해지는 데 반해 미국은 약해지고 있음을 감히 지적했다는 이유로 쫓겨났다고 주장하면서 이 소동을 이용했다. 레이건은 포드 대통령이 "국민들에게 우리의 군사적 상황을 솔직히 털어놓기를 두려워한다"고 말했다.[18]

자기 당내 반데탕트 집단의 정치적 맹공에 자극받은 포드 대통령은 미국 현대사에서 가장 이례적인 것으로 기록될 정치권력 행사를 용인하게 된다. 기밀정보를 검토하고 중앙정보부의 공식 견해에 대한 대안을 제출하는 일군의 외부자들을 뽑은 것이다. B팀이라고 불린 이 집단은 실직 중인 정부 관리 유진 V. 로스토가 1975년 추수감사절에 마신 블러디 메리 두어 잔이 그 기원이라고 자랑스럽게 밝혔다.

로스토 역시 니츠처럼 월스테터의 친구였다. 그렇지만 월스테터와 달리 로스토는 관리 생활을 즐겼다. 존슨 행정부에서 정무 담당 국무차관으로 재임할 당시 로스토는 베트남전쟁의 열렬한 옹호자였다. 로스토, 그리고 존슨 대통령의 국가안보보좌관이었던 로스토의 동생 월트는 남베트남이 공산주의의 손에 넘어가지 않도록 막는 것이 미국의 도덕적 의무라고 주장했다. 도덕은 언제나 로스토의 가장 큰 관심사 중 하나였다. 예일대학교 법과대학장 시절 로스토는 제2차 세계대전 당시 일본계 미국인들의 구금*을 비난하는 글을 썼다. "개 한 마리 훔친 것에 대

---

* 일본의 진주만 공격 직후인 1942년 1월 29일부터 미국 정부는 일본계 미국인 10만여 명을 스파이 활동의 우려가 있다는 이유로 집단수용소에 구금했다.

한 확신조차 뒷받침하지 못하는 기록에 의거해" 일본계 미국인들을 집단수용소에 강제로 구금해놓았다는 것이다.[19]

잭슨 상원의원을 존경했던 로스토는 보수적인 민주당원인 잭슨이 1972년 대통령후보 지명전에 도전했을 때 그를 지지했다. 1974년 윌스테터가 베벌리힐스에서 비판적인 연설을 하기 몇 달 전에 로스토는 이렇게 썼다. "우리는 화해할 길 없는 두 가지 사실에 직면해 있다. 소련의 군사력 증강은 불길한 속도로 계속되고 있으며, 정치 부문에 대한 소련의 정책은 점점 더 뚜렷하게 완력의 제국주의 분위기로 굳어지고 있다."[20] 2년 뒤 로스토는 민주당다수파동맹의 대외정책특별위원회 위원장을 맡았다. 민주당다수파동맹은 닉슨 행정부가 '데탕트의 신화'를 퍼뜨리고 있다고 비난했는데, 이 표현은 그 뒤 보수주의자들이 상대방을 공격할 때 단골로 휘두르는 공성용 망치가 된다.[21]

앞서 말한 1975년 추수감사절 당시 답답한 마음으로 보드카에 취한 로스토는 점점 커지는 소련의 위협을 국민들에게 경고하기 위해 예전의 '현존하는 위험에 대응하기 위한 위원회'를 재건하자고 제안하는 편지를 니츠에게 썼다(원래 이 위원회는 유럽에서 나치의 위협이 점점 커지는 와중에 미국이 중립을 지키는 것이 위험함을 경고하기 위해 1940년에 설립됐다). 이들의 첫 번째 모임은 뉴욕 주 워싱턴 시내의 메트로폴리탄 클럽에서 가진 점심 회동이었다. 처음부터 이 모임에는 민주당과 공화당을 막론하고 데탕트의 적들이 북적였다. 대표적인 인물로는 미국노동총연맹-산업별조합회의 지도자 레인 커크랜드, 슐레진저 전 국방장관, 전 국방부 부장관이자 컴퓨터 회사 휴렛패커드의 공동설립자인 데이비드 패커드, 전 해군참모총장 엘모 점월트, 1968년 민주당의 대통령후보였던 '행복한 전사'(미네소타 주 출신 상원의원 휴버트 H. 험프리)의 참모 맥스 캠플먼 등이 있었다. 참석하지는 않았지만 이 모임의 목표에 전폭적으로 동의한 인물로는 레이건 주지사, 딘 러스크 전 국무장관, 장래의 국무장관 조지 슐츠, 하버드대학교 교수이자 소련학자인 리처드 파이프스, 경제학자 허버트 스타인 등이 대표적이었다.[22) 이 사람들은 모두 미국 대외 정책의 근간을 바꿀 캠페인을 벌이겠다고 약속했다.

절박한 위기감에 사로잡힌 이 모임은 데탕트에 반대하는 선전을 파도처럼 쏟아냈다. 로스토와 니츠는 논문을 썼고, 월스테터는 『포린폴리시』와 『전략평론』에 글을 쓰면서 논쟁에 뛰어들었다.[23)

이 과정에서 이 모임은 워싱턴 D.C.의 새로운 정치 평론가들의 결정적인 지지를 얻었다. 대중들에게 신보수주의자라고 알려진 이들이 그 주인공이었다. 처음에는 이스라엘의 생존에 대단한 관심을 기울이는 유대인 지식인들이 주도적으로 이끌던 신보수주의자들은 대부분 어빙 크리스톨의 유명한 표현을 빌리면 "현실에 뒤통수를 맞은" 옛 사회주의자와 자유주의자였다.[24) 크리스톨을 비롯해 진 커크패트릭, 노먼 포도리츠 같은 신보수주의 평론가들은 데탕트가 "도덕을 초월했다"는 점에 실망했으며, 특히 소련에 대해서는 자유무역만큼이나 인권을 대외 정책에서 중요하게 여겨야 한다고 선언했다. 그들의 목표는 워싱턴 D.C.와 모스크바의 우정을 파괴하고 동구와 서구가 체결한 일련의 조약을 깨뜨리는 것이었다. 가장 약한 고리인 중앙정보부가 공격 목표였다.

1970년대에 중앙정보부는 비밀 작전이 잇따라 폭로되면서 몸살을 앓았다. 중앙정보부가 후원한 피그스 만 침공의 실패, 특히 워터게이트 사건과 국내의 베트남전쟁 반대단체 사찰에 중앙정보부 요원들이 관여한 사실이 폭로된 직후, 중앙정보부는 프랭크 처치 상원의원의 말을 빌리면 "무리에서 떨어져 나간 광포한 코끼리"라고 맹공격을 받았다.[25) 중앙정보부의 은어로 '비합법 활동'family jewel이라고 말하는 계획, 즉 외국 지도자를 암살하려는 여러 음모에 중앙정보부가 관여한 사실이 CBS 뉴스를 통해 폭로된 1975년 2월 28일 추문은 극에 달했다.[26)

처치 상원의원이 이끈 조사위원회와 미국 내 중앙정보부 활동에 관한 대통령 직속 조사위원회 등의 잇따른 조사를 통해 중앙정보부가 불법 활동에 관여했고 설립 규정을 위반한 것이 확인됐다.[27) 국내 사찰과 편지 훔쳐보기 등이 대표적이었다. 피델 카스트로 암살 시도, 과테말라와 이란 정부 전복, 칠레와 엘살바도르를 비롯한 제3세계 나라들에서의 군사 쿠데타 조장 같은 '가벼운' 범죄는 말할 것도 없었다.[28]

이제 중앙정보부가 하는 일은 무엇이든 의심받았기 때문에 중앙정보부는 반데탕트 집단의 주된 공격 목표가 됐다. 월스테터는 자신의 글에서 중앙정보부를 비난하거나 언급조차 하지 않으려고 조심했지만, 국가안보 분야에 종사하는 사람이라면 누구나 월스테터가 거론한 수치가 중앙정보부에서 작성한 국가정보평가에서 끌어온 것임을 알고 있었다. 물론 월스테터는 국가정보평가가 공식적인 추정치에 불과한 것임을, 즉 향후 12개월 동안 세계가 어떤 모습을 보일지에 관한 하나의 의견임을 인정했다. 게다가 국가정보평가는 "본래 불확실한 것이며 예측 시기와 실제 배치 시기 사이에 적국이 뒤집을 수 있는 것"이었다.[29] 그렇더라도 국가정보평가는 잘못됐고 바뀌어야 했다.

변화의 매개는 1956년 설치된 대통령 직속 대외정책자문위원회였다. 그 정체가 모호한 이 위원회는 드와이트 아이젠하워 대통령 시절 정보 프로그램을 감독하기 위해 신설된 것으로서, 케네디 대통령에 의해 대외정보자문위원회로 명칭이 변경됐다. 그 뒤 닉슨 대통령은 이 위원회에 "국가정보평가의 분석을 보완하는" 임무를 맡겼다.[30] 포드 대통령 시절에는 랜드연구소에 뿌리를 둔 보수 성향의 집단이, 일례로 전 관리예산국 국장으로 훗날 국무장관이 되는 슐츠, 로렌스리버모어국립연구소의 연구소장을 지낸 랜드연구소 엔지니어 출신의 존 포스터, 랜드연구소의 오랜 동지로 수소폭탄의 아버지인 에드워드 텔러 등 랜드연구소의 저명한 동료들이 이 위원회를 메우고 있었다.[31] 위원장은 조지 W. 앤더슨 2세 제독이었고, 부위원장은 우파 단체인 프리덤하우스의 의장 리오 천이었다. 훗날 이들 모두가 B팀의 지적 창시자가 된다.

월스테터의 첫 번째 데탕트 비판이 등장한 뒤, 대외정보자문위원회 위원장 앤더슨은 포드 대통령에게 1974년도 국가정보평가에 심각한 오류가 있다는 편지를 보냈다. 뒤이어 앤더슨은 포스터에게 텔러와 로버트 갤빈(당시 모토롤라 회장) 등의 위원을 만나 국가정보평가를 검토하는 소위원회를 신설하도록 승인했다. 랜드연구소에서 로렌스리버모어 국립연구소의 이론과 책임자로 자리를 옮긴 리처드 래터도 이 소위원회의 일원이었다. 래터는 제2의 중앙정보부를 신설하자는 의견을 내놓았지만, 너무 지나치게 나가는 것을 염려한 텔러는 그 대신에 외부 전문가 집단이 공식 수치를 논의할 수 있게 하자고 제안했다. 훗날 B팀이라고 불리게 될 이 집단은 정보 분야 전문가들이 볼 수 있는 모든 기밀정보를 이용해 독자적인 평가를 작성할 예정이었다.[32]

1975년 대외정보자문위원회가 B팀의 신설을 공식 제안했을 때, 콜비 중앙정보부장은 곧바로 그 제안을 거부했다. 외부자의 객관적인 분석이라는 가면 아래 이데올로기적인 고려에 따라 정책을 좌지우지하려는 의도가 담긴 정부 정책 강탈 시도로 여긴 것이다.

소련의 전략 역량에 관한 우리의 연례적인 평가는 …… 알려진 모든 정보와 미국 정부가 동원할 수 있는 최고의 분석을 활용합니다. …… **저로서는 정부 안팎의 분석가들을 모은 임시적인 '독립' 집단이 소련의 전략 역량에 관해 더 철저하고 종합적인 평가를 마련할 수 있을 것이라고 생각하기가 힘듭니다**(강조는 원문).[33]

B팀의 필요성을 부정한 콜비 중앙정보부장의 분개한 발언은 헛된 시도였다. 무엇보다도 콜비 중앙정보부장 자신이 절름발이 오리 신세였다. 이 답변서를 작성하기 한 달 전에 이미 포드 대통령의 요청에 따라 사직서를 제출한 상태였기 때문이다. 이렇듯 B팀의 신설을 저지하려는 시도가 이미 한 발을 중앙정보부 문 밖으로 내딛은 콜비에게서 나온 상황인지라 포스터와 텔러는 마치 아무 답변도 받지 못한 것처럼 행동했다. 그러면서 천연덕스럽게 소련의 대륙간탄도미사일과 공중방위, 미국

잠수함에 대한 반격의 정확성 같은 정보를 새롭게 평가할 수 있도록 승인해달라고 중앙정보부 관리들에게 압력을 넣었다.

포스터와 텔러는 조지 H. W. 부시가 신임 중앙정보부장으로 취임한 직후 이 요청을 다시 공식적으로 제기했다. 부시 중앙정보부장은 재평가의 필요성을 느끼지 못해 주저했지만 일부 부하 직원들은 이 제안에 찬성했다. 특히 월스테터의 비난이 있은 직후 콜비 전 중앙정보부장이 지난 10년 동안 나온 국가정보평가의 예측을 추적 조사하라는 지시를 이미 내려놓고 간 상태였다. 결국 부시 중앙정보부장은 두 팀의 신설을 승인했다. A팀은 통상적인 국가정보평가를, B팀은 동일한 사실을 검토해 독자적인 결론을 내리는 일을 맡았다.[34] 그러면 대통령 국가안보보좌관이 "이 실험을 검토하고 결과를 따져볼 예정"이었다.[35]

원래 이 두 팀은 미사일, 폭격기, 잠수함이라는 세 부문의 국방 전력에 상응하는 세 개의 검토단으로 나뉘어 있었다. 그러나 이들의 연구를 알게 된 해군 정보부장 보비 인먼 제독이 강하게 반대하고 나섰다. 잠수함의 취약성을 정확히 평가하도록 놔두면 결국 함정의 정확한 갯수와 위치가 노출될 수밖에 없을 것이라는 이유에서였다. 핵잠수함 전력에 관한 운용 정보는 워싱턴 D.C.에서 가장 철저하게 보호되는 기밀이었고, 해군은 중앙정보부를 비롯한 그 누구와도 이 정보를 공유하지 않았다. 인먼 제독은 이 단계를 저지하는 데 성공했고, 그 대신 잠수함 관련 검토단에게는 소련의 전략 목표를 연구하라는 임무가 주어졌다.

서로 경쟁하며 소련의 공중방위와 미사일 정확도를 분석한 이들은 외견상 우호적으로 보였지만 결국 소련의 전력에 관한 수치의 중요성을 놓고 화해할 수 없는 철학적 입장 차이를 드러냈다. 기존의 검토단들은 대개 기술적인 세부사항을 검토하는 일을 맡았을 뿐 자신들의 해석으로 일반적인 사실을 고쳐 쓰지는 않았기 때문에 그들의 의견 불일치는 거의 논란거리가 되지 않았다. 소동은 저 세 번째의 가장 유명한 전략목표 검토단을 둘러싸고 일어난다. 적의 의도를 해독하는 일이 주요 업무였던지라 이들의 작업에는 주관적인 고려가 많이 개입됐고, 따라서 결과가 왜곡될 가능성이 있었다. 어쨌든 봄 소나기가 어떤 이들에게는 꽃을 의미하고 다른 이들에게는 번개를 의미하는 법이다.[36]

B팀에 소속된 전략목표검토단의 수장 리처드 파이프스는 1970년대 판 '현존하는 위험에 대응하기 위한 위원회'의 창립 멤버였다. 폴란드 태생의 소련학자로 하버드대학교에서 교편을 잡고 있었던[37] 파이프스는 레이츠처럼 소련이 세계 정복을 노리고 있다고 확신했다.[38] 파이프스는 리처드 펄의 수제자였는데, 펄은 또 월스테터를 스승으로 모시고 있었다. 따라서 월스테터가 B팀의 일원으로 추천받은 것도 전혀 놀랄 일이 아니었다. 그러나 펄은 당시 제2차 전략무기제한협정 담당 특별보좌관이던 폴 월포위츠를 영입하도록 권고했다. 파이프스는 니츠를 비롯해 랜드연구소 인사들을 대거 끌어들였는데, 퇴역 공군 대령 토머스 울프도 포함됐다. 이처럼 구성원들 대부분이 랜드연구소에서 일했거나 랜드연구소나 월스테터와 함께 일한 사람들로 채워지게 된 덕분에, 이 팀의 분위기는 아늑하다 못해 거의 근친상간적이라고 할 만했다. 이 팀은 월스테터의 글들을 자원으로 활용했는데, 마침 월스테터의 절친한 친구이자 랜드연구소의 옛 동료로서 이제 막 국방부 자산평가국 국장으로 취임한 앤드루 마셜까지 이 팀의 자문위원으로 위촉됐다. 이렇듯 자신의 영향력이 컸는데도 결국 월스테터는 B팀에서 일하지 않았다.

서로 경쟁하던 두 팀이 처음으로 한데 모이는 회의가 열렸을 때 대부분 중간급 분석가였던 A팀 구성원들은 순진하게도 이 회의가 기밀정보에 관한 견해를 교환하는 자리일 것이라고 생각했다. 그러나 A팀의 참석자 가운데 한 명에 따르면, "우리는 압도당했다. 니츠 같은 사람들이 우리를 점심식사로 먹어치웠다." 한 순간 니츠가 날카롭게 공격하자 이 팀의 수장은 멍하니 입만 벌린 채 대꾸도 못하고 앉아 있기만 했다. 다른 이는 그때의 모임을 스포츠 경기에 비유했다. "월트휘트먼고등학교와 워싱턴레드스킨스가 맞붙은 격이었다." 곧 B팀이 데이터에 관한 상이한 참조를을 강제하려고 A팀의 작업가설 자체를 파괴하려 한다는 것이 분명해졌다. A팀의 어느 구성원은 이렇게 말했다. "상대방 팀의 성격을 알았다면 다른 총을 준비했을 것이다. 나는 그것이 제로섬 같은 논의가 될 것이라고는 생각하지 못했다."[39] 그때부터 두 팀 사이의 협력은 사실상 유명무실해졌다. 회의 3일 뒤, 지미 카터가 포드 대통령을 상대로 압승을 거두고 제39대 미국 대통령으로 선출됐다.

두 팀의 최종 보고서는 12월 초 대외정보자문위원회와 부시 중앙정보부장에게 제출됐다. 당시 파이프스는 대외정책자문위원회 위원들이 B팀의 정확한 해석에 "깜짝 놀랄 것"이라며 자신했다.[40] 12월 21일 중앙정보부 본부 대강당에서 두 팀은 다시 회의를 가졌는데, 대학의 토론회 같은 분위기였다. 각 팀의 분석은 예상한 대로였다. A팀은 소련이 핵전력과 전쟁 역량을 증강하고 있음을 인정하면서도 소련이 언제쯤 미국과 동등해지거나 앞지를지에 관해서는 모호하게 얼버무렸다. 한편 B팀은 소련의 탐욕스러운 권력욕을 강조하고 소련 미사일의 정확성을 역설했는데, 공군 정보부장은 이 주장을 바로 묵살해버렸다.

권력 핵심부의 흔한 관행처럼 회의 뒤에 오찬이 열렸다. 부시 중앙정보부장은 항상 A팀과 자리를 함께했는데, 파이프스는 20년이 지난 뒤에도 이런 냉대를 불쾌해했다. 부시 중앙정보부장과 함께 앉았던 한 사람에 따르면 누군가가 부시에게 이렇게 물었다고 한다. "다음에는 어떤 게 있죠?" 부시 중앙정보부장이 대답했다. "없어요. 내 부하들하고 같이 가야 됩니다."[41] 결국 부시 중앙정보부장 역시 동부 연안의 공화당 온건파임이 드러났다. 레이건(또는 몇 십 년 뒤 백악관을 차지하는 아들 부시) 같은 미국 패권의 참된 신봉자가 아니었던 것이다.

설사 부시 중앙정보부장이 B팀의 권고에 따라 소련의 위협이 훨씬 심각하다는 식으로 국가정보평가의 내용을 바꾸고 싶어 했을지라도 일이 크게 달라지지는 않았을 것이다. 전임자 콜비처럼 당시 부시 중앙정보부장의 임기도 얼마 남지 않았기 때문이다. 카터 대통령은 부시의 유

1979년 6월 18일 빈에서 제2차 전략무기제한협정을 체결한 직후 소련의 서기장 레오니트 브레즈네프는 지미 카터 대통령의 뺨에 입을 맞춰 큰 화제가 된 적이 있다. 1980년 대통령선거 운동 당시 로널드 레이건은 그 일화를 유권자들에게 상기시키며 재선을 노리는 카터 대통령이 친소련적이라는 이미지를 심어줬다('kiss off'는 "작별의 입맞춤을 하다"라는 뜻이다. 즉, 포스터 속의 구호는 카터 대통령을 백악관에서 떠나보내자는 뜻이다).

임을 허용하지 않았고 중앙정보부장을 스탠필드 터너 제독으로 교체했다. B팀의 정책 권고안 가운데 새 행정부가 채택한 것은 단 하나였다. 카터 대통령은 소련의 공중방어 미사일 시스템이 쉽게 뚫지 못할 정도로 견고하다는 B팀의 의견을 구실 삼아 폭격기 개발 계획을 철회했다. 어차피 공격에서 쓸모가 없을 것이라는 이유에서였다.

B팀 구성원들은 자신들이 비록 지긴 했지만 부분적으로는 이겼다고 주장했다. 본질적으로 극악한 소련체제의 성격을 부각시키는 쪽으로 국가정보평가의 어조를 바꿔놓았다는 것이다. B팀의 보고서가 끼친 전체 효과에 관해서는 지금도 일부 논쟁이 있지만, 확실히 국가정보평가는 불길한 쪽으로 바뀌었다. 『뉴욕타임스』의 보도처럼 1976년도 국가정보평

가는 "10여 년간의 어떤 것보다도 더 어두웠다. …… 평가서는 소련이 미국의 전력보다 우위에 서려고 한다고 단호하게 말한다."[42]

결국 B팀과 '현존하는 위험에 대응하기 위한 위원회'는 승리를 거뒀다. 1980년 레이건 대통령이 취임했을 때 행정부 구성원 중 51명이 이 위원회 출신이었다. 레이건 대통령 자신을 비롯해 윌리엄 케이시 중앙정보부장, 리처드 V. 앨런 국가안보보좌관, 존 리먼 해군장관, 커크패트릭 유엔대사, 펄 국방차관보 등이 그 주인공이었다.[43] 몇 주 만에 레이건 행정부는 소련에 대해 예전과 달리 전투적인 태도를 나타냈고, 국방 예산을 몇 배 이상 증액했다. B팀과 랜드연구소 관계자들이 주장했던 것처럼 말이다.[44] 레이츠와 랜드연구소의 세계관이 다시 한 번 승리를 거둔 것이었다. 어느 평자는 이렇게 말했다. "민간 공공업무 기관 중 미국의 대외 정책 문제에 그렇게 짧은 기간 안에, 그토록 커다란 영향을 미친 전례는 전혀 없었다."[45] 이런 일은 훗날 아버지 부시 행정부와 아들 부시 행정부에서 똑같은 인물들이 일부 참여한 가운데 고스란히 반복된다. 그리고 더욱 심상치 않은 결과로 이어진다.

18장. 종말을 목격하다

1985년 11월 7일 아침, 앨버트 월스테터는 로널드 레이건 대통령이 수여하는 자유훈장을 받으려고 백악관 이스트룸에서 기다리고 있었다. 같은 자리에서 훈장을 받은 폴 니츠가 먼저 마이크를 잡았다.

대외 문제에서 레이건 대통령이 내린 선택을 니츠가 찬미하는 동안, 월스테터는 자신만만한 표정으로 방을 훑어보다가 부인 로버타에게 고개를 돌렸다. 컬럼비아대학교 법과대학 시절 로버타 옆에 앉게 된 월스테터는 서로의 성씨 첫 글자를 뒤집으면 똑같으니(월스테터의 W와 로버타의 처녀 시절 성인 모건의 M) 자기 짝이 되어야 한다고 말했다. 그 날 이후부터 로버타는 충실한 인생의 동반자였다. 언제나 그렇듯이 로버타가 밝은 불빛 속에서 한결 같은 표정을 유지하며 미소로 답했다.

마침내 레이건 대통령의 차례가 됐다. 레이건 대통령이 이 나라에서 민간인이 정부에게 받을 수 있는 최고 영예의 수상자로 월스테터 부부가 선정된 이유를 상기시켰을 때 그 얼마나 기뻤던가, 아니 레이건 대통령의 말 한마디 한마디가 얼마나 흡족했던가!

"로버타와 앨버트 월스테터. 표창장은 하나지만 훈장은 둘입니다." 레이건 대통령이 목소리를 높였다.

핵시대의 가장 중대한 사건들에 직접 몸을 담은 로버타와 앨버트 월스테터는 정치인들의 생각과 행동에 영향을 끼쳤고, 더 안전한 세계를 만드는 데 조력했습니다. 지난 40여 년 동안 두 사람은 논리, 과학, 역사를

앨버트 월스테터(왼쪽), 로버타 월스테터(가운데), 폴 니츠(오른쪽)가 백악관에서 로널드 레이건 대통령이 시상하는 자유훈장을 받고 있다(1985년 11월 1일). 로버타는 너무나 감격한 나머지 이렇게 한 마디 말밖에는 하지 못했다고 한다. "참으로 감격스럽고 영광스러울 따름입니다."

인도하고 우리 민주주의체제의 학습과 행동능력을 확장했습니다. 두 사람의 작업은 우리로 하여금 인류의 안전을 도모하기 위해 무고한 이들을 위협할 필요가 없으며 핵무기를 무자비하게 확산하지 않아도 된다는 사실을 알게 해줬습니다. 두 사람의 사유와 설명의 힘은 그 자체가 자유세계의 가장 훌륭한 방어망 가운데 하나입니다.

레이건 대통령에게 마이크를 건네받은 로버타는 간략하게 화답했다. "참으로 감격스럽고 영광스러울 따름입니다. 정말 감사합니다."

이제 앨버트가 에나멜을 입힌 묵직한 십자 훈장을 받을 차례였다. 앨버트가 마이크로 다가가서 목소리가 잘 들리게 가까이 끌어당겼다. 딸 조안, 리처드 펄, 폴 월포위츠, 헨리 로언 등 모두 자기가 뒤를 밀어주고 인도해준 이들이 앞자리에 앉아 있었다. 앨버트는 잠시 머뭇거리더니 곧바로 입을 열었다.

대통령 각하, 저는 이 커다란 영예를 비단 저 자신뿐만 아니라 35년여 동안 운 좋게도 함께 일할 수 있었던 명석하고 헌신적인 연구자들과 학생들에게 주는 것으로 알고 받겠습니다. 특히 우리가 자유를 지키고 있으며, 자유로운 사회와 자유롭지 못한 사회 모두를 끝장낼 수 있는 대참사를 초래하지 않고 자유를 지켜야 한다고 강조하는 대통령 각하에게서 자유훈장을 받는다는 사실이 무척이나 자랑스럽습니다. 참으로 감사하고 영광스럽습니다, 대통령 각하. 감사합니다.[1]

그게 전부였다. 사람들이 설명을 더 들으려고 잠시 기다리다가 이내 우레 같은 박수갈채를 보냈다. 월스테터 부부는 다른 말을 할 필요가 없었다. 두 사람과 그 친구들이 없었다면 이 가운데 어떤 일도 일어나지 않았을 것이다. 지미 카터가 여전히 대통령이었을 것이고, 미국은 돈으로 살 수 있는 최상의 정부로서 경제를 일으키고 소련 제국을 패퇴시킨 레이건 행정부 시대의 아침 햇볕을 따스하게 쬐는 대신 여전히 미래에 대한 기대를 접은 채 후회하고 있었을 것이다.

1985년 당시 이제 미래는 케네디, 존슨, 닉슨 대통령 아래서 세계를 개조하다가 포드, 카터 대통령에 의해 앞길이 막힌 월스테터를 비롯한 랜드연구소 사람들의 것이었다. 소련의 콧대를 꺾으려던 그들의 오랜 꿈(오래 전 월스테터 부부의 할리우드힐스 저택에서 정기적으로 회동하던 때 창안된 계획)은 레이건 대통령을 맞이해 모두 실현되고 있었다.

수십 년 동안 랜드연구소의 분석가들과 소련학자들은 소련이 경제 고갈과 민족 갈등을 통해 소멸할 것이라고 예상하고 있었다. 소련 경제가 충격을 견딜 만큼 튼튼하지 못하다고 확신하던 경제학과 책임자 찰스 울프 2세는 무기 경쟁을 통해 소련의 힘을 빼서 몰락시키자고 주장해왔다.[2] 그렇지만 이 모든 것을 결합하기 위해서는 레이건 대통령 같은 참된 신봉자의 맹목적인 믿음이 필요했다. 압도적인 표차로 대통령에 취임한 71세의 전 캘리포니아 주지사는 미국 사회를 통째로 바꾸는 혁명을 수행했다. 이런 '레이건 혁명'은 두 가지 가정에 입각해 있었다. 철저한 조세 개혁과 정부 규제, 그리고 강경한 대외 정책과 결합된 상당 규모의 방위 지출 증대를 정당화한 강력한 반공주의가 그것이다. 랜드 연구소의 분석가들(그리고 랜드연구소가 창안한 합리적 선택이론)은 이 두 가지 태도를 모두 지지했다.

역대 백악관 주인들 가운데 유일하게 레이건 대통령은 소련을 봉쇄하는 것만이 아니라 물리칠 수 있다고 믿었다. 공산주의가 내부 모순의 무게를 이기지 못해 무너질 것이라고 본 레이건 대통령은 자신이 이 몰락을 가속화하기 위해 당선된 것이라고 확신했다. 레이건 대통령은 취임사에서 제1차 세계대전 중 전사한 병사의 말을 인용해 이렇게 선언했다. "미국은 이 전쟁에서 이겨야 합니다. 그러므로 나는 일할 것이고, 저축할 것이고, 희생할 것이고, 인내할 것이며, 이 싸움의 결과 전부가 나 하나에게 달려 있는 듯 즐겁게 싸우면서 최선을 다할 것입니다."[3] 또 언젠가는 자본주의에 관한 칼 맑스의 유명한 구절을 뒤바꿔 "맑스레닌주의를 역사의 잿더미로 던져버리겠다"고 약속하기도 했다.[4]

훗날 '레이건 독트린'이라는 이름을 얻은 정책의 주요 시험 무대 중 하나는 1979년 소련군이 침공한 아프가니스탄이었다. 월스테터는 점령군에 맞서 싸우는 아프가니스탄의 무자헤딘*에게 첨단 무기를 지원하라고 카터 행정부를 압박하곤 했다.[5] 레이건이 대통령이 되자 월스테터는 이 지역에 대한 소련의 의도를 저지해야 한다며 미국이 계속 지원을 확대하도록 압력을 넣는 데 성공했다. 아프가니스탄에서 패배하면(월스테터는 아프가니스탄이 소련의 베트남이라고 여겼다) 소련의 사기가 떨어지고 돈, 병사, 장비의 출혈이 커질 것이었다.[6] 결국 소련군이 철수했을 때

---

* Mujahideen. '성스러운 이슬람 전사'를 뜻하는 아랍어. 1979년 결성된 뒤 소련군에 맞서 싸워 철군을 이끌어낸 무장 게릴라 조직의 이름이기도 하다. 이들은 소련의 철군 이후 1992년부터 4년간 아프가니스탄의 정권을 잡았다.

신뢰할 만한 전략의 원천으로서 월스테터(그리고 랜드연구소)의 명성은 확고해졌다. 니카라과와 엘살바도르의 경우처럼 소련의 영향력을 방해하려는 레이건 대통령의 다른 시도들은 이처럼 명백한 성공을 거두지는 못했지만, 랜드연구소 사람들은 이런 시도에는 깊숙이 관여하지 않았기 때문에 정부 내에서 그들의 높은 명성은 식을 줄을 몰랐다.

랜드연구소의 동료 가운데 많은 이들이 레이건 행정부에서 영향력 있는 자리를 차지한 것은 문제도 아니었다. 월스테터의 제자인 펄은 국방부장관으로 임명되어 소련 담당 업무를 맡았다. 월스테터의 동료로 랜드연구소 사회과학과를 이끌던 강경파 정책 전문가 프레드 이클레는 레이건의 정권인수팀을 도운 뒤 정책 담당 국방차관으로 임명됐고, 월포위츠는 정책기획 담당으로 국무부에 자리를 잡았다. 제2차 전략무기 제한협정에 반대하는 효과적인 싸움을 벌여 상원에서 협정 인준 거부를 이끌어낸 니츠 역시 레이건 정부의 군축 협상가가 됐다.

무엇보다도 랜드연구소 사람들은 미국 경제신문 가운데 가장 위풍당당한『월스트리트저널』의 편집자라는 영향력 있는 동맹자와 손을 잡았다. 로버트 L. 바틀리는 1972년 경제신문의 기함격인『월스트리트저널』의 키를 잡았는데, 같은 무렵 캘리포니아 주지사였던 레이건은 새로운 보수주의 정치의 윤곽을 그리기 시작했다. 레이건이 대통령에 취임했을 때, 바틀리는『월스트리트저널』의 사설란을 월스테터를 비롯한 지식인들에게 개방해 '작은 정부'와 '국방비 증액'이라는 레이건 혁명의 교의를 퍼뜨리도록 도왔다.[7] 또한 바틀리는 레이건 행정부의 수많은 공급중시 경제학자들, 즉 감세가 예산 흑자를 낳는다고 굳게 믿는 아서 래퍼나 주드 와니스키 등의 저작을 출간하게 된다.

랜드연구소의 '대항력' 철학은 애초부터 레이건 행정부의 공식 국방정책으로 신성시됐다. 1982년 캐스퍼 와인버거 국방장관은 "소련을 압도해 미국에 유리한 조건으로 최대한 빨리 전쟁을 종결하게끔 강제할 수 있도록" 제2차 공격 역량 핵무기를 증강하는 것이 미국의 공식 전략

1983년 3월 23일 텔레비전 방송을 통해 국민들에게 전략방위구상을 설명하고 있는 로널드 레이건 대통령.

임을 천명한 국방지침을 발표했다.[8] 요컨대 미국 정부는 선제공격을 당한 뒤에도 예비 전력을 유지해 소련이 반격당할 위험 때문에 공격을 포기하도록 만듦으로써 핵전쟁을 승리로 이끌려는 계획을 짜고 있었다. 1961년 랜드연구소의 윌리엄 코프먼이 로버트 맥나마라 국방장관을 상대로 펼친 바 있는 핵전쟁 필승 전략이 바로 이것이었다.

이렇듯 국방력 강화에 대한 강조는 시대의 좌우명이었다. 레이건 대통령의 임기 첫 해 국방예산은 카터 대통령의 임기 첫 해 국방예산보다 거의 4백40억 달러, 즉 13퍼센트가 늘어났다. 그리고 핵무기, 항공기, 함정, 잠수함, 순항미사일 등에 더 많은 예산이 할당됐다. 다음 해에는 국방예산이 훨씬 더 늘어났고, 그 뒤에도 해가 갈수록 늘어나기만 했다. 결정적으로 레이건 대통령은 전략방위구상이라는 이름 아래 탄도탄 요격미사일 방어체제라는 윌스테터의 오랜 꿈을 되살렸다. 회의적이었던 미국인들은 미국으로 날아오는 소련의 대륙간탄도미사일을 우주공

간에서 미사일로 차단하는 것을 목표로 한다는 이 전략방위구상에 '스타워즈'라는 별칭을 붙였다.[9]

소련에 대한 태도 변화는 행동뿐만 아니라 말에서도 드러났다. 레이건 대통령을 비롯해 알렉산더 헤이그 국무장관, 조지 H. W. 부시 부통령 등은 소련과 제한적인 핵전쟁을 치러 승리한다는 생각을 공공연하게 밝혔다. 레이건 대통령은 여담을 할 때도 태평스럽게 반공주의를 입에 올렸다. 언젠가는 마이크가 안 켜진 줄 알고 이렇게 농담했다. "동료 미국 시민 여러분, 오늘 소련을 영원히 매장해버릴 법안에 서명하게 됐음을 기쁜 마음으로 알려드립니다. 5분 안에 폭격을 시작합니다."[10]

모스크바로서는 레이건 대통령의 농담에 전혀 웃을 수 없었다. 핵전쟁에 대한 레이건 행정부의 오만한 태도와 유럽에 신형 중거리 미사일을 배치하려는 집요한 시도는 소련에서 위기를 불러일으켰다. 기밀 해제된 중앙정보부 보고서에 따르면, 1981년 말 소련 국가보안위원회는 미국이 선제 핵공격을 개시할 계획을 세웠다고 확신하고 있었다.

이듬해 레오니트 브레즈네프 서기장이 사망하자 국가보안위원회 의장 유리 안드로포프가 신임 서기장이 됐다. 곧이어 안드로포프 서기장은 미국의 전쟁 태세를 감시하기 위한 정보경계 태세를 발령했다. 1983년 가을 모스크바 당국은 미국이 기습공격을 위한 최종 준비 단계에 이르렀다고 믿었다. 만약 소련이 반격경계 태세를 발령하고 미국 정보부가 그 이유를 알지 못한 채 소련의 움직임을 감지했다면, 전세계가 순식간에 핵전쟁이라는 대재앙의 고비로 치달았을지도 모른다. 다행히도 소련의 일부 요원들이 미국과 영국측에 소련의 전쟁 소동에 관한 정보를 제공했다. 그러자 두 나라 모두 모스크바 쪽에 자신들이 선제공격을 계획하고 있지 않다고 안심시키는 조치를 취했다. 그렇지만 프랑스의 프랑수아 미테랑 대통령이 1962년 쿠바 미사일 위기와 비교했을 만큼 대단히 긴장된 상황이었다. 몇 년 뒤 새로 소련 지도자로 지명된 미하일 고르바초프는 이렇게 언급했다. "아마 제2차 세계대전 이후 수십 년 동안 1980년대 전반처럼 전세계가 폭발 일보 직전까지 가서 곤란하고 다루기 어려웠던 상황은 절대 없었을 것이다."11)

핵전쟁에서 쉽게 이길 수 있다는 허세 같은 태평스러움이 모스크바의 분노를 산 것처럼, 레이건 대통령의 언급은 미국의 풍경에서 오랫동안 보이지 않았던 무언가를 소생시켰다. 평화운동이 바로 그 주인공이었다. 레이건 대통령의 방위 증강과 핵전쟁에 관한 새로운 언급에 경각심을 느낀 미국과 유럽의 활동가들은 핵동결을 요구하는 대규모 행진을 벌였다. 퍼싱 미사일의 유럽 배치를 둘러싼 항의 시위가 워낙 확산되고 위력적이었던 탓에 랜드연구소의 분석가들은 서유럽의 안보상황을 설명하면서 시민들이 퍼싱 미사일 배치를 기꺼이 수용하는 나라가 단 한 곳도 없다고 쓸 정도였다.12) 게다가 과학자들은 아무리 소규모의 핵전쟁이라 할지라도 핵겨울이라는 예상치 못한 새로운 결과를 낳는다는 논문을 발표하기 시작했다. 국지적인 충돌로 인한 오염과 방사능만으로도 말 그대로 지구가 냉각되는 효과가 발생하며, 그에 따른 어둠 때문에 지구가 멸망할 수 있다는 것이었다. 이에 대해 윌스테터는 매우 논쟁적인 논문으로 대응했다. 평화운동가들이 입증할 수 없는 수치를 이용하면서 비과학적인 억측에 탐닉하고 있다고 비난한 것이다.13)

이번에는 윌스테터의 반격이 표적을 빗나갔다. 새로운 핵무기 경쟁에 반대하는 여론이 활성화됨에 따라 레이건 행정부는 본격적으로 군축 논의를 시작했다. 일부 보수파들이 이제 레이건 대통령은 자신들의 편이 아니라고 느낄 정도였다. 당시 전국보수정치활동위원회 의장이던 존 T. '테리' 돌런은 이렇게 불만을 토로했다. "행정부가 '평화'운동을 흡수한 게 아니라 '평화'운동이 행정부를 흡수해버렸다."14)

얄궂게도 랜드연구소 전략가들의 노력을 최종적으로 완성하고 소련을 무너뜨리는 데는 소련 지도자가 필요했다. 모스크바에서 고르바초프가 서기장으로 권좌에 오른 것은 다른 세 명의 의장이 갑작스럽게 죽은 뒤인 1985년의 일이었다. 고르바초프 서기장은 경제가 정체되고, 정치는 분열되고, 스탈린주의적 억압에 순종하기에는 교육을 많이 받은 나라의 키를 쥐게 된 셈이었다. 임기 초부터 고르바초프 서기장은 통치의 유연성과 경제 발전을 확대하는 기반을 마련하고자 소련 국내 정치를 완전히 개편하려고 했다. 최근 기밀 해제된 문서들을 보면, 1985년 말 고르바초프가 가장 신뢰한 두 조력자, 즉 경제학자이자 정치국원인 알렉산드르 야코블레프, 외무장관인 예두아르트 셰바르드나제가 공산당의 민주화를 제안하면서 다수 후보 선거를 허용하고 정치적 경쟁을 장려하기 위해 당을 두 개로 분리하는 안까지 내놓았던 것을 알 수 있다.15)

자국의 정적들에게 압박당한 레이건 대통령은 고르바초프 서기장이 취임한 당일에 서한을 보내 두 나라의 교섭이 "핵무기 제거라는 공동의 궁극적 목표로 이어졌으면" 한다는 바람을 표명했다.16) 고르바초프 서기장도 신속히 화답했다. 이런 교류는 1985년 말 제네바 회담으로 이어졌고, 이듬해 봄에는 아이슬란드 레이캬비크에서 또 한 차례 정상회담이 열렸다. 레이캬비크 회담에서 두 지도자는 모든 핵무기와 전략방위구상에 따라 배치된 미사일의 폐기를 합의하기 위해 애썼지만 실패로 돌아갔다. 그러나 레이건 대통령이 보여준 높은 신뢰는 유럽에서 중거리 미사일을 철수시킨 중거리핵전력협정과 미국과 소련의 전략 핵무기를 감축한 1단계 전략무기감축협정[이른바 '제3차 전략무기제한협정']으로 이어졌다. 특히 레이건 대통령이 보여준 신뢰감은 글라스노스트와 페레스트로이카라는 개혁을 추진하는 동안 미국이 소련을 공격하지 않을 것이라는 확신을 고르바초프 서기장에게 심어줬다. 고르바초프 서기장(그리고 레이건 대통령)은 이처럼 시장지향적이고 '합리적인' 개혁이 원래 강화하려 했던 체제 자체를 끝장낼 것이라고는 상상하지 못했다. 1989년 베를린 장벽이 무너진 뒤 1991년 소련이라는 국가는 자취를 감췄다. 국가가 통제할 수 없는 힘에 의해 지워져버린 것이다.

소련의 몰락을 보고 싶다는 레이건 대통령의 소망이 임기가 끝나고 몇 년 뒤에 이뤄진 것은 우연의 일치겠지만, 그가 시작한 경제개혁의 결과는 즉각 나타났다. 미국 경제가 돌이킬 수 없을 만큼 바뀐 것이다. "정부는 해법이 아니라 문제이다"라고 선언한 레이건 대통령은 캘빈 쿨리지[미국 제30대 대통령]를 귀감으로 들먹이며 뉴딜 이전 정책으로 나라를 되돌리려고 시도했다. 영국판 레이건으로서 '대처주의'라는 이름 아래 영국 복지국가에 미국과 유사한 근본적 변화를 도입한 마거릿 대처 수상은 레이건 대통령의 생각을 그대로 되풀이했다. "사회 같은 것은 존재하지 않는다. 개별적인 남녀 인간과 가족이 있을 뿐이다."

1970~80년대 동안 대서양 양안에서 일어난 레이건 대통령식 민영화 운동에 랜드연구소 사람들이 기여한 공헌은 대단했다. 그들의 연구는 미국에서 '레이거노믹스'라고 불리는 일련의 경제개혁에 지적 토대를 놓아줬다. 세금 인하, 탈규제, 작은 정부 등이 불가피하게 국가의 이익에 도움이 된다는 통념이 그 중심에 자리 잡고 있었다.

랜드연구소에서 일하던 1952년 『사회의 선택과 개인의 가치』라는 책을 출간한 케네스 애로는 상당 부분 작은 정부라는 변화의 첫 씨앗을 뿌린 인물이었다. 사회의 책임은 존재하지 않았고, 오로지 개인의 선택만이 있었다. 집단의 의무라는 통념은 기껏해야 몽상에 불과했고, 최악의 경우에는 독재자들이 한 정당의 의지를 강요하기 위해 조작해낸 구속이었다. 여기에 함축된 해법은 작은 정부, 규제 완화, 그리고 그 연장선에 있는 세금 인하였다. 여기서 한 걸음만 나가면 영화 『월스트리트』의 유명한 대사로 이어진다. "탐욕은 좋은 거야."

합리적 선택 또는 사회적 선택 개념을 발전시키던 다른 랜드연구소 사람들은 이 개념을 인간사에서 이기심이 담당한 유용한 역할에 관해 쓴 앞선 시대의 이론가들과 연결시켰다. 그들 다수가 사회의 운명을 향상시킨 연구를 했다는 노벨상 위원회의 판단에 따라 노벨상을 받았다. 그 가운데는 1983년 노벨 경제학상을 받은 제라르 드브뢰도 있었다. 1950년대에 랜드연구소에서 일했던 드브뢰의 책『가치론: 경제 균형에 대한 공리적 분석』은 이기적인 사람들이 자신의 목표만을 추구함으로써 실제로는 사회 전체의 운명을 향상시킨다는 애덤 스미스의 '보이지 않는 손' 같은 이론에 수학적 기초를 제공했다.

합리적 선택이론은 곧 다른 생활 영역으로 확장됐다. 랜드연구소의 경제학자 게리 스탠리 베커는 사회학, 범죄학, 인류학, 인구학 등 예전에는 경제학과 전혀 관련 없다고 여겨진 분야에 이 이론의 방법론과 가정을 적용했다. 베커의 핵심 전제는 애로의 전제를 완벽하게 모방한 것이었다. 즉, 합리적인 이기심이 인간 행동의 모든 면을 통제한다는 것이었다. 이런 기여로 베커는 1992년 노벨 경제학상을 수상했다.

1948년과 1952~66년 랜드연구소에서 일했던 찰링 찰스 코프만스는 가장 낮은 비용으로 경제적 목표를 달성하기 위해 자원을 분석하고 할당하는 '활동분석'activity analysis이라는 기법을 개발했다. 랜드연구소에서 경력을 시작해 2006년 노벨 경제학상을 받은 에드먼드 S. 펠프스는 자연실업률이라는 이름의 이론을 소개했다. 그리고 정부가 그것에 어떻게 대응해야 하는지(또는 대응하지 않아야 하는지)에 관한 이론도 제시했다. 1948년부터 1990년까지 랜드연구소 고문을 지내며 막대한 영향력을 발휘한 또 다른 인물인 폴 앤서니 새뮤얼슨은『경제분석의 기초』(1947)에서 모든 경제이론의 열쇠는 소비자 행동의 합리적 성격이라고 주장했다. 대통령 경제자문위원회와 연방준비은행의 고문이었던 새뮤얼슨은 경제체제, 국제무역, 후생경제학, 정부 지출 등의 동학과 안정성을 탐구했다. 새뮤얼슨은 1970년 노벨 경제학상을 받았다.

랜드연구소 출신 역대 노벨상 수상자 가운데 가장 유명한 인물은 아마도 월스테터가 이끈 핵분석가 집단의 초창기 동료인 토머스 셸링일 것이다. 거의 15년 동안 랜드연구소와 함께 일한 셸링은 갈등과 협력의 이론을『갈등의 전략』이라는 독창적인 저서에 담아냈다.[17) 셸링은 대립하는 당사자들이 타협에 도달하도록 해주는 상호 기대의 경계를 가리키는 '초점'focal point 개념을 창안했다. 셸링은 "게임이론 분석을 통해 갈등과 협력에 대한 이해를 향상시킨 공로로" 2005년 노벨 경제학상을 공동으로 수상했다. 대부분 1950년대 말 랜드연구소에 몸담았을 당시에 이뤄진 작업에 대한 수상이었다.[18]

셸링의 동료로 1959년 랜드연구소 고문을 지낸 버넌 L. 스미스는 미국, 오스트레일리아, 뉴질랜드 등에서 에너지 시장 탈규제의 이론적 토대를 놓았다. 스미스는 2002년 노벨 경제학상을 공동 수상했다. 마지막으로 1967~68년 랜드연구소 고문을 지낸 뒤 1996년 영국 경제학자 제임스 A. 멀리스와 노벨 경제학상을 공동 수상한 윌리엄 비크리는 가장 이용자가 많은 시간에 전기·전화회사와 항공사가 높은 이용료를 부과해야 하는 이론적 원리를 제공했다.[19] 또한 운전자들에게 통행료와 도로이용 유형별 요금을 부과하면 소비자들에게 진짜 도로 유지비가 어느 정도인지를 보여줌으로써 교통혼잡을 완화하는 결과(또는 지방정부에 손쉬운 세입 원천을 제공하는 결과)를 낳는다는 도로이용료 관련 이론도 창안했다. 이따금 생각해보면 미국인의 생활에서 랜드연구소의 합리적 선택이론이 변화시키지 않은 유일한 측면은 스포츠밖에 없는 것 같다. 자유계약 선수 조항의 확대는 합리적 선택이론에 따른 것이 분명해 보이기는 하지만 말이다(미국인들의 생활 전반에 영향을 미친 이런 구조적 개혁에 스포츠가 영향을 받지 않은 이유 중 하나는 스포츠팀, 특히 야구팀이 정부에 의해 독점체로 기능하도록 허용받았기 때문일 것이다).

1980년 선거운동 당시 교육부와 에너지부를 폐지하겠다는 공약을 시작으로 레이건 대통령은 탈규제를 향한 국가적 추세를 계속 확대했고, 랜드연구소가 퍼뜨리는 자유시장의 성장을 장려하기 위한 개혁 정책을 충실히 따랐다. 1981년 레이건이 대통령으로 취임 뒤 처음으로 한 일 중하나가 닉슨, 포드, 카터 등 전임 대통령이 허용한 석유가격 통제를 철폐한 것이었다. 곧 금융, 무역, 운송 등의 탈규제도 이어졌다.

그러나 자유시장을 위한 레이건 대통령의 가장 중요한 선구적 시도는 1981년 8월 파업 중인 항공관제사들을 해고한 일이었다. 연방정부 공무원이 파업을 벌이면 일자리를 박탈한다는 사문화된 법률에 의거해

정부지출 삭감, 정부규제 완화, 소득세 감세, 달러의 고금리 유지 등을 골자로 하는 이른바 '레이거노믹스'는 애초부터 전략방위구상 실시에 따른 국방비 증가와 모순됐다. 결국 레이거노믹스는 재정수지 불균형 심화, 재정적자를 메우기 위한 국채의 이자부담 증대, 민간투자 수축 등의 악순환을 초래했다. 1987년 10월 19일 뉴욕증권거래소에서 발생한 주가 대폭락 사태(사진)는 이런 미국 경제의 누적된 문제를 보여주는 상징이었다.

레이건 대통령이 파업을 깨뜨리는 데 성공하자 민간 고용주들은 마음대로 채용하고 해고할 수 있는 권리, 즉 연방준비제도이사회 의장 앨런 그린스펀의 말을 빌리면 "예전에는 한번도 완전히 행사되지 않은" 권리를 거리낌 없이 행사할 수 있었다. 이런 움직임은 전국 곳곳에서 해고의 물결로 이어져 1982년 실업률은 10퍼센트로 급증했다. 결국 레이건 대통령의 반노동조합적 태도는 그의 임기 내내 낮은 실업률과 인플레이션에 기여했을지 모르지만(인플레이션은 1980년 10.4퍼센트에서 1988년 4.2퍼센트로 떨어졌고, 실업률은 1980년 7퍼센트에서 1988년 5.4퍼센트로 떨어졌다), 대공황 이래 전례 없는 수준으로 고용불안을 부추기고 평생고용을 시대에 뒤진 개념으로 만들어버렸다.[20]

레이건 대통령은 소득세 인하가 연방정부 세입을 증가시킨다는 (직관과는 정반대되는) 주장을 담은 경제학자 아서 래퍼의 논쟁적인 곡선, 즉 래퍼곡선의 신봉자였다(1974년 래퍼가 랜드연구소 이사이자 장래의 국방장관인 도널드 럼스펠드, 장래의 부통령인 딕 체니와 만나 칵테일 잔 받침에 이 곡선을 그려준 뒤 두 사람이 정부에 이 이론을 소개했다).21)

레이건 대통령은 개인세를 70퍼센트에서 28퍼센트로, 법인세를 40퍼센트에서 31퍼센트로 대폭 인하하면서 최상위 소득자들에게 가장 큰 혜택을 주었다. 또한 케이블TV, 장거리 전화, 주간州間 은행서비스, 해상운송 등에 대한 가격 통제를 완화하거나 철폐했다. 은행의 자산 투자 허용 범위는 더욱 확대됐고, 반독점법 집행은 크게 축소됐다. 이에 따른 예상하지 못한 혼란으로 저축대부조합이 지나치게 확장되어 정부가 거금 1천2백50억 달러의 구제 금융을 쏟아 부어야 했다.22)

랜드연구소의 합리적 선택이론은 오늘날까지도 계속 확산되고 있다. 심지어는 레이건 이후 유일한 민주당 출신 대통령인 빌 클린턴조차도 이런 사고방식의 상당 부분을 흡수해 1994년 "큰 정부의 시대는 끝났다"라고 선언했다. 오늘날 우리는 미국뿐만 아니라 서구 세계 전체의 성격을 근본적으로 뒤바꿔놓은 산물, 즉 레이건 대통령식의 신념과 랜드연구소의 지성이 결합해 낳은 결과와 더불어 살고 있다. 또한 우리는 랜드연구소가 초래한 또 다른 사건이 낳은 결과의 그림자 속에서 살아가고 있다. 아프가니스탄에서 소련이 겪은 패배는 2001년 9월 11일의 참사로 가는 길을 가리키는 사건이었다.

19장. 테러조직망

새로운 세기의 어느 해 9월에,
하늘에서 공포의 대왕이 내려오니 ……
하늘은 45도에서 불타오르고
불덩이가 거대한 새 도시를 향해 다가오리라 ……
요크의 시에서는 대붕괴가 일어나고,
혼돈으로 쌍둥이 형제 둘이 찢겨나가리니
요새가 함락되면 위대한 지도자도 굴복하고
도시가 불타오를 때 세 번째 큰 전쟁이 벌어지리라.
—— 노스트라다무스

2001년 9월 11일 아침, 랜드연구소의 마이클 리치 부연구소장은 공군 참모차장 존 W. 핸디 장군과의 회동을 위해 국방부로 향했다. 아침 산책을 특히 좋아하는 올리브색 피부의 강단 있는 남자인 리치는 멀리까지 산책을 다녀온 뒤라 시간이 촉박했다. 아침은 건너뛴 채 국방부 바로 맞은편에 있는 랜드연구소의 워싱턴 D.C. 사무실로 달려가서 출근부를 찍고 거대한 연방정부 건물로 걸음을 재촉했다.

샌타모니카의 본부에 적을 두고 있던 리치는 국방부 주요 인사들과 현재 진행 중인 프로젝트를 협의하기 위해 하루 전에 워싱턴 D.C.로 날아왔다. 리치는 이미 여러 차례 국방부를 방문한 적이 있었다. 아버지인 벤 리치는 '스컹크공장'이라는 이름으로 유명한 록히드항공의 첨단 개발 프로젝트에서 일한 엔지니어였다. 이 프로젝트는 공군과의 계약 아래 미국 최초의 제트전투기를 개발하고, 세계에서 가장 큰 성공을 거둔 정찰기 U-2를 내놓았으며, 무엇보다도 F-117A 스텔스 전투기를 만들어내 이목을 끌었다.[1] 마이클 리치는 법대를 나와 변호사 과정을 거치

긴 했지만 랜드연구소에서 거의 평생을 보냈는데 분석가에서부터 시작해 서서히 2인자의 자리로 올라섰다.[2]

그 날 리치는 원래 제네바로 가서 국제전략연구소 이사회 회의에 참석할 예정이었다. 리치는 연구소장 제임스 톰슨과의 협력 아래 랜드연구소의 외국 사무소를 감독하면서 수십 년에 걸쳐 유럽, 특히 중동에까지 세를 확장하는 일을 진두지휘했다. 이미 페르시아 만 국가인 카타르에 새로운 랜드연구소 본부를 세울 계획이 준비 중이었다. 국방부로 가는 도중 리치는 불길한 뉴스를 접했다. "CNN닷컴 속보입니다. 세계무역센터가 파손됐습니다. 확인되지 않은 정보에 따르면 비행기 한 대가 건물과 충돌했다고 합니다. 곧 자세한 소식 전하겠습니다."

핸디 장군과의 약속은 오전 9시 45분이었다. 랜드연구소의 또 다른 중역인 내털리 크로퍼드 부연구소장은 이미 더 이른 시간에 약속을 한 상태였다. 1964년 랜드연구소 공학·항공학과에 몸담은 쾌활한 여성 크로퍼드는 2002회계연도의 랜드연구소 연구계획을 검토할 예정이었다. 핸디 장군이 리치와 협의하기 전에 크로퍼드와 따로 만나고 싶어 했기 때문이다. 9시 30분 약속에 맞춰 핸디 장군의 집무실로 가던 크로퍼드는 직원들이 텔레비전 주변에 모여 있는 것을 봤다. 아침 정규 토크쇼가 중단된 채 뉴욕에서 일어난 참사가 생중계되고 있었다. 누군가 핸디 장군이 집무실에 없다고 전했다. 핸디 장군은 이제 막 테러 공격이라고 이름 붙인 뉴욕 사태에 어떻게 대처할지 논의하고 있었다.[3]

곧 모두가 텔레비전에 시선을 집중했다. 세계무역센터 북쪽 건물 전체가 화염에 휩싸이고 있었다. 꼭대기 층들은 엄청난 불길과 연기에 휩싸였고, 비행기가 충돌한 층 가까이 동쪽에서 사람들이 떨어지는 모습이 비치자 방에 있던 사람들은 숨을 죽였다. 남쪽 건물에 있는 당국자들이 이 건물은 안전하며 대피하지 않아도 된다고 발표했다는 소식을 뉴스캐스터들이 전하는 순간, 공중납치 당한 두 번째 여객기인 유나이티드항공 보스턴 발 175편이 건물을 들이받았다. 수많은 사람들이 장난감 같은 보잉747 여객기가 건물 동쪽 면을 가르는 악몽 같은 모습을 목격했다. 1970년대 영화의 싸구려 특수효과처럼 믿을 수 없는 광경이었다.[4]

몇 분 뒤 핸디 장군이 방에 들어와 직원들에게 뻣뻣하게 고개를 끄덕이고는 개인 집무실로 혼자 들어갔다. 그 무렵 리치는 9시 45분 약속에 맞추기 위해 이상하게 생긴 구조의 A동을 향해 1번 복도를 따라 걸어가고 있었다. 한편 뉴스는 계속 흘러나왔다. 연방항공청은 뉴욕 전역의 공항을 폐쇄했고, 항만관리청은 뉴욕을 오가는 모든 교량과 터널의 폐쇄를 명령했다. 백악관에서는 관리들이 워싱턴 D.C. 상공에 전시 항공관제를 가동하기 위해 필사적으로 애썼고, 영부인 로라 부시와 딕 체니 부통령을 비롯한 최고위 각료들은 수도 바깥의 안전 장소로 대피했다.[5] 국가 최고사령부는 미국 본토와 해외에 대한 연속 공격에 대비했다.

마지막으로, 9시 30분에 조지 W. 부시 대통령은 플로리다 주 새라토가에서 기자들과 대화하며 미국이 "명백한 테러 공격"을 당했음을 확인해주고 대통령 전용기에 올랐다.[6] 연방항공청은 사상 최초로 국내의 모든 항공기 운항을 중단시키고, 현재 비행 중인 항공기들에게는 즉시 착륙할 것을 명령했다. 백악관에서는 테러 대책 관리들이 날아오는 비행체가 레이더에 포착됐다는 통보를 접수했다.[7]

오전 9시 40분, 테러리스트들이 공중납치한 세 번째 여객기가 국방부 건물에 추락하는 순간 핸디 장군의 집무실에 있던 크로퍼드를 비롯한 모든 이들이 바닥에 넘어졌다. 크로퍼드의 말을 빌리면, "거인이 집어 들었다가 땅바닥에 내동댕이치는 듯한" 충격이었다.[8] 모두들 창문으로 달려갔다. 주차장에 사람들이 모여서 건물의 다른 쪽을 가리키고 있는 모습이 보였다. 다른 창문으로 내다보기 위해 홀 건너편으로 간 어느 공군 장교는 건물 꼭대기에서 검은 연기가 흘러나오는 것을 봤다.

경보가 울리면서 스프링클러가 켜졌고, 텔레비전에서 국방부가 공격당했다는 보도가 나오는 와중에 흥분한 보안 직원들이 모든 사람을 건물에서 대피시켰다.[9] 핸디 장군의 집무실로 향하는 9번 복도로 막 들어서던 리치는 걸음을 되돌려 들어온 길을 통해 중앙홀로 나가 지하철역을 통해 건물 밖으로 나왔다. 지상층으로 올라가기 위해 에스컬레이터에 올랐을 때, 머리 위에서 검은 연기가 구름처럼 소용돌이치면서 기름 타는 냄새가 밀려왔다. 한편 크로퍼드는 핸디 장군의 부하들과 밖으로 나와 도널드 럼스펠드 국방장관 집무실 앞의 계단으로 내려가 강변쪽 출입구로 나왔다. 대피는 신속하면서도 질서정연했다. 밖으로 나온 사람들은 보잉757 여객기가 미국 군사력의 으뜸가는 상징인 국방부를 들이받으며 남긴 뻥 뚫린 공간에서 연기가 올라오는 광경을 목격했다.

국방부 맞은편에 있는 유리와 강철로 된 건물인 펜타곤몰에 자리한 랜드연구소의 워싱턴 D.C. 사무실에서는 브루스 호프먼이 도무지 믿을 수 없는 심정으로 뉴욕에서 벌어지는 사태를 보고 있었다. 거무스름한 피부에 날씬한 체격의 뉴욕 토박이인 호프먼은 자신이 여러 차례 예언한 재앙이 눈앞에서 펼쳐지는 광경에 정신을 차릴 수 없었다.

호프먼은 세계에서 내로라하는 테러리즘 전문가로서 정치폭력 연구에 기여한 바를 널리 인정받고 있었다. 2년 전에 출간한 『테러리즘의 내부』라는 책에서 호프먼은 종교 광신주의가 부상하고 대량살상무기를 손에 넣기가 쉬워지면서 거대한 유혈사태의 시대가 도래할 것이라고 예견한 바 있었다. 또한 의회의 여러 위원회에 여러 차례 증인으로 출석해서 지난 몇 년 동안 테러 공격 횟수가 줄어들긴 했지만 흉포함은 대단히 커졌다고 경고했다. 그러면서 일본의 적군파, 이탈리아의 붉은여단, 바스크조국자유, 심지어 아일랜드공화군과도 다른 새로운 종류의 테러리즘을 지적했다. 정치 이데올로기가 아니라 종교적 신념에 따라 움직이는 알카에다 같은 집단은 자신들이 서구적 가치를 상대로 생사를 건 싸움을 벌이고 있다고 생각했다. 그들은 자신들의 대의에 대해 사람들의 관심을 끌기 위해서 상징적인 목표물을 폭탄으로 공격했다.

예전에 호프먼은 새로운 테러리즘이 국가안보를 손상시키지는 못할 것이라고 말한 적이 있었다.[10] 이 날의 사태를 겪은 호프먼은 견해를 바꿀 수밖에 없었다. 만약 알카에다가 범인이라면(이번 공격은 오사마 빈 라덴 그룹의 전형적인 특징을 고스란히 보여줬다), 그들의 일은 아직 끝난 것이 아니었다. 다음 공격 목표는 어디일까?

오전 9시 40분에 답이 나왔다. 땅이 흔들리며 커다란 폭발음과 함께 길 건너편의 창문들이 산산조각 났고, 책상 위의 유리조각상이 깨지고, 벽에 걸린 옥스퍼드대학교 졸업장 액자가 흔들렸다. 호프먼은 창가로 달려가 몇 블록 떨어져 있는 거대한 국방부 건물을 바라봤다.

국방부의 제일 먼 옆 면에서 거대한 연기기둥이 치솟아 오르며 커다란 불꽃이 혀를 날름거렸고, 황급히 달려온 앰뷸런스들이 급정거를 하는 가운데 F-16 전투기가 워싱턴 D.C. 도심 상공을 저공비행하고 있었다. 추락한 아메리칸항공 77편의 후미를 간신히 알아볼 수 있었다. 호프먼은 테러리스트들이 럼스펠드 국방장관의 집무실이 있는 포토맥 강변 쪽 입구를 타격하려고 했으나 실패한 것으로 추측했다.

국방부 건물이 공격을 당한 것은 이번이 처음이었다. 사실 적이 대서양을 건너서 수도를 공격해온 것도 1812년 전쟁이 마지막이었다. 이번 공격은 진주만의 경우처럼 전술적인 기습공격이 아니었다. 더 높은 단계의 군사공격이었다. 호프먼이 보기에 이번 공격은 미국에 커다란 타격을 가하려는 명백한 시도였고, 미국과 미국의 가치를 짓밟을 때까지, 아랍 제국이 누린 영광의 시절 이래 사라진 칼리프가 세계 전체를 지배할 때까지 쉬지 않고 공격하겠다는 적의 선전포고였다. 과거 미국과 소련의 충돌과 달리 이번 사태는 스파이, 미사일, 위협 등이 오고가는 것이 아니라 실제의 전투, 총알과 유혈이 난무하는 말 그대로 열전熱戰이 될 터였다. 그러나 뚜렷하게 규정된 적이나 정복해야 할 영토(사실상 세계 전체였다)가 없는 이 충돌은 영원히 계속될 수도 있었다.

호프먼이 보기에 이번 공격은 제3차 세계대전의 시작이었다.[11]

전지구적 충돌이라는 테러리즘 개념은 새로운 것이 아니었다. 악명 높은 테러리스트 카를로스 '자칼'은 1975년 빈에서 몸값을 받기 위해 인질로 잡은 석유수출국기구의 석유장관들에게 비슷한 말을 한 적이 있었다. "이제 제3차 세계대전이 시작됐소."[12] 차이가 있다면 2001년에는 전세계적인 대테러 전쟁 개념이 (미국 정부가 전력을 기울이는 가운데) 미국의 국가 정책이 된 것이었다. 폴 월포위츠 국방부장관은 이렇게 말했다. "이 자들을 상대로 한 싸움은 냉전보다 훨씬 오래 계속될 것입니다. 이 싸움은 제2차 세계대전의 충돌보다 훨씬 더 우리의 결의를 시험하게 될 겁니다."[13] 문명의 충돌, 전지구적 대테러 전쟁, 성전聖戰, 이 모든 말이 2001년 9월 11일이라는 발원지에서 솟아나오게 된다.

오래 전부터 랜드연구소의 분석가들은 충돌의 먹구름이 커지고 있다고 경고한 바 있었다. 그렇지만 역대 정부는 미국이 공격당할 리 없다고 결론내렸다. 테러조직망은 본질적으로 낯설고 이국적인 것으로 보였다. 1995년 티모시 맥베이가 오클라호마시티의 앨프리드 P. 머라 연방빌딩을 폭파한 사건처럼 토착 극단주의가 모습을 드러내는 경우에만 이런 자족감이 깨지곤 했다. 위협은 조직적이거나 임박한 것처럼 보이지 않았다. 따라서 연방 차원에서 위협을 연구하는 데 쏟아 부은 자금도 거의 없었다. 이런 독선적인 연방정부의 관료주의를 일깨우기 위해서는 테러리즘 연구에 앨버트 윌스테터 같은 카리스마적인 대변인이 필요했다. 살육을 피할 수 없게 된 이제야 워싱턴 D.C.은 항구적인 전쟁을 알리는 카산드라의 목소리에 귀를 기울이게 됐다.

9월 26일 호프먼이 하원 정보위원회 위원들에게 상기시킨 것처럼, 사실 그는 10년 전에도 정보위원회에 출석해 얼마 전에 일어난 것과 같은 비극을 피하기 위해 테러 방지 활동을 한 곳에 집중하자고 촉구한 적이 있었다. 호프먼은 냉전의 주적이 오래 전에 망했는데도 정보기관들이 아직도 냉전 수행체제로 편제되어 있음을 비판했다.

가령 정보기관 활동의 60퍼센트 정도가 여전히 기존 민족국가들의 상비군에 관한 군사정보에 초점을 맞추고 있다. …… 초민족적이고 비국가적인 가공할 적들이 등장하고 그들이 치명적으로 파괴적인 위협을 분명하게 제기하는 상황에서 이런 균형은 이제 적절하지 않다.14)

　호프먼은 미국의 정보 예산이 3백억 달러가 넘지만 외국의 테러 위협을 공식적으로 종합평가한 것은 페르시아만전쟁 중인 1991년이 끝이었다고 지적한 뒤 이런 노력을 감독하는 마약단속국 같은 기구를 신설해 인력, 예산, 자원을 재배치할 것을 촉구했다. 즉, 부시 대통령이 몇 주 뒤에 신설하는 국토안보부 같은 조직을 만들라는 요구였다.

　호프먼은 알카에다와의 충돌을 1972년 뮌헨올림픽 당시 팔레스타인해방기구의 분파인 검은9월단이 이스라엘 선수들을 학살한 사건까지 거슬러 올라가는 수십 년에 걸친 테러 활동의 자연스러운 진화로 여겼다. 랜드연구소의 분석가들이 테러리즘 연구라는 학문을 창조해 정보 분야에서 신천지를 개척한 것은 서구 세계가 테러리즘이 일시적 현상이 아닐 수도 있다는 가능성을 처음 고려하게 된 바로 그때였다.

　호프먼의 랜드연구소 동료 중 한 명인 브라이언 젠킨스는 미국에서 테러리즘 연구 과정을 신설한 최초의 분석가였다. 그린베레 출신으로 랜드연구소의 특별 고문이던 젠킨스는 1972년 신임 연구소장 도널드 라이스와 처음 만났을 때 이 구상을 랜드연구소에 추천했다. 그 해 말 젠킨스는 알려진 국제 테러리즘 활동을 체계적으로 수집한 국제테러리즘 연대기(지금은 '테러리즘자료은행'이라고 알려져 있다)를 처음 만들었다. 젠킨스를 비롯한 랜드연구소의 분석가들은 아무도 외국 테러리스트들이 미국 국내의 일상생활에 직접적인 영향을 미칠 것이라고 믿지 않았던 오래 전부터 미국이 이런 테러리즘에 어떻게 맞서 싸울 수 있고 싸워야 하는지에 관한 수십 편의 보고서를 발표했다.

　처음에 랜드연구소는 자체 기금으로 연구를 지원했다. 정부기관에 이런 체계적인 테러리즘 연구를 지원할 필요성을 설득할 수 없었기 때문이다. 랜드연구소는 1968~74년 사이에 일어난 5백7건의 국제 테러리즘을 기록했는데 그 대부분은 사소한 사건이었다.[15] 결국 연방정부가 테러리즘 연구의 유효성을 인정하는 것은 몇 년 뒤의 일이다.[16]

물론 테러리즘은 새로운 현상이 아니다. 역사가들은 테러 행위가 로마시대까지 거슬러 올라가며 이 용어가 처음 사용된 기록은 1793~94년 프랑스혁명의 공포정치 시기라고 지적한 바 있다.[17] 그러나 그 뒤 몇 세기가 지난 지금도 테러리즘을 정확하게 정의하기란 쉽지 않다. 포르노그래피의 경우처럼 보는 사람의 관점에 따라 달라지기 때문이다. 내가 동의하지 않는 정치적 의도에 따른 폭력 행위가 테러리즘인 것이다. 상투적인 표현처럼, 어떤 사람이 말하는 테러리스트는 다른 사람에게는 자유의 투사이다. 랜드연구소의 콘래드 켈런은 이렇게 말했다. "초창기 미국 혁명가들은 당시의 기준으로 보면 테러리스트로 여겨졌을 것이다. '자유라는 나무는 때론 폭군의 피를 거름으로 주어야 한다'고 말한 토머스 제퍼슨은 테러리스트 딱지를 붙이기에 적격일 것이다."[18]

테러리즘의 존재론적 함의에 신경 쓸 마음이 없었던 젠킨스는 테러리즘을 "정부의 행동 방침을 바꾸게 강요하기 위한 범죄적 폭력의 행사"라고 정의했다. "테러리즘의 목적은 어떤 일에서 손을 떼거나 중단하도록 정부를 강요하는 것이다. 테러리즘은 정치적 범죄이다."[19]

젠킨스의 정의는 모든 인간사가 정치적이라는 또 다른 옛 격언을 받아들일 때에만 타당한 것이었다. 당시의 극단주의자들과 테러 집단들이 이런 견해를 퍼뜨린 것은 우연의 일치가 아니었다. 팔레스타인인민해방전선의 창립자 조지 하바시의 말이 가장 적절한 예일 것이다. "오늘날의 세계에서 단 한 사람도 무고하지 않으며, 어느 누구도 중립적이지 않다. 억압 받는 이들의 편이 아니면 억압자의 편이다. 정치에 전혀 관심이 없는 사람은 지배질서, 즉 지배계급과 착취계급의 질서를 승인하는 것이다."[20] 그러나 이런 정의는 일본의 종교집단 옴진리교처럼 새로운 사회를 일으키기 위해 세계 아니면 모든 민족을 멸망시키려고 하는 20세기 말의 천년왕국주의 집단을 아우르지 못한다.[21] 또한 자살폭탄 공격과 무차별적인 살육을 통해 종교적인 신성화를 추구하는 이슬람의 지하드[성전聖戰]주의자들도 포괄하지 못한다. 구원에 이르는 통로로서의 테러리즘은 쿠바로 안전하게 날아가도록 해달라고 요구한 1970년대의 공중납치범이나 캘리포니아 주 교외의 한 은행에서 총탄 세례를 퍼부은 미국의 공생해방군 갱스터와는 거리가 멀다.

그러나 19세기가 막을 내릴 무렵 생디코-아나키스트들을 중심으로 정치 폭력의 물결이 이따금 들이닥친 것을 제외하면 테러리즘은 1백여 년 동안 서구에서 모습을 볼 수 없었다(오늘날 일부 전문가들은 지하드주의자들과 아나키스트들이 별 차이가 없다고 주장한다. 윌리엄 매킨리 대통령과 차르 알렉산드르 2세를 암살한 아나키스트들은 지하드주의자들과 유사한 자살 충동에 사로잡혀 있다는 것이다. 이 전문가들은 '검은손'*이나 이와 비슷한 유형의 조직들처럼 이슬람 근본주의자들 역시 저절로 소멸될 것이며, 서구 각국 정부는 미래의 진짜 적인 중국에 면밀한 관심을 기울이는 것이 더 낫다고 주장한다[22]). 1960년대 말 반식민주의 급진 혁명운동의 성장과 결합된 청년혁명과 베트남전쟁에 의해 사회가 분열되면서 테러리즘이 다시 전면에 나서기 전까지는 말이다. 주로 마오쩌둥, 피델 카스트로, 체 게바라 등에게 영감을 얻은 일부 사회주의·극좌단체들이 채택하긴 했지만, 바스크조국자유 분리주의자들이나 아일랜드공화군 같은 민족주의 성향의 단체들도 테러리즘을 무기로 선택했다.

1990년대 이전의 테러 행위가 대개 정치적 관념에 기댄 집단의 소행이었기 때문에, 테러리즘을 정치적 행위라고 본 젠킨스의 설명은 쓸 만했다. 젠킨스의 정의 덕분에 랜드연구소는 테러 집단을 무력화하고 뿌리 뽑기 위한 관점에서 테러 집단의 구조, 지도부, 기원 등을 분석할 수

---

* Crna ruka. 1911년 결성된 범세르비아 민족운동 단체로 공식 명칭은 '통일 아니면 죽음'(Ujedinjenje ili smrt)이다. 제1차 세계대전의 발단이 된 오스트리아 황태자 부부 암살 사건에 연루된 것으로 알려져 있다.

있었다. 그 뒤 몇 년 동안 랜드연구소는 테러리즘의 정의를 다듬었고, 결국 중요한 것은 테러 집단의 정치적 목표나 정체성이 아니라 행위의 성격이라고 결론지었다. 가장 단순한 형태의 테러리즘은 "공포나 불안의 분위기를 조성하기 위한 계산된 폭력이나 폭력의 위협"이다.[23]

테러리즘자료은행이 처음 나올 때부터 랜드연구소의 분석가들은 미국이 테러리즘에 대처하는 준비가 제대로 되어 있지 않다고 불평했다. 1982년 젠킨스는 랜드연구소의 테러리즘 관련 회의를 위해 작성한 논문에서 이렇게 썼다. "테러리즘은 우리가 미처 준비하고 있지 못한 충돌이다. …… 우리 대사관이 파괴되고, 우리 시민이 납치·살해되고, 우리 제트전투기가 지상에서 폭파되고 있다."[24] 그러나 이스라엘을 제외하면 당시 테러리스트들을 저지하는 데 필요한 엄격한 보안조치를 부과할 채비가 되어 있는 나라는 거의 없었다.

테러리즘 연구라는 분야에 랜드연구소가 기여한 바의 핵심은 테러리즘이 약자들의 무기라는 사실을 인정한 데서 비롯됐다. 테러리즘은 희생자나 그 행동에 직접적으로 영향을 받는 사람들이 아니라 바라보는 관객을 위해 만들어진 '연극'이었다.[25] 1950년대에 자기 땅을 빼앗긴 사람들에게 저질러진 프랑스 식민권력의 불의를 바로잡기 위해 참호로 둘러싸인 권력구조에 맞서 무력 봉기를 주장했던 알제리의 프란츠 파농 같은 작가들은 이미 이런 사실을 인식하고 있었다.[26]

젠킨스와 호프먼을 비롯한 사람들은 테러리즘의 연극적 성격, 즉 대중의 지지를 얻어야 하는 필요성을 중국 장제스의 국민당 군대에 맞서 마오쩌둥이 주요하게 펼친 군사 전략과 연결시켰다. 권력을 손에 넣기 위해 장기 게릴라전을 벌인 마오쩌둥은 인민의 신뢰를 얻는 것이야말로 군사적 성공의 열쇠라고 단언했다. 혁명 세력이 신뢰를 얻어야만 정규전에서 방관자 노릇을 할 사람들을 병사로 얻을 수 있기 때문이었다. 마오쩌둥은 "정치권력은 총구에서 나온다"라고 말했다. 이 총구가 불을 뿜을 때마다 곧바로 뉴스가 되어 세계 구석구석까지 방송되는 오늘날의 세상에서는 더없이 적절한 말이다. 따라서 테러리즘은 대니얼 엘스버그가 말한 이른바 '유도柔道 정치,'[27) 또는 오늘날 군사 분석가들이 말하는 비대칭 전략(우월한 무기와 막대한 인력을 가진 적을 상대로 최대한의 홍보 효과를 얻기 위해 특정한 시기에 수준 낮은 무기로 목표물을 공격하는 행위)의 변종을 보여주는 완벽한 사례이다.[28)

젠킨스는 테러리스트들의 공격 방식이 제한되어 있다고 지적했다. 테러리스트들의 기본 전술은 폭탄 투척, 암살, 무장 공격, 납치, 바리케이드와 인질 상황, 공중납치 등 여섯 개였다.[29) 혁신보다는 모방을 좋아하는 테러리스트들은 각국 정부가 테러 방식을 파악해 보안조치를 개선할 때까지 자신들이 선호하는 방식을 계속 사용한다. 그리하여 1970년대에는 인질구조대가 신설되고 공중납치에 관한 국제협약이 강력하게 시행될 때까지 항공기 납치와 인질극이 유행했다(뉴욕 세계무역센터가 1993년과 2001년 두 차례에 걸쳐 공격당한 것도 이런 연유에서였다).

1980년대 중반경 랜드연구소의 분석가들은 무척 불온한 흐름을 간파했다. 테러가 점점 유혈적으로 변하고 있었던 것이다. 1968년에는 크로아티아 분리주의자들 같은 집단의 폭탄이 인명 피해를 낳기 전에 제거됐던 반면, 1983년에는 헤즈볼라 추종자들이 레바논의 미해병대 기지로 폭약을 가득 실은 트럭을 돌진시켜 수많은 미군 병사를 죽였다.[30) 이 사건은 이후 드러나는 가장 우려스러운 추세, 즉 극단주의자들이 중동 안팎에서 벌이는 자살 공격에 대한 관심을 불러 모았다.

랜드연구소의 분석가들에 따르면, 고대 이래 첫 번째 자살 공격 기록은 1972년 5월에 발생한 것이었다. 팔레스타인의 대의를 위해 활동하는 일본인 테러리스트들이 이스라엘 로드의 공항에서 그리스도교 순례자들에게 수류탄을 던진 사건이었다.[31) 이 공격으로 26명이 희생됐지만 테러리스트들도 현장에 있던 보안요원들에게 즉시 보복을 당했다. 결국 자살 임무가 된 이 공격에서 세 테러리스트 중 두 명이 살해됐다. 제2차 세계대전 당시의 '신의 바람,'神風 즉 가미카제 같은 제물 바치기와 비슷했다. 랜드연구소의 분석가들은 일본인들의 자기희생에 부끄러움을 느낀 팔레스타인인들이 비슷한 행동에 나서게 됐다고 생각했다. 팔레스타인인들은 자신들에게 낯설 대의를 위해 기꺼이 목숨을 바친 일본인들처럼 스스로의 대의를 위해 목숨을 희생할 각오를 보여주기로 작정했다는 것이다.[32] 이로부터 불가피하게 나오는 다음 단계는 싸우다 죽는 것을 낙원으로 들어가는 피의 문으로 찬미하는 것이었다.

이런 전술 변화는 테러리스트들에게 예상하지 못한 성과를 가져다줬다. 대부분의 설명에 따르면, 베이루트 기지 폭탄 공격 이후 레이건 행정부는 레바논이 미국인의 장례를 치를 만한 가치가 없는 곳이라고 결론 내렸고, 해병대는 짐을 싸서 본국으로 돌아갔다. 미국의 레바논 철수와 소련의 아프가니스탄 패배가 사우디아라비아의 경제적 지원을 등에 업은 이슬람 근본주의의 부상과 결합되자 마침내 테러 집단들은 서구 강대국의 정책을 바꿀 수 있는 방법을 찾았다고 널리 믿게 됐다. 수백 명의 자살 폭탄공격자들이 오랜 기간에 걸쳐 이스라엘을 수비대 국가로 바꿔놓은 데서 알 수 있듯이, 재래전으로는 서구와 이스라엘을 이길 수 없는 상황에서 테러리즘은 필연적인 전술이 되어갔다.[33]

1990년대 당시까지 랜드연구소의 분석가들은 테러리스트들이 혁명가, 불만을 품은 개인, 소수 민족, 경제적으로 박탈당한 집단, 아나키스트 등 다섯 가지 상이한 범주로 나뉜다고 지적했다. 그런데 이제부터는 종교적 극단주의자라는 또 다른 집단이 가장 큰 위협이 될 것이라고 경고했다. 세계은행 같은 서구 금융기관이나 미국과 서구의 대기업, 그리고 메메트 알리 아그자*의 교황 요한 바오로 2세 암살 시도 등에서 드러난 것처럼, 다른 종교나 그 지도자 등이 그들의 다음 목표물이었다. 특히 테러리스트들은 상징적 가치가 큰 공격 목표에 집중할 것이었다. 군사

---

* Mehmet Ali Ağca(1958~). 터키의 극우 민족주의 청년단체 '회색늑대'(Bozkurtlar)의 회원. 1981년 5월 13일의 교황 요한 바오로 2세 암살 시도로 유명해졌다.

적 승리만이 아니라 공포를 통해 적들에게 심리적 패배감을 주려고 하기 때문이다. 랜드연구소는 미래의 어떤 시점에 이르면 테러리스트들이 핵무기나 생화학무기 같은 대량살상무기를 동원할 것이라고 경고했다. 무엇보다도 이란의 도움을 받는 헤즈볼라나 시리아의 지원을 받는 하마스 같이 국가가 지원하는 테러 집단이 요주의 대상이었다.[34]

1990년대에 랜드연구소는 이런 변화에 대응해 테러 활동을 조사하는 새로운 방법을 개발했다. 존 아퀼라와 데이비드 론펠트는 '네트워크 전쟁'netwar이라는 개념을 창안했다. "뚜렷한 중앙지휘부 없이 인터넷 같은 방식으로 연락·조정하고 작전을 수행하는 소규모 집단"을 가리키는 개념이었다.[35] 이처럼 새로운 공격운용 방식이 등장하면서 국제 테러리즘과의 싸움은 대단히 어려워졌다. 전통적인 권력구조가 없는 새로운 테러 집단은 컴퓨터 네트워크의 수많은 바이러스처럼 기하급수적으로 복제되기 때문이었다. 아퀼라와 론펠트는 기술에 정통한 테러 집단이 서구의 전자설비(은행, 전력 공급망, 방위 시설 등)를 파괴하는 테러리즘 네트워크 전쟁이 인터넷 상에서 벌어질 것이라고 예상했다. 그러나 호프먼의 지적에 따르면 세계 각지에 지부를 확대하려던 알카에다와 그 후예들은 폭탄 투척, 납치, 암살 등의 전통적인 테러 기법을 고수했다.

랜드연구소의 분석가들은 테러리즘의 궁극적인 해법이 그것을 발생시킨 현실의 조건을 바꾸는 데 있다고 믿었다. 특히 중동에서 살인과 무차별 폭력보다 목표를 달성하는 데 더 유리하고 효과적인 방법이 있음을 그곳 사람들에게 보여줘야 했다.

알카에다를 분쇄하고 테러리즘에 우호적인 정권을 제거하기 위해 미국이 주도한 아프가니스탄과 이라크 침공 이후 2006년에 이르러 젠킨스는 경고의 내용을 하나 더 덧붙였다. 테러리즘에 대한 미국의 군사적 대응이 역효과를 낳을 수도 있다는 것이었다.[36] 만약 미국이 모든 테러 집단을 제거하려 하고 테러리스트들을 숨겨 주는 모든 나라를 공격한다면, 아프가니스탄 사태 이후 무자헤딘이 여러 분파로 변신해서 흩어졌던 것처럼 세계 곳곳에 테러리즘의 씨앗을 뿌리는 셈이 될 뿐이다. 테러리즘은 전술과 무기를 결합해서 물리쳐야 하지만 무엇보다도 사상의 힘이 결정적인 역할을 한다. 무력만으로는 성공을 거두지 못한다는 말이었다. 오히려 신념과 이데올로기가 성공을 안겨줄 것이다. 또한 젠킨스는 테러리즘을 근절하기 위한 노력이 미국의 가치에 변화를 초래해서는 안 된다고 역설했다. 테러 대책은 미국이 고문, 파벌주의, 쓸데없는 허세 등을 버리고 자유의 전통을 보존할 때만 성공을 거둘 것이다. 미국의 민주주의와 헌법이 테러리즘의 희생양이 되어버린다면, 상처뿐인 승리를 위해 미국은 가장 강력한 무기(자유라는 전통)를 잃는 셈이 된다. 젠킨스가 결론으로 말한 것처럼, "우리가 하는 일은 무엇이든지 우리의 근본적인 가치에 부합해야 한다. 이것은 단순한 도덕성의 문제가 아니라 전략적인 계산인데, 우리는 이따금 이 점을 간과하고 있다."[37]

20장. 요다와 저항군의 기사들

2003년 4월 미국이 주도한 바그다드 공격의 이미지는 결코 잊힐 수 없을 것이다. 수백 킬로미터 떨어진 곳에 정박한 함대가 발사한 미사일들이 섬뜩할 만큼 정확하게 밤하늘을 가로질러 선별된 목표물을 타격했다. 공상세계의 일처럼 쉽게 말이다. 바그다드를 수천 톤의 폭탄으로 뒤덮은 1991년의 '사막의 폭풍' 작전과 달리, '이라크 자유' 작전은 공상과학 영화의 한 장면 같았다. 군사 교전이 마치 외과수술 같았으니.

이라크 침공이 영화 『스타워즈』이고 미군이 제다이의 기사들이라면, 랜드연구소의 전 분석가 앤드루 마셜은 이 작전의 요다였다. 빼빼 마른 80대 노인이 된 마셜은 부드러운 목소리와 신비로운 조언 덕분에 '작은 현자'라고 불렸다. 마셜의 영향력은 대단했는데, 몇 안 되는 저작을 통해 이라크 자유 작전과 그 이전의 사막의 폭풍 작전으로 이어진 군사부문혁신의 지침을 마련했다. 사실 두 차례의 이라크전쟁은 미국의 미사일이 바그다드 상공을 나는 무시무시한 소리를 내기 20년 전에 시작됐다고 할 수도 있다. 그리고 그 전쟁의 창시자는 랜드연구소 출신이었다. 이 계획의 범위는 아찔할 만큼 엄청났다. 미국이 재무장한 적에 맞닥뜨리지 않도록 세계 지도를 다시 그리는 일련의 정치적 변화를 일으킬 수 있기 위해 미군을 현대화하는 것이 그 목표였다. 오늘날 전세계는 이런 그릇된 꿈의 고통스러운 결과를 안고서 살고 있다.

미국이 주도한 침공 이후 몇 달 동안(이라크 반란자들과 지하드 세력이 자살을 마다하지 않고 격렬히 봉기하기 이전, 요컨대 베트남에서 미국이, 아프가니스탄에서 소련이, 알제리에서 프랑스가 그랬던 것처럼 점령군이 수렁에 빠지기 이전에) 현대전에 관한 마셜의 이론은 모두 옳은 것으로 입증됐다. 21세기에는 미국인의 희생이 거의 없이 마치 조지 루카스의 영화처럼 무장 교전을 치를 수 있었다. 심지어는 8천 킬로미터 떨어진 네바다 주의 공군 기지 안락의자에 앉아 무인 비행기를 조종해 완고한 적에게 치명적 위력의 미사일을 발사할 수도 있었다.[1] 마셜이 주장한 군사부문혁신은 부인할 수 없는 성공작이었다. 뒤이은 점령과 무능한 대게릴라 계획의 유혈적인 실패는 다른 누군가의 일이 될 터였다(사실 이라크 주재 미군정 최고행정관 L. 폴 브리머가 인정했듯이, 랜드연구소는 지나친 자신감을 경고하면서 불충분한 병력으로는 점령이 실패로 돌아갈 것이라고 예측하는 수많은 연구를 발표했다).[2]

1973년부터 마셜은 랜드연구소의 전 동료 제임스 슐레진저 국방장관이 신설한 국방부의 비밀 부서, 즉 자산평가국을 이끌고 있었다. 1950년 랜드연구소 경제학과에 합류한 마셜은 월스테터 부부와 친했다. 로버타에게 진주만 공격에 관한 선구적 연구를 하도록 장려한 것도 마셜이었다. 1950년대 말에는 게이서위원회의 고문을 맡으며 허먼 칸, 토머스 셸링과 각각 민방위와 게임이론을 공동 연구했다. 1960년대에 랜드연구소 사람들이 대거 국방부로 옮겨가는 동안에도 마셜은 자리를 지켰고, 국방부 문서 사건이 벌어진 뒤에야 랜드연구소를 나왔다.[3]

1973년부터 대통령이 일곱 번 바뀌었지만 마셜의 국방부 부서는 권한이나 인사상의 변화 없이 계속 지원을 받았다. 뚜렷한 은퇴 의사가 없는 마셜은 랜드연구소 황금기의 유명한 핵전략가 가운데 아직도 정부에서 일하는 유일한 인물이다. 마셜의 제자 중 하나인 전 해군장관 제임스 호너는 2003년의 어느 행사에서 마셜을 익살스럽게 소개했다.

앤드루는 데이비드 패러것 제독[남북전쟁 당시의 북군 해군 제독] 시절부터 자산평가국 국장이었습니다. 조지 워싱턴 장군이 대륙군 최고사령관을 그만두기 직전에 임명했지요. 앤드루는 어젯밤 금혼식을 치렀습니다. 그리고 신사 숙녀 여러분, 오늘밤은 앤드루의 여든두 번째 생일입니다. 그런데 여전히 국방부 상근직으로 일하고 있지요. 존 점퍼 장군과 저는 여러분이 어려운 시절에 맞서는 데 도움을 주기 위해 앤드루의 말을 하나 들려드리고 싶습니다. 언젠가 앤드루는 이렇게 말했습니다. "어떤 사람이 막을 수 있는 어리석은 짓에는 한계가 있는 법이라네." 점퍼 장군과 저는 이따금 이 말을 떠올리곤 합니다.[4]

자산평가국에서 일하던 초기 몇 년 동안 마셜은 미국과 소련 군대의 위력을 비교하는 일련의 연구를 내놓았다. 1980년대 초에는 월스테터의 영향 아래 미국 군사력의 토대가 되는 사고방식, 즉 핵무기의 우위만으로도 전장에서 승리를 거둘 수 있다는 사고방식을 재검토하기 시작했다. 아이러니하게도 마셜은 미국의 이데올로기적 적수인 소련의 니콜라이 V. 오가르코프 원수가 쓴 저작에서 많은 영감을 얻었다.

1970년대 말 오가르코프 원수는 놀라운 결론에 다다랐다. 핵무기가 구식이 되어버렸다는 것이었다. 『조국을 수호하기 위한 만반의 태세』라는 제목의 소책자에서 오가르코프 원수는 현대전에서는 어느 쪽이든 핵무기를 사용하기 꺼려할 것이기 때문에, 기술 발전으로 초래된 엄청난 변화는 이런 혁신을 활용할 수 있는 최선의 방법을 아는 나라에게 전장에서의 압도적인 우위를 제공할 것이라고 주장했다.[5]

마셜은 오가르코프 원수의 이런 출발점을 인정했다. 마셜의 말에 따르면 "당시 …… [군사부문혁신의 토대를] 지적으로 사유하고, 기술을 비롯한 분야에서 미군이 개시한 변화의 장기적인 결과를 숙고한 것은 우리보다는 오히려 소련의 군사이론가들이었다."[6]

1980년대 초 국방부는 마셜과 월스테터가 옛 랜드연구소 동료인 프레드 이클레(당시 레이건 행정부의 정책 담당 국방차관)의 도움을 받아 만든 연구그룹인 통합장기전략위원회가 제출한 보고서를 통해 군사부문혁신의 지침을 공식적으로 처음 제안받았다. 지침 작성자들이 규정한 것처럼, 이 위원회는 국익에 최선의 기여를 하는 정책 권고안을 마련한다는 목표 아래 향후 20년 동안의 전쟁상태를 예상했다.[7] 2000년에 이르면 사우디아라비아, 이라크, 아르헨티나를 비롯한 약 40개 국가가 핵무기 제조능력을 가질 것이라는 예상도 그 중 하나였다.

마셜의 제자였던 앤드루 크레피네비치 같은 이론가들은 군사부문혁신을 "교전 방식의 단절"이나 여러 시대에 걸친 일련의 변화로 규정했다. 그들이 보기에 이런 단절은 대개 과거의 이류 강대국에게 전례 없는 이점을 안겨준 기술상의 변화가 초래한 것이었다. 기원전 18세기경 전장에서 전차가 널리 사용된 것을 시작으로, 방진方陣을 이용해 전통적인 맞수 페르시아인들을 물리치고 당시 알려진 세계의 절반을 정복한 고대 그리스인들까지, 그리고 나폴레옹 시대에 전술과 병참에 일대 변화를 가져온 사회·정치적 발전에 이르기까지 역사가들은 적어도 10여 개의 군사부문혁신 사례를 확인한 바 있다. 이 가운데 여섯 개가 지난 2백년 동안 일어났고, 1939년 이후에만도 세 개가 일어났다.

2003년 미군의 바그다드 행군이 제2차 세계대전 중 독일군이 벨기에·프랑스에 퍼부은 공세와 그냥저냥 비슷한 정도가 아니라 무척 유사했던 것은 전혀 우연의 일치가 아니었다. 군사부문혁신의 주창자들이 바라보는 세계에서 나치 독일의 전격전은 최근 전쟁에서 일어난 가장 중요한 혁신의 하나였기 때문이다. 이제는 더 이상 전장에서 누가 가장 많은 수의 병사를 보유하느냐가 강력한 군사력의 유일한 척도가 아니었다. 그 대신 신기술의 혁신적 활용(편제 및 운용 개념과 전술의 발전을 동반한 탱크와 무선조종 탱크 등)이 승리의 열쇠가 될 터였다. 가령 1940년 당시 프랑스군 탱크는 독일군 탱크보다 기술적으로 우위에 있었지만 독일군은 공중지원을 등에 업고 협소한 전선으로 깊숙이 침투하는 운용 개념을 전개함으로써 전쟁 초기 프랑스군의 기술적 우위를 극복했다. 제2차 세계대전 중에 해군력에서도 이와 비슷한 혁신이 이뤄졌다. 무장

원정 기지로 기능할 수 있는 대형 항공모함이 건조됨에 따라, 미군은 상대적으로 가까운 거리에서 상대방을 날려버리기 위한 대형 전함을 필요로 하는 낡은 해상전 개념을 벗어 던질 수 있었다.

마지막으로, 가장 근본적인 군사부문혁신인 핵무기의 발달이 이뤄졌다. 히로시마와 나가사키 폭격은 곧바로 전쟁의 성격을 완전히 바꿔놓았다. 더군다나 뒤이어 수소폭탄과 중성자폭탄이 발명되고 대륙간탄도미사일 배치가 성공하면서 문명 자체의 종말을 가져올 가능성이 현실화된 상황이었다. 크레피네비치가 버나드 브로디를 흉내 내듯 말했던 것처럼, "그러나 대다수 전략가들의 마음속에서 이 신무기의 유일한 의미는 이미 전쟁수행에서 전쟁억제로 옮겨갔다."[8]

마셜과 월스테터는 국방부 지식인 가운데 이런 새로운 군사적 사고방식을 공식화한 최초의 미국인들이었다. '대항력'과 '페일세이프'를 통해 전략 분석에 관한 국가적 시각을 바꿔놓은 랜드연구소의 대다수 지식인들처럼 마셜과 월스테터, 그리고 그 추종자들 역시 레이건 행정부가 선호한 탄도탄요격미사일 시스템 같은 '스타워즈' 기술을 강조함으로써 전쟁이론을 변모시켰다. 그 뒤 몇 년에 걸쳐 군사부문혁신이 스마트 무기를 강조하면서 군의 황금률로 자리 잡게 된다. 그리고 더 많은, 더 크고 치명적인 무기에 대한 국방부의 전통적인 열망 역시 변한다.

가장 중요한 혁신은 마이크로칩의 폭넓은 활용이었다. 마이크로칩은 이전 몇 십 년 동안 탱크, 항공모함, 핵폭탄 등이 그러했던 것처럼 전쟁을 크게 변모시켰다. 디지털 통신이야말로 미군이 급속하게 노후화하는 전략 핵무기를 중시하지 않고 기동성 높은 소수의 징집군을 조직해 사담 후세인을 쳐부술 수 있었던 공공연한 요인이었다. 리처드 펄이 언급한 것처럼, 2003년의 이라크 침공은 "미래의 전쟁에 관한 앨버트 월스테터의 전망을 받아들여 싸운 최초의 전쟁이었다. 극히 적은 사상자와 피해만을 낸 채 그토록 신속하게 결정적인 승리를 거둘 수 있었던 것은 사실 월스테터의 전략과 전망을 실행한 결과였다."[9]

폴 월포위츠 전 국방차관보는 월스테터야말로 정밀 유도 무기가 전장에서 핵무기보다 훨씬 더 유용할 수 있음을 인식한 최초의 인물이었음을 인정했다. 제2차 전략무기제한협정을 둘러싸고 지루한 교섭이 이어지는 동안 소련은 미국이 토마호크 같이 사거리가 6백 킬로미터를 넘는 모든 순항미사일을 금지해야만 협정을 체결하겠다고 고집했다. 공격 잠수함에 탑재되는 이 비핵미사일은 국가안보보좌관 시절 헨리 키신저가 전략무기제한협정을 유리하게 이끌기 위한 수단으로 요청해 제작된 것이었다. 해군은 애당초 이 미사일에 크게 연연하지 않았다. 핵무기용으로 사용할 수 있는 귀중한 어뢰 탑재 공간을 차지하기 때문이었다. 훗날 월포위츠는 이렇게 말했다.

잠깐, 하면서 재래식 발사 시스템이 어뢰 탑재 공간의 역할을 할 수 있지 않겠냐고 말한 것은 월스테터와 그의 그룹이었다. 당시 국방장관은 도널드 럼스펠드였는데, 어떻게 그 자리에 올랐는지 몰라도 해군 장성들이 설사 순항미사일을 포기할 태세일지라도 자신은 포기할 수 없다고 결론 내렸다. …… 결국 1991년 페르시아만전쟁 당시 이 미사일들이 제대로 직각을 그리면서 날아가 15년 전 월스테터가 상상했던 능력을 발휘하는 모습을 보게 된 것은 상당 부분 개인적인 만족의 결과였다.[10]

군사부문혁신 이론이 국방부에서 궁극적으로 승리를 거둘 수 있게 된 주요 요인 중 하나는 베트남전쟁이 국가 정책에 끈질기게 미친 효과였다. 월스테터가 쓴 것처럼, "베트남전쟁이 야기한 모든 재앙 가운데 최악의 재앙은 우리가 거기서 이끌어내는 '교훈'일 것이다."[11] 월스테터가 말하고자 한 바는 미국의 해외 개입을 신중하게 만드는 세력들의 결합이었다. 전쟁에 격렬하게 항의하는 좌파 집단과 '요새 미국'Fortress America을 신봉하는 우파 고립주의자들의 결합 말이다(월스테터는 이런 결합을 전략공군사령부의 강경파와 민주사회를위한학생연합 혁명가들의 철학적 제휴라는 의미로 '전략공군사령부-민주사회를위한학생연합의 입장'이라고 지칭했다). 월스테터는 대중의 정서가 워낙 단단해서 유권자들은 미국 본토를 직접 겨냥한 물리적 공격의 위험에 직면할 때만 자기도취의 껍데기를 벗어던질 것이라고 경고했다.

설상가상으로, 월스테터는 상호확증파괴라는 미국의 핵 정책이 전혀 바뀌지 않을 것이라고 걱정했다. "이 정책은 모든 대결을 핵전쟁 아니면 무대응 사이의 선택으로 만드는 경향이 있다. …… 어쨌든 그다지 나쁘지는 않았다. …… (왜냐하면 우리는 언제나 어중간한 무언가를 하기보다는 아무것도 안 하기 때문이다. 낙관적인 좌파에 따르면 말이다. 한편 낙관적인 우파에 따르면, …… 우리의 적은 설사 대규모 보복에 압도당하지 않더라도 그것을 피하기 위해 항상 아무것도 안 할 것이기 때문이다)."[12] 미국이 자국의 이익을 보호하기 위해 어느 곳이든 개입할 수 있는 권리를 가져야 한다고 초지일관 주장했던 월스테터는 이 두 경향 모두에 큰 반감을 가졌다. 성격 자체가 실용주의적이던 월스테터는 베트남 증후군에서 빠져 나올 수 있는 출구를 비핵무기의 발전에서 찾았다.

월스테터와 마셜이 상세히 말한 적은 없지만, 군사부문혁신의 토대가 되는 원리는 미국이 선의를 갖고 있다는 가정이다. 이것은 전세계 곳곳의 사건에 끼어들기 좋아하는 미국의 태도를 정당화하는 가정이었는데, 공교롭게도 그들이 내린 모든 결정에는 이런 관점이 내포되어 있었다. 랜드연구소의 동료들이 수행한 온갖 분석은 말할 것도 없다.[13] 특히 존 아퀼라와 잘마이 칼릴자드(훗날의 이라크 연락사무소 소장과 유엔 주재 미국 대사)의 연구는 이런 점에서 흥미로운데, 칼릴자드는 시카고대학교 시절 월스테터의 제자였기 때문에 더욱 관심을 끈다. 플라톤이 소크라테스를 설명하듯이, 칼릴자드는 복잡하게 충돌하는 세계를 위해 스승에게 배운 교훈을 일목요연하게 정리하려고 애썼다.

아프가니스탄에서 태어나 베이루트의 아메리칸대학교에서 수학한 칼릴자드는 시카고대학교에서 월스테터의 애제자 중 하나였다. 베이루트 시절의 동료 학생들은 칼릴자드가 친팔레스타인 모임에 참석하고 기숙사 방 벽에 나세르 이집트 대통령의 포스터를 걸어놓은 급진적 아프가니스탄인이었다고 설명하지만,[14] 그는 1970년대 중반 정치학 박사학위를 받기 위해 시카고대학교에 오자마자 변신했다.

"우연히 친구들을 몇 명 만났어요." 바그다드의 대사관으로 연결한 전화 인터뷰에서 칼릴자드가 말했다. "앨버트 월스테터라는 교수의 강의를 들으라고 하더군요. '핵전쟁과 전통적 전쟁'이라는 수업이었습니다. 친구들 말로는 그 사람이 진짜 대단한 교수인데, 이론뿐만 아니라 현실 세계가 어떻게 움직이는지 풍부한 일화와 실례를 들어가며 가르치고 케네디 행정부에서도 일했다더군요. 그래서 알았다고 했지요. 수업에 들어가 뒷자리에 앉아 있으니 앨버트가 들어와서는 전쟁의 가능성에 관해, 그러니까 핵전쟁의 개연성이 일부 사람들의 견해를 거치며 어떻게 핵전쟁의 불가피성으로 뒤바뀌었는지에 관해 설명하기 시작했습니다. 내가 손을 들고 영구적인 평화의 가능성은 어떠냐고 물었지요. 앨버트가 내 이름을 묻더니 수업이 끝난 뒤 남으라고 했습니다. 자기 세미나에 들어오라고 하더군요. 수강 신청을 한 게 아니라 그냥 청강하는 거라고 말했습니다. 그래도 막무가내였어요. 결국 앨버트의 학생이 됐고, 학기말이 돼서는 그 밑에서 일하는 컨설턴트가 됐지요."[15]

코스모폴리턴을 지향하는 월스테터의 생활방식은 이 젊은 대학원생에게 깊은 인상을 남겼다. 한 동료는 칼릴자드가 월스테터가 여는 전설적인 야회에 매혹됐다고 회상한다. 호숫가에 자리한 교수의 멋진 아파트에 당도한 칼릴자드는 주변의 화려한 광경에 놀라서 눈이 휘둥그레진 채 월스테터의 으리으리한 부를 둘러봤다. 칼릴자드는 동료 학생에게 프랑스 맑스주의자 알렉상드르 코제브의 『헤겔 강의 입문』을 빌려 읽은 적이 있는데, 그 학생이 책을 돌려받고 보니 한 문장에 밑줄이 쳐져 있었다. "부르주아 지식인은 싸우지도, 연구하지도 않는다." 이듬해 여름, 칼릴자드는 월스테터의 주선으로 랜드연구소에 자리를 얻었다.[16]

칼릴자드에 따르면 월스테터의 아프가니스탄 구상은 소련이 이 나라에서 실패한 이유 중의 하나였다. "앨버트와 나눴던 논의 중 하나는 소련이 아프가니스탄을 먹어 치울 것이라는 카터 행정부의 가정에 어떻게 이의를 제기하느냐 하는 거였지요. 월스테터는 이런 가정에 동의하지 않았고, 충분히 지원만 해주면 아프가니스탄이 승리할 수 있다는 데 사람들이 동의할 수 있도록 열심히 압박을 가했습니다."

칼릴자드는 월스테터와 손을 잡고 미국이 아프가니스탄 반군을 지원해야 한다고 주장했다. 당시 컬럼비아대학교 교수였던 칼릴자드는 아프가니스탄에서 소련을 군사적으로 물리칠 수 있다는 월스테터의 명제를 뒷받침하는 논문을 썼다. 두 학자는 자신들의 견해로 카터 행정부를 압박했고, 결국 정부는 태도를 바꿔 반군에게 견착식 스팅거 미사일을 지원했다. 이런 중대한 결정 덕분에 무자헤딘은 무장 헬리콥터로 진지를 공격하는 소련의 결정적인 우위를 무력화할 수 있었다.

"이 사실은 우리에게 더 많은 일을 할 수 있다는 메시지를 주었습니다. 스팅거뿐만 아니라 온갖 물자, 정보, 다른 장비도 엄청나게 줄 수 있다는 거지요." 칼릴자드의 말이다. "미국이 노하우를 제공하면 소련은 확전을 하거나 물러서야 했습니다. 결국 물러서고 말았지요."[17)]

로널드 레이건이 대통령에 취임하면서 마셜과 월스테터는 미래의 전쟁에 관한 자신들의 이론을 실행에 옮길 수 있는 최적의 입지에 서게 됐다. 미국의 세계관을 개조하려는 이 두 사람의 바람은 이미 1970년대 말 전략무기제한협정과 탄도탄요격미사일조약에 반대하고 '현존하는 위험에 대응하기 위한 위원회'와 B팀의 연구를 지지함으로써 표면에 드러난 바 있었다. 군사부문혁신은 논리적인 다음 단계였다. 이들이 꿈꾸는 새로운 세계질서는 미국이 자국의 원칙에 따라 관장하고 이끌 것이었는데, 미국은 자국의 이익을 보호하고 자국의 가치를 외국에 장려하기 위해 필요하다면 선제적으로 일방적인 행동도 할 수 있었다. '힘을 통한 평화'라는 이들의 처방은 저 옛날 아우구스투스 황제가 로마의 힘을 확대하기 위해 내세운 '팍스 로마나'와 별반 다르지 않았다. '팍스 아메리카나'를 주창한 월포위츠도 이 교훈을 지지했을 것이다.[18]

1980년대 초 지적 전성기에 다다른 신보수주의자들은 미국이 세계의 운명을 좌지우지해야 한다는 것을 성스러운 원칙으로 여겼다(2001년경 맥스 부트 같은 영향력 있는 신보수주의자들은 미국이 스스로 제국임을 선포하고 그에 맞게 행동해야 한다고 공공연히 주장하게 된다[19]). 1980년대 동안 군산복합체의 중간급과 최고위 지도자 대다수가 월스테터와 마셜의 추종자가 됐다. 리처드 펄이 말한 것처럼 럼스펠드조차 월스테터의 제자임을 자처했고, 마셜의 추종자들은 그 수가 너무 많아져서 (마셜의 이름인 '앤드루'로 말장난을 해) 스스로를 '세인트앤드루스사립고등학교 학생들'이라고 부르고 다녔다.[20]

마셜이 자산평가국을 근거지로 삼아 새로운 무기체계의 개발을 계속 압박하는 동안 월스테터는 이 체계의 승인을 위해 의원들에게 로비를 벌였다. 두 사람은 육군의 기계화 부대 없이도 적 기갑사단의 전진을 저지할 수 있는 공중 발사·정밀 유도·대전차 미사일의 필요성을 역설했다. 또한 적의 컴퓨터 네트워크를 무력화해 교전 중 사실상 불통되게 만들 수 있는 사이버스페이스 기술의 개발을 주장했고, 전장의 병사들을 혼란시킬 수 있는 정신교란 물질의 가능성을 탐구했고, 심지어 외부 골격처럼 기능하는 동시에 최첨단 통신장비로 무장한 방탄복을 병사들에게 입히는 안을 궁리하기도 했다. 게다가 1백60킬로미터 떨어진 잠수함에서 발사되어 탱크의 엔진 소리를 자동 추적해 이라크 군대의 전진을 저지할 수 있는 스마트 미사일을 계획하기도 했다.[21]

마셜은 전세계에서 미국의 이익을 지켜낼 수 있는 최첨단 신기술을 계획해보는 일상적인 업무 말고도 일련의 세미나를 열어 예상하지 못한 적의 대응에 맞서는 방법을 고민하곤 했다. 매일 밤 다음 전쟁을 걱정하면서 잠든다는 명성에 걸맞은 행동이었다. 1980년대 초 마셜은 중국이 미래의 적으로 떠오르고 있다고 지적했다. 칼릴자드가 랜드연구소에서 지휘한 연구 역시 중국의 급격한 부상이 21세기에 가장 중대한 안보 문제가 될 것이라는 마셜의 주장을 뒷받침했다.[22]

현재 칼릴자드는 그런 염려가 시기상조였다고 생각한다. "냉전 이후 많은 사람들이 가장 중대한 문제는 중국의 부상이 될 것이라고 생각했습니다. 하지만 9·11 이후 테러리즘이 우리 시대의 으뜸가는 쟁점이 됐지요. 시간이 흐르면 중국이 더 중요해질 겁니다. 저는 지금도 중국이 우리의 관심을 다른 문제들로 돌리기 위해 9·11과 간접적으로 연루됐을지도 모른다는 농담을 즐겨 합니다."[23]

소련의 몰락 직후 부시 행정부 시절에 나타난 압도적인 단극체제는 처음에 마셜과 월스테터를 당혹스럽게 만들었다. 이상하게 들리겠지만, 둘 중 누구도 페레스트로이카가 어떻게 소련의 붕괴를 촉발시켜 국방부에게 뚜렷한 적이 없는 상황을 초래할지 예상하지 못했다.[24] 그러나 신보수주의자들은 미국의 패권이라는 자신들의 신조를 실행에 옮길 수 있는 역사상 가장 적절한 순간으로 이 기회를 포착했다.[25] 미국은 어떤 강대국도 소련이 차지했던 자리에 다시 오르지 못하도록 확실히 해둘 뿐만 아니라 위대한 제국의 지위에 걸맞게 필요한 에너지 원천을 확보해둘 터였다. 거대한 원유 매장지인 중동은 미국의 힘을 확장하고 (정치와 무력을 수단으로) 이 지역의 억압적이고 반유대인적이고 반동적인 국가들을 개조하기 위한 일치된 행동의 중심이 됐다.[26]

이런 정책은 월스테터의 친이스라엘적 관점과 잘 맞아떨어졌다. 유대인이냐는 질문에 "천만에요! 그치만 부모님은 유대인이었죠"[27]라고 재치 있게 대답하곤 했던 세속적인 휴머니스트 월스테터는 중동에서 유일한 민주주의 국가라고 치켜세우는 이스라엘의 맹렬한 지지자였다. 소련이 해체되고 이라크-이란 전쟁이 어정쩡한 휴전에 이르렀을 때, 월스테터와 마셜은 미국이 얼마 안 있어 중동에 발을 디뎌야 할 것임을 깨달았다. 1991년 이라크의 쿠웨이트 침공은 제국주의, 시온주의, 군국주의, 시대착오적인 이상주의 등 온갖 상이한 신보수주의 경향이 후세인을 몰아내야 한다는 단일한 정책으로 모아지는 정점이었다. 또한 이라크전쟁은 새로운 무기와 군사 개념에 관한 군사부문혁신 이론 전체가 실제 세계에서 시험되는 무대이기도 했다.

월스테터는 이렇게 말했다. "쿠웨이트뿐만 아니라 이라크에서도 몰아내야 하는 후세인은 우리가 처음부터 명백히 알아둬야 할 사실을 잘 보여준다. 공산주의 제국들이 붕괴하고 대부분의 지역이 민주주의와 자유시장으로 옮겨가는 와중에도 세계는 계속 미국과 동맹국들의 중대한 이익에 군사적 위협을 제기할 것이라는 사실 말이다. 우리에게는 매우 현실적인 이 위험에 대처하기 위한 전략과 힘이 필요하다."[28]

사막의 폭풍 작전은 군사부문혁신 이론의 유효성을 확증해줬다. 그렇지만 정치적인 면에서는 많은 과제를 그대로 남겨놓았다. 조지 H. W. 부시 대통령이 쿠웨이트에서 이라크 군대를 몰아낸 뒤에도 후세인을 쫓아내려고 하지 않자 마셜과 월스테터, 그리고 국방부와 랜드연구소의 동맹자들은 바그다드와 워싱턴 D.C.의 정권 교체라는 성배를 찾기 시작했다. 그들의 가장 유력한 무기는 요르단에서 금융사기로 수배 중인 인물로 풍채 좋은 몸집에 교양과 이성을 두루 갖춘 이라크 망명자였다. 아흐메드 찰라비가 바로 그 주인공이다.

21장. 다시 이라크로

아흐메드 찰라비가 워싱턴 정계에서 두각을 나타내게 된 것은 폴 월포 위츠의 사무실에서 그를 만난 앨버트 월스테터가 부추긴 결과였다.[1] 월 포위츠와 월스테터의 친구였던 중동학자 버나드 루이스가 이미 이들에 게 이 망명자 얘기를 한 바 있었다. 이들이 찰라비의 가치를 알아보리라 는 점을 알았던 것이다. 월포위츠, 월스테터, 루이스는 서로 비슷한 가치 관과 배경을 갖고 있었다. 세 사람 모두 세속적인 유대인이자 이스라엘 옹호론자였고, 이성과 미국식 가치의 확산을 위해 헌신적으로 노력했다. 또한 월스테터와 루이스는 근대적이고 세속적인 터키를 창조한 케말 아 타튀르크에게 공히 매혹됐다. 터키를 찰라비가 이끌 새로운 이라크의 전 범으로 본 것이었다(친터키 인사였던 루이스는 터키공화국의 초대 대통령 아타튀르크가 아르메니아인을 절멸하려 했다는 사실조차 인정하지 않을 정 도였다. 1993년 프랑스 법정은 루이스가 1919년의 아르메니아인 대학살을 부정했다는 데 유죄를 선고했다. 즉, 터키 정부의 공식 입장을 되풀이한 데 유죄를 선언한 것이다. 루이스는 벌금 1프랑을 선고받았다).

월스테터와 루이스는 사담 후세인의 약탈이 끝난 뒤 찰라비와 그가 이끄는 망명 조직 이라크국민회의가 문명의 요람 이라크를 세계의 품에 돌려줄 것이라고 기대했다. 간단히 말해서 세속적인 정부를 만들어 이 스라엘과 평화롭게 공존하고, 이른바 '아랍의 여론'Arab street에 본보기로 기능할 수 있는(그리고 무엇보다도 미국과 절대 전쟁을 벌이지 않는) 이 라크를 기대했던 것이다. 루이스는 이렇게 말했다.

찰라비의 이라크국민회의는 이미 이런 정부의 중핵이다. 이라크국민회의는 1990년대에 북부 자유지대에서 건설적인 역할을 했으며, 결정적인 순간에 우리가 그들을 지지하는 데 성공했더라면 이미 당시에 이라크를 해방시켰을 것이다. 이따금 고의적인 방해가 될 정도로 계속해서 지지를 받지 못하지만, 그들은 끊임없이 이라크에서 잘 싸우고 있으며, 선거에 나올 만한 이라크의 모든 후보들 가운데 경험, 신뢰성, 선의 등의 모든 면에서 두루 그들이 최고임은 의심의 여지가 없다.[2]

찰라비는 누구도 부정하지 못하는 매력적인 인물이었다. 값비싼 양복, 이국적인 억양, 상대방을 안심시키는 매너를 두루 갖춘 찰라비는 동양의 소공자 역할에 잘 들어맞았다. 그러나 찰라비가 돈키호테식의 모험에 처음 나설 때 그와 랜드연구소 출신의 지지자 집단이 다시 이라크에 개입하도록 미국 정부를 설득해 결국 후세인을 내쫓으리라고 예상한 사람은 거의 없었다. 좌우간 권력, 영향력, 풍자 등을 활용하고 남용한 매혹적인 과정을 통해서 결국 그들은 그렇게 할 수 있었다.

이라크의 오래된 가문 출신인 찰라비는 바그다드 중심부의 예수회 학교에서 월반을 밥 먹듯이 한 조숙한 아이였다.[3] 1958년 국왕 파이살 2세가 암살당하고 정부가 무너진 뒤, 찰라비 집안은 재산 대부분을 잃은 채 도망치듯이 이라크를 빠져나왔다. 당시 열두 살이던 찰라비는 영국의 기숙사학교에 들어갔다. 그 뒤 미국 매사추세츠공과대학교에서 수학을 전공해 학사와 석사학위를 받았고, 시카고대학교에서 박사학위를 받았다. 당시 월스테터는 시카고대학교에서 교편을 잡고 있었지만, 찰라비에 따르면 그때 두 사람은 만난 적이 없다고 한다.[4]

1977년 찰라비는 요르단의 하산 왕세자에게 초청을 받아 암만으로 옮겨갔다. 그곳에서 설립한 페트라은행은 곧 요르단에서 두 번째로 큰 금융기관이 됐고, 찰라비는 하심왕국의 왕족과 친구가 됐다. 찰라비는 현대 미술로 가득한 부유한 저택에 살았고, 아이들은 국왕 가족과 말을 타고 다녔다. 늘어나는 재산은 망명객의 아픔을 누그러뜨려줬지만, 1989년 찰라비는 페트라은행의 도산을 야기했다는 죄를 뒤집어쓴 채 가족과 런던으로 도망쳤다. 1992년 요르단 법원은 결석재판에서 횡령, 위조, 절도 등 31개 죄목으로 찰라비에게 유죄를 선고했다. 그리고 22년의 중노동형을 선고하고 7천만 달러의 배상금을 명령했다.[5]

요르단에서 도망친 뒤 몇 년 동안 찰라비는 훨씬 중요한 문제에 매달렸다. 1992년 5월 다양한 정치·종교집단으로 이뤄진 이라크국민회의를 빈에서 공동 창설한 뒤 이라크에 대의 정부를 수립하겠다고 선언한 것이다.[6] 본부는 이라크 북부 쿠르드족 지역에 두었다. 페르시아만전쟁이 마무리된 뒤 미국과 영국의 비행기들이 이라크 북부에 비행금지구역을 설정한 덕분에 이 산악 지역은 자치나 다름없는 혜택을 누렸다.

같은 해 7월 찰라비는 후세인 정권 전복을 위한 최초의 음모 몇 가지를 꾸몄다. 폭군을 타도하기 위해 3천여 명의 기계화 여단과 수십 대의 장갑차가 바그다드로 출발했다. 그러나 후세인에게 충성하는 공화국 수비대가 매복 공격에 나섰고, 정부 전복 기도는 수포로 돌아갔다. 80명이상의 장교가 후세인 군대에 사로잡혀 고문당하고 살해됐다.[7] 3년 뒤찰라비는 다시 음모를 꾸몄지만 후세인이 이라크국민회의에 침투시킨 요원들 탓에 쿠데타가 실행에 옮겨지기도 전에 1백 명 이상의 장교가 체포됐다. 게다가 뇌물로 매수한 쿠르드족 지도자의 협력 아래 이라크군은 쿠르드족 지역에 있는 이라크국민회의 본부를 파괴했다.[8]

이런 여러 시도를 통해 무력으로 후세인을 무너뜨릴 수 없다는 교훈을 얻은 찰라비는 미국인들에게 자기 대신 이 일을 해달라고 의지했다. 이것은 월스테터, 월포위츠, 루이스, 그리고 그들의 랜드연구소 동료들이 세운 목표에 딱 들어맞는 일이었다.[9] "후세인에 맞서는 싸움에서 가장 핵심적인 인물 가운데 하나"가 바로 찰라비라고 이곳저곳에서 말하고 다니던 잘마이 칼릴자드는 "유럽과 미국은 물론이거니와 이라크에서도 지지를 모으도록 조직해야 한다"고 주장하곤 했다.[10]

곧 월스테터와 리처드 펄의 주선으로 찰라비는 공화당 상원 지도자 트렌트 로트와 하원의장 뉴트 깅그리치의 이목을 끌게 됐다. 에너지·군수업체 핼리버턴의 사장 출신으로서 국방장관까지 역임한 유력인사 딕 체니와 랜드연구소의 이사장 도널드 럼스펠드도 찰라비에게 관심을 가졌다. 또한 찰라비는 전 중앙정보부장 제임스 D. 울시, 웨인 다우닝 장군(조지 H. W. 부시가 대통령일 당시 국가안전보장회의에서 일한 인물)과 긴밀히 협조해 군대를 이용한 후세인 정권 전복계획을 세우기도 했다.[11] 이라크 정권 교체가 미국에게 이익이라는 점을 대중에게 설득하는 도구는 '새로운 미국의 세기를 위한 프로젝트'라는 단체였다. 1997년 봄 워싱턴 D.C.에서 설립된 이 단체는 레이건 행정부 시대의 '현존하는 위험에 대응하기 위한 위원회'와 비슷한 취지를 표방한 조직으로서, 랜드연구소의 기라성 같은 인물들을 창립 멤버로 자랑했다.

처음부터 이라크를 중동의 새로운 정치에 필요한 축으로 여겼던 이 단체는 1998년 빌 클린턴 대통령에게 공개서한을 보내 "미국과 전세계의 우방·동맹국의 이익을 보호하는 새로운 전략을 선언"하라고 촉구했다. "무엇보다도 이 전략은 후세인 정권을 권력에서 제거하는 것을 목표로" 삼아야 하는데 이를 위해서는 "외교적, 정치적, 군사적 노력을 철저히 상호 보완하는 것이 필요할 것"이었다.[12] 월포위츠, 펄, 체니, 럼스펠드를 비롯해 파디-랜드대학원 원장 칼릴자드, 랜드연구소 전 연구소장 헨리 로언, 댄 퀘일 전 부통령 등이 이 서한에 서명했다.

몇 달 뒤 이 사람들은 한 걸음 더 나아가 찰라비의 이라크국민회의를 이라크 국민의 유일한 대표체로 여기고 직접 대화할 것을 정부에 요구하게 된다. 그 해에 클린턴 대통령은 "후세인 정권을 권력에서 제거하려는 노력의 지원을 미국의 정책으로 삼아야 한다"고 선언하는 이라크해방법에 서명했다.[13] 해방이 어떻게 이뤄질지 구체적으로(적어도 공공연하게는) 서술하지 않았기 때문에 이 법안은 사실 별 위력이 없었다. 그 이전부터 이라크국민회의는 페르시아만전쟁이 끝난 직후 후세인의 적들에게 자금을 대기 위해 부시 전임 대통령이 승인한 중앙정보부의 군자금 1억 달러를 가지고 은밀하게 활동하고 있었다. 이라크해방법 제정 이후 국무부는 이라크국민회의에 3천3백만 달러를 추가 지원해줬다. 2000년 이 돈이 끊기자 이번에는 국방부 국방정보국이 배턴을 이어받아 이라크국민회의에 매달 거금 33만5천 달러를 보조했다.[14]

　찰라비는 미국의 지원을 받는 대가로 이라크 정권 교체를 주장하는 신보수주의자들에게 정당성을 부여했을 뿐만 아니라 이라크의 '대량살상무기'에 관한 정보도 제공했다. 이라크 안팎에 광범위한 조직망을 꾸린 이라크국민회의 협력자들에게 채용된 일군의 정보원들은 훨씬 더 불길한 보고를 내놓았다. 대부분 허위 정보로 밝혀졌는데 후세인이 생화학무기를 만드는 실험실을 갖고 있다, 알카에다와 협력하고 있다, 핵폭탄 제조에 필요한 재료를 사들이고 있다는 등의 정보였다. 워싱턴 D.C.의 이라크국민회의 협력자들, 신보수주의적 싱크탱크·활동단체 등에서는 임박한 파국을 알리는 합창소리가 끊이지 않았다.[15]

　2000년 조지 W. 부시가 앨 고어를 상대로 아슬아슬하게 대선에서 승리한 직후, '새로운 미국의 세기를 위한 프로젝트'는 부시 행정부를 자기 인사들로 채웠다. '현존하는 위험에 대응하기 위한 위원회'가 레이건 행정부를 자기 인사들로 채웠듯이 말이다. 럼스펠드는 국방장관이 됐고, 월포위츠는 국방부장관, 펄은 국방정책위원장, 리처드 L. 아미티지는 국무부장관에 임명됐다. 칼릴자드는 이라크 망명정부 주재 대사를 시작으로 아프가니스탄 대사, 이라크 대사를 거쳐 유엔 대사로 지명됐고, 체니는 미국 역사상 가장 막강한 권력을 휘두른 부통령이 됐다.

　2001년 9월 11일의 참사 이후 몇 주 동안 신보수주의자들의 로비는 찰라비의 대의명분을 옹호하는 데 완벽하게 들어맞았다. 며칠 안에 월포위츠는 부시 대통령에게 이라크가 공격에 관여했을 가능성이 10퍼센트에서 50퍼센트 정도라고 말했다. 곧 부시 대통령은 후세인과 9·11이 연결되어 있다는 증거를 찾으려는 정보 당국자들 쪽으로 마음이 기울어

랜드연구소 출신으로 앨버트 윌스테터의 오른팔인 잘마이 칼릴자드 유엔 주재 미국 대사(오른쪽)가 유엔 총회장에 조지 W. 부시 대통령(가운데), 콘돌리자 라이스 국무장관(왼쪽)과 나란히 앉아 있다(2007년 9월). 뒤쪽에 앉은 이는 스티븐 헤이들리 국가안보보좌관이다.

졌다.[16] 럼스펠드 국방장관과 체니 부통령은 1970년대의 B팀 교본에서 한 페이지를 빌려와 특별기획실을 신설했다. 중앙정보부의 권한을 무시한 채 정보를 분석하고 (찰라비의 이라크국민회의가 제공하는 정보에 의지해) 향후 벌어질 이라크전쟁을 정당화하기 위한 것이었다.[17] 언론에서는 신보수주의자들이 이라크와 전쟁을 해야 한다고 계속 목청을 높였고, 후세인 타도는 '식은 죽 먹기'라고 단언하기까지 했다.[18]

2003년 부시 대통령이 일반교서에서 후세인을 격렬히 비난하는 것으로 몇 주 뒤에 개시될 침공을 약속했을 때, 찰라비는 영부인 로라 부시 바로 옆에 앉아 있었다. 말 그대로는 아닐지라도 상징적으로 부시 행정부의 손을 잡고 있었던 것이다.[19] 결국 콜린 파월 국무장관이 유엔에서 미국의 침공을 정당화하는 연설을 했을 때, 그가 내세운 이유는 찰라비의 이라크국민회의가 주선한 실직 엔지니어의 진술을 토대로 한 것이었다. 이 엔지니어는 후세인이 트레일러에 생화학무기 실험실을 숨겨놓고 이곳저곳으로 옮겨다니고 있다고 주장했다.[20]

2003년 3월 20일 미국의 주도로 침공이 개시되자 찰라비의 정치적 영향력은 최고조에 달했다. 쫓겨난 후세인을 뒤이어 새로운 이라크 정부의 수반에 임명되는 것이 찰라비가 기대했던 바라면, 부시 행정부는 그 희망을 곧 꺾을 것이었다. 미국은 유엔으로부터 이라크에 **점령국**으로 들어가도록 승인을 받았던 것이다. 이것은 이라크를 이라크인들에게 돌려주기 전에 미국이 먼저 과도정부를 세울 수 있다는 뜻이었다. 중동에 미국의 제국을 세우겠다는 랜드연구소 출신들의 꿈에는 미군이 지역을 장악하기 전에 권력을 넘겨주는 일 따위는 들어있지 않았다.

미국은 일종의 감투상처럼 L. 폴 브리머 3세 대사를 총독으로 임명했고, 찰라비는 자문역으로 정부에 포함시켰다. 그런데도 찰라비는 정치 사다리의 꼭대기 가까이 기어 올라가 석유장관 자리를 확보했다. 또한 많은 인척을 정부의 주요 직책에 집어넣었다. 그 중에서도 조카 살렘 찰라비는 후세인을 재판하는 이라크 특별재판소 소장이 됐다.

그러나 아흐메드 찰라비가 위폐제조자이며, 이라크 석유부에서 수백만 달러를 착복했고, 이 지역의 거대한 시아파 세력(이라크의 이웃나라인 이란)의 앞잡이라는 등의 소문이 퍼지기 시작하면서 그와 미국의 관계는 순식간에 나빠졌다.[21] 한때 미국을 이라크의 희망이라고 공공연하게 찬양했던 찰라비는 이제 미국이 이라크를 잘못 관리하고 있다고 소리 높여 비난하기 시작했다. 이런 점에서 찰라비는 점점 확대되는 이라크의 수렁에서 신중하게 발을 빼기 시작한 랜드연구소 출신의 스승들과 똑같은 모습을 보였다. 헌법을 수정하기 위해 브리머 총독 치하의 이라크로 파견된 랜드연구소의 법률 전문가 그룹은 권모술수가 난무하는 정치의 장에서 많은 진전을 이룰 수 없었다. 이와 마찬가지로 랜드연구소에 소속된 안보 전문가들은 이미 엄청난 규모로 성장한 종교적 색채의 반미 저항세력을 물리칠 가능성에 대해 비관적이었다.

이라크 침공 직후 랜드연구소는 군사 점령이 성공을 거두려면 부시 행정부가 조달할 의지나 능력을 넘어서 더 많은 군대가 필요하다고 경고하는 국가 건설 관련 보고서를 발표한 바 있었다. 『국가 건설에서 미국의 역할: 독일에서 이라크까지』라는 제목의 이 보고서는 연합군이 이라크 내부의 저항 세력과 맞닥뜨리는 난관에 빠질 것을 내다보기도 했다. 이 보고서는 이렇게 경고했다. "국가 건설에서 지름길 같은 것은 없다. 민주주의를 향한 착실한 이행을 실행하기 위해서는 적어도 5년의 시간이 필요할 것이다."[22] 얼마 안 있어 이 보고서의 대표 저자인 제임스 도빈스(아프가니스탄 주재 대사와 코소보, 보스니아, 아이티, 소말리아 등의 특사를 역임한 인물)는 미국이 이라크전쟁에서 패했다고 선언하며, 이라크인들 스스로 방위를 책임지도록 훈련시켜주고 이 골치 아픈 나라에서 미군을 전면 철수시키라고 부시 행정부에게 조언했다.

찰라비는 미군의 주둔을 비판함으로써 이라크의 새로운 정치풍경에서 잠시 동안 유리한 고지를 점령했다. 점령군에게 박해를 당하는 동시에 이슬람으로 공공연하게 돌아선 덕분에 찰라비는 (중동에 제국을 건설하기를 꿈꾸는 미국인들이 아니라) 이라크 유권자들에게 더욱 큰 호소력을 갖게 됐다. 늘 합리적이었던 찰라비는 급진 시아파 이슬람 성직자 무크타다 알사드르가 이끄는 통일이라크동맹과 제휴하도록 이라크국민회의를 이끌었다. 대립적이고 논쟁적인 포퓰리즘 지도자 알사드르는 한때 점령 정부에 의해 살인죄로 기소된 적이 있는 인물이었다. 알사드르가 이끄는 민병대 마흐디*는 몇몇 이라크 도시의 통제권을 놓고 점령군과 전투를 벌이기도 했다. 알사드르는 찰라비와 정반대되는 인물이었다. 특히 종교적이고 토착적이고 열렬한 반미주의자인 알사드르는 미군에서 독립된 정치적 권력 기반을 가진 인물이었다. 무장한 수십만 명의 추종자들이 알사드르를 위해 기꺼이 죽을 준비가 되어 있었다. 2005년 1월 선거에서 이라크국민회의는 알사드르의 통일이라크동맹과 연합해 의회에서 상당한 의석을 차지했고, 찰라비는 부총리가 됐다.

2005년 말에 이르러 찰라비에 대한 위폐제조 혐의 기소는 증거 부족으로 기각됐고, 그에게 쏟아졌던 온갖 신경 쓰이는 비난 역시 편리하게 잊혔다. 찰라비는 다시 부시 행정부가 신임하는 이라크 출신 인사가 됐고, 총리 후보로 물망에 올랐다. 워싱턴 D.C.을 방문한 찰라비는 콘돌리자 라이스 국무장관의 환대를 받았고, 체니 부통령과 사적인 만남을 가졌다.[23] 미국기업연구소의 월스테터회의장이라는 적절한 이름의 장소에서 입추의 여지가 없는 기자회견을 하는 영광을 누린 찰라비는 자신이 미국 정부를 현혹시켜 이라크를 침공하게 만들었다는 비난을 '도시 괴담'이라고 일축해 환호와 박수갈채를 받았다.[24]

사실과 허구의 조작에 능숙한 또 다른 대가였던 월스테터조차 찰라비의 화려한 언행에 경탄했을 테지만 이미 너무 늦은 것 같았다. 몇 달 뒤 찰라비는 통일이라크동맹과의 관계를 단절했고, 2006년 1월에 열린

---

* Mahdi. 2003년 6월경 결성된 이라크 내 강경 시아파의 반미저항세력 무장단체(마흐디는 '구세주'를 뜻하는 아랍어이다). 2008년경 정치단체로 변신했다.

또 다른 총선에서 독자적인 정당을 내세워 출마했다. 세속주의 정당인 찰라비의 민족회의당은 유권자 1천2백만 명의 표 가운데 고작 0.25퍼센트만을 얻었고, 결국 새로 구성된 이라크 의회에서 단 한 석도 얻지를 못했다.[25] 선거 패배로 기세가 꺾인 찰라비는 알사드르의 당과 화해했고, 2007년에는 알사드르가 지지하는 이라크 시아파 정부의 자리를 받아들였다. 바야흐로 바그다드에 미군이 급증하는 상황에서 "국민을 동원하기 위한 인민위원회" 위원장이 된 것이다.[26]

이라크가 종교와 종족이라는 단층선을 따라 나날이 분열되는 상황에서(가령 알사드르는 휘하 민병대의 60퍼센트가 정부의 각종 프로그램과 시설에 침투해 있다고 주장했다[27]) 찰라비와 월스테터를 비롯한 신보수주의자들의 원대한 꿈, 즉 미국의 믿음직한 동맹자가 될 세속적 이라크라는 꿈은 멀게만 보였다. 찰라비는 쓰라린 실패를 인정하면서 자신의 가장 큰 잘못은 비합리성, 종교, 맹목적 민족주의의 힘이 어떻게 이라크를 좌지우지할지 예상하지 못한 것이라고 실토했다. 사우디아라비아의 알아라비야 방송과 나눈 인터뷰에서 찰라비는 이렇게 말했다. "심지어 이라크공산당조차 모토를 바꿨습니다. '전세계의 노동자여 단결하라'에서 '전세계의 노동자여, 예언자를 찬미하라'로 말입니다."[28]

제국의 꿈은 좀처럼 사라지지 않는 법이다.

22장. 어느 전략가의 죽음

사람이 행한 악은 그 사람이 죽은 뒤에도 살아남지만,
사람이 행한 선은 그 사람의 뼈와 함께 무덤에 묻히는 일이 다반사이다.
—— 윌리엄 셰익스피어, 『율리우스 카이사르』(1599), 3막 2장

어느 겨울날 맨해튼의 환한 거실에 앉아서 조안 월스테터와 인터뷰하고 있을 때, 랜드연구소의 황금기는 21세기로 넘어오던 어느 무렵 이미 끝난 것이 아닌가 하는 생각이 문득 떠올랐다. 그 무렵이면 (그때까지 변함 없던 앤드루 마셜은 제외하고) 랜드연구소의 영웅적인 주인공들 대부분이 랜드연구소의 일에 등을 돌리거나 은퇴하거나, 아니면 앨버트 월스테터처럼 세상을 벌써 떠난 상태였다.

그토록 오랫동안 랜드연구소 자체를 정의했던 특별한 분석가의 유일한 혈육인 조안은 잠시 비탄에 젖은 듯이 보였다. 조안은 유리 테이블 위에 놓인 녹음기를 가리키며 좀 꺼달라고 부탁했다. 몇 시간에 걸친 여러 차례의 인터뷰가 끝에 다다르고 있었는데, 앨버트의 마지막 나날들에 관해 막 얘기를 시작한 참이었다. 아버지가 세상을 떠난 지 7년이 지났지만 조안의 눈에서는 여전히 눈물이 솟아 나왔다.

"정말 악몽이었어요." 조안이 조용하게 말했다. "그런 식일 필요는 없었는데 그렇게 됐네요."[1]

조안 뒤편의 전망창을 통해 뉴욕의 스카이라인이 희미하게 반짝거렸다. 조안과 연결시켜준 것은 현재 랜드연구소에서 일하는 앨버트의 컨설팅 회사 전 직원들이었다. 조안과 나는 우연하게도 조안과 같은 이

스트60번대 거리 건물에 사는 한 친구의 어퍼이스트사이드 아파트에서 만나 인터뷰를 하기로 했다.

줄리어스 슐먼이 조안의 집에서 찍은 사진 속에서 본 것 말고 그녀를 직접 만난 적은 없었다. 1950년대 청소년의 전형적인 모습처럼 포니테일 머리에 불룩한 치마를 입은 사진 속의 조안은 부모님이 애지중지하는 보물이었다. 헝클어진 백발에 묘하게 보헤미안 같은 분위기를 풍기며 문간에 서 있던 중년 여자는 아버지에게서 물려받은 것 같은 번뜩이는 지성의 눈빛을 빼고는 사진 속의 소녀와 별로 닮지 않았다. 자신의 가족들에 대해 풍선처럼 잔뜩 부풀어 오른 온 세상의 온갖 어리석은 말들을 반박하는 것이 재미있다는 듯 장난꾸러기 같은 눈빛이다.

조안은 보관용 서류철을 잔뜩 챙겨왔다. 거기에는 1950년대 당시 아버지가 서구 세계의 권력 중심지들을 이곳저곳 돌아다닐 때마다 자신에게 보내줬던 그림들이 가득 차 있었다. 멕시코 신혼여행 중에 피라미드에서 찍은 부모님 사진, 건축가 르코르뷔지에를 차에 태우고 뉴욕을 돌아다니는 아버지의 사진, 두 살짜리 조안과 아버지가 뜨거운 옥상에서 수영복 차림으로 찍은 사진 등도 보여줬다. 역사에 의해 흐릿해진 장소에서 보낸 그림엽서들은 모두 목가적인 광경이다.

친구들의 말에 따르면 조안은 1950년대의 전형적인 방식으로 부모의 명성과 권세에 반기를 들었다고 한다. 즉, 부모와는 정반대의 지적 경로를 택했던 것이다. 조안은 한때 히피였고, 중국학을 전공했고, 벨리댄서로 일했다. 이런 사정을 묻자 조안은 긍정도 부정도 하지 않은 채 한마디 말만 했다. "제 얘기가 아닌데요." 어렸을 때는 반기를 들었을지 몰라도 결국 격정을 억누르는 충실한 딸이 됐다고 생각하지 않을 수 없었다. 조안은 병든 어머니를 헌신적으로 보살폈다(조안의 어머니는 2007년에 세상을 떠났다). 내가 쿠바 출신임을 알게 되자 조안은 바라데로의 드넓은 모래사장 사진을 한 장 달라고 부탁했다. 어머니 로버타가 나와 인터뷰한다는 얘기를 듣고 구해달라고 했다는 것이다.

조안은 아버지가 1996년 12월 16일에 심각한 심장발작을 겪은 일을 떠올렸다. 그 날은 아버지의 생일이었다. 당시 조안은 뉴욕에 있었고, 부모는 요세프 반 데어 카가 지은 대저택을 팔고 할리우드힐스에 있는 조금 작은 두 번째 집에 살고 있었다. 외출을 나갔다 온 뒤로 앨버트가 계속 아파서 걱정이 된 로버타가 딸에게 전화를 했다. 천식일 것이라고 생각한 두 사람은 예전부터 알려지 전문의를 찾곤 했다.

"어머니가 말했어요. '아버지가 좀 나아지면 전화하고 싶었는데, 좀 심하구나. 정형외과쪽 문제도 좀 있는 거 같고. 팔을 움직일 수 없고 심하게 아프대.'" 어머니는 아버지를 화나게 하고 싶지 않아서 앰뷸런스를 부르지 않았다고 덧붙였다.

그때 당시 조안은 적십자의 심폐소생술 강좌를 막 들은 적이 있었다. 그래서인지 어머니의 설명을 듣고 걱정이 됐다. 몇 년 전에 아버지가 혈관 우회 수술을 받은 상태였기 때문이다. 조안은 심장발작의 증상을 모두 떠올려봤다. 아버지의 경우는 모두 해당됐다. "그래서 어머니에게 말했죠. '911에 전화를 걸어야 될 것 같은데, 아버지한테는 얘기하지 마세요.' 그러자 어머니가 말하는 소리가 들렸어요. '조안이 그러는데 911에 전화를 걸어야 할 것 같다네요.'"

20분 동안 조안과 로버타의 남편은 앰뷸런스를 부르냐 마느냐를 가지고 계속 입씨름을 했다. 결국 소방서 구급요원들이 도착했을 때, 앨버트는 화난 목소리로 딸에게 말했다. "웃기는 짓이다. 토요일 밤에 응급실에 가다니 끔찍한 일 아니냐!"

맨처음 병원 의사들은 앨버트가 심장발작을 일으키지는 않을 것이라고 생각했다. 그러나 곧 생각을 바꿨다. 집중치료실에 있는 동안 앨버트는 혈관조영술을 받기 전에 랜드연구소의 수석 의학연구자인 앨 윌리엄스에게 전화를 걸었다.

"아버지한테 말했지요. '아빠, 집중치료실에 있는 동안은 그 사람들이 결정을 내리게 내버려둬요.'"

앨버트는 24시간 내내 간호를 받아야 한다는 처방을 받고서야 병원에서 퇴원해 집으로 돌아올 수 있었다. 침대를 넓은 거실로 옮겼다. 유리 미닫이 문 너머로 수영장과 몇 년 전에 심은 희귀한 오죽烏竹 숲이 내다보였다. 비록 왼쪽 반신을 움직일 수는 없었지만, 타고난 성품 자체가 어떤 상황이든 고쳐 보려고 노력하지 않고는 받아들일 수 없었던 앨버트는 늘 그렇듯이 침대 위에 놓는 의자를 만들었다. 의자에 반쯤 기댄 채 앉아서라도 일을 하려고 말이다. 조안은 아버지가 회복되는 것 같았지만 심장 반쪽이 언제 멈출지 아무도 알지 못했다고 말했다. 생일날로부터 30일 뒤 앨버트는 책, 예술작품, 기밀연구 자료로 가득한 문서 캐비닛에 둘러싸인 채 세상을 떠났다. 향년 86세였다.

월스테터를 키우고 쫓아냈던 랜드연구소는 존 윌리엄스의 영감에 따라 지어진 건물의 안뜰에서 고인을 기리는 추도식을 열었다. 냉전시대가 막을 열 때부터 수많은 인물들을 상대로 치른 오랜 싸움을 그만두기에는 안성맞춤의 장소였다. 월스테터보다 앞서서 이미 유령이 되어버린 프랭크 콜봄, 허먼 칸, J. 로버트 오펜하이머 등도 그림자로나마 이 추도식에 참석했을 것이다.* 음악가들이 바흐의 브란덴부르크 협주곡 제3번 G장조와 모차르트가 작곡한 『피가로의 결혼』의 아리아를 연주하는 가운데 헨리 로언, 프레드 호프먼, 알레인 엔토벤, 랜드연구소의 제임스 톰슨 연구소장, 그리고 지금은 사라진 월스테터의 회사 팬휴리스틱스[정부와 대기업을 고객으로 가졌던 보안 정책 컨설팅업체]의 옛 직원들이 추도의 말을 했다. 재즈연주자들이 월스테터의 친구 빌리 스트레이혼이 작곡한 「A열차를 타고 오게」의 리듬을 연주하는 동안 찰스 울프 2세는 폐회사를 낭독했다. 울프의 마지막 인사는 군산복합체의 이성의 전당에 자리한 구불구불한 홀과 비밀스러운 벽감壁龕을 따라 메아리쳤다.[2]

---

* 오펜하이머는 1967년 2월 18일 후두암으로, 칸은 1983년 7월 7일 뇌졸중으로, 콜봄은 뇌졸중 치료를 받고 집에서 자는 도중 1990년 2월 14일에 사망했다.

한 시대를 좌지우지한 중요한 삶(그리고 많은 사람들에게 희망을 안겨줬던 삶)의 감동적인 마무리였다. 물론 이 '희망'은 평화란 영원한 전쟁준비 태세를 의미하고, 국가안보란 끊임없는 기술 향상이 필요한 물러설 수 없는 목표이며, 미국 문화는 모든 문화와 모든 시대를 위한 보편적인 전범이라고 여기는 이들에게 주어진 희망이지만 말이다. 일부 역사가들은 헨리 '스쿱' 잭슨 상원의원과 로널드 레이건 대통령 같은 인물들이 밀어붙인 월스테터의 신보수주의 운동이 현대사에서 가장 유혈적인 제국(즉, 소련)을 몰아냈다고 주장한다.[3] 다른 한편, 어떤 이들은 어찌됐든 간에 소련은 내부에서부터 무너졌을 것인데 월스테터와 랜드연구소의 동료들이 사실상 불필요한 냉전을 만들어내 이 죽어가는 제국의 수명을 30년 연장시켜줌으로써 붕괴를 늦췄을 뿐이라고 주장한다.[4] 한 가지 분명한 것은 월스테터가 테크노크라트, 즉 외견상 객관적이고 공평무사한 잣대에 따라 세계를 어떻게 다뤄야 할지를 결정하는 자칭 전문가의 으뜸가는 전형이라는 사실이다.

월스테터는 자신의 연구가 소련 제국을 무너뜨렸고, 미국을 안전하게 만들었고, 세계 곳곳에 번영을 퍼뜨렸다는 데 만족하면서 세상을 떠났을 것이다. 확실히 아직 더 많은 연구가 남아 있었다. 발칸 반도에서 시작된 인종말살을 멈춰야 하고, 핵확산과 중동 이슬람교도들 사이에 확대되는 반계몽주의도 다뤄야 했다. 그러나 대체로 보면 월스테터는 이 나라를 더 안전하고 부유하게 만드는 데 엄청난 업적을 이뤄냈다. 월스테터는 자신이 그토록 오랫동안 맞서 싸웠던 소련이라는 괴물이 단지 구호와 미국의 무역협정에 의해서만 지탱되는 삐걱거리는 송장에 불과함을, 날카로운 몽상의 순간 속에서 직관으로 알았던 것일까? 아마 그랬을 것이다. 데탕트를 중단하라는 마지막 캠페인에 태평스럽게 착수한 것도 그 때문이었다. 껍데기뿐인 괴물에게는 여전히 핵무기라는 이빨이 있었고, 한때 레온 트로츠키의 추종자였던 월스테터는 차가운 심장의 크렘린 지도자들이 어떤 잔학한 짓이라도 충분히 저지를 수 있다고 생각했다. 요시프 스탈린은 자국민 2천만 명이 전쟁에서 죽게 내버려뒀다. 새로운 맑스주의 차르라면 세계 정복을 위해 1억 명의 외국인 정도는 도살할 수 있지 않겠는가? 어쨌든 그것은 합리적인 일일 터였다.

월스테터의 신보수주의 추종자들이 분석과 능력에 관한 그의 메시지를 왜곡하고, 대외 정책이 순전한 고집으로 전락하지 않도록 거기에 현실주의를 불어넣는 데 실패한 것은 분명히 월스테터의 책임이 아닐지도 모른다. 월스테터의 제자로 보스턴대학교에서 중동학을 가르치는 어거스터스 리처드 노튼의 말을 빌리면, "부시 행정부에 북적이는 사람들 가운데 대다수는 앨버트의 지적인 자식들이지만, 그 아버지가 그들이 벌이는 커다란 모험에 찬성할 것 같지는 않다. 현 정부 인사들 사이에는 무척 실없는 사고방식이 횡행하고 있다."5)

23장. 랜드연구소의 미래는?

자유분방했던 1960년대에 랜드연구소 연구자들은 종종 고통스러운 자기분석의 긴 시간에 빠지곤 했다. 랜드연구소 사람들은 비망록, 에세이, 논문 등을 통해 새로운 세계를 만들려고 노력하면서 어떤 방향을 선택해야 할지를 놓고 괴로워했다. 특히 '신동들'이 대거 케네디 행정부로 옮겨간 뒤 공군과의 관계가 껄끄러워지면서 고민은 더욱 커졌다. 랜드연구소는 지나치게 무기력해지고 겉만 번드르르해졌다. 게다가 이제 랜드연구소가 진행하는 연구에는 독창성이 사라졌으며, 많은 경쟁자들이 랜드연구소의 특기를 가로채고 있었다. 북적이는 분야에서 어떻게 하면 랜드연구소는 자신을 돋보이게 할 수 있을까? 특히 오늘날에는 이 질문이 랜드연구소를 압박하고 있다. 다른 많은 싱크탱크들이 랜드연구소를 본떠서 생겨났기 때문이다. 북적이는 장터에서 자신을 돋보이게 만들기 위해 랜드연구소는 해외, 특히 중동으로 나가기 시작했다.

2003년 랜드연구소는 사우디아라비아 바로 옆, 석유가 풍부한 작은 왕국 카타르에 사무소를 신설했다. 카타르의 셰이크 하마드 빈 칼리파 알타니 국왕의 초청에 따라 랜드연구소는 카타르 교육제도의 각종 교과서를 다시 쓰기 시작했다. 온건한 이슬람 교육을 제도화하는 것이 목표였다.[1] 이라크에서는 연합군 임시행정처에 파견된 랜드연구소 고문단이 2003년부터 2005년까지 이라크 사법제도 개혁에 노력을 기울여 많은 성과를 낳았다.[2] 마지막으로 2005년 랜드연구소는 통일적인 전쟁이론을 향한 탐색 이래로 볼 수 없었던 야망을 품고 중동에 평화를 안겨

주려는 노력에 나섰다. 이 프로젝트에 2백만 달러를 희사한 통 큰 개인 독지가 덕분에 랜드연구소의 분석가들은 팔레스타인-이스라엘 분쟁을 변화시키는 가이드맵이 되기를 바라는 안을 마련했다.

랜드연구소가 내놓은 아크Arc라는 이름의 이 안은 요르단 강 서안과 가자지구 사이에 종합적인 철도, 고속도로, 인프라스트럭처 연결망을 구축하자는 내용을 담고 있다. 이를 통해 이 지역 팔레스타인인들은 일자리, 물, 식료품, 교육, 주거, 서비스를 얻을 것이었다.[3] 그러나 종교와 토착주의라는 비이성적인 힘이 커지면서 아크는 절름발이 신세가 됐다. 이스라엘과 팔레스타인 양쪽의 극단주의자들 모두 격렬하게 반대하고 있는 것이다. 또한 랜드연구소는 1960년대에 일찍이 외부의 의뢰를 받아 수행했던 일부 대게릴라전 연구를 새롭게 부활시키고 있다. 알제리 반군을 상대로 한 싸움에서 끌어낸 교훈이 이라크에서 현재 벌어지는 반란을 다루는 데 유용할 것이라고 기대하면서 말이다.[4]

오늘날 랜드연구소에는 회의론자도, 자기분석이나 성찰의 문화도 전혀 없는 듯하다. 비판자들은 모두 조직 외부의 사람들이다. 랜드연구소를 "외주계약을 쫓아다니는 또 다른 집단일 뿐"[5]이라고 말하는 리처드 필, 랜드연구소의 분석가들이 이라크 내부의 사태 전개에 별 영향을 미치지 못한다고 판단하는 중동 전문가 래리 다이아몬드 같은 경우가 대표적이다.[6] 랜드연구소 내부에는 집단적인 정서, 즉 소수 의견을 수용하기 꺼려하는 태도가 더 많다. 성공한 조직이 대개 그렇듯이, 랜드연구소는 집단적인 사고방식을 강제하려는 압력을 받고 있다. 이성과 독립적인 생각을 이상으로 삼는 조직에게 이런 특성은 자기모순이며 제살 깎아먹는 격이다. 일부 연방정부 부처의 경우처럼, 랜드연구소를 다루는 사람들은 하나같이 '공식 견해'를 준수하라고 경고받는 느낌을 받는다. 랜드연구소 직원은 절대 조직을 공개적으로 비판하지 않는다. 이제 앨버트 월스테터나 허먼 칸 같이 지성이라는 조개의 부드러운 속살에 파고 들어가 커다란 진주를 만들어낼 수 있는 사람은 없다.

랜드연구소의 현 연구소장 제임스 톰슨은 그런 사람들의 부재를 애석해하지도 않는다. 톰슨은 노련한 야구감독처럼 스타선수가 칠 수 있는 장외홈런보다는 땅볼, 단타, 적시타에 집중한다. "월스테터, 칸, 브로디 같은 전략가들은 세인의 관심을 사로잡았지만, 진보를 이루고 공군을 개선시킨 진정한 노력은 그들과 전혀 무관하게 이뤄졌어요."[7]

물리학자 출신의 톰슨은 내부 연계라는 필수적인 요인이 없었는데, 랜드연구소의 알레인 엔토벤이 로버트 맥나마라 밑에서 신설한 국방부 체계분석실의 유럽 담당과 연구원으로 채용되면서 군산복합체의 세계에 우연히 발을 들여놨다. 톰슨은 카터 행정부에서 국가안보보좌관 즈비그뉴 브레진스키의 보좌관으로 승진했고, 그 뒤 정책 입안의 세계를 떠나 정책 권고의 세계로 들어섰다. 1989년 이래로 톰슨은 랜드연구소의 최고경영자이자 전임 연구소장으로 일한 도널드 라이스가 남겨놓은 군사 계약과 민간 계약의 쉽지 않은 균형을 유지하고 있다.

2005년 말 미국시민자유연합 콜로라도 지부를 상대로 연설한 톰슨은 미국이 반계몽주의로 치닫고 있다면서 이를 비난했다.

개인적인 견해와 편견에 의해서만 인도되는 싸움에 휘말려들어 다른 견해에 대한 우리의 견해를 표명하기에 앞서, 주어진 정책 제안의 효율성에 관해 우리가 어떤 일을 할 수 있는지를 알아볼 필요가 있습니다. 사실에 입각한 싸움이 아닌 견해에 입각한 싸움. 이 나라가 이런 방향을 향해 가고 있는 것 같아 참으로 걱정됩니다.[8]

태평양과 할리우드힐스가 내다보이는 랜드연구소 새 건물의 구석진 곳에 있는 사무실에서 인터뷰하는 동안, 이 호리호리한 과학자는 미국 문화에서 새롭게 나타나는 비합리적 경향에 관한 걱정을 토로했다. "당파성이 커지자 사람들은 전문성보다는 영향력을 키우려고 해요. 어느 한쪽의 완강한 견해를 갖고서 이기기를 원하는 것이죠. 제2차 세계대전 이후에, 아마도 제2차 세계대전 때문에, 그리고 과학과 분석이 전쟁의 승리에 무척 중요했기 때문에 정부가 과학적 사고방식과 분석의 핵심 요소 역할을 담당한 긴 시기를 겪었다고 생각합니다. 내 이력을 통해 보건대 이런 경향은 꾸준히 내리막을 걷고 있습니다. 워싱턴 D.C.의 국내 담당 기관에 존재했던 분석실은 대부분 사라지고 있어요."

톰슨은 요즘 랜드연구소가 보고서에서 논쟁적인 설명을 피하고 '평이한' 언어를 사용하는 식으로 분석에 감정을 끼워넣지 않으려고 애쓴다고 덧붙였다. "형용사. 난 항상 형용사를 몰아내려고 해요. 사람들은 말하죠. '수치가 6입니다. 큰 수죠.' 그러면 내가 말합니다. '그냥 6이라고 하지. 내 말은 6은 6이란 거야. 왜 그걸 큰 수라고 말해야 하지?'"

랜드연구소식의 분석 작업에 대한 평판이 하락한 것이 맥나마라 시대의 파국적인 정책, 즉 "가장 훌륭하고 뛰어난 인재들"이 베트남인들의 주검을 조국에 안겨준 것과 관련이 있느냐고 묻자 톰슨은 반박했다. "내 생각에는 사실 로널드 레이건 대통령과 함께 하면서 연구소가 하락하기 시작한 거예요. 공화당원 전문가가 되지 않으면 정부에서 일하지 못했으니까 말이죠." 톰슨은 단순히 백악관이나 의회를 장악하는 당이 바뀐다고 해서 변화가 있을 것이라고는 생각하지 않는다.

"시대정신의 일부인 셈이죠. 꼭 어떤 당만 그런 것이 아니란 말입니다. 거기 사람들은 아직도 신경을 써요. 나쁜 물이 든 건 나라가 아니라 워싱턴 D.C.입니다. 워싱턴 D.C.는 완전히 다른 세상이죠. 국민들에게 호소하고 공적 영역에 메시지를 던지려고 노력해야 합니다. 그저 부지런히 일하는 것 말고는 방법이 없어요. 포기하면 그냥 손을 들어버리는 거죠. 우리는 비합리성에 맞선 보루가 되어야 합니다."[9]

궁극의 만병통치약인 이성은 랜드연구소와 전후의 미국(물론 전후의 서구 세계까지)을 창조한 과학자들·공학자들의 신조였다. 랜드연구소 연구원과 고문이 받은 노벨상 28개 가운데 하나를 제외하고는 전부 물리학, 경제학, 화학 분야의 상이라는 것은 놀랄 일이 아니다. 하나의 예외는 1973년 노벨 평화상을 받은 헨리 키신저 전 국무장관이다(키신저는 1961년부터 1969년까지 랜드연구소 고문이었다).

미국의 '건국의 아버지들'은 다른 유형의 사람들이었다. 계몽주의의 인간이었던 그들은 모든 일에서, 심지어는 이성을 추구하는 데서도 중용을 옹호했다. 미국 헌법에 서명한 이들의 대다수는 18세기 중반 미국의 종교부흥 운동인 대각성 운동*의 극단적인 열정을 직접 목도한 바 있었고, 따라서 합리적 담론이 모든 곳에 뻗친다는 생각에 회의적이었다.[10] 그들은 종종 인간의 영혼을 사로잡는 어둠의 힘을 인정했기 때문에 교회와 국가의 분리, 정부의 억제와 균형, 그리고 외국과 분란을 피하라는 조지 워싱턴의 마지막 연설 속 충고를 받아들였다.[11]

역사의 교훈에 따르면 어떤 고르디우스의 매듭은 칼로 자를 수 없다. 이런 매듭은 시간이 흘러 다행히도 이 매듭을 낳은 조건이 점진적으로 바뀔 때에만 풀 수 있다. 그러나 공화국이자 제국인 미국의 배빗들**에게, 즉 상상할 수 있는 문제라면 해결할 수 있다고 믿는 이들에게 이런 교훈은 혐오스러울 뿐이다. 이런 사람들에게는 한 마디로 대답할 수 있다. 베트남. 또는 이라크. 아니면 무자헤딘. 이라크의 급진적 이슬람 성직자 무크타다 알사드르의 대변인이 말한 것처럼, "미국은 이라크인을 이라크인으로 봐야지, 양육 중인 미국인으로 보면 안 된다."[12]

랜드연구소의 합리적 선택이론은 명백한 사실을 부정하는 주장이다. 요컨대 세상에는 협조와 자기희생과 절제가 존재하며, 사람들은 서로를

---

* The Great Awakening. 18세기 중반~19세기 후반 미국의 칼뱅주의자들이 전개한 일련의 신앙부흥 운동을 지칭하는 말. 특히 미국이 영국의 식민지였던 시절에 일어난 제1차 대각성 운동(1730~55)은 미국 독립전쟁의 사상적·정신적 기초가 됐고, 제2차 대각성 운동(1790~1840)은 노예해방 운동을 지원한 것으로 알려져 있다. 대각성 운동을 이끈 이른바 신파는 구파와 격렬한 대립을 벌이기도 했다.

** Babbitt. 미국의 소설가 루이스(Sinclair Lewis, 1885~1951)의 1922년 작품 『배빗』의 주인공. 교양 없는 중산층 속물을 가리킨다.

사랑하고 항상 자기 먼저 생각하는 것이 아니며, 선거에서 정당하게 이기고 모든 경쟁자의 동의를 받으며, 선출된 관리들은 공익을 위해 행동하며, 결혼과 제도는 오래 지속된다는 등의 사실 말이다. 합리적 선택이론은 어둠 속에서, 즉 공적인 논쟁의 영역 바깥에서 내려진 결정에 의해 형성되는 세계를 만들어냈다. 이 세계는 거짓된 객관성(결과가 마음에 들지 않으면 변수를 바꾸면 된다), 집단적 책임을 모독하는 편향된 과학적 기초에 의해 정당화된다. 마치 직원과 정부와 지역사회에 대한 기업의 사회적 책임을 낡은 유물로 치부해 헌신짝처럼 내팽개치면서 "모두 주주 여러분을 위한 것입니다"라는 표어를 내세우는 격이다(다른 무엇보다도 미국이 지원병제를 실시하는 이유가 바로 이 때문이다. 지원병제는 합리적 선택이론에서 말하는 균형의 굳건한 신봉자인 자유방임 경제학자 밀턴 프리드먼이 지지하고 추구하는 구상이다).

케네스 애로, 토머스 셸링, 앨버트 윌스테터, 칸 등 랜드연구소 사람들이 정직하게 행동했다고, 즉 위험하고 비합리적인 세계에 이성의 빛을 비추기를 원했을 뿐이라고 가정해볼 수도 있겠다. 그렇지만 이들이 자신들의 목적을 위해 선택한 도구는 그 도구로 다룰 수 없는 바로 그 힘들(종교, 민족주의, 애국주의)에 의해 움직이는, 세계를 변화시키는 대응을 낳았다. 게다가 의도적이든 아니든 간에 합리적 선택이론은 미국의 사회체제를 개조하려는(즉, 미국을 뉴딜시대 이전으로 되돌리는 과정에서 수십억 달러를 벌어들이려는) 정치적·경제적 목적을 가진 집단들이 편리하게 휘두르는 수사적^{修辭的} 무기가 됐다. 예컨대 이런 변화는 인구의 상위 5퍼센트가 전체 부의 60퍼센트를 장악하고, 기업 중역의 급여가 평균 노동자 급여보다 4백 배 많은 사회를 가져왔다.[13]

합리적 선택이론의 마지막 역설은 이 이론이 합리적이지 않다는 것이다. 이 이론은 세계를 있는 그대로 이해하는 데 실패했고(학술 용어로 표현하면, 규범적이기는 해도 경험적이지는 않았다), 따라서 한 종류의 합리성만이 존재하는 가공의 구조를 가정한다. 세계가 우리의 의지에 따를 만큼 유순하다면 문제가 안 되겠지만, 현실은 자신이 드러낸 이빨을 보지 못하는 사람들을 돌아서서 물어버리는 습성이 있다.

합리적 선택에 의해 초래된 경제적 불평등 이외에도 랜드연구소는 자신의 원죄로 인한 딜레마와 씨름해야 한다. 미국 정부가 선택한 정책을 증진시키기 위해 도덕을 저버린 원죄 말이다. 이것은 지금까지 살펴본 랜드연구소 이야기에 등장하는 모든 주요 관계자들이 져야만 하는 책임이다. 나는 랜드연구소에서 높은 자리에 있는 어느 친구에게 다음과 같은 문제를 던진 적이 있다. X라는 나라가 랜드연구소를 찾아와서 특정한 국가안보 프로젝트에 관한 자문 역할을 맡기고 싶다고 말한다고 가정해보라. 이 연구의 목표는 사람이 고문으로 어느 정도의 고통을 받으면서도 비밀 정보를 발설하지 않을 수 있는지를 판단하는 것이다. 즉, 사람의 한계점을 판단하는 것이다. 랜드연구소는 이런 프로젝트에 도전할 것인가? 친구는 얼굴이 창백해지도록 생각에 골똘하더니 많은 말을 늘어놓으며 랜드연구소는 외국 정부의 그런 프로젝트를 받아들이지 않을 것이라는 취지의 대답을 했다. 친구는 아마 랜드연구소가 초점을 전환하려고 노력할 것이라고, 가령 (올바른 질문을 얻으려고 랜드연구소가 사용한 다른 접근법의 사례에서처럼) 증명할 수 있는 유용한 정보를 고문을 통해 얻을 수 있는지를 묻는 것으로 프로젝트의 방향을 바꾸려 애쓸 것이라고 말했다. 그런데 곧바로 이런 생각이 떠올랐다. 만약 미국 정부의 요청이라면 랜드연구소는 이 일을 받아들일까? 그리고 고문의 효력을 판단하기 위해 얻은 정보는 어디서 나오는 걸까?

랜드연구소는 파우스트와 같은 궁지에 직면해 있다. 세계에 관한 지식만으로는 영혼을 구원해줄 수 없다. 게다가 정부의 승인을 받았다고 할지언정 살인, 폭력, 고문 등에 공모한 죄를 면제받을 수도 없다. 물론 이런 죄에서 자유로울 수 있는 정책자문 집단 같은 것은 존재할 수 없다. 그들은 상관이 내린 결정의 조력자이자 교사자이며, 실제로 명령을 내린 이들과 동일한 잣대로 평가받아야 마땅하다.

랜드연구소나 다른 어떤 정책 조언자들이 이처럼 높은 기준의 도덕적 순수성을 지키리라고 기대하는 것은 순진한 발상일 것이다. 이스라엘의 골다 메이어 총리가 팔레스타인 테러리스트들을 암살하라고 명령하면서 말한 것처럼, 모든 나라는 어떤 경우에 자신의 근본적인 가치와 충돌하는 고통스러운 선택을 내려야만 할지도 모른다.[14] 이런 선택을 하지 않으면 국가의 안보가 위험에 처할 테지만, 설사 그럴지언정 이 선택은 국가의 본질 자체를 위협한다. 그렇다면 랜드연구소식으로 올바른 질문을 던져야 한다. 우리 미국인들은 우리 정부와 그 조언자들에게 무엇을 기대하는가? 더 나아가 그들은 우리를 더 안전하고 부유하고 행복하게 만들기 위해 어디까지 가야 하는가? 필요하다면 얼마나 많은 고문을 용인해야 하는가? 미국의 번영을 유지하기 위해 우리는 몇 백만(또는 몇 천이나 몇 백) 명의 무고한 죽음을 기꺼이 받아들일 수 있는가? 미국의 안전을 유지하기 위해? 변화를 요구하기 전까지 우리는 얼마나 많은 살육과 불의를 기꺼이 받아들일 수 있는가?

칸은 핵전쟁과 생존에 관한 자신의 그랑기뇰*을 혐오한 비판자들이 자신을 냉혹한 인간이라고 비난했을 때 바로 이런 질문들을 던졌다. 비판자들은 대답하지 못했다. 우리의 생활방식을 지키기 위해 다른 이들이 비양심적인 행동을 하도록 내버려둔다는 점에서 우리 모두는 공범자이기 때문이다. 솔직히 말하면 나 역시 칸이 던진 지독한 질문에 대답하지 못하겠다. 내가 아는 것이라곤 랜드연구소를 통렬히 비난하는 사람은 사실 따지고 보면 자기 자신을 비난하는 셈이라는 사실뿐이다.

도덕적으로 의심스러운 정책을 고안하고 설명하고 옹호하는 기관들을 만들어내고 용인하고 계속 유지시킨 것은 다름 아닌 우리 미국인들, 미국의 유권자들과 납세자들이다. 단지 그 정책이 미국에 가장 이익이 된다는 이유 때문이었다. 따라서 랜드연구소의 죄(랜드연구소의 숙명)는

---

* Grand Guignol. 19세기 말 프랑스에서 유행한 공포극. 주로 살인을 다뤘다.

미국 자체의 죄이다. 합리적 선택이라는 신화를 받아들인 장본인이 바로 미국인들이기 때문이고, 희생과 참여라는 대가 없이 (정치, 문화, 기술을) 소비하고 싶어한 장본인이 바로 미국 대중이기 때문이고, 도덕과 정부 정책이 유리되도록 눈을 감고 허용한 장본인 역시 바로 미국 유권자들이기 때문이다. 아랍의 석유든, 미국 제품을 팔기 위한 해외 시장이든, 중국산 싸구려 티셔츠든 간에, 원하는 것을 얻을 수만 있다면 우리는 신경 쓰지 않는다. 미제국은 어쨌든 미국의 이익을 위한 것이다. 정말 그런지는 모르겠지만 적어도 우리는 그렇게 듣고 있다.

거울을 들여다보면 우리 한 사람 한 사람이 바로 랜드연구소임을 알 수 있다. 그렇다면 문제는 이런 현실에서 무엇을 해야 하는가이다.

후 주

프롤로그

1) Articles of Incorporation and By-Laws (Santa Monica, CA: RAND Corporation, 14 May 1948), p.1.

1장. 위대한 출발

1) 다음을 참조하라. http://www.arnold.af.mil/aedc/hap.htm.

2) Winston Churchill, "Iron Curtain Speech," Westminster College Commencement, Fulton, Missouri, 5 March 1946.

3) Theodore von Karman, "Toward New Horizons," *Air Force Magazine*, vol.87, no.1, 2004.

4) Bruce Smith, *The RAND Corporation: A Case Study of a Nonprofit Advisory Corporation* (Cambridge: Harvard University Press, 1966), p.154; "The Fabulous 'Think' Companies," *Newsweek* (January 19, 1959), p.21.

5) "Franklin Rudolf Collbohm," RAND Corporation, 28 August 1986; Myrna Oliver, "Franklin R. Collbohm Dies: Founder of RAND Corp.," *Los Angeles Times* (14 February 1990), A3, A13; "Franklin R. Collbohm Dies, RAND Corporation Founding Leader, Aerospace Pioneer"(news release), RAND Corporation, 13 February 1990.

6) Martin Collins and Joseph Tatarewicz, "Interview with Frank Collbohm," *RAND History Project* (28 July 1987).

7) Collins and Tatarewicz, "Interview with Frank Collbohm," ibid..

8) Edward Bowles, *RAND History Project* (14-15 July 1987; 20 August 1987).

9) Fred Kaplan, *The Wizards of Armageddon* (New York: Simon & Schuster, 1983), p.59; David Hounshel, *The Cold War, RAND, and the Generation of Knowledge, 1946-1962* (Santa Monica: RAND Reprints, 1998), p.242.

10) Thomas M. Coffey, *Iron Eagle: The Turbulent Life of General Curtis LeMay* (New York: Avon Books, 1988), p.225.

11) R. D. Specht, *RAND: A Personal View of Its History* (Santa Monica, CA: RAND P-1601, 23 October 1958), p.2.

12) J. R. Goldstein, *RAND: The History*, paper P-2336-1 (Santa Monica, CA: RAND Corporation, 1960), p.3.

13) Martin J. Collins, *Cold War Laboratory: RAND, the Air Force and the American State, 1945-1950* (Washington, D.C.: Smithsonian Institution Press, 2002), p.43.

14) Hounshell, *The Cold War, RAND, and the Generation of Knowledge, 1946-62*, p.242.

15) Si Bourgin, *Memorandum* (Santa Monica, CA: RAND Corporation, 4 April 1962), p.6.

16) "RAND Corporation: Its Origin, Evolution and Plans for the Future" (Santa Monica, CA: RAND Corporation, February 1971), p.4.

17) Phillip S. Meilinger, "Curtis LeMay," *American Airpower Biography: A Survey of the Field* (Maxwell: Air & Space Power Journal, 1995).

18) Kaplan, *The Wizards of Armageddon*, p.43.

19) Mary Jo Nye, "The Most Versatile Physicist of His Generation,"*Science Magazine*, vol.296. no.5565 (April 2002), pp.49~50.

20) Kaplan, *The Wizards of Armageddon*, p.53.

21) A. C. Grayling, *Among the Dead Cities: The History and Moral Legacy of the WWⅡ Bombing of Civilians in Germany and Japan* (New York: Walker and Company, 2006), p.72.

22) Grayling, *Among the Dead Cities*, p.171.

23) 다음을 참조하라. "Preliminary Design of an Experimental World-Circling Spaceship," Santa Monica Plant, Engineering Division, report number SM-11827, Contract W33-038 (Santa Monica, CA: Douglas Aircraft Company, Inc., 2 May 1946).

24) Benjamin S. Lambeth, *Mastering the Ultimate High Ground: Next Steps in the Military Uses of Space* (Santa Monica, CA: RAND Corporation, Project Air Force, 2003), p.11.

25) "Preliminary Design of an Experimental World-Circling Spaceship."

26) Bruno Augenstein, "Evolution of the U.S. Military Space Program, 1949–1960: Some Key Events in Study, Planning and Program Development," paper P-6814 (Santa Monica, CA: RAND Corporation, September 1982), p.4; Lambeth, *Mastering the Ultimate High Ground*, p.13.

27) Bernard Brodie, *Strategy in the Missile Age* (Princeton, NJ: Princeton University Press, 1959), p.8.

28) Kaplan, *The Wizards of Armageddon*, p.63.

29) John D. Williams, *The Compleat Strategyst* (New York: McGraw Hill, 1954), p.1.

30) William Poundstone, *Prisoner's Dilemma* (New York: Doubleday, 1992), p.94.

31) Poundstone, *Prisoner's Dilemma*, p.95.

32) Poundstone, *Prisoner's Dilemma*, p.24.

33) David Jardini, *Out of the Blue Yonder: The RAND Corporation's Diversification into Social Welfare Research, 1946-1968*, doctoral dissertation (Carnegie Mellon University, May 1996), p.37.

34) Jardini, *Out of the Blue Yonder*, p.41.

35) Jardini, *Out of the Blue Yonder*, p.29.

2장. 인적 요소

1) Leo Rosten, *Captain Newman, M.D.* (New York: Harper, 1962); *The Education of H*Y*M*A*N K*A*P*L*A*N* (New York: Harvest, 1965).

2) Brownlee Haydon, "Interview with Leo Rosten," August 1969 (Santa Monica, CA: RAND Corporation, 1971), p.4.

3) Haydon, "Interview with Leo Rosten," p.7.

4) RAND Corporation, *The RAND Corporation: The First Fifteen Years* (Santa Monica, CA: RAND Corporation, 1963), p.11.

5) Fred Kaplan, *The Wizards of Armageddon* (New York: Simon & Schuster, 1983), p.72.

6) 뉴스쿨의 역사에 관한 더 자세한 정보로는 다음을 참조하라. http://www.new school.edu/gf/about/history.htm.

7) Martin Collins and Joseph Tatarewicz, "Interview with Frank Collbohm," *RAND History Project* (28 July 1987).

8) University of California, "Charles Johnston Hitch, Economics: Berkeley," *1995, University of California: In Memoriam* (Berkeley: University of California, 1995); Alain C. Enthoven, "Tribute to Charles Hitch," *OR/MS Today* (1995). [http://www.lionhrtpub.com/orms/orms-12-95/hitch-tribute. html. 2007년 6월 20일 접속.]

9) Kaplan, *The Wizards of Armageddon*, p.71.

10) David Jardini, *Out of the Blue Yonder: The RAND Corporation's Diversification into Social Welfare Research, 1946-1968*, doctoral dissertation (Carnegie Mellon University, May 1996), p.101.

11) R. D. Specht, "RAND: A Personal View of Its History" (Santa Monica, CA: RAND Corporation, 1958), p.3.

12) Bruce Smith, *The RAND Corporation: A Case Study of a Nonprofit Advisory Corporation* (Cambridge: Harvard University Press, 1966), p.57.

13) Smith, *The RAND Corporation*, p.57.

14) Si Bourgin, *Memorandum* (Santa Monica, CA: RAND Corporation, 4 April 1962), p.13.

15) H. Rowan Gaither, "Memorandum to Frank R. Collbohm. Subject: Formation of Non-Profit Corporation for RAND Project" (Santa Monica, CA: RAND Corporation, 18 December 1947).

16) Kaplan, *The Wizards of Armageddon*, pp.61~62.

17) Kaplan, *The Wizards of Armageddon*, pp.61~62.

18) Articles of Incorporation and By-Laws (Santa Monica, CA: RAND Corpo-ration, 14 May 1948), p.1.

19) 포드재단의 간략한 역사에 관해서는 다음의 글을 참조하라. http://www.fordfoundation.org/about-us/history.

20) Haydon, "Interview with Leo Rosten," p.7.

21) 1961년 1월 17일 드와이트 D. 아이젠하워 대통령 퇴임 연설. [http://www.eisenhower.archives.gov/All_About_Ike/Speeches/Farewell_Address.pdf. 2006년 12월 10일 접속.]

22) S. M. Amadae, *Rationalizing Capitalist Democracy: The Cold War Origins*

of Rational Choice Liberalism (Chicago: The University of Chicago Press, 2003), p.36.

23) Joan Roelofs, *Foundations and Public Policy: The Mask of Pluralism* (Stony Brook, NY: State University of New York, 2003), p.85.

24) http://www.liberty-tree.ca. 게이서 관련 인용문과 코멘트를 보라.

25) Bourgin, *Memorandum*, p.40.

26) Bourgin, *Memorandum*, p.40.

27) Andrew D. May, *The RAND Corporation and the Dynamics of American Strategic Thought*, doctoral dissertation (Dickinson College, October 1998), p.47.

28) May, *The RAND Corporation and the Dynamics of American Strategic Thought*, p.48.

29) 헨리 로언과의 개별 인터뷰, 2004년 4월 27일.

30) Richard Bellman, *I Am the Hurricane*, manuscript, Brownlee Hayden Box, RAND Archives, p.209.

31) Nathan Leites, *The Operational Code of the Politburo* (New York: Mc -Graw Hill, 1951).

32) Richard Holbrooke, "The Paradox of George F. Kennan," *Washington Post* (21 March 2005), A19; Tim Weiner and Barbara Crosette, "George F. Kennan, Leading U.S. Strategist of the Cold War, Dies at 101," *New York Times* (19 March 2005), B11.

33) Paul H. Nitze, *From Hiroshima to Glasnost: At the Center of Decision* (New York: Grove Weidenfeld, 1989), p.86.

34) Gregg Herken, *Counsels of War* (New York: Oxford University Press, 1987), p.49.

35) "NSC-68: United States Objectives and Programs for National Security," part III (Washington, D.C.: National Security Council, 14 April 1950).

36) "The Evolution of U.S. Strategic Command and Control and Warning, 1945- 1972," L. Wainstein, project leader, Department of Defense (Arlington, VA: Institute for Defense Analyses, June 1975), p.34.

37) Dean Acheson, *Present at the Creation: My Years in the State Department* (New York: W. W. Norton, 1969), p.303.

38) David Halberstam, *The Fifties* (New York: Fawcett Columbine, 1993), pp.348~352.

3장. 죄의 대가

1) Gregg Herken, *Counsels of War* (New York: Oxford University Press, 1987), p.4.

2) James G. Hershberg, *James B. Conant: Harvard to Hiroshima and the Making of the Nuclear Age* (New York: Knopf, 1993), pp.466~467; Sharon Ghamari-Tabrizi, *The Worlds of Herman Kahn: The Intuitive Science of Thermonuclear War* (Cambridge: Harvard University Press, 2005), p.97.

3) *The Decision to Drop the Bomb*, NBC White Papers, NBC, 1965.

4) Kai Bird and Martin J. Sherwin, *American Prometheus: The Triumph and Tragedy of J. Robert Oppenheimer* (New York: Knopf, 2005), p.465.

5) Bernard Brodie, "War in the Atomic Age," *The Absolute Weapon: Atomic Power and World Order*, ed. Bernard Brodie (New York: Ayer Company, 1946), p.52.

6) Fred Kaplan, *The Wizards of Armageddon* (New York: Simon & Schuster, 1983), p.18.

7) Kaplan, *The Wizards of Armageddon*, p.18.

8) William Poundstone, *Prisoner's Dilemma* (New York: Doubleday, 1992), p.71.

9) Bird and Sherwin, *American Prometheus*, p.84.

10) Poundstone, *Prisoner's Dilemma*, pp.72~73.

11) Poundstone, *Prisoner's Dilemma*, pp.145~147.

12) David McCullough, *Truman* (New York: Simon & Schuster, 1992), p.608.

13) Kaplan, *The Wizards of Armageddon*, p.25.

14) Kaplan, *The Wizards of Armageddon*, p.31.

15) John L. Gaddis, *The Cold War: A New History* (New York: The Penguin Press, 2005), pp.33~34.

16) John L. Gaddis, *The United States and the Origins of the Cold War, 1941-1947* (New York: Columbia University Press, 2000), p.341.

17) Bernard Brodie, *Strategy in the Missile Age* (Princeton, NJ: Princeton University Press ,1959), p.21.

18) Kaplan, *The Wizards of Armageddon*, p.45.

19) Martin J. Collins, *Cold War Laboratory: RAND, the Air Force and the American State, 1945-1950* (Washington, D.C.: Smithsonian Institution Press, 2002), p.184.

20) Collins, *Cold War Laboratory*, p.185.

21) Andrew D. May, *The RAND Corporation and the Dynamics of American Strategic Thought*, doctoral dissertation (Dickson College, October 1998), p.125.

22) Phillip S. Meilinger, "Curtis LeMay," *American Airpower Biography: A Survey of the Field* (Maxwell: Air & Space Power Journal, 1995).

23) Kaplan, *The Wizards of Armageddon*, p.47.

24) Joseph Schumpeter, *Capitalism, Socialism and Democracy* (London: Allen and Unwin, 1943), pp.59~200.

25) Kenneth Arrow, "Social Choice and Individual Values," RAND RM-291 (Santa Monica, CA: RAND Corporation, 1949), pp.48~51.

26) Alan Bullock and Stephen Trombley, eds., *The Fontana Dictionary of Modern Thought* (London: Harper Collins, 1999), pp.669~737.

27) 애로의 연구에 관해 설명한 이 부분은 다음의 획기적인 연구에 크게 빚지고 있다. S. M. Amadae, *Rationalizing Capitalist Democracy: The Cold War Origins of Rational Choice Liberalism* (Chicago: The University of Chicago Press, 2003).

28) Poundstone, *Prisoner's Dilemma*, p.22.

29) John von Neumann and Oskar Morgenstern, *Theory of Games and Economic Behavior*, 60th anniversary edition (Princeton, NJ: Princeton University Press, 2004).

30) 게임이론의 역사, 철학적 배경, 발전과정, 관련 서적 등을 좀더 자세하게 살펴보고 싶다면 온라인 스탠퍼드 철학백과사전의 해당 항목을 검색해보라(http://plato.stanford.edu/entries/game-theory).

31) McCullough, *Truman*, p.758.

32) Poundstone, *Prisoner's Dilemma*, p.144.

33) David Jardini, *Out of the Blue Yonder: The RAND Corporation's Diversification into Social Welfare Research, 1946-1968*, doctoral dissertation (Carnegie Mellon University, May 1996), p.51.

34) Kaplan, *The Wizards of Armageddon*, p.86.

35) May, *The RAND Corporation and the Dynamics of American Strategic Thought*, p.70.

36) RAND Corporation, *The RAND Corporation: The First Fifteen Years* (Santa Monica, CA: RAND Corporation, 1963), p.27.

37) Charles Hitch, "An Appreciation of Systems Analysis," P-699 (Santa Monica, CA: RAND Corporation, 18 August 1955), pp.22~25.

38) David Novick, "The Meaning of Cost Analysis" (Santa Monica, CA: RAND Corporation, 1983), p.3.

39) Ed Paxson, et al., "Comparison of Airplane Systems for Strategic Bombing," Report R-208 (Santa Monica, CA: RAND Corporation, 1950).

40) Kaplan, *The Wizards of Armageddon*, p.63.

41) E. J. Barlow, "Preliminary Proposal for Air Defense Study," RAND Limited Document D(l)-816, 2 October 1950, RAND Classified Library; Jardini, *Out of the Blue Yonder*, p.67. 재인용.

4장. 저녁식사 전의 통화

1) 이 장은 인터뷰, 문서, 신문기사, 단행본, 1차 자료 등 여러 출처에서 수집한 정보에 기초해 앨버트 월스테터의 생애를 삽화로 구성했다.

2) Annahrae White, "Pictorial Living: The House That Hangs in the Sky," *Los Angeles Examiner* (7 August 1955), pp.14~22; Martin Filler, "Landscape Visionary for a New American Dream," *New York Times* (2 February 1997), Section H 32~33.

5장. 기밀 관리인

1) Martin Bunzl, "Counterfactual History: A User's Guide," *American Historical Review*, vol.109, no.3 (June 2004); Niall Ferguson, "Virtual History: Toward a 'Chaotic' Theory of the Past," *Virtual History: Alternatives and Counterfactuals*, (London: Papermac/Trans-Atlantic, 1998), p.8; Bruce

Bueno de Mesquita, "Insights from Game Theory," *Counterfactual Thought Experiments in World Politics: Logical, Methodological, and Psychological Perspectives*, eds. Philip E. Tetlock and Aaron Belkin (Princeton, NJ: Princeton University Press, 1996), pp.211~229; John Keegan, "How Hitler Could Have Won the War: The Drive for the Middle East, 1941," *What If? The World's Foremost Military Historians Imagine What Might Have Been: Essays*, (New York: Putnam, 1999), p.297.

2) 조안 월스테터와 직접 한 인터뷰, 2004년 3월; 2006년 2월.

3) Richard Bellman, *I am the Hurricane*, manuscript, Brownlee Hayden Box, RAND Archives.

4) Alan Wald, *The New York Intellectuals* (Chapel Hill, NC: University of North Carolina Press, 1987), p.7.

5) Charles Wohlstetter, *The Right Place* (New York: Applause Books, 1997), pp.13~14.

6) Stephen Schwartz, "Trostkycons? Past and Present," *National Review Online* (11 June 2003).

7) Nathan Glazer, "Neoconservative from the Start," *Public Interest*, no.159 (Spring 2005).

8) Wald, *The New York Intellectuals*, p.107.

9) Wohlstetter, *The Right Place*, p.13.

10) Jim Digby and Joan Goldhamer, "The Development of Strategic Thinking at RAND 1948-1966: A Mathematical Logician's View," interview with Albert Wohlstetter, 5 July 1985, transcribed. Dana Bursk (Santa Monica, CA: RAND Corporation, 1997), p.15.

11) Wald, *The New York Intellectuals*, p.107.

12) 대니얼 엘스버그와 직접 한 인터뷰, 2005년 1월.

13) 조안 월스테터와 직접 한 인터뷰, 2006년 2월.

14) 네이션 글레이저와 직접 한 인터뷰, 2005년 10월.

15) Morton White, *A Philosopher's Story* (University Park, PA: Pennsylvania State University Press, 1999), pp.36~37.

16) Elaine Woo, "Roberta Wohlstetter, 94: Wrote Pearl Harbor Study," *Los Angeles Times* (11 January 2007), B18. 월스테터 집안에 내려오는 말에 따

르면, 결혼 전 성이 모건인 로버타가 메리 매카시의 유명한 소설 『여자친구들』 (The Group, 1963)의 주인공 중 한 명의 모델이라고 한다(조안 월스테터와 직접 한 인터뷰, 2004년 3월).

17) Leon Trotsky, *Revolution Betrayed* (New York: Dover Publications, 2004); Irving Howe, *Leon Trotsky* (New York: Viking Press, 1979).

18) John McDonald, "The War of Wits," *Fortune* (March 1951).

19) *Scientific American* (May 1957), p.38.

20) Alain Enthoven, "Tribute to Charles J. Hitch," *OR/MS Today* (1995) [http:// www.lionhrtpub.com/orms/orms-12-95/hitch-tribute.html]

21) Digby and Goldhamer, "The Development of Strategic Thinking at RAND 1948-1966," p.15.

22) Digby and Goldhamer, "The Development of Strategic Thinking at RAND 1948-1966," ibid..

23) Fred Kaplan, *The Wizards of Armageddon* (New York: Simon & Schuster, 1983), p.98.

24) Digby and Goldhamer, "The Development of Strategic Thinking at RAND 1948-1966," ibid..

25) 조안 월스테터와 직접 한 인터뷰, 2004년 3월.

26) Roberta Wohlstetter, *Pearl Harbor: Warning and Decision* (Stanford, CT: Stanford University Press, 1962).

27) Albert Wohlstetter, "Economic and Strategic Considerations in Air Base Location: A Preliminary Review," document (D-1114) (Santa Monica, CA: RAND Corporation, 29 December 1951).

28) Kaplan, *The Wizards of Armageddon*, p.99.

29) Digby and Goldhamer, "The Development of Strategic Thinking at RAND 1948-1966," ibid..

30) Kaplan, *The Wizards of Armageddon*, p.101.

31) Gregg Herken, *Counsels of War* (New York: Oxford University Press, 1987), p.94.

32) Kaplan, *The Wizards of Armageddon*, p.106.

33) Albert Wohlstetter, et al., "Selection and Use of Strategic Air Bases," document (R-266) (Santa Monica, CA: RAND Corporation, April 1954).

34) Kaplan, *The Wizards of Armageddon*, p.107.

35) Albert Wohlstetter, "The Delicate Balance of Terror," *Foreign Affairs*, vol.37, no.2 (1959), pp.211~234.

36) Paul Bracken, "Instabilities in the Control of Nuclear Forces," *Break -through: Emerging New Thinking*, ed. Martin Hellman (New York: Walker and Company, 1988), p.48.

37) Digby and Goldhamer, "The Development of Strategic Thinking at RAND 1948-1966," ibid..

38) Kaplan, *The Wizards of Armageddon*, p.121.

39) Bernard Brodie, et al., "Implications of Large Yield Weapons," *Project RAND* (Santa Monica, CA: RAND Corporation, 10 July 1952), p.10.

40) Brodie, et al., "Implications of Large Yield Weapons," p.23.

41) Kaplan, *The Wizards of Armageddon*, p.141.

42) Tom Wells, *Wild Man: The Life and Times of Daniel Ellsberg* (New York: Palgrave, 2001), p.297.

43) Kaplan, *The Wizards of Armageddon*, p.223.

44) Herken, *Counsels of War*, pp.78~85.

45) Andrew W. Marshall, J. J. Martin, and Henry S. Rowen, eds., *On Not Confusing Ourselves: Essays on National Security Strategy in Honor of Albert and Roberta Wohlstetter* (Boulder, CO: Westview Press, 1991), pp.158~159.

46) Martin Collins, "Interview with David Novick," *Rand History Project* (24 February; 20 June 1988).

47) Kaplan, *The Wizards of Armageddon*, p.123.

6장. 죽음의 어릿광대

1) Herman Kahn, *On Thermonuclear War* (Princeton, NJ: Princeton University Press, 1960), p.29.

2) Sharon Ghamari-Tabrizi, *The Worlds of Herman Kahn: The Intuitive Science of Thermonuclear War* (Cambridge: Harvard University Press, 2005), p.69.

3) Fred Kaplan, "Truth Stranger than 'Strangelove,'" *New York Times* (10

October 2004). [http://www.nytimes.com/2004/10/10/movies/ 10kapl.html. 2005년 3월 10일 접속.]

4) Ghamari-Tabrizi, *The Worlds of Herman Kahn*, p.62.

5) Ghamari-Tabrizi, *The Worlds of Herman Kahn*, ibid..

6) Richard Bellman, *I Am the Hurricane*, manuscript, Brownlee Haydon Box, RAND Archives, p.262.

7) Ghamari-Tabrizi, *The Worlds of Herman Kahn*, pp.66~67.

8) Bellman, *I Am the Hurricane*, p.263.

9) Ghamari-Tabrizi, *The Worlds of Herman Kahn*, p.67.

10) 조안 윌스테터와 직접 한 인터뷰, 2004년 3월.

11) Herman Kahn and Andrew Marshall, *Methods of Reducing Sample Size in Monte Carlo Computations* (Santa Monica, CA: RAND Corporation, 18 August 1953).

12) Ghamari-Tabrizi, *The Worlds of Herman Kahn*, p.11.

13) Andrew D. May, *The RAND Corporation and the Dynamics of American Strategic Thought,* doctoral dissertation (Dickinson College, October 1998), p.448.

14) Ghamari-Tabrizi, *The Worlds of Herman Kahn*, p.69.

15) Kahn, *On Thermonuclear War*, p.86.

16) Kahn, *On Thermonuclear War*, pp.66~67.

17) James R. Newman, "Two Discussions of Thermonuclear War"(Review of *On Thermonuclear War* by Herman Kahn), *Scientific American*, no.204 (March 1961), pp.197~204.

18) Paul Johnson, "Review of *On Thermonuclear War*," *New Statesman* (1 May 1961), p.754.

19) Frank Meyer, "Review of *On Thermonuclear War*," *National Review* (March 1961), p.189.

20) Norman Thomas, "Roads that Bypass Peace," *Saturday Review* (4 February 1961), pp.18, 33.

21) Paul D. Aligica, "Herman Kahn, Founder," Hudson Institute, 2007. [http://www.hudson.org/learn/index.cfm?fuseaction=staff_bio&eid=HermanKahn. 2007년 6월 21일 접속.]

7장. 랜드연구소의 궤도 안에서

1) Roger D. Launius, "Sputnik and the Origins of the Space Age," *NASA History Division*, January 2007, NASA. [http://history.nasa.gov/sputnik/sputorig.html. 2007년 6월 21일 접속.]

2) Launius, "Sputnik and the Origins of the Space Age," ibid..

3) Fred Kaplan, *The Wizards of Armageddon* (New York: Simon & Schuster, 1983), p.135.

4) James Killian, *Sputnik, Scientists and Eisenhower* (Cambridge, MA: The MIT Press, 1977), p.8.

5) Launius, "Sputnik and the Origins of the Space Age," ibid..

6) Launius, "Sputnik and the Origins of the Space Age," ibid..

7) Andrew D. May, *The RAND Corporation and the Dynamics of American Strategic Thought*, doctoral dissertation (Dickson College, October 1998), p.365.

8) Killian, *Sputnik, Scientists and Eisenhower*, p.8.

9) Gregg Herken, *Counsels of War* (New York: Oxford University Press, 1987), pp.106~107.

10) 다음을 참조하라. "Preliminary Design of an Experimental World-Circling Spaceship," Santa Monica Plant, Engineering Division, report number SM-11827, Contract W33-038 (Santa Monica, CA: Douglas Aircraft Company, Inc., 2 May 1946).

11) David Jardini, *Out of the Blue Yonder: The RAND Corporation's Diversification into Social Welfare Research, 1946-1968*, doctoral dissertation (Carnegie Mellon University, May 1996), p.115.

12) Herken, *Counsels of War*, p.112.

13) Herken, *Counsels of War*, ibid..

14) The Office of Defense Mobilization, Security Resources Panel of the Science Advisory Committee, *Deterrence and Survival in the Nuclear Age* (Washington, D.C.: GPO, 1957), pp.31~34.

15) 스프레이그일렉트릭에 대한 간략한 소개(특히 1942~85년 간의 역사)로는 다음의 내용을 참조하라. Sprague Electric Company [http://www.massmoca.org/history.php. 2006년 11월 9일 접속.]

16) Kaplan, *The Wizards of Armageddon*, p.145.

17) Kaplan, *The Wizards of Armageddon*, p.141.

18) The Office of Defense Mobilization, et als., *Deterrence and Survival in the Nuclear Age*, p.35.

19) Gwynne Dyer, *War: The Lethal Custom* (New York: Carroll & Graf, 2005), p.303; Stephen Daggett, *Military Operations: Precedents for Funding Contingency Operations in Regular or in Supplemental Appropriations Bills* (Washington, D.C.: GPO, 2006). [http://www.fas.org/sgp/crs/natsec/RS22455.pdf. 2007년 6월 26일 접속.]

20) Kaplan, *The Wizards of Armageddon*, p.146.

21) Kaplan, *The Wizards of Armageddon*, p.147.

22) "Group Discusses Threat to Nation," *New York Times* (11 December 1957), p.8; Chalmers M. Roberts, "Enormous Arms Outlay Is Held Vital to Survival," *Washington Post* (20 December 1957).

23) Richard Reeves, *President Kennedy: Profile of Power* (New York: Simon & Schuster, 1993), p.37.

24) Kaplan, *The Wizards of Armageddon*, pp.159~161.

25) "Stuart Symington," Biographical Directory of the U.S. Congress. [http://bioguide.congress.gov/scripts/biodisplay.pl?index=S001136. 2006년 11월 9일 접속.]

26) Herken, *Counsels of War*, pp.128~132.

27) X, "The Sources of Soviet Conduct," *Foreign Affairs* (July 1947). [http://www.foreignaffairs.org/19470701faessay25403/x/the-sources-of-soviet-conduct.html. 2005년 9월 7일 접속.]

28) Albert Wohlstetter, "The Delicate Balance of Terror," *Foreign Affairs* (January 1959), pp.211~234.

29) Wohlstetter, "The Delicate Balance of Terror," ibid..

30) Wohlstetter, "The Delicate Balance of Terror," ibid..

31) John L. Gaddis, *We Now Know: Rethinking Cold War History* (Oxford: Oxford University Press, 1997), p.264.

32) Wohlstetter, "The Delicate Balance of Terror," ibid..

33) Wohlstetter, "The Delicate Balance of Terror," ibid..

34) Gordon W. Prange, Donald M. Goldstein, and Katherine V. Dillon, *Pearl Harbor: The Verdict of History* (New York: Penguin, 1991), pp.479~483.

35) John L. Gaddis, *Strategies of Containment* (New York: Oxford University Press, 2005), pp.283~288.

8장. 우아한 춤

1) Personal papers of Deidre Henderson, Box 1, John F. Kennedy Library, Boston, MA.

2) Elspeth Rostow, "Interview with Joseph W. Alsop" (18 June 1964), pp.12~18. John F. Kennedy Library Oral History Program. [http://www.jfklibrary.org. 2006년 9월 12일 접속.]

3) 이 장 역시 4장처럼 인터뷰, 문서, 신문기사, 단행본, 1차 자료 등 여러 출처에서 수집한 정보에 기초해 앨버트 월스테터의 생애를 삽화로 구성한 것이다.

9장. 신동들의 지배

1) 1961년 1월 17일 드와이트 D. 아이젠하워 대통령 퇴임 연설. [http://www.eisenhower.archives.gov/All_About_Ike/Speeches/Farewell_Address.pdf. 2006년 12월 10일 접속.]

2) David Jardini, *Out of the Blue Yonder: The RAND Corporation's Diversification into Social Welfare Research, 1946-1968*, doctoral dissertation (Carnegie Mellon University, May 1996), p.165.

3) Robert McNamara, *In Retrospect* (New York: Vintage Books, 1996), pp.16~17.

4) McNamara, *In Retrospect*, pp.16~17.

5) Charles Hitch and Roland N. McKean, *Economics of Defense in the Nuclear Age* (New York: Holiday House, 1965).

6) Jardini, *Out of the Blue Yonder*, p.165.

7) "Faculty Profiles: Alain C. Enthoven," Stanford School of Business, 2007, Stanford University. [http://gsbapps.stanford.edu/facultybios/biomain.asp?id=00464891. 2007년 6월 26일 접속.]

8) Fred Kaplan, *The Wizards of Armageddon* (New York: Simon & Schuster, 1983), p.253.

9) Jardini, *Out of the Blue Yonder*, p.166.

10) Paul H. Nitze, *From Hiroshima to Glasnost: At the Center of Decision* (New York: Grove Weidenfeld, 1989), p.218.

11) Richard Bellman, *I Am the Hurricane*, manuscript, Brownlee Haydon Box, RAND Archives, p.287.

12) Daniel Ellsberg, *Secrets: A Memoir of Vietnam and the Pentagon Papers* (New York: Penguin Books, 2002), p.25; 대니얼 엘스버그와 직접 한 인터뷰, 2004년 10월; 2005년 1월, 6월.

13) Kaplan, *The Wizards of Armageddon*, p.124.

14) Kaplan, *The Wizards of Armageddon*, p.256.

15) Kaplan, *The Wizards of Armageddon*, p.254.

16) Jardini, *Out of the Blue Yonder*, pp.288~289.

17) Jardini, *Out of the Blue Yonder*, p.169.

18) Kaplan, *The Wizards of Armageddon*, p.256.

19) General Thomas D. White, "Strategy and the Defense Intellectuals," *Saturday Evening Post* (4 May 1963), p.10.

20) Jardini, *Out of the Blue Yonder*, p.183.

21) Jardini, *Out of the Blue Yonder*, p.256.

10장. 과학의 기술

1) George Gilder, "Inventing the Internet," *Forbes* (2 June 1997).

2) Stewart Brand, "Founding Father: Interview with Paul Baran," *Wired Magazine* (March 2001). [http://www.wired.com/wired/archive/9.03/baran.html. 2005년 10월 12일 접속.]

3) Warren McCulloch, *Embodiments of Mind* (Cambridge, MA: The MIT Press, 1965).

4) "What Is the Difference Between Analog and Digital Signals," NTT East Website, 2007, Nippon Telegraph and Telephone East Corporation. [http://www.ntt-east.co.jp/isdn_e/e_page/e_faq02/faq003.html. 2007년 7월 10일 접속.]

5) Virginia Campbell, "How RAND Invented the Postwar World," *Invention and Technology* (Summer 2004), pp.50~59.

6) Brand, "Founding Father," ibid..

7) David Jardini, *Out of the Blue Yonder: The RAND Corporation's Diversification into Social Welfare Research, 1946-1968*, doctoral dissertation (Carnegie Mellon University, May 1996), p.87.

8) Campbell, "How RAND Invented the Postwar World," pp.50~59.

9) The RAND Corporation, *A Million Random Digits with 100,000 Normal Deviates* (Glencoe, IL: Free Press, 1955).

10) Bruno W. Augenstein, "Evolution of the U.S. Military Space Program, 1949-1960: Some Key Events in Study, Planning, and Program Development," *The RAND Paper Series*, P-6814 (Santa Monica, CA: RAND Corporation, September 1982), p.6.

11) Bruno W. Augenstein and Bruce Murray, *Mert Davies: A RAND Pioneer in Earth Reconnaissance and Planetary Mapping from Spacecraft* (Santa Monica, CA: RAND Corporation, 2004), p.84.

12) Dwayne A. Day, John M. Logsdon, and Brian Latell, eds., *Eye in the Sky: The Story of the Corona Spy Satellites* (Washington, D.C.: Smithsonian Institution Press, 1998), p.187.

13) Day, et als., *Eye in the Sky*, p.30.

14) Day, et als., *Eye in the Sky*, p.121.

15) Augenstein and Murray, *Mert Davies*, p.7.

16) Day, et als., *Eye in the Sky*, p.102.

17) 올레그 트로야노프스키와의 인터뷰, "Episode 8: Sputnik," *CNN Perspectives Cold War Series*, Turner Original Productions, 1998.

18) Day, et als., *Eye in the Sky*, p.31.

19) Day, et als., *Eye in the Sky*, p.1.

20) 다음의 책을 참조할 것. William Burrows, *Deep Black* (New York: Random House, 1986), p.viii.

21) Joseph W. Hamaker, "But What Will It Cost? The History of NASA Cost Estimating," NASA Cost Estimating. [http://www.NASA.htm]

22) Robert Buchheim, et al., *Space Handbook: Astronautics and Its Applications*, Staff Report of the Select Committee of Astronautics and Space Exploration, 85th Congress (Santa Monica, CA: RAND Corporation, 1958).

11장. 소련 문제의 최종 해결책

1) Secretary of Defense Thomas Gates, "Notes by the Secretaries to the Joint Chiefs of Staff on Strategic Target Planning," 27 January 1991, copy 33, "I," declassified 1995, National Archives.

2) Robert McNamara, *In Retrospect* (New York: Vintage Books, 1996), pp.21~25; Fred Kaplan, *The Wizards of Armageddon* (New York: Simon & Schuster, 1983), p.269.

3) R. P. Turco, O. B. Toon, T. P. Acherman, J. B. Pollack, and Carl Sagan, "Global Atmosphereic Consequences of Nuclear War," 25 July 1983, NASA-TM-101281, pp.20~22.

4) Gregg Herken, *Counsels of War* (New York: Oxford University Press, 1987), p.138.

5) Kaplan, *The Wizards of Armageddon*, p.272.

6) Herken, *Counsels of War*, p.139.

7) Kaplan, *The Wizards of Armageddon*, p.260.

8) Kaplan, *The Wizards of Armageddon*, p.273.

9) Kaplan, *The Wizards of Armageddon*, p.279.

10) John L. Gaddis, *We Now Know: Rethinking Cold War History* (Oxford: Oxford University Press, 1997), pp.256~257.

11) Gaddis, *We Now Know*, pp.114~115.

12) Dean Rusk, *As I Saw It* (New York: The Penguin Press, 1991), pp.207~217.

13) Rusk, *As I Saw It*, p.221.

14) McNamara, *In Retrospect*, p.21.

15) John L. Gaddis, *The Cold War: A New History* (New York: The Penguin Press, 2005), pp.112~114.

16) Bart Barnes, "Dean Rusk, 60's Foreign Policy Leader, Dies," *Washington Post* (22 December 1994), p.1.

17) Kaplan, *The Wizards of Armageddon*, pp.293~294.

18) Tom Wicker, "No New Tax Now; 207 Million Is Sought for Civil Defense in Speech on Berlin; Kennedy Asks Increase in Defenses," *New York Times* (26 July 1961), p.1.

19) Herken, *Counsels of War*, p.159.

20) Carl Kaysen, "Memorandum for General Maxwell Taylor, Military Representative to the President, September 5, 1961," record group 218 of the Joint Chiefs of Staff (records of Maxwell Taylor), National Archives.

21) "The Rise of U.S. Nuclear Supremacy," *Foreign Affairs* (March/April 2006).

22) Kaplan, *The Wizards of Armageddon*, p.299.

23) Paul H. Nitze, *From Hiroshima to Glasnost: At the Center of Decision* (New York: Grove Weidenfeld, 1989), pp.199~208.

24) Gaddis, *The Cold War: A New History* (New York: The Penguin Press, 2005), p.115.

25) Robert F. Kennedy and Arthur Schlesinger Jr., *Thirteen Days: A Memoir of the Cuban Missile Crisis* (New York: W. W. Norton, 1999), pp.83~84.

12장. 불가항력

1) *Time* (23 April 1973); Anthony Russo, "Inside the RAND Corporation and Out: My Story," *Ramparts* (April 1972), p.4; "Anthony Joseph (Tony) Russo Biography." [http://pentagon papers trusso.com. 2005년 9월 23일 접속.]

2) David Jardini, *Out of the Blue Yonder: The RAND Corporation's Diversification into Social Welfare Research, 1946-1968*, doctoral dissertation (Carnegie Mellon University, May 1996), p.263.

3) Gabriel Kolko, *Confronting the Third World: United States Foreign Policy 1945-1980* (New York: Pantheon Press, 1980), p.132.

4) Maxwell Taylor, *The Uncertain Trumpet* (New York: Harper and Row, 1960), p.29.

5) Fred Kaplan, *The Wizards of Armageddon* (New York: Simon & Schuster, 1983), p.292.

6) "Inaugural Address, January 20, 1961." [http://www.jfklibrary.org/Historical+Resources/Archives/Reference+Desk/Speeches/JFK/Inaugural+Address+January+20+1961.htm]

7) Jardini, *Out of the Blue Yonder*, p.173.

8) Albert and Roberta Wohlstetter, "Notes on the Cuban Crisis" (Santa

Monica, CA: RAND Corporation, 1962); "Studies for a Post Communist Cuba" (Santa Monica, CA: RAND Corporation, 1963).

9) 조안 월스테터와 직접 한 인터뷰, 2004년 3월.

10) W. Phillips Davison, "User's Guide to the RAND Interviews in Vietnam" (Santa Monica, CA: RAND Corporation, 1972); Anthony Russo, "Looking Backward: RAND Vietnam in Retrospect," *Ramparts* (November 1972).

11) Paul Dickson, *Think Tanks* (New York: Atheneum, 1971), p.67.

12) Jardini, *Out of the Blue Yonder*, p.279.

13) *Counterinsurgency: A Symposium, April 16-20, 1962* (Santa Monica, CA: RAND Corporation, 2006, reprint), pp.5~7.

14) Stanley Karnow, *Vietnam: A History* (New York: The Viking Press, 1983), p.254.

15) Karnow, *Vietnam*, p.396.

16) Charles Wolf, *Insurgency and Counterinsurgency: New Myths and Old Realities* (Santa Monica, CA: RAND Corporation, 1965).

17) 콘래드 켈런과의 개별 인터뷰, 2004년 5월.

18) Austin Long, *On "Other War": Lessons from Five Decades of RAND Counter-insurgency Research* (Santa Monica, CA: RAND Corporation, 2006), p.9.

19) Leon Goure, *Civil Defense in the Soviet Union* (Westport, CT: Green-wood Press, 1986); "Soviet Civil Defense," P-1887 (Santa Monica, CA: RAND Corporation, 1960).

20) Karnow, *Vietnam*, p.20.

21) Jardini, *Out of the Blue Yonder*, p.282.

22) Jardini, *Out of the Blue Yonder*, p.284.

23) Thomas Schelling, *The Strategy of Conflict* (Cambridge, MA: Harvard University Press, 1963), pp.123~125.

24) Fred Kaplan, "All Pain, No Gain: Nobel Laureate Thomas Schelling's Little-Known Role in the Vietnam War," *Slate* (11 October 2005). [http://www.slate.com/id/2127862. 2007년 7월 4일 접속.]

25) Karnow, *Vietnam*, pp.500~501.

26) William Kaufmann, *Military Policy and National Security* (Princeton, NJ: Princeton University Press, 1956), p.128.

27) Robert McNamara, *In Retrospect* (New York: Vintage Books, 1996), p.33.

28) Robert Komer, "The Other War in Vietnam: A Progress Report" (Washington, D.C.: Agency for International Development, 1966), p.29.

29) Neil Sheehan, *A Bright Shining Lie: John Paul Vann and America in Vietnam* (New York: Vintage Books, 1989), p.380.

30) Lyndon B. Johnson, address, Cam Ranh Bay, December 1967.

31) Daniel Hallin, "Vietnam on Television," Museum of Broadcast Communications. [http://www.museum.tv/archives/etv/V/htmlV/vietnamonte/vietnamonte.htm].

32) Tim Weiner, "Robert Komer, 78, Figure in Vietnam, Dies," *New York Times* (12 April 2000).

33) National Security Action Memorandum 343, 28 March 1966, paper of Lyndon B. Johnson, Papers as President, National Security File, Komer-Leonhart File. LBJ Library, Austin, TX.

34) Weiner, "Robert Komer, 78, Figure in Vietnam, Dies," ibid..

35) Sheehan, *A Bright Shining Lie*, p.732.

36) Sheehan, *A Bright Shining Lie*, p.733.

37) Nomination of William E. Colby. Hearing, 93rd Congress, 1st Session, on Nomination of William E. Colby to be Director of Central Intelligence, U.S. Senate, Committee on Armed Services, U.S. Government, Printing Office, Washington D.C., 1970.

38) Nomination of William E. Colby, , pp.315~321.

39) Robert Komer, "Military and Political Policy: Maritime Strategy vs. Coalition Defense," *Foreign Affairs* (Summer 1982).

40) *Project Air Force Rand 50th Anniversary 1946-1996* (Santa Monica, CA: RAND Corporation, 1996), pp.31~32.

41) Irving L. Horowitz, *The Rise and Fall of Project Camelot: Studies in the Relationship Between Social Science and Practical Politics* (Cambridge, MA: The MIT Press, 1967).

42) Jardini, *Out of the Blue Yonder*, p.299.

43) "Thomas C. Schelling: Autobiography," *Les Prix Nobel 2005*, ed. Karl Grandin (Stockholm: Nobel Foundation, 2006).

44) Sheehan, *A Bright Shining Lie*, p.740.

45) Jardini, *Out of the Blue Yonder*, p.274.

46) Interview with Albert Wohlstetter, 27 January 1989, RAND Collection (RU 9536), Smithsonian Video History Collection (Washington, D.C.); Jardini, *Out of the Blue Yonder*, p.267. 재인용.

47) "Biographies: Eugene M. Zuckert," The United States Air Force. [http://www.af.mil/information/bios/bio.asp?bioID=7326.]

48) Jardini, *Out of the Blue Yonder*, p.292.

49) Jardini, *Out of the Blue Yonder*, p.295.

50) Jardini, *Out of the Blue Yonder*, p.300.

51) Bruce Smith, *The RAND Corporation: A Case Study of a Nonprofit Advisory Corporation* (Cambridge: Harvard University Press, 1966), p.136;

52) Jardini, *Out of the Blue Yonder*, p.301.

53) "Franklin R. Collbohm Biography," *RAND Document* (Santa Monica, CA: RAND Corporation, 28 August 1986), pp.1~2.

13장. 락끼엔의 밤

1) 대니얼 엘스버그와 직접 한 인터뷰, 2004년 10월; 2005년 1월, 6월; Daniel Ellsberg, *Secrets: A Memoir of Vietnam and the Pentagon Papers* (New York: Penguin Books, 2002), pp.143~150.

14. 성공의 대가

1) Martin Collins and Gus Shubert, interview with Albert Wohlstetter, *Smithsonian Video History Collection*, Smithsonian Institution Archives, RAND, Santa Monica, 27 January 1989.

2) Sam Tanenhaus, "Interview with Paul Wolfowitz," *Vanity Fair* (9 May 2003). 인터뷰 전문은 국방부 홈페이지에서도 볼 수 있다. [http://www.defense.gov/transcripts/transcript.aspx?transcriptid=2594]

3) Earl Shorris, "Ignoble Liars: Leo Strauss, George Bush and the Politics of Deception," *Harpers's* (June 2004) [http://www.harpers.org/archive/2004/06/0080073]; Anne Norton, *Leo Strauss and the Politics of American Empire* (New Haven, CT: Yale University Press, 2004).

4) "Henry 'Scoop' Jackson," Henry M. Jackson Foundation. [http://www.hjf. org/about/scoop.html]

5) 리처드 펄과의 개별 인터뷰, 2005년 11월.

6) Robert Gordon Kaufman, *Henry M. Jackson: A Life in Politics* (Seattle: Uni -versity of Washington Press, 2000), p.322.

7) "Richard Perle: The Making of a Neoconservative," PBS: Think Tank. [www.pbs.org/thinktank/show_1017.html]

8) 리처드 펄과의 개별 인터뷰, 2005년 11월.

9) David Jardini, *Out of the Blue Yonder: The RAND Corporation's Diversi- fication into Social Welfare Research, 1946-1968*, doctoral dissertation (Carnegie Mellon University, May 1996), p.357.

10) 헨리 로언과의 개별 인터뷰, 2004년 4월 27일.

11) 헨리 로언과의 개별 인터뷰, 2004년 4월 27일.

12) Memorandum from William L. Hooper, Office of Science and Techno- logy, to Donald F. Honig, Special Assistant to the President for Science and Technology; Jardini, *Out of the Blue Yonder*, p.393. 재인용.

13) Jardini, *Out of the Blue Yonder*, pp.379~383.

14) Joseph Califano, *The Triumph and Tragedy of Lyndon Johnson: The White House Years* (New York: Simon & Schuster, 1991), p.24.

15) Jardini, *Out of the Blue Yonder*, p.399.

16) Lyndon Johnson, "Great Society Speech," *Public Papers of the Presidents of the United States: Lyndon B. Johnson*, vol.1: 1963-64 (Washington, D.C.: Government Printing Office, 1967).

17) Jardini, *Out of the Blue Yonder*, p.405.

18) Nat Hentoff, *A Political Life: The Education of John V. Lindsay* (New York: Knopf, 1969), p.78.

19) Rudolph Giuliani, "Memorial Service for Mayor John V. Lindsay," 26 January 2001. [http://clanlindsay.com/john_vliet_lindsay.htm]

20) Nat Hentoff, "The Man Who Stood Up to Bobby Kennedy," *The Village Voice* (24 January *2001*).

21) Thomas Ronan, "Lindsay Says City Needs Arbitration in Labor Disputes: Lindsay in Call for Arbitration," *New York Times* (17 November 1965).

22) Vincent Cannato, *The Ungovernable City: John Lindsay and His Struggle to Save New York* (New York: Basic Books, 2001), p.82.

23) Jardini, *Out of the Blue Yonder*, p.416.

24) "John Lindsay's Ten Plagues," *Time* (1 November 1968).

25) Jardini, *Out of the Blue Yonder*, p.412.

26) Richard Reeves, "City Hires RAND Corporation to Study Four Agencies," *New York Times* (9 January 1968), p.31.

27) *Annual Report 1972* (Santa Monica, CA: RAND Corporation, 1972).

28) 레이 아치볼드(Rae Archibald)와 직접 한 인터뷰, 2004년 9월.

29) 레이 아치볼드와 직접 한 인터뷰, 2004년 9월.

30) Bernard Cohen, "The Police Internal Administration of Justice in New York City," R-621 (New York: RAND Corporation, November 1970); Cohen and Jan M. Chaiken, "New York City Police: The Background and Performance of the Class of 1957" (New York: RAND Corporation, February 1973).

31) David Burnham, "Study Question Handling of Police Misconduct," *New York Times* (20 November 1970), pp.1, 46.

32) Jardini, *Out of the Blue Yonder*, p.432.

33) David K. Shipler, "Rent Control End and City Subsidies Linked in a Study," *New York Times* (13 February 1970), pp.1, 43.

34) Jardini, *Out of the Blue Yonder*, p.433.

35) 레이 아치볼드와 직접 한 인터뷰, 2004년 9월.

36) Cannato, *The Ungovernable City*, p.557.

37) Jardini, *Out of the Blue Yonder*, p.436.

38) The Council for Aid to Education(CAE)-a subsidiary of RAND. 교육지원위원회(CAE)는 2005년 10월 독립 비영리 기관으로 바뀌었다.

15장. 몰래 빠져나가다

1) 헨리 로언과의 개별 인터뷰, 2004년 4월 27일.

2) 대니얼 엘스버그와 직접 한 인터뷰, 2004년 10월; Daniel Ellsberg, *Secrets: A Memoir of Vietnam and the Pentagon Papers* (New York: Penguin Books, 2002), pp.299~301.

16장. 아무리 겉모습이 바뀌어도

1) 조안 월스테터와 직접 한 인터뷰, 2006년 2월

2) Frances Fitzgerald, *Fire In the Lake: The Vietnamese and the Americans in Vietnam* (New York: Little, Brown and Company, Back Bay Books, 2002), pp.403~420.

3) Stanley Karnow, *Vietnam: A History* (New York: The Viking Press, 1983), p.632.

4) 찰스 울프 2세와 직접 한 인터뷰, 2003년 11월.

5) 도널드 라이스와 직접 한 인터뷰, 2006년 1월.

6) "Is The Think Tank Thought Out?," *Los Angeles Times* (January 1982), p.254.

7) 콘래드 켈런과의 개별 인터뷰, 2004년 5월.

8) 대니얼 엘스버그와 직접 한 인터뷰, 2004년 10월; 2005년 1월, 6월.

9) Karnow, *Vietnam: A History*, p.634.

10) 대니얼 엘스버그와 직접 한 인터뷰, 2005년 1월.

11) 도널드 라이스와 직접 한 인터뷰, 2006년 1월.

12) "Is The Think Tank Thought Out?," ibid..

13) Gregg Herken, *Counsels of War* (New York: Oxford University Press, 1987), p.260.

14) "The Nation: Watching Birds and Budgets," *Time* (11 February 1974), pp.16~17.

15) Herken, *Counsels of War*, p.258.

16) Emmett B. Keeler, "Effects of Cost Sharing on Use of Medical Services and Health," *Medical Practice Management* (Summer 1992), p.317.

17) Keeler, "Effects of Cost Sharing on Use of Medical Services and Health," ibid..

18) RAND Research, 1997, p.43.

19) Louis W. Miller, et al., *Operations Research and Policy Analysis at RAND, 1968-1988*, N-2937-RC (Santa Monica, CA: RAND Corporation, 1989).

20) 도널드 라이스와 직접 한 인터뷰, 2006년 1월.

21) "RAND Europe Research," RAND Europe, 25 April 2007, RAND Corporation. [http://www.rand.org/randeurope/research/. 2007년 7월 11일 접속.]

22) "Donald Rice Biography," Wells Fargo Board of Directors. [http://www.
wellsfargo.com/about/corporate/boardofdirectors/rice. 2006년 10월 26일 접속.]

23) 도널드 라이스와 직접 한 인터뷰, 2006년 1월.

24) Pardee RAND Graduate School Yearbook, 1980.

25) 비밀 인터뷰, 2003년.

26) http://www.whitehouse.gov/government/rumsfeld-bio.html. 2007년 12
월 21일 접속.

27) http://www.rand.org/about/annual_report/1996/admin/trustees.htm.
2008년 1월 10일 접속.

28) Dave Goldberg, "In Rand's Defense: It's Not All Military," *Chicago Tribune*
(20 June 1982), Section 3, p.6.

17장. B팀의 공격

1) "U.S. Negotiator on Arms Quits, Citing the Effects of Watergate," *New
York Times* (15 June 1974).

2) *Cong. Rec.* (4 August 1969), pp.22016~22019.

3) Albert Wohlstetter, "Is There a Strategic Arms Race?" *Foreign Policy*,
no.15 (Summer 1974), pp.3~20.

4) Anne H. Cahn, *Killing Détente: The Right Attacks the CIA* (University Park,
PA: Pennsylvania State University Press, 1998), p.15.

5) Cahn, *Killing Détente*, ibid..

6) Cahn, *Killing Détente*, p.7.

7) Cahn, *Killing Détente*, ibid..

8) Cahn, *Killing Détente*, p.9.

9) Henry Kissinger, *The White House Years* (Boston: Little, Brown, 1979),
p.119.

10) Robert Scheer, *With Enough Shovels* (New York: Vintage Books, 1983),
pp.37~38.

11) Kissinger, *The White House Years*, p.208.

12) Kissinger, *The White House Years*, p.210.

13) Peter J. Ognibene, *Scoop: The Life and Politics of Henry M. Jackson* (New
York: Stein and Day, 1975), pp.182~195.

14) Tad Szulc, "Pentagon Cool," *Washington Magazine*, vol.10, no.1 (1974), p.16.

15) Gerald R. Ford, *A Time to Heal: The Autobiography of Gerald R. Ford* (New York: Harper and Row, 1979), p.132.

16) Donald Rumsfeld Biography. [http://www.defenselink.mil.bios/rumsfeld. html]

17) Richard D. Lyons, "Senate Confirms Bush as CIA Director," *New York Times* (28 January 1976).

18) Ford, *A Time to Heal*, p.346.

19) Martin Weil, "Eugene Rostow Dies," *Washington Post* (26 November 2002). B6.

20) Eugene V. Rostow, "Defining Détente in Terms of the United Nations Charter," *New York Times* (27 April 1974), p.31.

21) Cahn, *Killing Détente*, p.27.

22) Cahn, *Killing Détente*, ibid..

23) Albert Wohlstetter, "Optimal Ways to Confuse Ourselves," *Foreign Policy*, no.20 (Fall 1975), pp.170~198; "The Uncontrolled Upward Spiral," *Strategic Review*, no.3 (Winter 1975), pp.71~86.

24) Max Boot, "Think Again: Neocons," *Foreign Policy* (January/February 2004).

25) Thomas Powers, *The Man Who Kept the Secrets: Richard Helms and the CIA* (New York: Knopf, 1979), p.145.

26) William Colby, *Honorable Men: My Life in the CIA* (New York: Simon & Schuster, 1978), pp.338~346.

27) *Report by the Presidential Commission on CIA Activities Within the United States* (Washington, D.C.: GPO, 1975).

28) Powers, *The Man Who Kept the Secrets*, pp.129~131.

29) Wohlstetter, "Is There a Strategic Arms Race?," pp.3~20.

30) John Prados, *The Soviet Estimate: U.S. Intelligence Analysis and Soviet Strategic Forces* (Princeton, NJ: Princeton University Press, 1986), p.186; Cahn, *Killing Détente*, p.102. 재인용.

31) Cahn, *Killing Détente*, p.104.

32) "Intelligence Community Experiment in Competitive Analysis-Soviet Strategic Objectives-An Alternative View-Report of Team B" (Washington D.C., December 1976), pp.2~6.

33) William Colby, Letter to President Gerald Ford, 21 November 1975; Cahn, *Killing Détente*, p.119. 재인용.

34) Jerry Wayne Sanders, *Peddlers of Crisis: The Committee on the Present Danger and the Politics of Containment* (Boston: South End Press, 1983), p.199.

35) Leo Cherne, Letter to George H. W. Bush, 8 June 1976; Cahn, *Killing Détente*, p.139. 재인용.

36) Cahn, *Killing Détente*, p.147.

37) Sam Tanenhaus, "The Hard-liner: Interview with Richard Pipes," *Boston Globe* (2 November 2003).

38) Richard Pipes, *The Formation of the Soviet Union: Communism and Nationalism, 1917-23* (Cambridge, MA: Harvard University Press, 1954).

39) Cahn, *Killing Détente*, p.158.

40) Tanenhaus, "The Hard-liner," ibid..

41) Cahn, *Killing Détente*, p.160.

42) David Binder, "New CIA Estimate Finds Soviet Seeks Superiority," *New York Times* (26 December 1976), p.1.

43) Tim Weiner, "Jeane Kirkpatrick, Reagan's Forceful Envoy, Dies," *New York Times* (9 December 2006), p.1.

44) "U.S. Military Spending 1949-2009," Infoplease, 2007. [http://www.infoplease.com/ipa/A0904490.html. 2007년 7월 11일 접속.]

45) Max Kampelman, *Entering New Worlds: The Memoirs of a Private Man in Public Life* (New York: HarperCollins, 1991), p.234; Cahn, *Killing Détente*, p.30. 재인용.

18장. 종말을 목격하다

1) Ronald Reagan, "Remarks at the Presentation Ceremony for the Presiden -tial Medal of Freedom," 7 November 1985. [http://www.reagan.utexas.edu/archives/speeches/1985/110785a.htm]

2) Charles Wolf Jr., *Extended Containment: Countering Soviet Imperialism and Applying Economic Realism* (Santa Monica, CA: A RAND Note, 1983).

3) "Inaugural Address, January 20, 1981." [http://www.reagan.utexas.edu/archives/speeches/1981/12081a.htm]

4) Ronald Reagan, "Address to Member of the British Parliament," 8 June 1982. [http://www.reagan.utexas.edu/archives/speeches/1982 /60882a.htm]

5) 잘마이 칼릴자드와 직접 한 인터뷰, 2006년 1월.

6) 잘마이 칼릴자드와 직접 한 인터뷰, 2006년 1월.

7) Jacques Steinberg, "Robert L. Bartley, 66, Dies," *New York Times* (11 December 2003).

8) Fred Kaplan, *The Wizards of Armageddon* (New York: Simon & Schuster, 1983), pp.387~389.

9) John Cushman, "Applying Military Brain to Military Brawn, Again," *New York Times* (17 December 1986), B10; Ballistic Missile Defense History, Missile Defense Agency history link. [http://www.mda.mil/mdalink/html/mdalink.html. 2006년 11월 20일 접속.]

10) "Thursday, August 16, 1984 International," *New York Times* (16 August 1984).

11) Benjamin Fischer, "A Cold War Conundrum: The 1983 Soviet War Scare" (Washington, D.C.: Center for the Study of Intelligence, 1997).

12) Konrad Kellen, *The Germans and the Pershing II*, RAND Report P-6950 (Santa Monica, CA: RAND Corporation, 1983).

13) Albert Wohlstetter, "Between an Unfree World and None: Increasing Our Choices," *Foreign Affairs*, no.63 (Summer 1985).

14) Lawrence S. Wittner, "Reagan and Nuclear Disarmament," *Boston Review* (April/May 2002).

15) Alexander Yakovlev, "Memorandum to Mikhail Gorbachev: The Imperative of Political Development," 25 December 1985, National Security Archives. [http://www.gwu.edu/~nsarchiv/. 2006년 11월 20일 접속.]

16) President Ronald Reagan, "Letter to General Secretary Mikhail Gorba -chev," 11 March 1985, National Security Archives. [http://www.gwu.edu/~nsarchiv/NSAEBB/NSAEBB172/Doc2.pdf. 2006년 11월 20일 접속.]

17) Thomas Schelling, *The Strategy of Conflict* (Cambridge, MA: Harvard University Press, 2006).

18) "Thomas C. Schelling: Autobiography," *Les Prix Nobel 2005*, ed. Karl Grandin (Stockholm: Nobel Foundation, 2006).

19) 랜드연구소에서 일한 적이 있는 노벨상 수상자들에 관해서는 다음을 참조하라. "The Nobel Prize and RAND," RAND Corproration. [http: //www.rand. org/about/history/nobel/. 2006년 11월 20일 접속.]

20) Alan Greenspan, "Remarks on the Reagan Legacy," 9 April 2003. [http:// federalreserve.gov/BOARDDOCS/SPEECHES/2003/0030 4092/default.htm. 2007년 7월 7일 접속.]

21) Jude Wanniski, "Sketching the Laffer Curve," 14 June 2005. [http://www. wanniski.com. 2007년 7월 7일 접속.]

22) William A. Niskanen, *Reaganomics: An Insider's Account of the Policies and the People* (New York: Oxford University Press, 1988), p.273.

19장. 테러조직망

1) Ben R. Rich and Leo Janos, *Skunk Works* (New York: Back Bay Books, 1996).

2) 마이클 리치와 직접 한 인터뷰, 2003년 6월.

3) 내털리 크로퍼드가 랜드연구소의 마이클 리치에게 보낸 이메일, 2001년 9월 13일.

4) "September 11: Chronology of Terror," CNN.com.

5) "September 11: Chronology of Terror," ibid..

6) "September 11: Chronology of Terror," ibid..

7) Richard A. Clarke, *Against All Enemies: Inside America's War on Terror* (New York: The Free Press, 2004), p.7.

8) 내털리 크로퍼드가 랜드연구소 직원들에게 보낸 이메일, 2001년 9월 14일.

9) 마이클 리치와 직접 한 인터뷰, 2003년 6월.

10) Bruce Hoffman, "Terrorism and Beyond: The 21st Century," conference dinner address, Oklahoma City, OK (17 April 2000). [http://www.terror isminfo.mipt.org/hoffman-ctb.asp]

11) 브루스 호프먼과의 개별 인터뷰, 2004년 4월.

12) Brian Jenkins, "International Terrorism: The Other World War," R-3302AF (Santa Monica, CA: RAND Project Air Force, 1985), p.1.

13) Paul Wolfowitz, "Paul Nitze's Legacy: For a New World," remarks delivered to the Aspen Institute at the U.S. Chamber of Commerce, Washington, D.C., Thursday 25 April 2004. [http://www.defense.gov/speeches/speech. aspx?speechid=109]

14) Bruce Hoffman, "Rethinking Terrorism in Light of a War on Terrorism: Testimony before the Subcommittee on Terrorism and Homeland Secur -ity, House Permanent Select Committee on Intelligence," U.S. House of Representatives, 26 September 2001. [http://www.rand.org./pubs/ testimonies/CT182/]

15) Brian Jenkins and Janera Johnson, *International Terrorism: A Chronology 1968-1974* (Santa Monica, CA: RAND Corporation, 1975), pp.1~4.

16) 도널드 라이스와 직접 한 인터뷰, 2006년 1월.

17) Caleb Carr, *The Lessons of Terror: A History of Warfare Against Civilians* (New York: Random House, 2003), p.32.

18) Konrad Keller, "Terrorists: What Are They Like? How Some Terrorists Describe Their World and Actions," *Terrorism and Beyond: An International Conference on Terrorism and Low-Level Conflict*, R-2714-DOE/ DOJ/DOS/RC (Santa Monica, CA: RAND Corporation, 1982), p.130.

19) Jenkins, "International Terrorism," p.v.

20) Jenkins, "International Terrorism," p.16.

21) Bruce Hoffman, *Countering the New Terrorism* (Santa Monica, CA: RAND Corporation, 2003), p.vi.

22) Mary Evans, "For Jihadist, Read Anarchist," *Economist* (18 August 2005).

23) Bruce Hoffman and Karen G. Treverton, *RAND Chronologies of International Terrorism for 1986* (Santa Monica, CA: RAND Corporation, 1990), p.1; Ian O. Lesser, "Countering the New Terrorism: Implications for Strategy," *Countering the New Terrorism* (Santa Monica, CA: RAND Cor -poration, 1999), p.85. 재인용.

24) Brian Jenkins, "Defense Against Terrorism," *Political Science Quarterly*, vol.101, no.5 (1986), pp.773~786.

25) Brian Jenkins, "Where I Draw the Line," *Christian Science Monitor* (11 July 2007).

26) Franz Fanon, *The Wretched of the Earth* (New York: Grove, 1961), p.40.

27) Daniel Ellsberg, "Judo Politics" (Santa Monica, CA: RAND Corporation, 1959).

28) "Frequently Asked Questions: What's Asymmetric War?" Center for Asymmetric Warfare at the Naval Air Warfare Center Weapons Division, 11 July 2007.

29) Brian Jenkins, "The Lessons of Beirut: Testimony before the Long Commission" (Santa Monica, CA: RAND Corporation, 1984), p.12.

30) "Monday, October 24, 1983 Bombings in Beirut," *New York Times* (24 October 1983), B1.

31) "May 29 1972: Japanese kill 26 at Tel Aviv Airport," BBC On This Day, 2007, [http://news.bbc.co.uk/onthisday/hi/dates/stories/may/29/newsid_2542000/2542263.stm]

32) *Terrorism and Beyond*, p.145.

33) Bruce Hoffman, *Inside Terrorism* (New York: Columbia University Press, 1999); Nicholas Lemann, "What Terrorists Want," *New Yorker* (29 October 2001). [http://www.newyorker.com/archive/2001/10/29/011029 fa_FACT1. 2005년 4월 3일 접속.]

34) Keller, "Terrorists," p.132.

35) John Arquilla, David Ronfeldt, and Michele Zanini, "Networks, Netwar, and Information-Age Terrorism," *Countering the New Terrorism* (Santa Monica, CA: RAND Corporation, 1999), p.47.

36) Brian Jenkins, *Unconquerable Nation: Knowing Our Enemy, Strengthening Ourselves* (Santa Monica, CA: RAND Corporation, 2006), p.15.

37) Jenkins, *Unconquerable Nation*, p.19.

20장. 요다와 저항군의 기사들

1) Sally B. Donnelly, "Long-Distance Warriors," *Time* (12 December 2005).

2) Michael Gordon, "The Strategy to Secure Iraq Did Not Foresee a 2nd War," *New York Times* (19 October 2004), A1; L. Paul Bremer Ⅲ, *My*

Year in Iraq: The Struggle to Build a Future of Hope (New York: Simon & Schuster, 2006), p.24; James T. Quinlivan, "Force Requirements in Stability Operations," *Parameters* (Winter 1995), pp.59~69.

3) Jason Vest, "The Dubious Genius of Andrew Marshall," American Pro -spect Online [http://www.prospect.org/cs/articles?article=the_dubious_ genius_of_andrew_marshall]; Khurram Husain, "Neocons: The Men Behind the Curtain," *Bulletin of the Atomic Scientists*, vol.59, no.06 (November/ December 2003), pp.62~71.

4) James Roche, "Serving the Patriots of America's Air Force," Order of the Sword Induction Ceremony, Andrews Air Force Base, Maryland, 13 September 2003. [http://www.accessmylibrary.com/coms2/summary_0286 -2303653_ITM. 2005년 4월 23일 접속.]

5) Nicholas Lemann, "Dreaming About War," *New Yorker* (16 July 2001).

6) Andrew Krepinevich Jr., *The Military-Technical Revolution: A Preliminary Assessment* (Washington, D.C.: Center for Strategic and Budgetary Assessments, 2002), p.i.

7) "Discriminate Deterrence, Report of the Commission on Integrated Long -Term Strategy" (Washington, D.C.: Government Printing Office, 1988).

8) Krepinevich Jr., *The Military-Technical Revolution*, p.ii.

9) Neil Swidey, "The Mind of the Administration, Part Two: The Analyst," *Boston Globe* (18 May 2003).

10) Sam Tanenhaus, "Interview with Paul Wolfowitz," *Vanity Fair* (9 May 2003). [http://www.defense.gov/transcripts/transcript.aspx? transcriptid=2594]

11) Albert Wohlstetter, "On Vietnam and Bureaucracy" [http://www.rand.org/ about/history/wohlstetter/D17276.1/D17276.1.html]

12) Wohlstetter, "On Vietnam and Bureaucracy," ibid..

13) 이런 가정은 랜드연구소의 모든 연구에 적용될 수 있다. 가령 다음을 참조 하라. Todd C. Helmus, Christopher Paul, Russell W. Glenn, *Enlisting Madison Avenue: The Marketing Approach to Earning Popular Support in Theaters of Operation* (Santa Monica, CA: RAND Corporation, 2007).

14) Anne Norton, *Leo Strauss and the Politics of American Empire* (New Haven, CT: Yale University Press, 2004), p.185.

15) 잘마이 칼릴자드와 직접 한 인터뷰, 2006년 1월.

16) Norton, *Leo Strauss and the Politics of American Empire*, p.186.

17) 잘마이 칼릴자드와 직접 한 인터뷰, 2006년 1월; Robert F. Worth, "The Juggler," *New York Times* (12 March 2006), 4:1.

18) Donald Kagan, Gary Schmitt, and Thomas Donnelly, "Rebuilding America's Defenses: Strategy, Forces and for a New Century." *A Report of the Project for a New American Century* (Washington, D.C.: Project for the New American Century, 2000), p.11.

19) Max Boot, "The Case for American Empire," *Weekly Standard* (15 October 2001); Charles Krauthammer, "Bless Our Pax Americana," *Washington Post* (22 March 1991).

20) Lemann, , "Dreaming About War," ibid..

21) Ken Silverstein, "Buck Rogers Rides Again," *The Nation* (25 October 1999); Richard Hundley, *Past Revolutions, Future Transformation* (Santa Monica, CA: RAND Corporation, 1999), pp.7~20; Douglas McGray, "The Marshall Plan," *Wired* (February 2003).

22) Zalmay Khalilzad, et al., *Deterrence Theory and Chinese Behavior* (Santa Monica, CA: RAND Corporation, 1998).

23) 잘마이 칼릴자드와 직접 한 인터뷰, 2006년 1월. 베이징을 매우 실제적인 군사적 경쟁자로 여기고 있는 마셜의 자산평가국은 여전히 중국을 주시하고 있다. Neil King Jr., "Secret Weapon: Inside Pentagon, A Scholar Shapes Views of China," *Wall Street Journal* (8 September 2005), A1.

24) Jason Vest, "The New Marshall Plan," *In These Times.com*. [http://www.inthesetimes.com/issue/25/09/vest2509.html]

25) Brad Roberts, "1995 and the End of the Post-Cold War Era," *Washington Quarterly*, vol.18, no.1 (Winter 1995).

26) Jude Wanniski, "An American Empire," Supply-side University, 24 August 1995. [http://wanniski.com/searchbase/amemp1.htm]; Charles Krauthammer, "Bless Our Pax Americana," *Washington Post* (22 March 1991).

27) 조안 월스테터와 직접 한 인터뷰, 2004년 3월.

28) Albert Wohlstetter and Fred Hoffman, "Confronting Saddam: A Model Danger," *Wall Street Journal* (9 August 1990), p.24.

21장. 다시 이라크로

1) 아흐메드 찰라비와의 이메일 인터뷰, 2006년 1월.

2) Frederick Kempe, "Mideast Doctrine's Domestic Hurdle," *Wall Street Journal* (13 December 2005), A11.

3) Dexter Filkins, "Baghdad Boys," *New York Times* (12 December 2005).

4) 아흐메드 찰라비와의 이메일 인터뷰, 2006년 1월.

5) David L. Phillips, *Losing Iraq: Inside the Postwar Reconstruction Fiasco* (New York: Westview Press, 2005), pp.69~76.

6) Hugh Pope, "Ahmed Chalabi: Profile," *Los Angeles Times* (19 July 1994).

7) Patrick E. Tyler, "U.S. and Iraqis Tell of a Coup Attempt Against Baghdad," *New York Times* (3 July 1992), A1.

8) Rob Zone, "Chalabi's Hour: Controversial Exile Leader Back in Iraq," *Seattle Times* (9 April 2003), A5.

9) Phillips, *Losing Iraq*, p.62.

10) 잘마이 칼릴자드와 직접 한 인터뷰, 2006년 1월.

11) Zone, "Chalabi's Hour," ibid..

12) Project for the New American Century, letter to President Clinton (Washington, D.C.: Project for the New Century, 26 January 1998).

13) Iraq Liberation Act, Public Law 105-338, 31 October 1998, 105th Congress, Congressional Record, vol.144.

14) Phillips, *Losing Iraq*, p.72.

15) Jane Mayer, "The Manipulator," *New Yorker* (7 June 2004), p.58.

16) Ron Suskind, *The Price of Loyalty: George W. Bush, the White House and the Education of Paul O'Neil* (New York: Simon & Schuster, 2004), p.75; Richard Clarke, *Against All Enemies: Inside America's War on Terror* (New York: The Free Press, 2004), p.30.

17) Eric Alterman, "When Presidents Lie," *The Nation* (25 October 2004).

18) Ken Adelman, "Cakewalk in Iraq," *Washington Post* (13 February 2002).

19) Norman Brownstein, "War Now Drives the Presidency," *Los Angeles Times* (29 January 2003).

20) Dexter Filkins, "Where Plan A Left Ahmad Chalabi," *New York Times Magazine* (5 November 2006), p.46.

21) Filkins, "Where Plan A Left Ahmad Chalabi," p.46.

22) James Dobbins, et al., *America's Role in Nation Building: From Germany to Iraq* (Santa Monica, CA: RAND Corporation, 2003), p.xxvi.

23) Nina Easton, "The Briefing," *Boston Globe* (20 November 2005), A8.

24) Ahmed Chalabi, "An Insider's View: Democratic Politics at Work in Iraq: A Foreign Policy Briefing from Iraqi Deputy Prime Minister Ahmed Chalabi," transcript prepared from a tape recording (Washington, D.C.: American Enterprise Institute, 9 November 2005).

25) Filkins, "Where Plan A Left Ahmad Chalabi," p.48.

26) "Questions for Ahmed Chalabi," *National Interest Online* (28 February 2007).

27) "Why America Will Fail in Iraq: Interview with Baha al-Araji," *Foreign Policy* (November/December 2006), p.20.

28) Supplied by BB Monitoring Service, from Al Arabiya TV, Dubai, (아랍어), 29 September 2006, at 16:00 GMT, found in Voice of Iraq, Iraqi National Congress. [http://inciraq.com/English/Press/2006/Sep/060929_Dr%20 Chalabi%20Intervie_Arabiya%20TV.htm. 2006년 11월 5일 접속.]

22장. 어느 전략가의 죽음

1) 조안 월스테터와 직접 한 인터뷰, 2004년 4월.

2) Program notes, RAND Corporation memorial service for Albert Wohls -tetter, 2 March 1997.

3) 리처드 펄과의 개별 인터뷰, 2005년 11월.

4) John L. Gaddis, *The Cold War: A New History* (New York: The Penguin Press, 2005), pp.195~203.

5) Neil Swidey, "The Mind of the Administration, Part Two: The Analyst," *Boston Globe* (18 May 2003).

23장. 랜드연구소의 미래는?

1) "Projects: RAND Education's work in Qatar," RAND Education, 13 April 2007, RAND Corporation. [http://www.rand.org/educaton/qatar/index. html. 2007년 7월 12일 접속.]

2) Andrew Rathmell, et al., *Developing Iraq's Security Sector: The Coalition Provisional Authority's Experience* (Santa Monica, CA: RAND Corporation, 2005).

3) Doug Suisman, et al., *The Arc: Formal Structure for a Palestinian State* (Santa Monica, CA: RAND Corporation, 2005).

4) David Galula, *Pacification in Algeria, 1956-1958* (Santa Monica, CA: RAND Corporation, 2006; reprint of 1963 edition).

5) 리처드 펄과의 개별 인터뷰, 2005년 11월.

6) 래리 다이아몬드와 직접 한 인터뷰, 2005년 10월.

7) 제임스 톰슨과의 개별 인터뷰, 2006년 2월.

8) James Thomson, Colorado ACLU Speech, 1 October 2005. [http://www.rand.org/pubs/corporate_pubs/2005/RAND_CP507.pdf]

9) 제임스 톰슨과의 개별 인터뷰, 2006년 2월.

10) Sydney E. Ahlstrom, *A Religious History of the American People* (New York: Doubleday and Company, 1975), pp.346~362.

11) George Washington, "Farewell Address," *American Daily Advertiser* (19 September 1796), A1.

12) "Why America Will Fail in Iraq: Interview with Baha al-Araji," *Foreign Policy* (November/December 2006), p.20.

13) Arthur Kennickell, "A Rolling Tide: Changes in the Distribution of Wealth in the U.S., 1989-2001," *Survey of Consumer Finances* (Washington, D.C.: Federal Reserve Board, September 2003), p.10. [http://www.federalreserve.gov/pubs/oss/oss2/scfindex.html]

14) Aaron J. Klein, *Striking Back: The 1972 Munich Olympics Massacre and Israel's Deadly Response* (New York: Random House, 2005), p.96.

옮긴이 후기

책에 등장하는 '죄수의 딜레마'라는 유명한 게임을 살펴보자. 다이아몬드를 훔친 죄로 두 사람이 경찰에 체포된다. 경찰이 두 용의자를 격리해 놓았기 때문에 두 사람은 서로 얘기할 수 없다. 경찰은 각각에게 다이아몬드의 소재를 털어놓으면 6개월형만 받는다고 말한다. 반면 자백을 하지 않으면 혼자서 죄를 뒤집어쓰고 10년을 감옥에서 살아야 한다고 통보한다. 하지만 둘 다 입을 다물면 무죄로 석방된다. 그런데 서로 상대방이 어떤 결정을 내릴지 전혀 알 수 없다. 이상적인 해결책이라면 둘 다 상대방을 신뢰하고 입을 굳게 다물면 된다. 그러나 게임의 규칙은 이런 신뢰 구축을 허용하지 않는다. 이런 게임의 규칙을 받아들이는 순간, 양쪽 모두에게 이익이 되는 해결책은 봉쇄된다.

1950년대 초반 랜드연구소는 미국의 대외 정책과 핵전략에 죄수의 딜레마라는 질문을 던졌다. 인류의 생존을 건 전쟁게임에서 미국과 소련의 수뇌부는 합리적 선택을 해야만 했고, 상대방이 핵무기 버튼을 누르면 언제라도 대응 공격으로 철저히 파괴할 수 있는 준비태세를 갖춘 채 무모한 치킨게임을 벌였다. 냉전은 외교보다는 핵무장력으로 치르는 게임이었고, 랜드연구소는 군사력을 뒷받침하기 위한 과학과 전략 연구에 매진했다. 신뢰를 구축하기보다는 상호확증파괴를 향해 치달았다. 상호확증파괴의 광기가 인류와 지구의 생존 자체를 위협할 정도가 되어서야 외교적 방식에 고개를 돌렸고, 냉전 경쟁을 이기지 못한 소련이 결국 무너지고 나서야 '비합리적인 합리적 선택'의 핵경쟁이 막을 내렸다. 이 모든 과정에서 랜드연구소는 『프라우다』가 비난조로 일컬은 것처럼 "과학과 죽음의 학술원" 노릇을 톡톡히 했다.

존 폰 노이만, 앨버트 월스테터, 앤드루 마셜, 허먼 칸, 버나드 브로디 등 기라성 같은 인물이 모두 '랜드연구소 사람들'이었다. 랜드연구소 '만' 다룬 이 책이 제2차 세계대전 이후 미국의 온갖 계량적 사회과학, 대외 정책, 냉전, 핵전략 등을 모두 아우르는 묵직한 역사책이기도 하다는 점은 랜드연구소가 미국과 세계에 얼마나 커다란 그늘을 드리웠는지를 여실히 보여준다. 무려 28명의 노벨상 수상자를 배출한 랜드연구소는 우리 시대의 세계관이라 할 수 있는 합리적 선택이론과 게임이론의 산실이었다. 냉전의 사고방식과 합리적 선택은 세계를 바라보는 방식과 무의식 깊숙한 곳에 자리 잡은 심성까지 규정지었다. "거울을 들여다보면 우리 한 사람 한 사람이 바로 랜드연구소"라는 지은이의 말은 비단 미국인에게만 해당되는 사실이 아니다. 냉전의 최전선이던 한반도야말로 지금까지도 랜드연구소가 만들어놓은 자장 안에 들어 있지 않은가. "서울을 불바다로 만든다"는 이른바 '공포의 균형'은 툭하면 불거져 나와 무의식의 공포를 건드린다. 랜드연구소의 역사가 다른 세상 이야기가 아닌 까닭이 바로 여기에 있다.

랜드연구소는 1948년 창립된 이래 반세기 이상 미국 정부에 커다란 영향력을 미쳤다. 공화당과 민주당을 막론하고 역대 모든 미국 정부는 랜드연구소가 제시하거나 고안한 정책 방향을 충실히 좇았다. 랜드연구소가 영향을 끼친 분야는 국가안보와 대외 정책만이 아니었다. 인터넷, 보건, 사회정책, 테러리즘 연구 등에서 랜드연구소는 미국 사회와 그를 본보기처럼 모방한 현대 세계가 나아갈 방향을 닦아놓았다. 무엇보다도 합리적 선택이론의 세계관은 개인의 자잘한 행동과 머릿속의 계산까지 결정지었고 정부에 대한 태도를 규정했다.

'모든 싱크탱크의 어머니'라고 불리던 랜드연구소도 1980년대에 레이건 시대를 거치며 그 독보적인 자리에서 내려왔고, 이제는 후발 주자들과 치열한 경쟁을 벌여야 하는 처지이다. 현재 미국에는 1천8백여 개의 싱크탱크가 존재한다. 물론 랜드연구소는 여전히 다섯 손가락 안에 들지만 브루킹스연구소, 헤리티지재단, 미국기업연구소 등에 밀리는 느낌은 지울 수 없다. 예전처럼 미국의 정책을 좌지우지하는 독점적 위치에서 내려온 랜드연구소로서는 이라크전쟁의 책임을 묻는 지은이의 논의가 억울할 수도 있겠다. 확실히 랜드연구소를 거쳐 간 이라크전쟁의 주역들, 예컨대 폴 월포위츠, 리처드 펄, 도널드 럼스펠드, 콘돌리자 라이스 등은 전형적인 '랜드연구소 사람들'은 아니다. 그러나 이 사람들로 대표되는 미국의 신보수주의와 랜드연구소라는 두 선이 월스테터를 접점으로 삼아 만나는 것도 사실이다. 그런 점에서 랜드연구소는 여전히 권력을 좇는 수많은 현대 싱크탱크의 모체이며, 랜드연구소의 역사는 미제국이 모양을 갖추고 부상하고 변해가는 역사이기도 하다.

스트레인지러브 박사 같은 미치광이 과학자·괴짜 천재들에 대한 흥미진진한 평전이자 미국 현대 지성사인 동시에 지배엘리트 집단의 갖가지 행태를 다룬 미시사이자 미국 대외 정책의 역사이기도 한 이 다층적인 책은 무엇보다도 속도감 있는 서술과 다채로운 구성으로 읽는이들을 사로잡는다. 추상적이고 난해한 온갖 이론과 지루한 정치사를 다루면서도 생동감 있는 서술과 박진감 넘치는 묘사 덕분인지 번역하면서도 책 읽는 재미를 만끽했다. 수많은 등장인물의 이름과 전공분야, 변화무쌍하게 변하는 직위에 질리지만 않는다면 흥미로운 독서 경험이될 것이다. 좋은 책을 펴내기 위해 항상 고군분투하는 도서출판 난장의 모든 분들에게 감사의 인사를 드리고 싶다.

2010년 6월
옮긴이

찾아보기

Picture Credits

Time Life Pictures/Getty Images Ed Clark 189; John Dominis 231; Alfred Eisenstaedt 86; John Loengard 122; Leonard McCombe 7, 28, 39, 49, 54, 81, 103, 156, 176, 200; Ralph Morse 135; Walter Sanders 63; Diana Walker 274; Hank Walker 182
AFP/Getty Images Jim Watson 318
Hulton Archive/Getty Images 161
Julius Shulman 114
NASA 179
New York World-Telegram 224
White House Photo Office 278

두뇌를 팝니다 미제국을 만든 싱크탱크 랜드연구소

초판 1쇄 인쇄 | 2010년 7월 12일
초판 1쇄 발행 | 2010년 7월 19일

지은이 | 알렉스 아벨라
옮긴이 | 유강은
펴낸곳 | 도서출판 난장·등록번호 제307-2007-34호
펴낸이 | 이재원
기 획 | 김남시, 김상운, 양창렬, 이현우
주 소 | (121-841) 서울시 마포구 서교동 458-15 하이뷰오피스텔 501호
연락처 | (전화) 02-334-7485 (팩스) 02-334-7486
블로그 | blog.naver.com/virilio73
이메일 | nanjang07@naver.com

책값은 뒤표지에 있습니다. 잘못 만들어진 책은 구입하신 서점에서 바꿔드립니다.
ISBN 978-89-961268-9-8 03300

이 도서의 국립중앙도서관 출판시도서목록(CIP)은
e-CIP 홈페이지(http://www.nl.go.kr/ecip)에서 이용하실 수 있습니다.
(CIP제어번호: CIP2010002335)